新戰國

丁酉年春日子豪

上海财经大学出版社

图书在版编目(CIP)数据

新战国:迷雾重影下的大国博弈/占豪著.—上海:上海财经大学出版社,2017.2

ISBN 978-7-5642-2609-1/F·2609

Ⅰ.①新… Ⅱ.①占… Ⅲ.①国际政治-研究②世界经济形势-研究③中国经济-经济发展-研究 Ⅳ.①D5②F113.4③F124

中国版本图书馆CIP数据核字(2016)第281897号

□ 策　　划　睿瀛新媒
□ 责任编辑　黄　荟
□ 书籍设计　张克瑶

XINZHANGUO

新 战 国

——迷雾重影下的大国博弈

占 豪 著

上海财经大学出版社出版发行

(上海市中山北一路369号 邮编200083)

网　　址:http://www.sufep.com

电子邮箱:webmaster @ sufep.com

全国新华书店经销

上海叶大印务发展有限公司印刷装订

2017年2月第1版 2017年5月第9次印刷

710mm×1000mm 1/16 27印张(插页:2) 384千字

印数:54 001—58 000 定价:58.00元

序一

历史的重启

一、重温战国

公元前403年,在韩、赵、魏三家分晋已成定局的情势下,“周威烈王二十三年,初命晋大夫魏斯、赵籍、韩虔为诸侯”①。

宫中胭脂寂寞红,关山残阳独泣血。

战国大幕,在晋哀公被逐的落寞身影后,徐徐开启。当我们今天回望历史的那个片段,仍然可以感受那个瞬间留下的余温。

作为春秋五霸之一的大国,晋国的解体成为“礼崩乐坏”的标志性事件。虽然晋国的彻底覆亡是在80余年之后,但此后晋国的国君已经沦落成为苟延而需要屈膝谄笑去朝见赵、魏、韩的小角色。②

自此之后,各国车毂相错、刀兵相见成为常态。春秋末期出现并开始使用的铁器、耕牛,俨然成为那个时期“新技术革命”的代名词,生产效率由此大幅提高;农作物产量的日益丰盛,又进一步促进了“生产”人的效率。周武王灭商的牧野之战出动的总兵力不过四五万人,而到了战国早期的齐魏桂陵之

---

① 《资治通鉴·周纪》。

② 晋哀公之后,晋国的国祚,又经晋幽公、晋烈公、晋孝公、晋静公至公元前349年而亡。

战，双方各有 8 万大军对垒；战国中后期著名的秦赵长平之战，赵国被坑杀的精锐几近 40 万；到了秦灭楚时，王翦统率的秦军更是百里连营、旌旗蔽日，达到了 60 万之众。

秦之所以横扫六合，除了拥有崤函之固、关中沃野等地利之外，关键在于商鞅变法所带来的制度优势，其中的核心在于重农抑商，奖励军功，奉行法家重典，实行加强中央王权的郡县制。秦国的统一战争，之所以被称为“横”扫，在于其切合实际的“连横”①国策。

而与秦国力相当的齐国，则是“车毂击，人肩摩，连衽成帷，举袂成幕，挥汗成雨”②，商品经济异常发达。齐国的稷下学宫③中，道、儒、法、名、兵、农、阴阳、轻重等诸家荟萃一堂。

齐国奉行“无为而治”（这一政策主张，与近代以来强调自由放任和市场原则的“古典自由主义”有异曲同工之处）的黄老之学，虽然催生了战国时期“百家争鸣”的灿烂文化和繁荣的商业，但军备懈怠，加之政治上奉行“齐国至上”的“孤立主义”④，使其眼睁睁地看着将星云集的强秦，逐一吞并韩、魏、楚、赵。风萧萧兮易水寒，绝望的燕国在荆轲刺秦的“恐怖主义行动”失败后，也终告覆灭。

公元前 221 年，秦国名将王贲避开齐国数十万重兵据守的西部地域，从北部燕地直下齐国都城临淄，从而将第二次世界大战时期德军绕过马奇诺防线，经由地形崎岖的阿登地区闪击法国的一幕，提前了2 161年上演。

---

① 战国时期，秦国位于西方，六国位于其东。六国结盟为南北向的联合，故称“合纵”；秦国分别与六国结盟为东西向的联合，故称“连横”。“远交近攻”逐一击破，是秦国“连横”政策的具体体现。

② 《史记·苏秦列传》。

③ 战国时期，齐国的官办高等学府，位于齐国国都临淄（今山东淄博市）稷门附近。

④ 《战国策·卷十三·齐策六》：即墨大夫以雍门司马谏而听之，则以为可与为谋，即入见齐王曰：“齐地方数千里，带甲数百万。夫三晋大夫皆不便秦，而在阿、鄄之间者百数，王收而与之百万之众，使收三晋之故地，即临晋之关可以入矣；鄢郢大夫不欲为秦，而在城南下者百数，王收而与之百万之师，使收楚故地，即武关可以入矣。如此，则齐威可立，秦国可亡。夫舍南面之称制，乃西面而事秦，为大王不取也。”齐王不听。

二、一切历史，都是当代史

当今以和平崛起的姿态登上国际舞台的中国所面临的国际环境，却与2 000多年前的战国时期有着几多相似。苏联的解体、未经联合国授权的科索沃战争和伊拉克战争、恐怖主义、不言自明的“合纵”式的 TPP(跨太平洋伙伴关系协定)……

“四海翻腾云水怒，五洲震荡风雷激。”

因此，在南海波谲云诡、暗流涌动的 2016 年初，为新书出版而与占豪一同在上海面晤时，我们都能感受到彼此茶杯中的阵阵涟漪。“以史为鉴，可以知兴衰”，“新战国”一名由此拟订；鉴于本书叙述的国际形势跌宕起伏，于是“迷雾重影下的大国博弈”便也一并跃然纸上。

《新战国——迷雾重影下的大国博弈》一书作为当代风云的实录，散发着浓郁的时代气息。本书着重刻画和记录的 2014 年以来一系列的国际时事与中国改革开放的巨大成就，经过占豪的笔端，从独立思考、客观理性、中国立场出发，呈现出内在的逻辑，从而使读者在当前国际形势下，对以习近平同志为核心的党中央在十八大提出的“2020 年实现全面建成小康社会”、三中全会提出的“全面深化改革”、四中全会提出的“全面推进依法治国”、六中全会提出的“全面从严治党”等一系列治国理政新方略，有了更为深入的理解和体悟。

冷战结束之后，弗朗西斯·福山在《历史的终结》一书中曾无比自信地宣称：“自由与民主的理念已无可匹敌，历史的演进过程已走向终结！”①

然而，在本书行将付梓之际，美国大选尘埃落定，原本“很不靠谱”的特朗普，击败了选前被一直看好的希拉里(投票前一日，希拉里的民调还高出特朗普 3.5 个百分点)，成为新一届美国总统。大选揭晓当晚，美国舆论从唐纳德·特朗普繁荣的商业版图，到成功的家庭子女教育，逐一进行了详细的考证和分析，结论是：特朗普原来“很靠谱”！美国传统的精英政治，在这一刻发

---

① 弗朗西斯·福山著：《历史的终结》，远方出版社 1998 年版，扉页题词。

生了历史性的转折。

事实上，这一转折在2014年弗朗西斯·福山所著《衰败的美利坚——政治制度失灵的根源》①一文中已显端倪。福山在该文中细剖美国政治制度诸多流弊，结尾感叹改革无望、“死路一条”(No Way Out)。“政治草根”特朗普崛起于美国政治传统的末路，符合当然的逻辑。从这一点看，在政治哲学领域声誉鹊起的福山，确实没有浪得虚名。

特朗普竞选团队在竞选时曾送给集会时的支持者人手一册《特朗普主席语录》，从中可以看出，特朗普在一定意义上将放弃“普世价值观”，转向美国至上的“孤立主义”。特朗普在竞选演说中明确提出：“要把美国人民的利益和美国的安全放在最优先的位置……美国不能在世界强行出头……我们不要推民主，我上台后将取消所有美国推销民主的费用。”甚至在竞选期间，将竞争对手、民主党候选人希拉里称为“美国的默克尔”②。成功当选美国总统后的特朗普，2016年11月21日在YouTube上发布一段时长2分37秒的视频，进一步声明“一上任就将立刻撤回TPP协定”！美国民主的制度自信，在这一刻已然出现了斑驳的裂纹。③

三、风，从东方来！

行文至此，如果认为历史就此必然简单地重复，那么无疑将落入谶纬之说的窠臼。

如果由此认定特朗普治下的美国将就此放弃其世界利益，则未免过于天

① 《衰败的美利坚——政治制度失灵的根源》一文刊于美国《外交》(*Foreign Affairs*，双月刊)2014年9/10月号；而“政治衰败”这一术语，更早源自萨缪尔·亨廷顿的经典作品《变革社会中的政治秩序》(该书英文版初版于1968年，中文版于2008年由上海人民出版社出版)。

② 信奉“普世价值”的默克尔，在欧洲难民危机期间，实行“开放门户”政策，接纳蜂拥而至的难民潮。特朗普指责默克尔正在“毁掉德国”，是一个“灾难式的领导人”。引自《第一财经日报》，2016年8月18日。

③ 诺贝尔经济学奖得主保罗·克鲁格曼，在《纽约时报》1月3日刊登称：“美国正在变成‘特朗普斯坦国’。”引自《环球时报》，2017年1月5日。

真。这一点从2016年12月2日特朗普提名“鹰派”退役将领詹姆斯·马蒂斯担任国防部长、21日提名强硬派学者彼得·纳瓦罗为新成立的白宫国家贸易委员会(White House National Trade Council)主任,2017年1月3日提名信奉贸易保护的罗伯特·莱特希泽出任美国贸易代表等一系列任命中可见一斑。

一个“孤立主义”的美国的孑然背影,其强势的姿态,指向的是世界经济利益格局的重新分配;特朗普念兹在兹的,是把产能、把工作岗位带回美国本土。这无疑将对包括“全球化”在内的世界格局产生长远的影响。

如果说冷战时期的美国是在“价值观”的旗帜下,对苏联以军事对峙为主、经济绞杀为辅的话,那么,特朗普眼中的世界,将是在“利益观”的号角声中以经济长期角力为主的竞争战场,其潜台词是通过“收缩”和“回流”来厘清“全球化”带来的你中有我、我中有你的错综复杂的经济格局,进而在泾渭分野之中,划清美国的利益。如果说“价值观”中的美国追逐的是“强枝”的话,那么,“利益观”下的美国寻求的则是“固本”,大国之间分与合的博弈将呈现长期、持久的趋势,对此,我们需要有清醒的认知。

因此,历经几多强强博弈后的新的世界格局——一种“新型大国关系”①,在浮出海面后,仍将在动态中不断演进。

2014年1月,习近平主席在接受美国《世界邮报》的专访时表示:“我们都应该努力避免陷入‘修昔底德陷阱’②,强国只能追求霸权的主张不适用于中国。”③

但避免“修昔底德陷阱”并非仅是新兴大国的责任与义务。“朋友来了有

① 2012年2月,习近平主席访美期间,提出要构建“前无古人,但后启来者”的“新型大国关系”倡议。2012年5月,在北京召开的中美战略与经济对话期间,双方将构建中美“新型大国关系”作为主题。由此,这一概念成为中美两国共识。

② “修昔底德陷阱”,是指一个新崛起的大国必然要挑战现存大国,而现存大国也必然会回应这种威胁,这样战争变得不可避免。此说法源自古希腊著名历史学家修昔底德。修昔底德在《伯罗奔尼撒战争史》中指出,(公元前5世纪)雅典的成就急剧崛起震惊了陆地霸主斯巴达。双方之间的威胁和反威胁引发长期的竞争,长达30年的战争结束后,两国均遭毁灭。

③ “大国如何避免‘修昔底德陷阱’?”引自《人民日报·海外版》,2015年11月27日。

好酒，豺狼来了有猎枪。”J-20的横空出世[①]、“辽宁舰”赴西太平洋的远训[②]，都展示了我们维护世界和平与国家利益的坚定决心。[③]

这，是长城之长！

2015 年 10 月，习近平主席访英时指出，当今世界，开放包容、多元互鉴是主基调，相互联系、相互依存是大潮流，和平、发展、合作、共赢是主旋律。在 21 世纪人类文明的大家园中，国际社会更应同舟共济、携手共进，努力构建以合作共赢为核心的新型国际关系，为了促进世界繁荣和发展开拓广阔前景。[④]

横贯欧亚大陆和世界大洋的“一带一路”，就如中国展开的热情拥抱世界的双臂，正成为中国“包容、发展、合作、共赢”理念的“宣言书”和“播种机”。

这，是海陆并进的“丝路”之宽！

这也是自唐以来，中华文明又一次主动携手世界文明，努力实现和谐共进的“新的长征”。

历史，并没有终结，而是选择了再一次重启。

风，从东方来！

黄　磊
上海财经大学出版社　总编辑
2017 年 1 月 8 日

---

① 按照美国“军事航空与航天电子网站”评选出的世界十大战斗机排行，中国的歼-20(J-20)、歼-16(J-16)、歼-10C(J-10C)三款战机榜上有名，分别占据第 2、9、10 位。

② 2017 年 1 月 5 日，《解放军报》刊登的《突破的不是岛链，而是自己》一文指出：“如果非要说‘突破’，那么包括辽宁舰官兵在内的中国海军突破的不是岛链，而是自己。更加坚定地维护世界和地区和平，更加频繁地走出去，会成为中国军队的常态。”

③ 习近平同志在 2016 年 12 月中共中央政治局民主生活会上指出：“面对新形势、新挑战，要发扬斗争精神，既要敢于斗争，又要善于斗争……在维护国家核心利益上敢于针锋相对，不在困难面前低头，不在挑战面前退缩，不拿原则做交易，不在任何压力下吞下损害中华民族根本利益的苦果。”引自《人民日报》(第一版)，2016 年 12 月 28 日。

④ “开拓新型国际关系广阔前景——深入学习习近平主席访英重要讲话系列评论之一”，引自《经济日报》，2015 年 10 月 25 日。

序二

在生活中阅读大千世界

时光荏苒，日月如梭，不知不觉与战友们在互联网上相识相知、一起同行已有 11 个年头。在过去的这 10 年时间里，有的读者离开了，真正沉淀下来的都已是亲密战友。

战友的队伍，不知不觉中已以百万为单位计，微博、微信粉丝加在一起已超过 320 万，博客总访问量超过 12 亿，占豪微信公众号已成为仅次于《人民日报》和央视新闻、长期排在权威榜单全国前三的大号。

大约统计了一下，占豪 2016 年在占豪微信公众号上推送原创作品接近 1 100篇，以每篇平均2 000字计算，也超过了 200 多万字。过去 10 年时间里，基本每年都如此，码字估计不下2 000万。除此之外，还出版包括《黄金游戏》系列、《大博弈：中国之危与机》系列和《货币战争背景：中国经济与应对方略》共 8 本专著，大约也有两三百万字。

这些积累下来的沉甸甸的数字，虽算不得什么大成就，但的的确确是占豪和战友们一起同行留下的“脚印”。过去 10 年时间里，占豪放弃绝大多数的休闲娱乐时间，用心写作；战友也放弃了很多休闲娱乐时间，用心品评。就这样不知不觉走在了一起，开始共同思考与探索。这就是我们，就是我们这个独特而又有强大生命力的战友群体。

偶尔，走在大街上或旅途中，能看到我们的战友阅读占豪微信或谈论占豪文章，感觉很亲切。擦肩而过的一刹那，总会默默地在心里为他们送上最真挚的祝福，希望他们平平安安，日子都过得好好的。如若分享的文章能对他们的工作和生活有些许帮助，那就是占豪最大的满足。在生活中，大家只要知道对方是战友，哪怕是初识，也都有说不完的话。

事实上，绝大多数战友彼此间都没有见过面，或者即使见过也不知道对方是战友，见过占豪的战友更是极少。但是，大家的心并没有因为物理的距离而疏远。恰恰相反，这个群体在互联网上已成一景。战友们有相近或共同的价值观，大家都“爱国爱家爱自己”。坦率地说，这很难得。

有老战友说，同学或老友聚会，无意间说起，竟然都是战友，忽然就觉得亲上加亲，心也更近。更有很多战友将亲朋好友都发展成战友，如此一来，两口子为鸡毛蒜皮吵架少了，父母与孩子代沟少了，取而代之的是讨论一些世界上正在发生的事，话题感爆棚。

还有一些读者成为战友后，冲动少了、理性多了，主观少了、客观多了，说话办事更有条理和主心骨。或因此工作上有了起色，或因此找到了自己的另一半，不一而足。坦率地说，能听到这些消息，总是很高兴，感觉自己每天熬夜耗费心血的写作，有了更现实的价值和意义。

每天，占豪微信、微博都会收到大量战友的留言，有关心问候，有鞭策建议，也有观点碰撞……因忙于创作，虽不能一一回复，但战友们那一颗颗真诚的心，占豪都能很真切地感知。

有不少战友问占豪何时出新书，何时把过去 3 年中的文章集结成册出版，这样就不必去拼命浪费大量时间找历史文章了。其实，这事由于很多战友早就提出，一直想做，却一直因为太忙而搁置。这次，在出版社的大力帮助下，策划近一年时间，最终得以出版。

过去 3 年时间里，占豪创作文章两三千篇，若都出成书，估计一个月就能出一本。限于篇幅，我们只能从头条文章里去精挑细选，优中选优不说，还要切合主题。选出来后，对文章进行重新分类、编排和梳理，最后占豪再针对性地进行点评，这才加工成册。若非大家共同做这件事，恐怕这些文字很难再变成铅字问世。在此,占豪要对包括出版社总编辑黄磊、本书的共同策划人也是我的夫人厨娘、出版社的审稿编辑黄荟和美术编辑张克瑶,以及为本书做出贡献的其他同志,表示深深的感谢。

本书内容虽以占豪微信公众号中的历史文章为主,但由于进行了分类、编排和梳理,做了精心筛选,同时占豪又在文后加入了新的点评,使得这些文字变得非常系统和丰满,由此也使得这些文字散发出了新的魅力和亮点。

占豪相信,当战友重新系统地阅读这些文字时,一定会有不同的感受。而那些没有阅读过这些文章的新战友和新读者,会对占豪新文章中表达的内在逻辑和背景更清楚,能更好地理解当今世界正在发生的大事。

毛泽东同志指出,要关心国家大事,要把自己的命运与中华民族的命运联系在一起。《毛泽东选集》第一卷的开篇文章——《湖南农民运动考察报告》——就提出,要引导农民关心国家大事,关心自己的命运和前途。后来,正是在农民运动的推动下缔造了红色中国,才有了今天中华民族伟大复兴的历史机遇。毛泽东同志不仅教导农民要关心国家大事,更教导军队要关心国家大事。在井冈山的革命斗争岁月中,在抗日战争中,在解放战争中,毛泽东同志始终教育官兵要关心国家大事,讲授蒋介石集团对人民的压榨、日本帝国主义对中国的侵略等。人尽皆知的《星星之火,可以燎原》就是一篇极好的时政教科书式的文章。

在我们国家一直有一门名为“政治经济学”的课程。为什么经济学一定是政治的?因为一切利益的分配、决策都是政治的,每一个国家政治决策都关乎每一个人的利益,而利益本身就是经济,甚至一个大国的政治决策会影响到全世界每个角落,所以经济本身一定是政治的,那么经济学本身一定是政治的一部分。在西方,经济学是“技术活”,有宏观和微观之分,学校会教授相关的知识和技术,但它们一定不会引导学生懂得经济学本身是政治的一部分、是关乎天下苍生生存与发展的核心利益,它们更不会引导学生的人民立场。而在中国,有一门课叫“政治经济学”,其逻辑关乎每一个人的切身利益,但这一门课是大多数人不愿意学和忽略的学科,的确很遗憾。

对每个人来说，能看懂这个世界正在发生什么，能看懂这个世界从哪里来、到哪里去，能看懂中国未来的发展方向，其实就是在阅读世界政治、经济的走向，而这些走向看似与生活无关，实则与柴米油盐密切相连。因为懂得这些不但有助于维护自己群体的利益，更能让自己通过观察世界、国家、社会的大趋势，然后再审视自己所在的位置，从而在社会生活中找到自己准确的定位，发挥自己的能量，在世界这片天空下打造一个属于自己的舞台。

一个对世界、对国家、对社会漠不关心的人，他一定活得很糊涂。一个活得糊涂的人，他一定不能正确阅读和理解这个世界。一个不能正确阅读和理解这个世界的人，他的思想、观念一定缺乏高度和深度。一个思想、观念缺乏高度和深度的人，他的心胸一定不是广阔的。一个心胸不广阔的人，他最终只能活在自己勾勒的狭小空间中，难有作为。

你的心有多大，世界就有多大；你的世界有多大，作为就有多大。

你愿意做一个怎样的人呢？

路在脚下，由你选择！

占　豪

2017 年 1 月 18 日

目录

第1章

多棱镜

中国经济的脉动

◎ 经济转型与宏观调控

◎ 沪港通与自贸区

◎ 银行允许破产背景下的百姓理财

◎ 三加燃油税的背后

◎ 改变人类世界发展模式的中国高铁

经济转型与宏观调控

中国经济转型的八大信号

2014 年 12 月 5 日，中共中央政治局会议之后，我国经济发展的一系列重要信号已经清晰可见。

(1)信号一：主动适应经济发展“新常态”。

习近平总书记第一次提及“新常态”是在 2014 年 5 月考察河南的行程中。当时，他说：“中国发展仍处于重要战略机遇期，我们要增强信心，从当前我国经济发展的阶段性特征出发，适应新常态，保持战略上的平常心态。”① “新常态”是这次政治局会议的一大主题词。会议认为，我国进入经济发展“新常态”，经济韧性好、潜力足、回旋空间大。会议同时指出，经济发展“新常态”下出现的一些趋势性变化使经济社会发展面临不少困难和挑战。

所谓“新常态”，是较长时期持续的一种发展状态，就是新确立的、将持续较长时间的一种发展状态。细言之，这个“新常态”是基于国际和国内两个层面来说的。国内，经济将长期处于深化体制改革、结构转型、产业升级、区域经济整合、调整经济增长方式等一系列变化和调整过程中，这个过程将持续较长周期。如此的结果是，经济增长速度将放缓。国际，经济全球化、世界多极化的趋势在加速，世界政治、经济甚至整个国际秩序都在进行着深刻变革，世界经济也将长期维持不稳定的增长状态。两者合在一起，中国经济也必然将在较长时期面临挑战，同时中国经济不可能再回到过去那种高耗能、高污

① 见《人民日报(海外版)》，2016 年 3 月 12 日。

"新常态"下的五大发展理念:创新、协调、绿色、开放、共享(图片来源:百度图片)

染的高增长状态,经济发展进入更重质量而非更重数量的时代。

经过几年的战略布局、经济结构调整之后,我国经济在数据上虽然还没有显现出足够的活力,但相比 2012 年前的几年中国经济,如今的韧性更好了。

所谓韧性更好了,是指我国宏观经济政策空间在一定程度上被打开了。譬如,货币政策方面逐渐有了更大的调整空间,包括降息和降准的空间。降息和降准空间这一点,在美联储加息预期背景下,具有极其重要的对冲作用。在地方债务方面,经过调整,风险压力也正在减小,这使得未来财政调整的空间也增加了。再加上经过过去几年的区域经济调整,经济内生活力正在增加。

所谓潜力足,就是中国经济经过转型调整,特别是在中国推出"一带一路"战略后,正有越来越多的国家与中国在经济领域进行更加深入的合作。中国巨大的市场潜力和发展空间被逐渐融合在一起,与广大国际合作伙伴的深入合作和中国自身所具备的实力,使得中国有足够大的开发潜力,从而形成新一轮的国内和国际集聚效应。

所谓回旋空间大,是指相比过去,我国经济在与西方发达国家的博弈中更具主动性。譬如,在俄罗斯和西方交恶后,中国在能源供给方面获得了更多好处。再如,经过这几年产业升级和转型,中国自给自足的能力更强了,对外部市场特别是西方发达国家的市场依赖在减弱。客观上,中国这几年经济内部回旋的余地大增。哪怕西方真的像对待俄罗斯一样对待中国,中国不但有更强大的反制手段,自己也能解决很多问题。在这方面,中国政策上和能力上都有更大的回旋空间。

而结合当前内外局势,宏观政策仍然是稳字当头、稳中求进。说白了,就是不出大的意外,继续求稳、求进,稳中求进,在保持较快发展速度的情况下,加快经济结构转型和深化体制改革,加强民生保障和防控风险。

(2)信号二:保持稳增长和调结构平衡。

会议强调,要保持稳增长和调结构平衡。同时,保持宏观政策连续性和稳定性,继续实施积极的财政政策和稳健的货币政策。笔者认为,稳增长和调结构是什么关系?是互相依托关系。经济增长稳不住,民生就成问题,国内、国际信心都会打折扣,还如何能调好结构?如果不去调结构,增长能稳今天又如何稳明天,能稳明天又如何继续稳后天?稳不是目的,稳后的可持续发展才是目的。要保持长期可持续的健康发展,必须调结构。调结构是当前稳增长的目标,稳增长是现在调结构的保障。这就是它们之间的逻辑关系。而保持宏观政策连续性和稳定性,正是实现稳增长和调结构的手段。如果宏观政策忽左忽右,缺乏连续性和稳定性,市场对政策摸不着头脑、找不准方向,大家又如何能稳下心调结构?如今之所以能实施积极的财政政策,最重要的原因就在于过去一系列的调整。至于稳健的货币政策,则是中央尽量淡化这次降息的影响,避免市场大幅形成降息和降准的预期。说白了,在做大幅降息决策时,中央部门应该明白在美联储政策没动的时候动货币政策的负面作用,但迫于经济增长和游说压力,才实施了大幅降息的政策。因为只有这样,才能更大程度地激发市场的内生潜力。

(3)信号三:战略性新兴产业和服务业“双支撑”。

步入“新常态”下的中国经济,如果再靠以往大规模投资制造业和房地产业及外部需求,难以继续维持健康增长。会议提出,逐步增强战略性新兴产业和服务业的支撑作用,着力推动传统产业向中高端迈进,促进大众创业、大众创新,积极发现并培育新增长点。笔者认为,"新常态"要进行经济结构转型和产业升级,是要调整投资、消费和出口的结构比例,过去靠诸如房地产业带动上下游50多个产业,大规模投资制造业、发展出口业,都已经不能可持续地带动中国经济增长。原因也很简单,房价过高导致投资需求下降以及中低收入者消费能力不足以维持房地产业的高增长,由此房地产业不可能像过去那样增长;至于出口,因为发达国家经济增长放缓使得它们的市场需求涨幅大幅下降,如此通过大笔投资制造业以增加出口已不合时宜。

在这种情况下,如何保持长期的可持续较高速发展呢?就需要提升新兴战略产业的发展、服务业的发展,通过提升新经济和消费经济在宏观经济中的占比来加速经济发展。而推动传统产业向中高端迈进,则是提升产品的附加值以获得更高的利润收益。直白点说,就是创造新的经济增长点。

从上述政策中我们可以看出,诸如新兴战略产业、高端制造业、消费服务业都是未来政策扶植和经济发展的方向,股市投资也应该向这些方向倾斜。

(4)信号四:加快转变农业发展方式。

会议提出,加快转变农业发展方式,从主要追求产量增长和拼资源、拼消耗的粗放经营,向数量与质量效益并重、注重提高竞争力、注重可持续发展的集约经营转变。笔者认为,过去,我国农业生产主要还是包产到户的粗放式经营,虽然粮食连年增产,但付出的代价也不小。譬如,原来我们东北产豆基地放弃了种植大豆。如今,我国粮食生产的各种资源要素已经非常紧绷,生态环境的压力也非常大。

应该说,未来向"数量与质量并重"发展,就是要通过提升单产和劳动生产率来提升我国农业生产的竞争力。同时,通过采取一些技术手段,对原有的酸化、盐渍化的土壤进行土壤恢复和改良。另外就是建立农地的有序流转,通过让想种地的人种地,充分发挥集约的规模生产来提升农业单产。

(5)信号五:优化经济发展空间格局,突出"三大重点"。

会议提出,要优化经济发展空间格局,继续实施区域总体发展战略,推进“一带一路”、京津冀协同发展、长江经济带建设,积极稳妥地推进城镇化。笔者认为,城乡二元、区域发展不平衡是我国经济的突出问题,也是我国经济发展的未来空间,解决这些问题就是经济增长。在进行城乡互补的经营中,可以提升城乡的协作能力,通过加速城市化来获得更大的发展;区域发展不平衡,可以通过政策由发达地区带动欠发达地区,让发达地区更发达,让欠发达地区逐渐追上来,经济就能有飞跃发展。而这些又可以通过我国内部区域经济整合与外部区域整合战略“一带一路”结合在一起,这样内外一盘棋就可以互动起来,形成内外统合、区域协作的合力。

从这些战略中,我们可以看出各个区域的发展潜力和未来方向。譬如,中西部会因为“一带一路”国际战略的带动,逐渐将中国东西内外贯通,形成内外需求的互动性投资贸易。这就是发展空间和发展机遇。

(6)信号六:对就业和扶贫特别重视。

“新常态”下,民生政策走向如何?会议提出,要更加注重保障基本民生,更加关注低收入群众生活,更加重视社会大局稳定,特别要重视做好就业和扶贫工作。笔者认为,“新常态”下经济增长放缓是必然的,由于收入分配改革不会那么快见效,中低收入者是必然会受到影响的群体,也正是这个群体更需要帮助。在这种情况下,要维护社会稳定,就必须让这些真正需要帮助的人过得好。如此,就需要政府做更多工作。只有这些老百姓的生存问题解决了,社会才能稳定;社会稳定了,经济才能更好地发展和转型。在继续加强保障民生的情况下,更快速度地推动收入分配改革,这样也是在民生领域的“稳中求进”。

(7)信号七:经济体制改革抓落地。

产能严重过剩、地方债务风险、房地产市场调整、经济下行压力加大……经济运行放缓,使不少过去被高速增长掩盖的问题和挑战浮出水面。笔者认为,在经济增速放缓后,上述这些问题是必然出现的。产能本来就过剩,如今内外市场需求又减弱了,产能当然更过剩。如何解决?通过提出“一带一路”

战略,成立金砖国家新开发银行、亚投行,对新兴市场进行基础建设投融资,就是消化产能过剩的体制改革落地措施,这些措施还需要更大力度地推进。

地方债务风险为什么那么大?在2008年救市时用力过猛了一点。如何解决这些问题?需要进行资产证券化[①],通过将这些债务压力向外稀释来获得更大的弹性空间,从而降低局部资金链压力过大可能出现断裂的风险。这一点,可以通过银行的相应信贷资产证券化来获得风险释放。这是金融体制改革的落地措施,需要继续推进。

房地产市场增长动力减弱了?为什么?很重要的原因是2008年的宽松货币政策对房地产过宽,结果房价大涨,透支了未来的增长空间和预期,同时增大了房地产市场的风险。美联储又要加息,这进一步加剧了房地产行业的资金链紧张。如何解决?资产证券化,通过将商业银行的房地产信贷资产向外释放,以获得更大的系统安全系数。

伴随这些措施,必须要加快推动人民币升值,同时推动人民币的资本回流,如此可将更多国际资本纳入中国的金融体系,中国的经济体系也就会更安全。

当然,要做的这些事情都是大挑战,这些挑战不仅仅体现在国内,还体现在国际上。因为这是和国际上的大国掰腕子。譬如,在货币政策、人民币国际化、中国的大国战略方面,某种程度上都会被美国解读为对其的威胁和挑战,如何化解这些对中国形成的巨大压力,是对决策层的考验。

(8)信号八:实现国际收支基本平衡。

经济全球化下,开放性的宏观经济管理越发重要。会议指出,要促进进口和出口平衡、引进外资和对外投资平衡,逐步实现国际收支基本平衡。

国际收支平衡,是宏观经济调控的重要目标之一。当前,全球经济温和

---

① 资产证券化:是以特定资产组合或特定现金流为支持来发行可交易证券的一种融资形式。广义的资产证券化是指某一资产或资产组合采取证券资产这一价值形态的资产运营方式,它包括实体资产证券化、信贷资产证券化、证券资产证券化、现金资产证券化。狭义的资产证券化是指信贷资产证券化。按照被证券化资产种类的不同,信贷资产证券化可分为住房抵押贷款支持的证券化和资产支持的证券化。

复苏,美国正式退出量化宽松政策,将导致资本流出新兴经济体,我国也面临资本外流压力。另一方面,近年来,我国对外投资保持较快增速。商务部预计,中国对外投资金额即将超过吸收外资金额,未来5年对外投资增速将保持在10%以上。

笔者认为,经济全球化下的"开放性宏观经济管理",就是将内外看作一盘棋,要将国内政策和国家战略结合起来,对整个国际市场的资源进行有效调动。直白点说,就是宏观经济管理不但要管国内,还要看这个管理在国际上的影响,要通过国内政策尽最大的力量去调动国际资源,通过这种调动来实现由国内到国外的大统一的宏观管理。这种"开放性宏观经济管理"我们在过去做得是不够的,但以后必须加强这方面的统一性调控和管理。在中国经济不断国际化、中国力量在国际上越来越有影响力的情况下,这种统一的宏观调控和管理自然越发重要。

为什么要促进进出口平衡?为什么要保持引进外资和对外投资平衡?为什么要总体逐渐实现国际收支基本平衡?

进出口平衡,直白点说就是靠出口创汇的日子已经一去不复返了,未来我们不但要大量出口,还要大量进口,在我国如今有大量外汇盈余的情况下,这样才能将更多发展利益留在国内。特别是在人民币国际化进程加速的今天,在中国未来越来越大规模"出口"人民币的背景下,进出口平衡对改善内部经济结构和民生尤为重要。

为什么引进外资和对外投资也要平衡?因为今天的中国已不是过去资本贫乏的中国。引进外资当然要做,用别人的钱发展经济这种好事是坚决不能错过的;对外投资当然也要做,因为我们现在有了较为强大的资本实力,国际上的投资机会也不容错过。这一进一出,进则体现国家的经济发展机会和潜力,出则体现国家对外资本输出、调动国际资源的能力。这两者平衡了,才能内外平衡发展。过于注重对外投资而忽视引进外资,会导致国内经济的空心化,不利于经济健康发展;如果只注重引进外资而忽略了对外投资,内部资本过度竞争会形成恶性循环,导致利润下降、投资机会减少,从而降低经济活力。所以,两者必须兼顾。

为什么要逐渐实现总体国际收支平衡？这是在人民币不断国际化的今天说才更有意义。在中国有了巨大制造能力的情况下实现国际贸易收支平衡,说明中国将进口更多境外产品供国内老百姓消费,这是改善民生。在中国有了工业和资本输出能力的情况下,维持引进外资和对外投资的平衡,是保持内部吸引力和对外投资能力、不断壮大自己的一种手段。

这种平衡,体现在汇率上就是人民币的双向汇率波动。在人民币国际化的今天,我们也正在像美国一样开始可以收铸币税,开始可以通过人民币波动赚钱了。

宏观调控的四个根本原则

与美国相比,中国有中西部的发展空间,有产业升级的发展空间,中国的资本输出能力和工业能力还可以与新兴市场进行市场互补对接,所以中国可以转型。同时,由于中国政府的自我修正能力强于美国政府,中国政府又主动转型,这才有了现在中国比美国更好的发展前景。

为什么美国的情况尾大不掉？原因有两方面:一方面,白宫是小政府,根本没那么多社会资源和资本资源供其调动来搞活这一切;另一方面,资本和市场都是逐利的,小政府无法节制华尔街的结果是,任由美国资本市场将苹果变成万亿美元市值的公司而无能为力。

其实,莫说白宫,现在中国政府对房地产行业又能如何？不是一样担心房价大跌吗？这在客观上也会造成尾大不掉的局面。好在中国处在城市化的高速进程当中,政府调动社会资源的能力更强,又有发展潜力,这才有了中国转型的空间。这些是中美经济现实方面的本质区别。

针对如此现状,中国政府该如何进行宏观调控呢？在笔者看来,成熟的政府调控成熟的市场应该遵循四个根本原则:

第一,解放市场,在正常运行的情况下,政府不参与、不干预微观经济。

十八届三中全会确立了市场在资源配置中起决定性作用的历史地位,这是大势所趋,也是解放市场、解放生产力的必要举措。只有市场更有活力,经济才能可持续发展;只有继续深化市场改革,市场才能继续维持活性。按照经济发展的历史规律,在成熟的市场经济中,政府要给予市场足够大的自由度,经济在正常运行的情况下,政府不应直接干预或参与微观经济。

基于此,政府在未来的深化体制改革中,应充分解放市场,在经济运行正常的情况下,不参与、不干预微观市场经济,将微观经济的运行细节交给市场本身,这样的市场才能调动市场各种生产要素的生产积极性,才能可持续地发展经济。

第二,依法制定市场规则,规范资本活动空间。

解放市场,不参与、不干预微观经济是政府需要做的,但政府也不能因为不参与、不干预微观经济而对经济运行置之不理,对市场监管缺位,否则,市场就成了唯利是图、毫无规则的混乱市场,资本也会过于趋向短期利益而将宏观经济搞得一地鸡毛。

基于此,政府必须行使自身职责,依法制定市场运行的游戏规则,正确规划市场运行的范畴,规范资本的正常、合理活动范围,对市场活动、资本运行实施必要的监管。只有这样,政府才能有对市场管控的抓手,才能维持市场的平稳、健康发展,才能维持经济的可持续发展,让市场和资本造福于国、造福于民。

第三,引领发展方向和趋势,引导资本合理流动。

无论是美国华尔街以苹果公司为首的高科技泡沫,还是中国高房价导致的地产资产泡沫,当其尾大不掉时政策必受其掣肘,影响国家的战略布局、经济的宏观调控,其结果必是深受其害。学习型的政府,应从中吸取教训,不应在以后的发展中再出现类似情况。如此,即引出宏观调控的第三条原则——引领发展方向和趋势,引导资本合理流动。

什么叫做引领发展方向和趋势,引导资本合理流动呢?分三个层面:

一是要研判国内、国际经济的发展方向和趋势,探寻世界经济未来的发展空间和增长点，然后通过政策去推动资本向相关方向和趋势发展，同时要引领资本向这一方向流动。

譬如，当今世界新兴市场的基础建设投资空间、新兴市场培养出来的需求空间、国内西部新的经济增长点等，都是未来的经济增长点。中国政府应尽最大努力将政策向此倾斜，推动资本向这些方向流动。

如今，我国政府进行的中西部开发和部分产业向中西部转移，就是这一趋势的现实实践。类似实践在国际层面上还有“一带一路”战略、金砖国家新开发银行及应急基金、亚投行、丝路基金等。

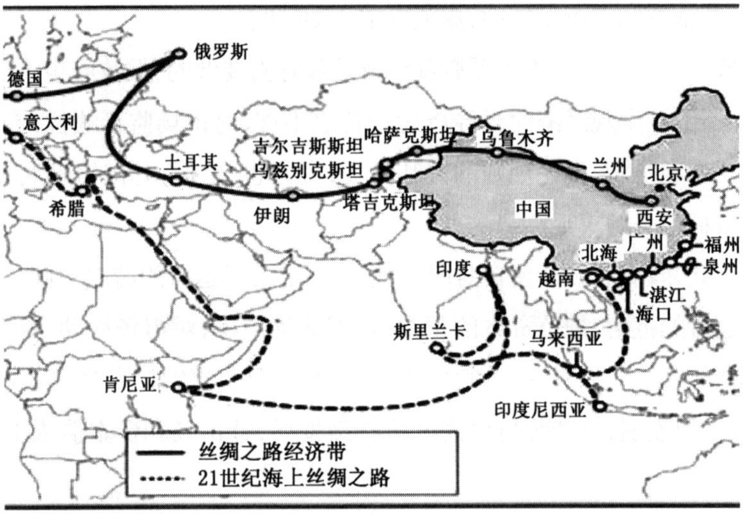

沟通世界的“一带一路”战略(图片来源:百度图片)

二是要在国家层面和民间层面同时刺激资本的创新动力，譬如，可以用国家资金刺激国家机构和民间科研机构的创新，可以加速推动国有资本在国家战略层面和领域的创新。至于私有资本，可以对创新减税或设置各种奖励基金等。总之，就是要充分发挥各个层面的创新能力，然后用这些创新能力再吸引更多资本的投资，从而推动新产业的发展。

三是在宏观调控层面上，政府不能跟着市场走、跟着资本走，而是要不断寻找国际、国内层面的潜在增长点和发展机会，引导资本往这个方向发展。待资本在一个发展方向上形成大的势能、不再需要政府推动后，政府必须探寻新的发展方向和新的增长点，然后再加以引导。如此，经济方能维持可持续的发展，国家经济发展才能经久不衰。

这才是宏观调控之道，而不是头疼医头、脚疼医脚。

第四，调控务必内外兼顾，统筹成一盘棋。

在越来越全球化的今天，进行宏观经济调控时务必国内、国际兼顾，统筹成一盘棋，因势利导，趋利避害。切不可只顾国内，否则就可能陷入调控不得要领、难以见效的局面。只有将国际经济形势、发展趋势、其他大国政策趋势研判清楚，再结合国内经济形势和发展方向，才能作出最佳的调控选择。

沪港通与自贸区

沪港通的战略意义

2014年11月17日正式开通的沪港通，对中国资本市场来说具有划时代的意义。原因很简单，因为这是中国资本市场第一次直接向内地之外大的资本市场开放。自此，外国投资者购买A股，不再需要通过特殊审批，只需要在香港市场开户，即可参与交易。特别是对于境外个人投资者来说，也有了直接投资A股的渠道。当然，对A股投资者来说，也可以直接投资港股，这也增加了A股投资者投资港股的便利性。这件事本身对繁荣沪、港两地的资本市场大有裨益。就中长期看，A股迎来投资机会，未来数年股市的机会优于其他投资品。

当然，沪港通的开通之所以是战略性的，其意义绝非仅限于此。在笔者看来，战略意义主要包括如下四个方面：

(1)增加国际资本投资中国资本市场的通道,加速国际资本向中国流入。

当今世界,美国、中国、欧盟国家、日本,大家暗战争夺很激烈的一样东西,就是国际资本。美国加息是为吸引国际资本流入美国市场,提升美国资本市场的投资活力;欧、日量化宽松,是为了维持资本市场流动性,稳定国内资本市场吸引力;中国进行深化改革,扩大资本市场开放,目的之一也是吸引国际资本投资。所以,在现阶段,对中国来说,需要拓宽国际资本向中国流动的通道。

沪港通就是一个很有创意的试验。一方面,香港市场和内地市场毕竟是隔离的,对于还没有开放的内地资本市场来说,香港既可以充当其资本防火墙,也可以起到闸门的作用。平时,有了这道防火墙,我们可以可控地进行资本市场开放;未来,一旦出现风险,可以立刻关闭闸门。另一方面,香港的市场有足够的自由度,可以作为境外资本流向内地的跳板,这对国际资本也多了一层保障。这个试验可以联通内地和海外资本,可以拓宽国际资本向内地投资的渠道,可以加快国际资本向内地流动的速度。

(2)加速人民币国际化。

自人民币开始进行跨境贸易结算以来,增速非常快。根据中国人民银行的数据,2014 年上半年,以人民币进行结算的跨境货物贸易、服务贸易及其他、对外直接投资、外商直接投资分别发生 2.09 万亿元、1.18 万亿元、865 亿元、3 834亿元,合计跨境贸易人民币结算业务发生 3.27 万亿元,同比增长 59.5%。

这么快的贸易结算增长,各国央行、大的机构手中必然持有一定存量的人民币。据报道,已经有 50 多个国家央行储备了人民币。在这种时候,我们需要开放资本市场给它们投资,帮助它们的存量人民币增值。如此,才能扩大他国储存人民币的积极性,才能提高人民币在他国外汇储备中的规模,才能加速人民币国际化。

在这种背景下,沪港通就是一个资本市场开放的试验。通过这个试验,可以让流向境外的人民币回流到国内市场,不但可保人民币国际化进程的安全进行，还可以扩大人民币的国际市场，这对中国来说当然是非常有利的事情。

(3)提升A股市场和香港股市的活力，增加中国资本市场对世界资本的吸引力。

A股过去数年犹如一潭死水，根本原因是市场信心跌至冰点，缺少新的增量资金盘活整个市场。如今，除了QFII、RQFII等资本进入A股市场的通道外，又开通了沪港通这种直接投资方式，这可以大大提升A股市场的活力。同时，港股通也增加了内地投资者投资港股的渠道，可以同时提升港股的活力。两地的资本市场活性增加，有利于提升中国内地和香港资本市场的国际竞争力，增加对国际资本的吸引力。

(4)给国际市场一个示范效应，有利于中国资本市场扩大开放。

两个资本市场进行直接对接，这是一种金融投资制度的创新。这种创新，不但风险可控，还能有条不紊地根据需要进行开放。一旦这种互联互通试验成功，未来不但可以再开通深港通，还可以进一步和我国台湾股市、韩国股市、新加坡股市等开通沪台通、中韩通、中新通等。这种两个资本市场的直接对接模式，可以进一步提升中国资本市场和其他资本市场的联通度，可以拓展境外直接投资我国的渠道，也可以拓展我国对外投资的渠道。通过这种方式进行不断扩展、联通，一方面比直接不设防地开放资本市场安全，另一方面还能对资本的流入和流出加以监控。更为重要的是，作为联通市场的双方，将是一荣俱荣、一损俱损的情形，如此可以促使双方结成资本利益共同体，提升两国的经济合作水平。

那么，沪港通对A股又有什么样的影响呢？

(1)为A股增加新的资金“活水”。

很显然，沪港通增加了A股市场的“活水”，这一点从第一个交易日沪股通额度被用得一干二净即可知A股的低估值对国际资本的吸引力。相比沪股通，港股通对内地投资者的吸引力就没那么高了，这一方面是受香港“占中”事件的影响，另一方面也有估值因素。

A 股有了这数千亿元的“活水”，再加上不断对境外放开的 RQFII 额度，A 股新的增量资金规模在不断增加，这些资本“活水”会刺激 A 股走出低谷。

(2)提升投资者信心。

国际资本市场对 A 股的信心必然会提升国内投资者对 A 股市场的信心，这种良性循环有助于 A 股进一步长期向好。相比过去，如今良性循环的因素越来越多，这对 A 股市场来说是非常好的现象。

(3)调整 A 股市场估值结构。

由于沪港通可以交易的股票主要是优质蓝筹股和一些成长性较好的股票，这有利于调整过去扭曲的 A 股市场估值结构。近几年的行情，诸如创业板、概念板块中有些股票市盈率已经在百倍上下，而沪市的不少优质蓝筹股市盈率却只有 5～10 倍，这种估值扭曲在沪港通开通后，有望得到一定程度的修正，估值较低的优质蓝筹股和成长股有望恢复估值。

自贸区的新版图

中国(上海)自由贸易试验区于 2013 年 9 月 29 日成立后，中国自贸区实践的版图不断扩大。2014 年 12 月 12 日，国务院总理李克强主持召开国务院常务会议，会议决定，依托现有新区、园区，在广东、天津、福建特定区域再设三个自由贸易园区。至此，全国自由贸易园区数目从一个扩充到了四个。

展翅欲飞的中国(上海)自由贸易试验区(图片来源：百度图片)

一个地方能开自贸区，意味着经济进一步走向开放，市场将更加自由化，对经济的促进预期是显而易见的，各地都在争设自贸区。那么，哪里会是第三批自贸区的试点呢？

在分析之前，首先得搞清楚两个问题：第一，为什么要设置自贸区？第二，为何前两批自贸区选择上海、广东、天津和福建？明白这两个问题，才能推导出未来哪个地方会成为接下来的自贸区。

(1)为什么要设置自贸区？

中国设置自贸区的改革绝不亚于改革开放后的经济特区政策，从长远看，其重要性甚至会超过特区。因为自由贸易是世界发展趋势，而自贸区就是在实现自由贸易前的大胆试水和过渡。未来，全球将在更大程度上实现自由贸易，在各种规则成熟前，先开自贸区进行实践有利于未来游戏规则的制定。总体而言，中国搞自贸区主要有如下四方面原因：

第一，扩大开放，提升世界经济与中国经济的融合度。

改革开放以前，我国开始因西方的封锁，后又因中苏关系恶化，对外只能与第三世界国家进行贸易往来，故开放程度很低。20 世纪 60 年代，以毛主席为首的第一代领导层大智大勇，在越南迫使美国陷入战争泥潭，不可自拔；同时，在北边也顶住了苏联的霸权压力，避免中国成为苏联的附庸。

1969 年，在美国进退两难之际，在美苏对抗激烈之时，以毛主席为首的第一代领导层看准时机，果断向苏联出手，漂亮地打了一场珍宝岛战役(珍宝岛战役是中国在苏联挑衅很多次后的一次反击，决策真是大智大勇，赢得也漂亮)。这一战，让苏联感受到了中国的强硬，也让美国看到了借中国之力遏制苏联的机会(当时美苏对抗中，美国有些处于劣势，较为被动)。故从 1969 年中苏珍宝岛战役后，中美开始有了互动。直到 1972 年尼克松访华，在中南海会见毛泽东主席，中美关系才宣布真正解冻。毛主席用大智大勇撬开了西方的封锁之门，接下来才有了邓小平打开国门，中国和世界开始走向融合。中国第一代和第二代领导人，在国家战略层面由此可以看出一定程度上的一致性。

30 多年的改革开放，某种程度上说，中国已经“世界”。如今，到了该世界

“中国”的时候了。在这种转折点上，中国需要有更大的勇气和更大的战略，更加开放，更大程度地张开自己的怀抱，拥抱整个世界。此时，设立自由贸易区，就是要扩大开放，提升世界经济与中国经济的融合度。过去，我们开放是乘风破浪让自己走出去；如今，我们开放是筑巢引凤让别人走进来。

第二，推进自由贸易实践，为未来全球自由贸易打下制度和实践基础。

全球化、自由贸易是人类发展的大趋势，在这方面如今已取得巨大突破，各国互相签署的自由贸易协议越来越多。可以预见，未来全世界终究是要实现完全自由贸易的，谁能更早、更快地开始创建自贸港、自贸区，谁就能赢得先机。在这种背景下，一个开放的国家，率先划一片地方进行完全自由贸易的现实实践，不但有利于自己经济发展，还有利于在未来自由贸易的规则实践上获得更多现实经验，对未来制定自由贸易的规则有巨大好处，可形成先发优势。

有人会问，自由贸易对中国有什么好处？中国是一个蒸蒸日上的人口大国，随着人民币国际化、产业升级，自由贸易对中国会越来越有利，现阶段搞自由贸易区是政策上的明智之举，是有预见性的经济实践和布局。之所以搞自由贸易，很重要的原因就是在有限范围内进行实践，这和改革开放后搞特区是一个道理。

第三，为国际资本提供投资机会和避风港，吸引国际资本投资中国。

自贸区不但贸易商是自由的，资本进出也将是自由的，某种程度上是一个经济的自由口岸。如此，从金融角度说，有了这个自贸区，这里就可以成为资本的避风港。避什么风？随着世界局势越来越不稳定，世界资本是需要一个安稳之地的。考虑到人民币资本项目下还不能自由兑换，有了这个自贸区就能一定程度地吸引国际资本到此避风。在这个世界上，经济发展潜力大、经济规模大、自我防卫能力强的大国恐怕只有中国和美国了。中国此时搞自贸区，恰逢其时。

第四，推进人民币国际化进程。

人民币国际化进程加速，但现在主要还是用于跨境贸易结算，要想他国更多地使用人民币结算并储存人民币，一定要在国内给境外资本开口子。譬如，在资本领域中的RQFII、沪港通都是开的人民币资本回流的口子，而实业投资的口子就在诸如自贸区这种地方。只有开了这些口子，人民币国际化才能更顺畅，才能在加强贸易领域结算的情况下提升人民币在他国储备货币中的地位。

(2)自贸区为何选择上海、广东、天津和福建？

自贸区第一个选择上海是毫无悬念的，原因很简单，上海是中国经济最发达、最繁荣和制度最完善的地方，是中国的经济、金融之都。中国对上海的定位是东方的纽约、伦敦，是国际贸易和金融中心。而且，相比其他地方，上海不但经济发达，各方面的制度也更加完善，更有利于实践。所以，自贸区第一个必然选择上海，不会有第二个城市。

那么，第二批又为何选择广东、天津和福建呢？

广东省是我国经济最发达的省份，全国四大城市广东省占两个：广州和深圳。第二批要搞自贸区，广东必不可少。广东特区深圳已经有了一个前海试验区，所以不太可能再把自贸区给深圳。根据现在情况看，广东的自贸园区应该瞄准的是珠港澳这个经济区，通过珠海将广东省和港、澳联系起来，如此广东省除了深港外，就有了另外一个与香港这个国际大都市融合的口子，并且还和澳门连在了一起。可以预见，未来广东自贸区在贸易投资、高端金融服务等方面一定会有大发展。

天津是直辖市，第二批自贸区之所以选天津，根本原因有三个方面：

①京津冀经济圈一极。天津作为京津冀经济圈的一极，其扮演的是首都北京的金融贸易陪都角色，这一地位和角色本身就必然让其成为第二批自贸区试验点之一。

②环渤海经济圈核心。天津还有另一个重要角色，即环渤海经济圈的核心。环渤海经济圈是北方沿海经济圈的核心，这一地位也必然为其加分。

③东北亚经济门户。天津作为一个国际大都市，又和首都互为表里，同时又连接中部经济区和东北经济区，还是沿海针对东北亚的经济门户，其区

域经济地位非常重要。

上述三个因素是天津获批自贸区的根本原因。考虑到天津海港地位,未来天津的港口贸易、航运发展空间很大,金融租赁、贸易相关的业务发展空间也不小。

福建省虽然经济也算发达,但其获批自贸区的根本原因只有一个:台湾因素。虽然台湾那边近一年瞎闹得厉害,但作为中国自己的战略布局,仍然不得不考虑台湾。因为台湾毕竟是中国自己的地方,两岸差异虽然很大,但融合必然从经济着手,才能尽量避免未来同胞兵戎相见。因此,福建的自贸区既是经济的,政治含义也很深刻。当然,从经济角度说,主要还是为了发展两岸贸易和两岸金融合作,故地点应是厦门。

上述三个试点,将会从上海的实践中吸取经验,从上海的实践中找到与自己的契合点推广发展(上述三个地区的经济格局都没有上海那么全面,所以发展会有不同的面,不可能像上海铺得那么大)。

上述四个自贸区的设置有四个共同点:一是都在沿海;二是经济上属于最发达的地区;三是都有区域经济的核心节点;四是都是经济结构转型的重点地区。我们分析下一批自贸区,一方面要考虑这些共同点,另一方面要考虑未来的发展方向。

(3)下一批自贸区会在哪儿?

我们找自贸区,可以先通过上述四个区域的共同点去找与此对应的地方。

考虑到上述四个特点及中韩自贸区,未来山东可能成为下一批自贸区的一员,青岛这个城市会成为候选城市。在沿海地区中,除了山东之外,其次就是海南,海南的三亚也存在可能,但考虑到海南已作为旅游区开发,可能性相比山东小很多。

自贸区由沿海开始,未来必然向内地推进,推进考虑因素应该有三个方面:一是经济要足够发达;二是区域经济地位要足够重要;三是要具有很强的物流能力以及制造能力。如此,在内地,如下几个地方可能成为候选:

考虑到中国对东南亚经济的整合,云南和广西可能获批,云南大概率是在昆明,广西则可能在防城港或北海。成都和重庆是西部最重要的两个城市,这两个城市必有其一甚至有其二(可能不在一批之内)。另外,湖北的武汉、陕西的西安、河南的郑州,这三个城市中可能会有一到两个城市成为下批试点。

银行允许破产背景下的百姓理财

2015年5月1日,《存款保险条例》正式施行。那么,什么是存款保险制度?直白点说,就是成立一个存款保险基金管理机构,然后由包括商业银行在内的吸纳存款机构向该机构缴纳保费,形成一个存款保险基金。未来,一旦投保机构破产无法经营、被撤销或者被接管,存款保险基金机构就能用存款保险基金的钱代偿储户。

存款保险是强制性的,无论是本币还是外币,只要是到商业银行等存款机构进行的存款就要接受强制性保险。根据征求意见稿,基金在银行遭遇风险时将实行限额偿付,最高偿付限额为人民币50万元。也就是说,同一存款人在同一家存款机构存款账户的本金和利息加起来在50万元以内是全额赔付(根据央行数据,截止到2013年底,这一数额可覆盖99.63%的储户)的,而超过50万元的部分将从这家存款银行的清算财产中受偿。

为什么要建立存款保险制度?这样的制度对我们生活又有什么影响?面对制度改革,我们又该如何应对呢?

(1)为什么要建立存款保险制度?

国家为何要建立存款保险制度呢?过去,我国商业银行基本都属国有,给这些商业银行兜底的是国家和地方财政,如果哪家银行出现问题,那么国家财政和地方财政会对银行进行重组或不良资产剥离,以保证储户利益。但是,随着我国银行业的开放,包括私有资本和外资都已可以投资商业银行。

如此一来,国家财政和地方财政再给私有银行和外资兜底就不合适了。但是,如果没人兜底,谁又负责保护储户的利益呢?正是基于保护储户利益的初衷,存款保险制度才应运而生。存款保险由谁来投保呢?不要误解,不会让储户投保,是由投保机构进行投保。投保机构每6个月缴纳一次保费,迟交还要按日收取保费部分的万分之五作为滞纳金。当然,商业银行会把这些计入经营成本。

事实上,存款保险制度在发达国家是普遍存在的,自1933年美国创建存款保险制度以来,全球目前已有一百多个国家效仿。笔者写作时,美国的存款保险最高赔付限额为25万美元(合153.58万元人民币),德国为2万欧元(合15.3万元人民币),日本为1 000万日元(合51.7万元人民币),印度为3万卢比(合3 000元人民币)。相比上述几个国家,中国最高限额低于美国,远高于德国和印度,和日本基本持平。这说明中国在考虑该保险制度时,是充分考虑了绝大多数储户利益的。

(2)存款保险制度对我们理财生活的影响。

需要指出的是,银行不会倒闭和由政府托底的认识必须改变了。过去,银行由政府托底、由财政担保,说白了就是全国人民保底。由于银行业不再完全国有经营,而是包括私有资本和外资都可以投资,这种财政兜底的情况今后不会再有了。也就是说,钱存在银行不是绝对安全的了。当然,有了存款保险制度,低于存款50万元可以获得满额赔付,这也一定程度地保证了50万元以下金额存款的安全性。

面对这种制度变化,普通百姓在储蓄和理财方面应该作出怎样的调整呢?

第一,存款50万元以下,存在任何一个商业银行都是安全的,储户完全可根据自己的需要随意选择商业银行,不必担心本金和利息损失。过去,城市商行因为倒闭而无法及时兑付的情况,在有存款保险制度的情况下以后将不存在。不过,考虑到安全,还是适当分开存一些为好,避免真的某个银行出现问题,自己又急着用钱而不能兑付。对于50万元以上的存款,想绝对稳妥还是分别存在不同的银行较好。当然,在四大行存 50 万元以上额度的安全性要高于中小商业银行,可以认为基本是无忧的,因为它们的大股东都是财政部,客观上还是财政兜底,如果四大行都出问题了,说明金融系统出问题了,金融系统出问题了,货币放哪都不安全。相比小的商业银行,四大行对于超过 50 万元额度的存款安全性还是更高一些。

第二,考虑到未来利率将市场化,存款利率浮动幅度将会越来越大,各大银行的利率会有一定差异。特别是在有了存款保险后,中小商业银行为了揽储,在风险控制方面的成本下降的情况下,它们的利率很可能会上浮到可以上浮的极限,利率可能会比大行稍高。因此,储户在进行 50 万元以下的储蓄时,可不必再担心小银行风险,尽可以根据储蓄利率选择存款银行以获得更多存款利息。

第三,理财产品的重大注意事项。对于理财产品,规定已明确不保底,这意味着所有理财产品的安全性都是相对的,和过去有些理财产品给予保底有本质不同。所以,在购买理财产品时,投资者要提高警惕。在签署理财产品合约时,一定要注意相关条款和潜在风险,避免出现大的亏损。当然,在购买理财产品时,切记勿将"鸡蛋"放在一个篮子里,不要在一个理财产品上投入过大的额度。

另外,投资者需要注意的是外资商业银行理财产品的风险,诸如在外资行理财被坑的案例已多有报道。相比外资行,国内银行在理财产品上将会更有优势,这种优势来自国内商业银行处于国内金融体系的内部,而外资行则处于外部,近水楼台先得月的道理大家应该都懂。在这方面,万不可相信外来的和尚好念经。举个简单的例子,现在我国正在推动的银行资产证券化,就是将一些银行信贷资产变成理财产品卖给投资者,外资行显然没有这些资源。外资行在投资境外理财产品方面有一定优势,但发达国家大多零利率,其股票基本都处于历史高位,几乎已没有好的投资品,投资它们的理财产品无异于"送财童子"了。所以,在这方面,投资者要多个心眼,别辛辛苦苦挣点钱又扔水里了。

三加燃油税的背后

2014年11月29日、12月13日和2015年1月13日,财政部、国家税务总局连续三次上调燃油税,微博上出现不少骂声和吐槽。对于骂声和吐槽,如果是因为不明就里,笔者表示理解;如果理解其中逻辑仍然骂,那笔者就无语了。有不少人发私信或微信问笔者对提高燃油税的看法,其实笔者看法在微博中早就发表过。在这里,借机对此再总结一下。对于增加燃油税,有三种看法:(1)加税没什么不妥;(2)间隔时间太短,会给一些不明内情逻辑的公众一些负面情绪;(3)官方对燃油税宣传得仍然不够,特别是对加税与治雾霾及宏观调控的关系宣传不够。

为什么说加税没什么不妥?逻辑很简单,燃油税是谁用得多谁缴税多,用得少则缴税少。谁用得多?富人用得多,穷人用得少,加燃油税自然是富人多缴税,穷人少缴税。譬如,有车族用得多就得多缴税,开车多的人比开车少的人就得多缴税,无车族就基本不用缴税,搭公交或地铁更不会因提升燃油税而烦恼。

国家税收是干什么用的?主要是为增加社会公共福利,富人缴税多,相对来说穷人就会缴税少,燃油税富人多缴了税,最终穷人就会因此少缴税。这就像提高高收入的个人所得税一样,笔者是一贯支持的,虽然因此自己也会多缴不少税,但能赚钱的人本就该多负担一些社会责任;否则,政府转移支付功能无法平衡社会,社会矛盾激化,富人最终也会因此受到大损失。平衡、和谐对大家都很有必要,所以富人应多向穷人让利。而且,政府对富人收税多一些,那么对穷人的税收就会少一些,这正是政府转移支付和调节社会收入分配的一种手段,自然无可厚非。如果富人风格不高,为此抱怨、吐槽,甚至骂几句,从利益角度上还是可以理解的,毕竟人家多出钱了嘛。但是,消费成品油很少的一些人也为此吐槽、抱怨,甚至骂街,的确就无法让人理解了。

还有一个很有趣的现象,这次油价大跌其中很重要的因素之一是美俄斗法。正是美俄斗法,促使华尔街打压油价,同时沙特借此跟风投机又打压,因为这样有利于打击俄罗斯和伊朗,有助于自己的战略和未来经济利益。

当然,连续加燃油税有很多原因,在笔者看来,主要包括如下三个方面:

(1)趁着国际原油价格下跌调整燃油税率,有助于宏观经济调控和税收改革。

中国正在进行税收改革,很多领域需要减税,譬如前面就有不少减税措施。但是,税不可能只减不增,税收改革必然是结构性调整,有减就有增。减的地方已经做了,那么增在哪里呢?燃油税就是一个不错的选择,有利于调节收入分配,有利于宏观调控,富人多缴而穷人少缴。

而且,在油价大跌时调整,可以将油价变化对宏观经济的影响降到最小,否则将来真的油价再涨起来,税就不好加了。譬如,2008年油价大涨的时候,政府为了遏制CPI和PPI上涨,强令成品油价格停止上涨。油价尚且需要行政控制,又怎可能再加税?这些都是宏观调控措施。最近的两次加税,既是税收改革也是宏观调控。

(2)节能减排的战略需要。

中国在节能减排方面已经有了硬指标,中美在第二次"习奥会"时已经签署了中美减排目标协议。在这种情况下,国际原油大跌,如果不作出一些策略调整,新能源领域就会受到严重打击。油价下降,相当于鼓励石油消费,但节能减排的目标在那里摆着,如此下去很可能目标无法实现。此时加税,重要原因之一是为经济结构调整和产业升级提供支撑。很简单的道理,因为增加燃油税后总的财政收入增加了,那么对新能源的补贴力度和减税力度就可以加强,就能促进新能源产业的发展。譬如,现在很多地方新能源汽车是国家和地方双补,补贴幅度高达40%~60%,这些钱从哪里来?显然不是风刮来的。

(3)治理大气污染需要。

加燃油税，最重要的目的还是为了雾霾治理。我们都希望有清洁的空气，可很多人不知道过去十几年来，我们的成品油燃烧后都会排出大量的硫化物，硫化物就是产生 PM2.5 的重要原因之一。如今，成品油品质虽然在提高，但化油设备淘汰不可能是一两天的事，雾霾治理也不是一两天的事。治理雾霾需要大量资金投入，这些钱从哪里来？显然还是羊毛出在羊身上。如此一来，谁用油多自然谁应缴纳更多燃油税，多为治理雾霾做贡献。

汽车尾气对雾霾的影响有多严重？看看北京一旦单双号限行后那蓝蓝的天，就知道影响很大。有兴趣的朋友还可以在雾霾天，在开车或坐车时开窗吹一吹，如果眼睛泛酸，回家观察眼睛里血丝变多，那就是雾霾中硫化物的刺激所致。

还有不少人疑问，为何国际原油价格跌了都 40%了，成品油价格却没有降那么多？原因有三方面：

第一，原油炼化成成品油，1 吨原油国际最高水平的成油率为 80%，我国水平过去在 65%上下，近些年技术水平有所提升，但估计顶多也就是 70%左右的成油率。

第二，成品油价格中差不多有 1/3 是税费，包括燃油税、增值税（增值税相当于成品油价格和燃油税之和的 17%）、城建税和教育费附加。其中，城建税和教育费附加则以消费税和增值税为税基，分别为税基的 7%与 3%（各地计算公式有所差异）。

第三，炼油、运输和仓储成本。这个费用各地不同，一般为每吨 500～1 200元。

综上所述，原油只是成品油成本的一部分，再加上税费比例总体是不变的，所以成品油价格的降幅不可能和原油价格降幅一样。

在这里也提醒大家，这个世界各种忽悠很多，不小心就会犯傻上当。当我们面对问题时，应该多一份理性思考，少一份盲目热血和感情用事。对政府、社会要有批判精神，对丑恶应该敢于指出来。但是，一定要批在点子上，有理有据；否则，就可能犯常识性错误。

譬如，对政府、国企的奢靡腐败之风，一定要大胆揭露、批判，要加强透明度和社会监督。对国家政策的调整，一定要看看是对大众有利还是有害，不清楚的可以查查资料再发言，看不懂就暂时不发言，一旦盲目就可能被人忽悠。

再如，有人鼓动国企私有化、土地私有化、扩大大学自主招生规模、不再守 18 亿亩耕地红线等这些政策建议，一定要坚决反对，因为这些政策对国家和百姓都是有害的。对富人多征税，应举双手赞成；对穷人减税，应鼓掌欢迎。对于我们老百姓来说，要鼓励和支持政府做对大众有益的决策，反对政府做错误和损害百姓利益的决策。只有这样，才是理性的人，才能真正维护住自己的实际利益。否则，被一些别有用心的人蛊惑、利用，最终损害的还是自己的利益，那岂不是得不偿失？就像乌克兰的一些人受雇于人，上街闹事，推翻了亚努科维奇的政府，结果国家分裂、内战不止、民不聊生。

冲动是魔鬼，做人需理性，理性地思考，三思而后行才能有所作为。

改变人类世界发展模式的中国高铁

如今，方便快捷的高铁越来越得到老百姓的认可，过去几年反对修建高铁的声音已基本消失，连过去在微博上黑高铁的一些人，都开始盛赞高铁的好。高铁，客观上改变了中国人的生活。李克强总理如今都自称高铁“推销员”，外访时经常会向相关国家推销中国高铁。中国高铁，俨然已成为国家的一张名片，成了中国工业制造的一颗闪亮明珠。

高铁，不仅仅改变了我们的日常生活，而且高铁和重载铁路的延伸，正在与人类全球化、欧亚大陆经济整合的大趋势叠加在一起。这些有利因素的叠加，使得中国高铁事实上正在成为改变世界规则的有力工具。其对中国的战略作用，笔者在拙作《大博弈：中国之危与机（形势篇）》中进行了详细论述。

但更为重要的是，高铁事实上正在改变人类社会的发展模式。这一改变，不但会改变世界的大国博弈格局，还会对过去人类社会几百年的发展模式产生颠覆性影响。

中国高铁：塑造世界经济的新动脉（图片来源：百度图片）

这一切，都源于中国掌握了高铁技术，并迅速在世界上成为该领域的领先者。

截至2014年底，随着拉日铁路、沪昆高铁长怀段、贵广高铁、兰新高铁、南广高铁等一批铁路新线集中建成投产，新线投产达8 427公里，创历史纪录。至此，我国铁路营业里程已达11.2万公里，其中高铁1.6万公里，"四纵四横"快速铁路网主骨架初具规模。全国铁路动车组列车开行范围扩展至28个省市区。中国高速铁路运营里程约占世界高铁运营里程的一半，稳居世界高铁里程榜首。在建高铁规模也高达1.2万公里，成为世界上高速铁路投产运营里程最长、在建规模最大的国家。

既然高铁正在改变世界的大国博弈格局，还在改变着人类社会过去数百年的社会发展模式，那么，高铁将如何改变这一切呢？

笔者在拙作《大博弈：中国之危与机（形势篇）》中有一个结论，即中国高铁将促使"陆权"在未来几十年内快速回归，未来人类世界将会是"陆权"与

“海权”并重的发展模式，一改过去几百年“海权”一统天下的局面。

这一结论，笔者在以往提出时还未看到其他人有类似提法。现在，越来越多的人开始认识到这一点，特别是当“丝绸之路经济带”战略被提出后，中国高铁的战略作用越发凸显。虽然“陆权”正加速回归的观点还未被普遍接受，但笔者相信，用不了几年，这一观点将会成为主流观点。

其实，更多的人是关心这背后的逻辑。关于上述观点的历史逻辑演变，笔者在《大博弈：中国之危与机(形势篇)》中有如下详细论述：

我们知道，自人类社会诞生以来，总体上一直是陆上社会，即人类更多的活动发生在陆地上。虽然人类对大海的征服从未停止，但海上活动相比陆上活动只是社会的一小部分，在经济活动中的占比总体偏低(历史上，中国宋朝特别是南宋时期，海上经济活动一度较为发达)。因此，在长达数千年的农业社会，陆权一直占据着人类社会政治的核心。

但是，这一切在15世纪发生改变。15世纪末，随着哥伦布发现美洲，西方的大航海时代到来，这一切改变了过去人类历史由陆权主导人类社会的现实。经过一两百年的发展，海上贸易逐渐取代陆上贸易成为西欧经济的主体，西欧人通过发展与世界其他国家的海上贸易以及对世界他国的掠夺，逐渐完成原始积累，并于18世纪爆发工业革命。之后，在世界经济活动中，陆权一直从属于海权，原因是海上运输较陆上运输有非常明显的三大优势：

优势一：海上通过能力大。海洋运输可以利用四通八达的天然运输航道，它不像火车、汽车受轨道和道路的限制，故其通过能力大。

优势二：运量大。海洋运输船舶的运载能力远远大于铁路运输车辆和公路运输车辆。如一艘万吨船舶的载重量一般相当于250～300个车皮的载重量。

优势三：运费低。按照规模经济的观点，因为运量大、航程远，分摊于每吨货运的运输成本就少，因此运费相对低廉。

这三大优势，使得世界上谁控制了海洋，谁就控制了世界。所以，我们看到，近代西方谁是海上的霸主，谁就是世界的最强国。这一切，到大英帝国终修成正果,即谁掌握海洋,谁就是世界霸主。特别是19世纪的大英帝国、20世纪的美国,都是掌握了海洋霸权从而成为世界霸主的。

既然海权成为世界主导是由于海上贸易运输的优势,那么当陆上运输在这三方面赶上海上运输,再加上陆上运输的安全性高、风险小、运输路线的完整性、运输速度快等优点的发挥,则世界经济游戏规则必然改变。高速铁路技术的成熟,事实上给这一切提供了战略机会。

上述内容阐释了海权为什么替代了一直统治人类的陆权,也阐明了陆权要回归的条件——当陆上运输在上述三个方面超过海上运输,那么陆权必然回归。如今,随着高铁的发展和重载铁路的发展,陆上运输正在快速替代海运优势,重新占据主动。

当然,我们知道,早在中国之前就有日本、德国、法国等国掌握了高铁技术,那么它们为什么就没能改变这一切呢?为什么当中国拥有了这一技术后,即对世界形成了这么大的改变力量呢?根本原因有三个:

(1)中国国土幅员辽阔,人口基数巨大。

高速铁路的发展需有足够的延伸空间和足够的乘坐人口,这两点非常重要,否则高铁的效率优势将较难发挥。中国恰恰具备这两点基础,一方面是国土面积辽阔,另一方面是人口基数巨大,这一切使得高铁在中国有巨大的发展空间,也容易获得快速发展。关于这两个基础条件,无论是日本还是欧洲诸国,与中国的先天条件都不可同日而语。

(2)中国有完整的工业链、强大的制造能力和工程施工能力。

高铁的发展,非有完整的工业链、强大的制造能力和工程施工能力不可。没有完整的工业链,高铁技术难以快速吸收,更别说独立研发;没有强大的制造能力,产品必然受制于人,发展一定受限;没有强大的工程施工能力,以中国这么辽阔的国土面积,高铁施工速度必然难以保证。然而,中国具备这三种能力,于是中国仅用数年时间就完成了对发达国家的追赶甚至超越。至于其他国家,虽然掌握了技术,但很难将高铁的成本降下来。

(3)中国经济处于高速发展中,且仍将继续高速发展。

这一点是任何发达国家都不具备的。发达国家由于投资趋于饱和,其经济增长空间有限。中国则不然,中国正在进行着城市化、产业升级和经济结构转型,无论是中国中西部的基础建设投资、生产效率的提高空间还是消费在经济中的占比,都仍有巨大的发展机会。一方面,这一切给高铁发展带来了经济条件;另一方面,高铁的发展也加速了经济和城市化的发展。

高铁的发展使得高铁在速度上正在向航空靠拢,而其效率却要比航空运输更高。此外,在高铁高速发展的同时,货运的重载铁路也正在高速发展。过去,一辆货运列车的单列运输量约为两三千吨,但如今已经向两三万吨迈进,速度也正大幅提高。中国重载铁路瓦日铁路(原山西中南部铁路通道)于2014年9月全线贯通,其中山东段——莱芜以东至日照段,时速达到200公里/小时。

这意味着,未来高速铁路和重载铁路完全可能结合起来,铁路在国际贸易的货物运输上不但具有海运运量大、运费低的特点,还将比海运更有效率、更安全。

这样的陆上运输重大技术变革,正在颠覆过去几百年人类社会主要靠海运进行国际贸易运输的现实。这一改变,事实上也必然会改变人类世界的经济游戏规则。而如今的中国,恰恰又利用自己的优势,在高铁和重载铁路战略上占据了制高点。再考虑到中国作为世界最大的制造业大国、最大的贸易国和最具潜力的市场等因素,中国高铁在加速国内扩建的同时,必然向欧亚大陆其他国家延伸。

美国为何要在中东、东欧、南海等地不断挑事,就是要破坏这些地区的和平与稳定,迫使相关国家之间敌对起来,而不是互相增加信任。而这么做的目的之一,就是为了打断高铁和重载铁路的发展之路。当然,阻挡住这一切,欧亚大陆的整合就会慢一些,美国就能继续在欧亚大陆发挥更持久的影响力。

而且,一旦欧亚大陆布满高铁,在交通上对飞机将会产生巨大的替代作用。如此一来,波音公司将会受到致命打击,美国在高端工业输出品上将会被折断翅膀。欧洲德国、法国等国也掌握了高铁技术,它们空客的损失完全可用自己掌握的高铁技术产品出口来弥补。

中国的丝绸之路经济带战略要靠什么来连接?靠什么来加强各国的贸易和人员往来?就是要靠高铁。如果没有高铁,丝绸之路经济带战略实施起来将会非常困难。如今则不同了,高铁的发展使得陆上的整合变得更加容易、更加有经济价值。有了高铁,以大中国为核心的"大中华经济圈"构建完成指日可待。

如今,欧亚大陆上正在构筑的国际铁路网包括泛亚铁路,第一、第二、第三条欧亚大陆桥等,当这些铁路干网逐渐形成合力,再辅以更多铁路支线,未来欧亚大陆将会被高速铁路和重载铁路所覆盖,这样的经济运行效率将会大幅提高。如此下去,欧亚大陆上各国将更趋于合作而非敌对,大家都会迎来新的经济发展机遇,欧亚大陆上的局部冲突也会因各国的经济大整合而逐渐化解。

我们以人类世界矛盾最多地区中东为例,这个区域的民族、宗教等矛盾的化解,务必有一个前提条件,那就是这些国家都迎来非常明显的发展机遇,让发展带来的安居乐业来融化仇恨。而这一切,会因为高铁、重载铁路支撑下的丝绸之路经济带战略而发生改变。

笔者相信,数十年后,中东地区的战乱将会逐渐消失,取而代之的将是一场新时代的文化经济革命。到那时,经济发展将会是相关地区的绝对主旋律,当地的文化也会因经济的发展而发生革新,民族和解也将因世界经济发展模式的变化而发生质变。

贫穷落后的非洲也会因为欧亚大陆经济的加速整合而迎来巨大的发展机遇,二十年后高铁和重载铁路将会逐渐加速覆盖非洲,欧、亚、非三个大洲将会因为高铁和重载铁路而发生本质变化,人类社会将会迎来新的发展模式。

最后,再强调一遍,未来人类世界将是"陆权"和"海权"并重的时代,从现在到本世纪中叶,"陆权"将会像风一样回归。"陆权"的回归,将会提高中国在世界上的分量;中国海军的发展,又会让中国获得更多的“海权”。中国,未来将是一个“海权、陆权”并重的大国。中国所在的地理位置,会促进中国重新崛起为世界上的顶级大国,中华民族伟大复兴的中国梦将会实现。

占豪感悟

在 2013 年前后,占豪就曾分析过中国经济,当时的判断是:2013 年实体经济开始进入特别难受的周期。有此判断的原因是:当时刚刚完成换届,政策开始进入比较大的调整周期,而且我国经济正处于转型升级的加压阶段,此时宏观经济必然更加困难。2014 年企业开始充分体会到实体经济的困难,之所以如此,原因在于美联储加息预期使得资本流出大于流入,企业资金面非常紧张,企业肯定会感觉到非常困难。2015 年是经济最困难的一年,这一年,实体经济会感觉非常寒冷,事实也的确如此,后来发生股灾又放大了这一点。2016 年是宏观经济数据最困难的一年,这一点从数据上看也的确如此,2016 年上半年 GDP 数据为近几年最低,不过情况好于市场预期,数据有明显开始触底迹象。2017 年宏观经济将会逐渐企稳回升,这个判断的原因在于,我国经过几年的转型升级和政策调整,新的经济增长点开始成长起来,经济在数据上开始企稳并有更多向好迹象出现,虽然 L 型依然是宏观面的判断,但此时积极因素会更多。

这些判断,过去的情况已经得到验证,现在还需要进一步验证 2017 年之后的判断。笔者的看法是,中国宏观经济从 2018 年开始会逐渐有明显改观,到 2020 年基本可确认进入新的经济景气周期。

第2章

面向全球的中国经济

◎ 金砖银行:新兴经济体撬动世界的杠杆支点

◎ QE 终结后的美国问题与中国应对之道

◎ 中外的经济推手

◎ 亚投行:中国对美国的巧妙釜底抽薪

◎ APEC 北京峰会

金砖银行[1]:新兴经济体撬动世界的杠杆支点

金砖银行成立的重大意义

2014 年 7 月 15 日这一天,世界上发生了一件惊天动地的大事。这件大事对未来世界的政治、经济和金融的游戏规则将产生巨大影响。这是一件什么大事呢?在这一天,金砖国家在巴西召开第六次领导人峰会,中国、俄罗斯、印度、巴西和南非签署并发表了《福塔莱萨宣言》,成立了金砖国家新开发银行和应急储备基金[2]。

为什么这件事如此重大?原因是,这是自第二次世界大战以来,世界上首次有国家在经济、金融游戏规则上挑战由美国主导的西方经济体系——布雷顿森林体系。这次挑战是发展中国家向发达国家的挑战,是以金砖为首的发展中国家构建自己新体系的尝试。

金砖五国[3],相关“参数”非同小可。五国人口占全球人口的 42.6%,国土面积占全球的 29.6%,经济总量约占全球的 21%,外汇储备约占全球的一半,彼此间贸易额约占全球的 15%,对全球经济增长贡献率也高达 50%。按

① 金砖银行,即金砖国家新开发银行,是由金砖国家组织成员共同建立的国际性金融机构。2013 年,第五届金砖国家峰会上,五国领导人同意成立金砖国家新开发银行;2014 年,金砖银行总部被确定为中国上海;首任行长为印度人卡马特(Kamath)。

② 应急储备基金,简称应急基金,是由中国提出的一个倡议,主要是为了解决金砖国家短期金融危机,是一种救助机制,不是营利机制。

③ “金砖五国”,指巴西、俄罗斯、印度、中国、南非五个国家。“金砖四国”(BRIC)使用了巴西(Brazil)、俄罗斯(Russia)、印度(India)和中国(China)的英文首字母。由于该词与英语单词的砖(Brick)类似,因此被称为“金砖四国”。南非(South Africa)加入后,其英文单词变为“BRICS”,并改称为“金砖国家”或“金砖五国”。“金砖五国”的标志是五国国旗的代表颜色做条状围成的圆形,象征着“金砖国家”的合作、团结。

现在增速计算,10 年后金砖国家经济总量将占全球的 40%,超过 G7。

在这五个国家中,有两个联合国常任理事国,有两个军事强国(核大国),有两个人口超过 10 亿的大国,任何一个国家在其所在区域都举足轻重,对周边都有很强的政治、经济影响力。

这样的班底制定的新游戏规则,其影响力本身就足够震撼,金砖国家在经济总量上虽然与 G7 有较大差距,但潜力却比 G7 更大。更为重要的是,金砖国家的这次战略性合作是在平等互利基础上进行的,这和西方国家制定的布雷顿森林体系有本质不同。可以预见,金砖国家成立的金砖国家新开发银行和应急基金的未来发展空间巨大。

根据金砖国家新开发银行和应急基金的功能定位,它将致力于以下两项任务:

第一,为金砖国家以及其他新兴市场和发展中国家的基础设施建设、可持续发展项目筹措资金。说白了,一方面帮助发展中国家发展基础建设,另一方面帮助相关国家建立资本输出通道。

第二,设立应急基金,保障成员国的金融安全。该机制在帮助成员国应对短期流动性压力方面具有积极的预防作用,将有助于促进金砖国家进一步合作,加强全球金融安全网,并对现有的国际机制形成补充。该机制旨在通过货币互换提供流动性,以应对实际及潜在的短期收支失衡压力。说白了,就是当一国遭遇金融危机或受到金融攻击时,斥资救援。

金砖国家新开发银行和应急基金在功能上与世界银行和国际货币基金组织基本一致。国际舆论普遍认为,这是对“一行一金”两个组织的替代,《福塔莱萨宣言》的说法是有效补充。

事实也确实如此,我们知道,世界银行与国际货币基金组织搞经济或金融援助,必会要求相关国家向西方发达国家开放某些领域作为交换,说白了就是要求别人签署出卖国家某些经济或金融主权、对西方有利的“卖国”协议。吃这种亏的国家在当今世界比比皆是,譬如 1997 年亚洲金融风暴后,韩国及东盟国家就吃了大亏。包括美国盟友韩国在内的一些国家,因这种协议

“金砖五国”(图片来源:百度图片)

而失去了对部分领域或行业的控制权。世界银行和国际货币基金组织这种帮助发达国家“耍流氓”的做法,一直被发展中国家诟病。

金砖国家之间的合作显然还不止这些,若不出意外,金砖国家很快将成立功能与世贸组织类似的金砖国家贸易协议,负责金砖国家间的自贸谈判和协调。这种谈判就像美国主导的 TPP 和 G7 主导的 TTIP 一样,是既立足于世贸组织的游戏规则,又独立于世贸组织的一套新玩法。不同的是,世贸组织与世界银行、国际货币基金组织是协调配合的,而金砖国家间的贸易协定则是依托于金砖国家新开发银行和应急基金。

金砖国家的玩法,对新兴市场的发展中国家具有天然吸引力,会很容易获得发展中国家的认可。因为相比世界银行和国际货币基金组织的各种附加条件,金砖国家新开发银行不会附加不平等条款。对金砖国家来说,投资贸易本身就是彼此的机遇。新兴市场的发展中国家一旦加入这样的组织,不但能获得不附加出卖经济主权条件的投资资金,还能享受金砖国家的巨大潜力市场,同时还有应急基金保护国家的金融安全,这简直是用很小的代价购买了一份收益极其丰厚的经济增长保险。

更直白点说，金砖国家是在创建一个完全不同于西方模式的新金融、贸易、投资体系。在这个体系里，遵循的是中国倡导的“和平共处五项原则”，倡导的是包容性发展和互惠互利。这种体系非常富有中国特色，非常合乎中国倡导的政治外交和经济规则。从某种程度上说，这也正是以中国为首的发展中国家实质性地迈出改造世界经济、金融秩序的一步。

以中、俄为首的金砖国家之所以迈出另起炉灶这一步，根本原因有以下五个：

第一，世界银行、国际货币基金组织已不具广泛代表性。

如前文所述，发展中国家的经济已得到大幅发展，而且仍在高速增长当中。但是，这一切在世界银行和国际货币基金组织中并未得到与此相适应的话语权。

譬如，金砖国家在世界银行一共只有13%的投票权，而美国一家就占了15%；国际货币基金组织也类似，金砖国家的表决权一共只有11%，但美国一家则有17%，经济实力已远远落后于中国的日本拥有的表决权却仍排在中国前面。总体而言，世界银行和国际货币基金组织控制在G7手中，这种格局自然失去了对世界经济的总体代表性。

第二，世界银行、国际货币基金组织已难以满足世界经济发展需要。

近些年，由于西方发达国家债台高筑，这两个机构已对世界经济显得毫无办法。它既无法解决发达国家经济的实际问题，又无法对发展中国家经济发展提供有效的帮助，对发展中国家日益要求改革的呼声也置之不理，对已经确认的小的投票份额调整也故意拖延。事实上，对发展中国家来说，这两个机构已如鸡肋。食鸡肋，显然不如自己养鸡。

第三，构建新兴市场的经济内循环。

过去，发展中国家的经济很大程度上依赖发达国家。无论是投资方面还是市场需求方面，离开发达国家都玩不转。而发达国家通过对原材料、成品以及投资品的定价权，将利润的绝大部分留在了发达国家经济体内，只给发展中国家留下很少的一部分。哪怕如此，隔些年还要用金融手段对相关国家

"剪羊毛"。

这种不平等,使得发展中国家很难发展起来。但这一切,因为中国而改变。由于中国拥有远远超过西方想象的廉价劳动力,拥有独立自主的各方面能力,且内部团结,使得中国制造仅用十多年即席卷世界,完成了初始资本积累。这导致西方失去了对中国遏制的机会,同时又给了很多国家经济发展模式的其他选择,还有其他可以选择的投资和市场,有了构建新型市场经济内循环的条件。在这种背景下,金砖国家新开发银行与应急基金诞生了。这是新兴市场经济内循环的起点。

第四,本轮经济危机显示了西方在经济上的无能。

2008 年的经济危机首先由美国爆发,波及全世界,如今欧美仍陷在滞胀中不可自拔。欧美自救尚且困难,更别说对发展中国家进行帮助了。另外,西方发起设立的世界银行、国际货币基金组织,经常从西方国家的角度出发,在他国发生金融危机时,开出错误的"药方",并在后续问题处理中提出有利于西方资本控制相关国家产业的不平等条款。

在这种背景下,另建一个新的平台是整个世界的内部需求,是能者为之的一次尝试。

第五,以中、俄为首的发展中国家的反击。

美国对以中、俄为首的发展中国家进行全面的围堵与挤压,大大影响了以中、俄为首的国家战略,如果未来经济上完全依赖西方的游戏规则,对以中、俄为首的发展中国家来说无疑是灾难。所以,金砖国家新开发银行和应急基金成立。

金砖国家新开发银行成立前后,西方世界差不多就沸腾了。

2014 年 7 月 11 日普京访问古巴,决定恢复 2001 年停掉的古巴雷达监听站。14 日习近平主席刚到巴西,奥巴马就迫不及待地打电话。7 月 15 日,金砖国家新开发银行和应急基金成立。16 日美国就决定对俄罗斯展开强力制裁,制裁对象是俄罗斯大型银行、能源和国防企业。这三大领域是俄罗斯经济的支柱,美国显然在经济上是对俄罗斯下杀手了。这是美国把新账、旧账一块算了，一方面是借乌克兰的理由制裁，另一方面制裁的原因就是针对金砖国家新开发银行。那为何不制裁中国？因为中美经济利益捆绑得太紧密，制裁中国差不多相当于制裁自己，美国在这方面是相对犹豫的。当然，美国实际上针对中国的火力也准备开了，相信中国也已经做好回应准备。

同日，欧盟国家决定推出迄今为止最大范围的对俄制裁，同意中止对俄投资的贷款，并准备向与俄总统普京关系密切的寡头施加制裁，月底以前拿出清单。如果欧盟也同样重手，这就意味着欧俄关系将出现大幅倒退，欧、俄向爆发新冷战又迈进了一步。

俄罗斯为了保住自己的战略利益，就可能实施肢解乌克兰的策略。针对这一点，俄罗斯已经展开了反击。根据最新的消息，乌克兰方面说一架SU-25战机被俄击落。这其实就是俄罗斯的回应，只要欧盟加入了严厉制裁俄罗斯的阵营，则俄罗斯必拿乌克兰开刀。如此，全球向新冷战实际上又迈进了一步。

金砖银行为何在巴西峰会宣告成立？

为什么金砖国家新开发银行及应急基金是在巴西成立？金砖国家为何与南美国家联盟举行领导人会晤？中、俄两国元首为何均访问了拉美四国？为何有三个国家是重叠的？中国又为何与拉美和加勒比国家领导人举行会晤？这些布局会对世界产生什么样的影响？我们就一点点娓娓道来。

金砖国家新开发银行及应急基金之所以在金砖国家第六次领导人会晤暨金砖国家领导人峰会巴西峰会上确认成立，原因有两个：

(1)时间因素。

2012 年 2 月在 G20 财长峰会上，金砖国家财长首次提出构建新开发银行。2012 年 3 月，在金砖国家领导人第四次峰会上，印度明确提出建议建立金砖国家银行。建立的目的也很明确，鉴于美国金融危机以来国际金融体系的不稳定，金砖国家为避免在下一轮金融危机中受到货币不稳定的影响，计划构筑一个共同的金融安全网，可以借助这个资金池兑换一部分外汇用来应急。

建立金砖国家银行的建议被提出后，金砖国家领导人都非常重视。经过一年的沟通协调，2013 年 3 月，在金砖国家领导人第五次峰会上，五国决定建立金砖国家新开发银行。此时，金砖国家新开发银行在功能上作了进一步扩充，银行的职能将会简化金砖国家间的相互结算与贷款业务，从而减少对美元和欧元的依赖，同时还要兼顾金融安全网的能力建设。

考虑到当前国际局势，时间紧迫，故再经过一年多的沟通，各国即达成协议，确立基本规则，并在 2014 年 7 月 15 日金砖国家领导人第六次峰会上，确认成立金砖国家新开发银行及应急基金。

银行启动初始资本为1 000亿美元，各国平摊。初步启动资金 500 亿美元，将来逐渐增加到1 000亿美元。此次金砖国家领导人还考虑成立一个被称为“金砖应急储备安排”的基金，旨在向陷入经济危机的国家提供援助。储备基金为1 000亿美元，用于金砖国家应对金融突发事件，其中中国提供 410 亿美元，俄罗斯、巴西和印度分别提供 180 亿美元，南非提供其余的 50 亿美元。

这其中还有一个插曲，即印度要和中国争夺金砖国家银行的总部设置，最后是巴西将首任行长让给印度，印度才让步，最终银行总部设在了上海。各个重要职位也作了分配，首任理事长来自俄罗斯，首任董事长来自巴西，首任行长来自印度。

事实上，总部也只有设在上海才对各国最有利，因为中国经济实力最强，设在上海才能真正发挥金砖国家新开发银行及应急基金的作用，印度在经济和金融领域根本没资格领导金砖国家。

(2)战略布局因素。

金砖国家之所以在巴西峰会上宣布成立，应该说还有另一个原因，即金砖国家对新开发银行的全球战略布局。这一点具体体现在两个方面：

第一，新开发银行的战略职能定位和布局区域战略需要。

关于职能，我们从7月15日金砖国家签署的《福塔莱萨宣言》的第一条和第十一条中可见端倪。宣言第一条说："为体现金砖国家政府采取的包容性宏观经济和社会政策以及为应对人类实现增长、包容性和环保挑战的迫切需要，本次会晤主题为'包容性增长的可持续解决方案'。"第十一条说："金砖国家及其他新兴市场和发展中国家在解决基础设施缺口和满足可持续发展需求方面仍面临很大融资困难。鉴于此，我们高兴地宣布签署成立金砖国家新开发银行协议，为金砖国家以及其他新兴市场和发展中国家的基础设施建设、可持续发展项目筹措资金。"

直白点说，就是金砖国家要借金砖国家新开发银行，为发展中国家和欠发达国家等新兴市场解决基础建设和可持续发展的融资困难问题。我们知道，世界银行是由以美国为首的西方控制的，每每向新兴市场提供资金时，总附加各种苛刻条件，世界上很多国家为此吃亏不小。2008年世界经济危机之后，世界银行对新兴市场支持得更少，新开发银行成立的目的就是填补这个空缺。

当然，对于金砖国家来说，除了引入投资的通道增多外，还多了一个资本、工业的输出市场和资源来源地。事实上，这种布局最有利于中国。因为在这些国家当中，中国最需要资源、资本输出和工业商品输出。

关于区域，我们看包括南美洲在内的拉美国家都是新兴市场，在基础建设和可持续发展方面融资都面临困难。但是，拉丁美洲有着丰富的人力、土地资源。以南美国家联盟为例，12个国家拥有3.61亿人口，面积1 760多万平方公里，其中有800万平方公里的森林面积及占世界总量27%的淡水，其他诸如石油、矿产等资源都非常丰富。以融资、投资和建设换资源和市场，那正是中国所需要的。

在金砖国家所在的区域当中，亚洲早已派系林立，随时有出现局部冲突的可能，东南亚是块宝地，中国借助天时、地利、人和等因素捷足先登。李克强总理已提出成立"亚洲基础设施投资银行"，其他诸如中国—东盟开发银行什么的，也都早已有了雏形。

非洲又怎么样呢？南非是金砖国家，其他国家开发条件远不如美洲，而且北非、中非也不是很太平，安全都成问题，很多投资都不能做。所以，综合考虑，拉美是最适合开发的地方，也是最需要开发的地方，当然效益也是最容易显现的地方。

所以，在做好金砖国家的基础建设投资开发外，兼顾拉美国家的经济开发拓展，是最好的选择。我们也看到，在金砖国家新开发银行成立后，金砖国家就与南美国家联盟的领导人进行了会晤，这就是要寻找合作的契合点。可以预见，未来金砖国家除了兼顾五国外，最重要的资本输出对象将是南美国家联盟。当然，这么做也有助于提高巴西在南美的地位，同时增加巴西在南美的影响力。如果能够形成以巴西为核心的巴西经济圈，那么本身就会对美国经济后院构成对冲，这有助于提高发展中国家在世界经济中的整体地位。

第二，中国和俄罗斯的国家战略需要。

美国在亚太、东欧针对中、俄施加了巨大的战略压力。对中、俄来说，抱团取暖是必须且必然的，这是基于国家战略利益的考量。两国抱团取暖，美国还在家门口不断挤压，中、俄只做防守是不够的，务必要以攻代守和攻守平衡。那么，进攻哪里呢？美国一直关注不够的后院——拉美——就是最佳之地。鉴于美国长期对拉美经营不善，中、俄去沟通投资，那是拉美国家求之不得的事。

于是，我们看到，在金砖国家领导人第六次峰会召开之前，普京派办公厅主任专门跑到中国与中国沟通，然后普京和习近平主席访问的国家中有三个是重叠的，分别是巴西、阿根廷和古巴。习近平主席访问巴西、阿根廷、委内瑞拉和古巴，一方面是要对这些国家进行资本和工业输出，另一方面是拓展中国在拉美的政治经济影响力。中国这次访问四国，成果非常丰硕，本来经济遇到巨大压力的巴西、阿根廷、委内瑞拉及古巴如获救星，接待的规格之高恐怕都是相关国家罕见的。而中国，此行战略布局目的已非常明确地达到了。

至于俄罗斯，主要则是增加与拉美国家的经济往来，提高自己在拉美国家的影响力，以应对美国对俄罗斯的孤立。考虑到拉美有不少国家反美，这么做会有比较好的效果。特别是，如果能借上中国这个东风，向相关国家表明俄罗斯和中国在战略上的捆绑，俄罗斯在拉美国家中将获得更多的政治利益和经济利益，譬如最近就传出俄罗斯要向委内瑞拉等国出售武器的新闻。在普京访问的国家中，古巴尤为特殊，这是苏联的盟友国家，这次普京访问古巴，已准备再在古巴设置监听雷达，这也是对美国的一个威胁。

普京：地缘政治的博弈高手（图片来源：百度图片）

中、俄的这次出击，美国若防守，会吸引在亚太和东欧及中东的战略资源；如果不防守，一旦中、俄在拉美做大，美国后院将会起火，未来美国退回美洲连“落脚”之地都没了。如果全球霸权不再，地区霸权也没有，这场游戏还怎么玩？

普京中间还突然紧急访问了一个国家，这个国家是尼加拉瓜。普京为何突然访问尼加拉瓜？原因据说是中国要准备投资开挖尼加拉瓜大运河，以联通太平洋和大西洋，而俄罗斯准备入股。如果这个运河开挖成功，巴拿马运河的功能恐怕会被替代一半。

中国显然比俄罗斯的胃口要大得多。2014 年 7 月 16 日，中国国家主席习近平在巴西首都会见秘鲁总统乌马拉，明确表示中国、巴西、秘鲁三国将就开展连接大西洋和太平洋的两洋铁路合作共同发表声明，并建议三国组建联合工作组。这是什么意思？很简单，哪怕美国捣鬼造成尼加拉瓜的运河修不成也不怕，修铁路总可以吧？中国的建筑队世界一流，进行顺利的话用不了三五年就通车了。

鉴于美国多年不在美洲认真经营，而中国和美洲已经开始建立比较长期的战略合作关系，现在美国想阻挡还真有些阻挡不住。要阻挡，得耗费大量战略资源；若回撤，这又会影响美国重返亚太。所以，中国的战略实际上是让美国首尾难顾的战略。说白了，中国用的是阳谋，而美国用的是阴谋，阳谋战略自然高过阴谋。阳谋，是基于实力的发展，中国现在干的事都是基于自己实力的不断发展，美国现在干的事都是相对短视的行为，时间长了怎能不败？

说中国胃口比俄罗斯大得多，很多读者可能会觉得言过其实，事实上一点也不夸张。实际上，中国还借金砖国家领导人第六次峰会搞了一个中国—拉美和加勒比国家领导人会晤。出席这个会晤的国家以巴西为首，包括拉美和加勒比国家共同体(拉共体)“四驾马车”成员国哥斯达黎加、古巴、厄瓜多尔、安提瓜和巴布达，以及阿根廷、玻利维亚、智利、哥伦比亚、圭亚那、墨西哥、巴拉圭、秘鲁、苏里南、乌拉圭、委内瑞拉的国家元首和政府首脑或特别代表。习近平主席这次访问拉美，实际上把拉美的国家都拉进来了(除个别没建交和实力较弱者)。会晤还发表了联合声明。

中国这次战略布局，是要借金砖国家的东风，将拉美这些国家都一勺烩进来。金砖国家在与南美国家联盟合作的同时，中国就直接借东风，由巴西作为牵头代理，一起准备对拉美国家进行开发。这些市场打开了，中国获得资源的渠道能够继续扩大不说，中国的工业、商品和资本输出市场都有了。美国围着中国搞 TPP 不一定能搞成，但中国搞这一块借巴西力量却说不定可以成功。一旦成功，美国人在拉美的影响力自然会被大大对冲。这一招如果用三十六计中的一计来形容,就可称作"釜底抽薪"。在美国围着中、俄不断自我消耗的同时,中国和俄罗斯抄其后院,这种趋势持续十年以上将很难被逆转。十年后,美国会认识到原来拉美对其那么重要,但为时已晚。

对美国来说,笔者一直强调一个观点,即美国走在了错误的战略道路上。如果美国不展开对中国的遏制,而是适当收缩,同时加大力度开发拉美,那么美国依然可以领导世界到本世纪中叶没问题。如此,美国不但可以休养生息,还能把自己后院经营好,那样其经济将会更扎实,未来在世界性的区域经济集团的竞争中也不会落于下风。而且,鉴于美国相对超脱地位,中、欧、俄未来必然有美国可协调的空间,虽然霸权地位被削弱,但美国可保持长时间的领先地位。然而,美国选择了继续消耗,不是遏制这个就是打击那个,后院还在被对手整合过程中,那么十多年后呢?当中、美经济实力逆转后,美国又该怎么办?

中、俄的这次战略布局,既是中、俄对美国的反攻,也是新兴市场国家对发达国家的反攻,更是新兴市场国家对原有世界经济秩序的一次反攻式挑战。这次战略布局,美国若回防,必在亚太、中东及东欧失分;若不回防,僵持十年后,美国再不能将中、俄干掉,自己还要面临后院起火的窘境。到那时,美国再回到美洲,拉美将是一个以巴西为核心并与美洲之外国家建立巨大战略利益关系的国家集团,巴西将和美国在南北美对望,美国难道只能伫立在北美大陆上哭泣吗?因此,现在战略上爆发危机的是美国,虽然在战术上美国仍对中、俄有优势,但这种优势会以年来计算,且会越来越少。

QE 终结后的美国问题与中国应对之道

第一,美国为何无法继续量化宽松?

经过 6 年、4 轮 QE①,美国一定程度上稀释了各国政府、企业、机构、个人手中持有的美元及美元资产,这相当于美联储从他人持有的美元资产中偷走了储存其中的经济量,并以此作为自己的利润补贴自身亏空。与此同时,释放出的天量美元再推高股价、房价等国内资产价格,修正美国经济的资产负债表。美国的危机,就是这样被部分转嫁和部分掩盖的。

经此,美国经济看起来的确好多了,失业率、经济增长等数据都好于欧洲、日本等发达国家。但这并非危机彻底解除了,也不代表未来美国经济增长的引擎找到了。事实上,美国危机并未解除,未来一旦资产价格泡沫破灭,债务黑洞随时可能被曝光。更为严重的是,美国经济至今没有找到新的增长点。没有可持续增长点,美国又如何彻底解决经济问题呢?

可能有人会问,既然 QE 可以转嫁危机,为何美联储要终结它而不是继续呢?在笔者看来,美国终结 QE 的根本原因有四个:

(1)国债规模过大,政府不堪重负。

经过 QE,美国将私营部门债务很大一部分转成了国债,如今美国国债规模早已超 GDP 很多,政府不堪重负,不得不缩减开支,同时还想办法开源减赤。政府缩减开支,没那么多国债可发,QE 从技术上已动力不足。

(2)继续 QE 会给美国经济带来系统性风险。

美联储发行那么多货币,为何美国没出现通胀?根本原因在于,美联储采用了超额准备金工具,通过让金融机构缴纳超额准备金来降低国内货币的流动速度,从而解决了通胀问题。美联储释放的流动性虽然因降低了货币流动速度而未引发通胀,但在金融体系中,货币流动性却是非常充裕。这些资金最终推动了股票价格和房价的大幅上涨。如今,美国房价已到 2007 年高点附近,美股相比 2009 年低点已涨近两倍。在美国经济增长缺乏支撑的情况下,资产价格泡沫一旦破裂,就可能引发债务危机。一旦美国爆发债

① 即量化宽松(Quantitative Easing,简称 QE)。QE 是一种货币政策,主要指各国央行通过公开市场购买政府债券、银行金融资产等做法。量化宽松直接导致市场的货币供应量增加,可视为变相“印钞”。市场流动性的改善可降低利息,而低息环境又为实体经济发展提供了优越的融资环境,因此美国 2008 年爆发金融危机后,美联储推出多轮量化宽松以刺激经济发展。

务危机,必会引发国际和国内对美元的抛售潮,美元货币洪流可能很快酿成严重通胀,反噬美国经济。在这种形势压力下,美联储终结 QE 是很正常的逻辑。

(3)美元迎信誉危机。

由于美联储不负责任的量化宽松政策,国际贸易结算正在抛弃美元,多国都采取了本币结算,甚至有国家进行以物易物。美国的不负责任已引发美元新一轮信任危机,美联储若再不采取措施,信任危机可能进一步蔓延而进入不可控状态。这是 QE 被迫终结的另一个原因。

(4)美国经济增长动力正在丧失。

过去几年,美国经济增长主要靠股市、楼市资产价格上涨,其实体经济增长远没数据来得漂亮。如今,美国股市、楼市都处于历史高点,泡沫越吹越大,已不可持续。美国若无法解决可持续增长问题,新的危机爆发是早晚的事。停 QE、加息以吸引国际资本入美投资从而刺激经济增长,成为美国当前唯一的选择。

基于上述四个因素,美国不得不终结 QE。

第二,QE 终结后美国面临的现实问题。

终结 QE 当然不是美国终极目标,加息吸引更多国际资本入美投资,使得美国机构能在高位将资产盘给新来者才是目的。

笔者认为,美国的计划很可能是这样的:通过加息吸引国际资本,在国际资本向美国流动的同时,新兴市场经济会出现崩溃,资产价格会暴跌,这又会加速推动国际资本继续向美国流动。美国投资机构可同时在高位将股票等投资品出货给新来者,兑现出盘面利润。兑现后,美联储再通过释放超额存款准备金这个超级“金融武器”,提升金融机构创造货币的能力,金融机构通过创造巨量资本货币向新兴市场涌动,以购买已经跌到地板上的优质资产。

当然,这个时候诸如世界银行①、国际货币基金组织②这些代表着西方利益的国际组织,就充当起了“救世主”式的中介角色和相关国家进行谈判,以苛刻的条件迫使相关国家答应西方的投资要求。之后,以美国资本为首的西方资本就会像洪流一样涌入新兴市场,以极低价格购买新兴市场的资产。经此循环,美国机构的资产大增,美国国家的经济负债表大好,美国经济增长压力即刻解除,美国的债务危机也消失于无形。当然,新兴市场国家在一轮危机后一地鸡毛,损失惨重,大量行业资产被发达国家机构和企业控制,丧失部分经济主权。

当然,这是美国的理想化目标。美国终结 QE,因其本身的现实状况,其自身也必然面临着一系列问题:

(1)利率上升会导致国债利率上升,增加国债付息压力。若此时经济增长问题不能解决,政府可能不堪重负。

(2)加息刺破资产价格泡沫会导致私营部门负债率上升、盈利能力下降。若国际资本入美投资情况不理想,加息导致资金使用成本提高和资金短缺难以弥补亏空,资产价格泡沫因此可能破灭。一旦资产价格泡沫破灭,私营部门负债率必然上升,盈利能力必然快速下降。这都是当前美国经济所不能承受之重。

现实情况是,国际资本流入美国的情况不是很理想,美国在过去一两年一直为此发愁,美联储会议为此一直存在是否加息的巨大分歧。由此我们也可以预见,为了美元加速向美国流动,美国必然在世界范围内各热点地区制造混乱以扰乱相关国家经济,从而促使美元回流。这是包括中国在内的相关

---

① 世界银行(World Bank)是世界银行集团的简称,由国际复兴开发银行(IBRD)、国际开发协会(IDA)、国际金融公司、多边投资担保机构和国际投资争端解决中心五个成员机构组成;成立于 1945 年。凡是参加世界银行的国家,必须首先是国际货币基金组织的会员国。世界银行总部设在美国首都华盛顿,有 120 多个办事处分布在全世界。狭义的“世界银行”仅指国际复兴开发银行和国际开发协会。按惯例,世界银行集团最高领导人由美国人担任,为期 5 年。(资料来源:百度百科)

② 国际货币基金组织(International Monetary Fund,IMF)是根据 1944 年 7 月在布雷顿森林会议上签订的《国际货币基金协定》,于 1945 年 12 月 27 日在华盛顿成立的,与世界银行并列为世界两大金融机构之一。其职责是监察货币汇率和各国贸易情况,提供技术和资金协助,确保全球金融制度运作正常。其总部设在华盛顿。(资料来源:百度百科)

国家应该高度警惕的。

第三,中国如何应对?

QE 终结对新兴市场有什么影响呢?

我们知道,大多数新兴市场经济结构不完善,产业结构单一,自立能力弱,往往会因外部影响而大起大落。美国之前连续进行 QE,新兴市场已吃习惯了“有毒”的美元,在习惯大流动性下的经济运行后,美联储突然终结 QE 甚至加息,必会导致这些新兴市场的投资机会减少,资本必然因此向机会更多、投资回报率更高的市场流动。鉴于美联储的加息预期,美国就是最好的去处之一。在这种情况下,美联储终结 QE 甚至加息,就像刺破新兴市场美元泡沫经济的一根针,由此新兴市场很可能将面临新的经济危机。过去有类似较为典型的例子,譬如 1997 年开始的亚洲金融风暴。

那么,美国终结 QE 和未来加息又会对中国产生什么影响呢?

影响还是显而易见的,分为有利和不利两个层面。

有利的影响包括:一是国际原油价格的下滑让中国每年节省数百亿美元。中国是全球第一大石油净进口国,据估算,基于 2013 年数据,国际油价每降低 1 美元,中国每年可节省 21 亿美元。中国 2013 年进口原油价格大约接近 110 美元每桶,如果原油价格每桶跌 20 美元,中国得利将超过 400 亿美元。如果再加上天然气,将远不止这个数字。二是有色金属、铁矿石等资源产品价格的走软,也让中国这个制造业大国得利不少,预计也是以百亿美元计算。三是黄金价格走软,节省中国进口成本。中国 2013 年进口黄金总量超过1 500吨,如果黄金价格每盎司降低 200 美元,这个成本节省也将超过 100 亿美元。

仅上述三个方面,为中国节省的资金就达数千亿元,这样的好处将占我国 GDP 增长比率超过 0.5%。这是一个巨大的好处。

不利的影响包括:原来部分领域资金面很宽裕,但由于美联储的量化宽松政策,境况不再,现在和未来必然出现资金紧张甚至枯竭。譬如,资金来源于西方资本特别是美国资本的投资机构、从境外融资的房地产企业等,由于从境外获得资金的能力会被大大削弱，相关机构的资金面必然会陷入紧张。这些都会对我国投资市场造成负面影响，使经济增速放缓。

特别需要指出的是，若中国不采取相关应对措施，我国实体经济也必然会因美联储终结 QE 和加息而缺乏流动性，从而影响投资，导致经济增速下滑。因此，中国必然采取有针对性的措施。

当然，在这种时候也并不是所有的国家都能有很稳妥的应对措施和很强的应对能力。应对能力和应对措施取决于相关国家的金融体系完善程度、国家掌握资源的多寡以及财政能力的强弱等。一旦应对不力，就可能像亚洲经济危机时的相关国家一样，最终投鼠忌器，陷入崩溃。

那么，中国该采取哪些措施应对呢？

(1)货币政策应对体系。

过去，我国央行调控手段主要包括调整利率、调整存款准备金率和公开市场操作，近两年又新增了不少手段，譬如 PSL(抵押补充贷款)、SLF(常设借贷便利)、MLF(中期借贷便利)、定向降准和定向降息等。

SLF，中文名叫常设借贷便利，它是一种由金融机构主动发起的非常规操作货币政策工具，金融机构可根据自身流动性需求向央行申请。它的最长期限为 3 个月，目前以 1～3 个月期操作为主。这一工具的出现，实际上就是丰富了央行向金融机构注入流动性的手段。

过去，释放货币除了降准外，主要是通过逆回购[①]和 SLO，逆回购有 7 天、14 天、28 天、91 天期，SLO 则以 7 天内的短期回购为主。这些工具有一个特点——都由央行发起，金融机构是被动方。过去，由于利率是非市场化的，这些调控工具完全可以满足央行正常释放货币调整流动性的需求。但是，随着利率市场化，央行的这些手段已经不能满足市场需求了。再加上，当前经济增长存在压力，调整货币流动性需要更灵活、更市场化的工具，逆回购

① 央行逆回购，即中国人民银行向一级交易商购买有价证券，并约定在未来特定日期将有价证券卖给一级交易商的交易行为。逆回购为央行向市场上投放流动性的操作，正回购则为央行从市场上收回流动性的操作。(资料来源：百度百科)

这样的工具有标准的期限,而且是由央行发起,故不利于市场的自我即时微调。SLF 就解决了这一问题,它可以在 1～3 个月的时间内由金融机构根据需要灵活操作,商业银行只需根据自己的需求向央行申请即可。如此一来,市场的流动性调控就成了双向调控,在利率逐渐走向市场的情况下,这更有利于货币市场流动性的稳定,可提高央行对市场的调控能力。特别是在现阶段货币政策不能降息、降准的情况下,这种工具更是提高了流动性调控的效率。这一调控工具可以提高央行和商业银行的灵活性、互动性,更有利于满足市场的货币需求和经济发展的需要。

与降准释放货币不同,SLF 是双向的、可调的,即它可以根据金融机构需要放多或放少,而且央行还可以根据宏观经济情况作出相应调整,甚至是进行窗口指导。这样的工具不像降准有非常强的趋势性和指向性,新工具可根据情况,相对灵活和自由地向市场释放和收回流动性,不会形成强烈的市场趋势和指向。所以,在现阶段还不能让市场产生降准、降息周期预期的情况下,采用这种足够灵活的手段保经济增长是非常合适的。

这些手段中,近期使用比较频繁的是公开市场操作、PSL、SLF、MLF 和定向降准。在美联储加息之前,为了避免用力过猛,这些温和的微调更加合适。在美联储结束 QE 并不断提高加息预期的背景下,中国央行通过这样的微调,不断向市场释放流动性并暗示继续提供宽松流动性的预期,可对冲美国货币政策的负面影响,维持经济平稳增长。更为重要的是,这可以在美联储真正加息到来之前,尽量节约政策资源,提升未来中国的政策可调空间。

未来,一旦美联储加息,中国即可通过降准来释放货币流动性,如此不但可通过释放流动性稳定经济,还可刺激资本的对外输出。同时,如果必要,还可通过降息来刺激投资增长。如此,美联储的加息给中国宏观经济带来的冲击,将会被中国的宏观政策抵消于无形。中国经济不但可保持高增长,还可继续保持吸引力,分流向美国流动的国际资本。

与美国相比,中国未来的经济增长预期更明确,经济增长引擎非常清晰。结合中国的综合国力、军事能力和政治能力,中国足以让国际流动资本对中国充满信心，在保证其投资安全的情况下还可保证高收益率。

(2)加速人民币国际化。

美联储加息，国际资本回流美国，这必然会导致新兴市场缺乏资本流动性。如今，人民币正加速国际化，若此时中国以人民币贷款为条件，换取相关国家的项目合作，必将是双赢局面。如此，中国不但可获得新兴市场优质资产，还能提升与相关国家的双边贸易，更可以加速人民币国际化进程，填补美元回流留下的国际货币市场空缺。

(3)加快资本输出，加快工业输出。

美元回流，必会带来新兴市场投资减少，新兴市场经济必然面临下滑甚至崩溃的局面。此时若中国加快与相关国家展开合作，通过诸如金砖国家、上合组织、中国—东盟 10+1 等平台，对相关新兴市场国家进行资本和工业输出，必会受到相关国家的热烈欢迎。对中国来说，不但可解决工业和资本输出的市场问题，还能帮助相关国家解决投资减少、经济下滑的问题，这又是一举多得的双赢甚至多赢措施。

若将上述措施和人民币国际化结合起来，并统一到央行的货币政策当中，则不但会大大提升中国在新兴市场的影响力，还能大大提升中国央行在国际经济体系中的话语权。当然，在中国加速“南南合作”①的情况下，未来必会增加中国与北方经济体合作谈判的筹码，增加中国在未来国际经济游戏规则重组中的谈判筹码。

综合考量，美联储加息对中国来说并非坏事，完全可因势利导、借力打力，加快实现自己的战略目标。

① 即发展中国家间的经济技术合作(因为发展中国家的地理位置大多位于主要发达国家的南方，因而发展中国家间的经济技术合作被称为“南南合作”)，是促进发展的国际多边合作不可或缺的重要组成部分，是发展中国家自力更生、谋求进步的重要渠道，也是确保发展中国家融入和参与世界经济的有效手段。

中外的经济推手

经济“世界第一”，西方要捧杀中国？

根据世界银行的估算，中国在 2014 年 9 月 29 日成为世界“第一大经济体”；随后，国际货币基金组织的数据显示，从 2014 年开始，中国的 GDP 将达 17.6 万亿美元，超过美国的 17.4 万亿美元，成为世界“第一大经济体”。经过世界银行和 IMF 的一“估算”、西方媒体的一报道，全世界都将目光聚焦到了中国，知道了用购买力平价计算，中国超过了美国，成为世界“第一大经济体”。若按购买力平价计算，中、美两国占世界 GDP 的份额分别为 16.5％和 16.3％。

那么，这两个国际机构的估算准确吗？说服力怎样？西方媒体为何如此高调炒作？有什么目的？我们又该如何看待所谓的经济“世界第一”呢？

无论是世界银行还是国际货币基金组织，它们对中国 GDP 的估算都采用的是购买力平价计算方法。而在平时，官方数据都是采用汇率价格计算 GDP。那么，到底是汇率价格计算科学还是购买力平价计算科学呢？

事实上，两者都有一定局限性。譬如，若按汇率价格计算，2014 年中国 GDP 大约为 10.4 万亿美元，距美国还有一段距离。若按当前汇率价格计算，中国大约到 2020 年才可能超过美国，成为世界第一大经济体。当然，如果按购买力平价计算，中国的 GDP 现在的确应和美国基本相当，不相伯仲。

汇率价格和购买力平价两者中，前者的局限在于，如果只考虑汇率价格的 GDP，就会忽略相等货币量在不同国家经济体内所拥有的购买能力的不同，那么以汇率价格计算出的 GDP 就和实际的 GDP 存在误差；后者的局限在于，如果只考虑购买力平价来计算 GDP，就会忽略不同货币在国际上可以购买商品的能力，当然相应的 GDP 也还是无法准确表达，特别是在世界经济一体化程度越来越高的今天更是如此。

打个简单的比方，同样一件商品，在美国购买花费 1 美元，而在中国购买则只需 4 元人民币，那么在这件商品上，人民币和美元的实际汇率就是1∶4。两国货币对所有商品购买力的加权平均之比，就应该是实际汇率。但是，由于商品价格受商品本身供求和货币供求两个变量的影响，而两国货币供应量和商品供应量都是变化的、不一致的，商品的价格波动自然也是不一致的。如此一来，就给两国国际汇率带来了一个价格波动因素。但是，汇率波动还受另外一个因素影响，那就是国际市场货币供求情况。当前，国际汇率是自由浮动汇率，考虑到多重浮动因素的作用，特别是国际市场货币供求的影响，一国货币在国际市场并不一定能够充分体现购买力指数，在国内市场和国际市场币值也可能存在差异。那么，这个购买力平价指数计算 GDP 的方式，自然就缺乏准确性。

回到上述例子，如果在那件商品上人民币和美元的实际汇率是 1∶4，但在国际市场上美元兑人民币的汇率在 1∶6 以上，那么在这件商品上人民币的价值就是被低估的。两个机构所谓的购买力平价指数，就是对两国所有商品的估算。如按照两个机构的逻辑，那么这一数据的含义就是人民币的汇率被低估了。

基于上述，购买力平价指数也就只能作为参考数据，它根本无法做到准确评估一国的 GDP，特别不适合两国进行对比。当然，如果仅仅以汇率价格来计算 GDP，就又忽略了相关货币在国内的实际购买力。因此，按汇率价格计算的 GDP 客观上也是一个参考值，并不能充分体现实际 GDP 的规模。

综合来看，我们可以将购买力平价和汇率价格理解为计算 GDP 的不同单位刻度的尺子，这两把尺子都有衡量 GDP 的功能，但都无法绝对准确地体现实际 GDP，特别是不适合两国准确对比。因此，这也说明，简单对比各国 GDP 实际上也是一个参考。当然，我们是无法绝对说哪个正确或哪个错误的，也不能说哪个更能代表实际 GDP，这是由两个数据本身的缺陷决定的。

譬如,我国在改革开放后进行汇率改革,人民币从 1979 年 1 美元兑 1.555 元贬至 1994 年的 8.619 元(年度均价),贬值幅度达 4.5 倍。这一时期,如果完全以美元来衡量 GDP 的增长,显然就是不准确的。不过,在当前世界经济越来越一体化的今天,我们大多数情况下以汇率价格来计算 GDP,也以汇率价格作为统计数据进行对比。

基于此,对国际货币基金组织和世界银行根据购买力平价估算出的 GDP 数据,个人认为可以作为一个数据参考,因为购买力平价也是衡量 GDP 的一个参考视角,其实际意义与汇率价格差不多,都有参考性。当然,考虑到经济全球化的今天,考虑到世界贸易绝大部分还是以美元计价,我们不能因此就认为中国 GDP 超过了美国。或者说,单单以购买力平价计算得出的中国经济总规模超过美国,也是不准确的。当然,这个不准确和当前以汇率价格计算也没什么本质区别,甚至购买力平价比汇率价格更接近真实。

数据在那里摆着,具有一定参考意义。但问题的关键不在于数据本身,而在于西方为什么在这个时候热炒这一问题。笔者认为,西方热炒这一问题根本原因有三个:

(1)重弹“中国威胁论”。

中国 GDP 都超过美国了,威胁当然更大了!西方借所谓中国 GDP 超过美国来炒作中国威胁论几乎是必然的,属于老调重弹。

(2)作为督促中国承担更多责任的依据。

西方国家近些年一直督促中国承担“更多责任”。所谓要求中国承担“更多责任”,就是要中国多负担一些世界上的问题开支,更多地“帮助”世界解决问题。更直白点说,就是多帮西方人解决问题,多帮西方人承担责任,多维护西方的实际利益。当然,西方说的那些责任,绝大部分都是不该由中国承担的责任。譬如,所谓伊拉克的责任,那是美国一手造下的孽,凭什么由中国承担相应责任?

(3)给人民币汇率施加压力,在美元升值时避免人民币贬值。

所谓购买力平价超过美国,潜台词就是人民币被低估了。在美元升值周期中，人民币不但不该对美元贬值，还应更快升值。更直白点说，这么做的目的就是，要中国汇率更快升值，人民币汇率价格高了，就可避免在美元升值期间国际资本向估值更低的中国流动，西方就能受益。

所以，西方这么做，确确实实是想"捧杀"中国，是想从中国身上揩油，是想要求中国承担更大责任，是想破坏国际资本向中国流动的大趋势。

对中国人来说，一方面，不要过于看重这个数据，要尽量看淡。中国人均 GDP 相比美国还有巨大差距，这种差距还是个"鸿沟"，不是十年八年可以填平的。甚至我们至少还得埋头发展 30 年以上，才有可能达到和美国差不多的水平。更何况，就经济发展质量而言，中国和美国也有很大差距。另一方面，我们也要充分认识到自己国家的实力和持续发展能力，不要妄自菲薄，不能因为我们与美国今天的差距就丧失追赶的信心；恰恰相反，相比美国当前的暮气，中国的今天则是朝气蓬勃，追上美国并非不可能的事。甚至就综合国力而言，我们距离美国已不再遥远。在人均 GDP 上，只要再努力发展，以中国的发展潜力，终究也还是追得上美国的。

作为中国人，我们要认识到新中国成立以来我们国家取得的进步，从这些进步中我们应看到信心，我们国家的未来和前途是光明的。从和西方国家的对比中，我们也要认识到我们国家的不足，认识到和西方发达国家之间的差距。我们要继续发展，我们的路还很长……

欧美为何不阻止中国全球战略实施？

总是有人问这样几个问题："既然你分析的是中国的国家战略，这种分析不是泄露国家机密吗？""你在文章中经常谈到中国战略，还给外国人出主意，会不会坏了我们国家的好事？""既然中国战略这么牛，为啥美国和西方国家不阻止中国实施战略？"等等。

首先，笔者来自民间，说与中国战略核心决策层距离有十万八千里之遥一点不为过，根本不可能涉密。之所以其中一些分析后来演变成现实，只是根据公开的新闻信息和对之前的一些因素进行的分析所得出的一些可能性结论与最终结果契合而已。也许，最终一些预见和分析会成为现实；也许，一些建议是被某些渠道推荐到了上边，后来真的发生了类似的情形。但这都是基于分析与逻辑推理，和所谓秘密是毫无关系的，更谈不上所谓涉密或泄密。

美国数千家智库，中国每放出的一个信息，其细节都会被研究得彻底，笔者所能分析出来的，相信这些智库也都能分析出相关结论。这些智库之所以不会选择类似笔者这样的战略方案，根本原因不在于他们分析不到，而在于其贪欲和政治结构现实不允许他们做出这样的战略选择。一个民间的战略观察者所提出的观点，或许会成为他们关注的对象，也许分析会被收集然后再被分析，但基本不可能被采纳，除非之后的发展验证了这一切并让他们认识到了价值所在。

其次，笔者文章中谈到的包括中国、美国、俄罗斯、欧盟等国家的战略，都是从公开信息中得到的，只是根据公开信息进行了分析推导，由这种推导得出各国相应对自己有利的战略。这种战略推导和策略建议是基于人类社会发展规律的，也是利于各方最大化的。这里面可能会有给某些国家出主意的成分，但这些成分实际上是符合中国外交的“和平共处五项原则”且符合中国国家外交战略的。在这些建议当中，最大特点就是提倡“互惠互利，合作共赢”。也就是说，笔者所有的战略建议，一定是利于双方而不是仅仅利于对方，笔者在考虑他国利益的同时，首先还是基于中国立场。所以，这里也不存在坏了中国战略好事的因素，反倒是如果相关国家采纳了相关战略或策略，那是大家的好事。

我们重点谈谈第三个问题，即“既然中国战略这么牛，为啥美国和西方国家不阻止中国实施战略”这个问题。

自 2013 年中国提出“一带一路”战略后，中国内政外交可谓大开大合，重磅政策和战略决策一个接一个，让人目不暇接。更为重要的是，这些战略极快地被相关国家理解、接受，并进行积极响应和参与。面对这些战略的不断落实和实施，为什么包括美国、欧盟、俄罗斯、印度、日本等国家都没有拿出任何阻挠策略呢？甚至还有很多国家大力配合这些战略。这又是为什么？其实，根本原因就在于一个“利”字。我们不妨来对相关国家和地区与中国国家战略的关系及心态作一个简单分析。

(1)俄罗斯。

2013 年 9 月，中国国家主席习近平在哈萨克斯坦提出了丝绸之路经济带战略，不但获得中亚国家的响应，俄罗斯也很快就与中国一起成了该战略的最重要推动者。为什么俄罗斯会作出这样的选择？根本原因在于两点：一是中俄的经济互补性太强，中国发展本身就会带来俄罗斯的巨大发展；二是中国向西发展正是俄罗斯可以发挥战略影响力的地方，俄罗斯可以“入股”其中，分未来之利。再加上，中俄在未来长期战略上没有任何分歧，反倒是美国和俄罗斯的隔阂越来越深，在此背景下这种战略默契很快就达成了。直白点说，丝绸之路经济带战略发展的利益本质上就是俄罗斯的利益，中、俄战略在此方向上完全重合，俄罗斯岂有不支持之理。

(2)欧盟[①]。

中欧经济互补性强，中国巨大的市场潜力对欧盟国家经济发展是战略机遇。如今，中国开始向西发展、向西开放，并要通过欧亚大陆桥联通欧洲，构建丝绸之路经济带。欧盟虽然对此战略至今还保持着一定距离，但其内心已抑制不住激动和喜悦。欧盟核心三国德、法、英积极与中国发展深化合作，中东欧国家看到中国领导人就激动得不能自抑。

对德、法、英等西欧国家来说，中国的机遇不但给它们的高端产品提供了巨大的输出市场空间，还给它们的投资提供了巨大的市场机遇，这种机会恐怕只有中国才能提供。更何况，中国还出钱出力，要将欧亚大陆打通，帮助它们做到这一切。对中东欧国家来说更是如此，有人提供贷款和便宜的基础建

---

① 即欧洲联盟，简称欧盟(EU)，总部设在比利时首都布鲁塞尔，是由欧洲共同体发展而来的，创始成员国有 6 个，分别为德国、法国、意大利、荷兰、比利时和卢森堡。该联盟现拥有 27 个会员国，正式官方语言有 23 种。1991 年 12 月，欧洲共同体马斯特里赫特首脑会议通过《欧洲联盟条约》，通称《马斯特里赫特条约》。1993 年 11 月 1 日，《马斯特里赫特条约》正式生效，欧盟正式诞生。2012 年，欧盟获得诺贝尔和平奖。(资料来源：百度百科)

设投资，这种好事犹如天上掉馅饼，又如何能不激动？

所以，无论是从战略还是实际利益角度，面对“一带一路”战略，欧盟国家都是没有理由拒绝的。

(3)印度。

印度对中国一直保持高度警惕，也把中国作为其战略竞争对手，在中国和西方之间，印度一直试图两头吃。但是，印度也非常明白，中国的发展机遇本身就是印度的发展机遇。中国有能力整合周边国家的经济，并将这些经济融合在一起，大家互惠互利、合作共赢。

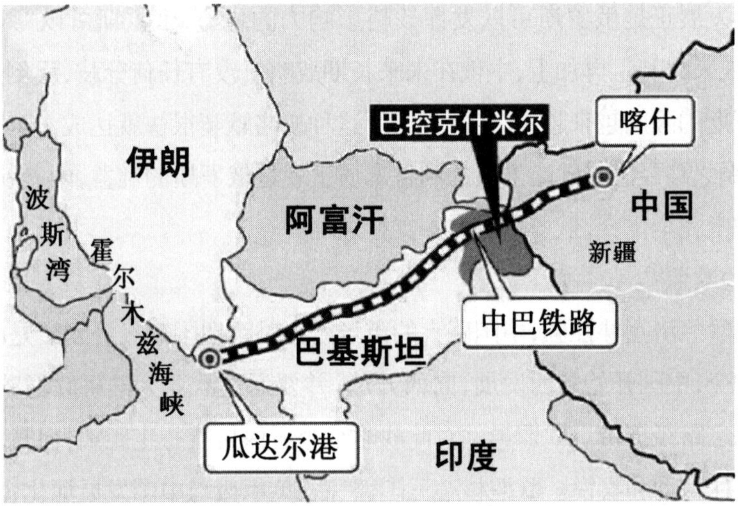

中巴经济走廊示意图(图片来源：百度图片)

以印度的能力，自己既无法像中国一样做到经济的对外拓展，又无力阻止。印度若不融入其中相当于“搭不上便车”，其结果只能是更落后。所以，虽然印度对中国抱有戒心，也希望借西方之力遏制中国，但印度仍然不得不积极融入包括金砖国家、上合组织、中巴经济走廊、丝绸之路经济带这些具有很大中国特色的战略平台当中。在当今世界，谁愿意拒绝现实利益和未来发展机遇呢？

(4)日本。

日本对中国的心态是极为复杂和矛盾的。细心的战友会发现,在中国的“一带一路”战略当中,日本是可有可无的一个国家。为什么会这样?根本原因在于,日本在努力充当美国的西太平洋“看门者”角色的同时,其在遏制中国方面也不遗余力。但是,日本也深知,中国的发展是日本的机遇,如果日本不抓住,不但自己吃亏,未来随着中国发展日本只能“望陆兴叹”。

由于日本根本不在中国“一带一路”的战略设计当中,日本也不在“一带一路”的战略通道上,所以面对中国的战略,日本根本就没有能力阻止。面对这些变化,日本一边试图借美国之力不断施压中国,一边又想和中国改善关系。具体到现实中,就是一边延后签署美国架空中国的 TPP,同时又一边和中韩谈着中日韩自贸区。

当然,日本也还是在努力给中国设障碍,譬如援助菲律宾、越南试图影响南海局势,发展和南亚国家及东盟国家的关系来对冲中国的战略等,但整体而言犹如蚍蜉撼树。

(5)东南亚国家、韩国和澳大利亚。

如今的东南亚国家、韩国和澳大利亚在经济上都非常依赖中国,中国的发展能给它们带来巨大利益,中国的发展潜力和空间正是它们的战略机遇。所以,在中国的大国战略出来后,它们都充分表现出参与的积极性,唯恐把自己落下。

(6)中东国家。

当前,中国是世界最大的石油进口国,中东国家基本都是产油国,石油是经济支柱,它们的发展很大程度上要依靠中国的发展。中国提出的丝绸之路经济带战略,中间一段就是中东国家。如此发展,不但意味着中东地区的石油出口有保障,未来这里还将是物流要道,自然地位可得到大幅提升,好处当然多多。所以,从当前和未来利益出发,它们都会支持这样的战略。

(7)非洲国家。

非洲国家普遍贫穷,基础设施落后,同时大多有非常丰富的自然资源。非洲国家要想发展,必须用资源等生产要素换来基础设施,从而获得可持续发展的物质基础。谁能提供这样的机遇？只有中国，只有中国是真心实意地帮助非洲。21世纪海上丝绸之路和丝绸之路经济带都可以到达非洲。站在生存发展角度，非洲国家当然会支持中国的国家战略。

(8)拉美国家。

中国和拉美国家没有任何战略利益的冲突，经济上又极为互补。在这种情况下，中国不但可以为拉美国家的商品提供出口市场，还能向它们输送资本和工业。所以，虽然“一带一路”战略看似与它们无关，但中国的发展本身就能给它们带来机遇，何况中国的投资正在向美洲滚滚而去。拉美国家对中国的国家战略响应同样积极。

(9)美国。

美国是否反对中国的国家战略？表面上当然无法反对。因为中国的战略是有利于世界各国的发展的，美国公开反对就是与全世界其他国家为敌，美国绝不会公开这么干。但是，客观上，美国对中国的遏制就是对中国战略的破坏。譬如，美国在东海、南海不断挑事，支持香港“占中”、支持“台独”等，都是美国试图破坏中国国家战略的举措。但是，由于中国所推动的各种经济战略本质上都符合20世纪末和本世纪初美国推行的全球化价值观，美国自己推广起来后自己再否定，岂不是要在全世界进行自我否定？所以，美国不能也无法公开反对中国的国家战略，这就是为什么美国政要一定会说“欢迎中国崛起”之类言不由衷的话。

但是，美国绝不会放弃对中国战略的干扰。譬如，支持香港“占中”，就是试图复制乌克兰之乱，从而破坏中国将相关战略融入APEC会议当中。再如，美国试图在欧俄之间引爆新冷战，目的就是要激起全球的东西方新冷战，这里的终极目标就是中国。

本质上，美国面对中国的战略不是不想反对和阻止，而是不能公开反对，也无法真正有效阻止。因为中国能给相关国家的，美国现在都给不了。任何国家都需要发展，这种大趋势美国是无法阻挡的。所以，很无奈，美国只能继续推动一些背后的破坏阴谋。只是，这种阴谋在面对中国的阳谋时，总显得力不从心、效果不大。譬如，美国在背后谋划阻止了中国和泰国大米换高铁项目，但在停了一段时间后，该项目在李克强总理访问泰国时又重启了。不但该计划得以重启，还有了诸如克拉地峡运河这样的更多、更深入的合作。

因此，对于大国战略来说，战略阐述得足够清楚并不是坏事，因为这是可以拿在台面上说的阳谋。阳谋得人心，只要操作细节上没有问题，是无法用阴谋破坏的。所以，中国的战略不但不用也不必藏着掖着，还应该大胆讲出来。不但要讲，还要到处宣讲、经常讲，讲得让大家都理解，深入人心。与此同时，还需要扎扎实实与各国合作落实这些战略。只要这些措施一步步得以落实，那么中国的战略就是不可挡的战略阳谋。美国主动打破对古巴的封锁，和古巴恢复外交关系，不正是中国和俄罗斯联手在拉美推动中俄战略的结果吗？西方媒体将美国和古巴复交与“柏林墙”倒塌相媲美，完全是自我美化和对国际舆论的对冲。因为柏林墙倒塌是由于苏联实力衰退后失去控制的结果，是西方对苏联的胜利，是东德主动融入西德，是社会主义阵营主动融入资本主义阵营；相反，美国和古巴复交完全是美国主动靠近古巴，目的是为了对冲中俄拉美战略，是被迫为之。两种完全不同背景下的事，岂能相提并论。如此对比，无非是为了自我美化以及避免国际舆论的讽刺和嘲笑而已。

油价暴跌下的泪与笑

2011 年以来，美原油价格一直在 100 美元上下波动。100 美元，某种程度上是一个大国博弈和经济状况平衡下的结果，即无论是出口国还是进口国，大家经济上基本都能承受，大国利益上也能承受。但是，自 2014 年 6 月底以来，国际油价开始下跌，迄今已跌去 40 美元(2014 年 11～12 月间国际油价为 66 美元/桶)，跌幅近 40%。如不出意外，这并不是最低点，未来国际油价还会继续下跌。从大国博弈角度说，这意味着利益平衡被打破了；从经济发展角度说，这意味着供应方经济将遭重创。

那么，国际油价暴跌的罪魁祸首都是谁？如果低油价持续较长时间，会要了谁的命呢？谁又在油价暴跌背后偷笑呢？

国际油价暴跌，原因主要有如下三个方面：

第一，世界经济面临大面积滞胀。欧洲零增长，日本负增长，中国经济增速较之前有所回落，新兴市场国家经济普遍不理想……宏观经济增长面临巨大"瓶颈"，在需求增速降低而各国又不减产的情况下，供过于求，油价自然会有下跌动力。

第二，美元升值。美联储结束 QE，并给美元制造了一个加息预期。在这种情况下，在国际原油贸易主要以美元计算和国际原油期货主要以美元交易的条件下，国际油价自然会下跌。

第三，大国角力下的资本市场推动。美、俄大国角力，俄罗斯经济主要靠能源出口，因此打击能源价格就是打击俄罗斯经济，打击俄罗斯经济就有利于美国实现国家战略目标。所以，美国当局有打压国际油价意图是显而易见的。如此一来，华尔街的资本大鳄们必然会将这种意图充分发挥出来，通过做空国际油价来获取超额利润。

2014 年 10 月，就有美国联手沙特压低油价从而打压俄罗斯和伊朗的分析，虽然该观点有些单一，但该因素显然是重要因素之一。20 世纪美国和沙特就曾联手打击苏联。1986 年，沙特持续增产导致油价暴跌 67%，仅仅高于 10 美元/桶。结果导致苏联经济难以为继，最终解体。当然，沙特这一行动客观上也打击了美国的原油产业，在随后 20 年美国原油产量一蹶不振。但是，美国的原油产业损失完全可以从油价下跌和美元石油捆绑中来补，就美国整个国家来说不但没受损，还大受其利，特别是苏联解体给美国带来巨大政治和经济红利。苏联则无以为补，解体了事。

2014 年 11 月底的两个交易日内，美原油下跌 7 美元，跌幅 10%。油价两天暴跌 10%的表面原因是，OPEC 成员国决定不减产导致市场信心崩溃，但这么快速的下跌，显然是华尔街资本撬动了市场价格。而 OPEC 之所以决定不减产，表面上看是沙特打击美国页岩油的发展，实际上根本原因还是政治原因，因为若非美国希望沙特打压油价，沙特根本不敢打击美国的页岩油产业。正是美国希望通过国际油价下跌打击俄罗斯和伊朗，沙特才借势而为。哪怕普京说油价长期低于 80 美元是灾难，哪怕俄罗斯和沙特还进行了沟通。

在和俄罗斯沟通后，沙特最终仍然决定不支持减产，原因是沙特试图达到一石三鸟的效果。通过打压油价，一方面沙特在政治上满足了美国要求打击俄罗斯经济，在这方面中国也乐见其成；另一方面，通过打压油价，沙特在经济上还可以打击老对手伊朗；最后，通过打压国际油价，沙特也借机打击了包括美国页岩油产业在内的所有新能源产业。打压油价，短期内对沙特经济上有负面影响，但未来却可以收得大量利益，就像 1986 年打压油价后，沙特的大收获期是在进入 21 世纪后。

以现在情况看，包括沙特在内的原油空头，是想将原油价格打压到 50 美元附近甚至更低，而这一计划最终很可能实现。

那么，若低油价持续下去，会要了谁的命呢？

这个问题乍看起来简单，但分析起来却很复杂。

显然，如果国际油价出现较长时间的持续低价，无论是俄罗斯经济还是伊朗经济，都会受到重创。类似受到重创的国家将还有委内瑞拉、非洲等一些靠石油出口的国家。这些国家中，必然会有国家再度爆发诸如颜色革命等骚乱，社会将会陷入不稳定，甚至俄罗斯都可能因此不稳定。

为了抬高油价，完全有可能出现局部代理人战争。譬如，中东地区完全可能出现影响石油产量的冲突甚至战争。现在的情况是，美国试图通过打压俄罗斯经济，让俄罗斯被迫出手打击乌克兰，从而继续推动欧俄新冷战，并进一步恶化俄罗斯经济，从而最终使俄罗斯陷入崩溃。俄罗斯现在显然不想上当，所以普京咬着牙说："在石油输出国组织召开会议之前，俄罗斯同该组织的相关代表举行了会谈。石油输出国组织决定不减产对俄罗斯是有利的。任何主要石油生产国都不应为追求石油价格而采取特别措施，俄罗斯长期以来都坚持这一原则。目前世界石油市场和能源市场正经历一个困难时期，但这对俄罗斯来说不是意外，俄罗斯有能力应对世界石油市场上的任何挑战。"

普京如此表态，意思是如果乌克兰方面和欧盟方面不冒险，俄罗斯也不准备冒险。但俄罗斯已经做好了扩大乌克兰内战的准备，这一点可以从乌克兰民间武装获得大量俄罗斯坦克和装甲车可知，也可以从2014年11月30日俄罗斯派14架四代机飞赴克里米亚部署看出。

战力彪悍的SU-35战斗机(图片来源：《参考消息》)

当然，考虑到中俄的“紧密战略小伙伴”关系，中国一定会继续力挺俄罗斯。考虑到俄罗斯的经济压力，俄罗斯也必然要和中国寻求更深入的合作。譬如，最近就传出俄罗斯要卖给中国SU-35、S-400等，甚至有传言说要卖给中国核潜艇。当然，这仅仅是军事合作，未来不出意外，中俄在俄罗斯远东地区的合作会更多，东、西线的天然气管道会加速建设，甚至中俄高铁都会快速进入计划。中国是绝不希望俄罗斯倒下的，所以俄罗斯的经济可能一时出现急跌的状态，但很难一下子崩溃。只要俄罗斯愿意拿出自己的干货，中国会不遗余力地力挺俄罗斯。当然，关系归关系，生意还是生意，这种合作是建立在互惠互利基础上的，而不是中国帮俄罗斯付账。

作为大国，俄罗斯经济压力会很大。有多大？根据俄财长的表示，欧美制裁每年给俄罗斯带来400亿美元损失；由于油价暴跌了30%，每年损失又在900亿～1 000亿美元。试想，如果油价下跌50%，俄罗斯的损失恐怕就至少得在1 500亿美元以上，加上欧美制裁，每年损失将达2 000亿美元。所以，虽然这种状况没有要俄罗斯的命，但也要了半条命。当然，这一时半会还是要不了俄罗斯的命，毕竟俄罗斯是大国，何况还有与中国的合作及中国的力挺。

只是，诸如乌克兰这样的国家，内战继续扩大的可能性仍然非常大，因为美国希望这一切发生；而类似中东地区，出现局部国与国的战争或对抗也不奇怪，某个国家政府玩完或陷入无政府状态也将会很正常。如果伊朗真的退无可退，那么最终玩起核武器将也不会奇怪。世界大国、小国都进入血拼状态了！

当然，如果国际原油价格出现较长时间低于70美元，美国页岩油的发展就会受到重创，如果较长时间低于60美元，页岩油的游戏就玩不下去了（不过，也有消息说，哪怕油价跌到50美元，部分页岩油开采也有利润）。而从现在OPEC的意图上看，沙特是有较长时期打压国际原油价格的打算。因此，如果不出意外，未来石油开采行业和靠石油吃饭的国家，将会面临巨大经济困难和内部政治压力。在这次洗礼中，部分公司可能面临倒闭，甚至个别国家会因此崩溃。

那么，谁是偷笑的大赢家呢？

作为全球石油进口第一大国，中国无疑是最大赢家。据英国《独立报》报道，如果国际油价年平均价在85美元/桶，中国一年可节省1 300亿美元，这相当于中国打算投入金砖银行、亚投行和丝路基金的资金总额。试想，如果全年均价在75美元/桶甚至更低，中国会因此节省多少钱？所以说，毫无疑问，中国当仁不让是油价大跌的最大赢家。

事实上，中国这个大赢家的赢面关键还不是在经济上，更多的还是在政治上。由于油价大跌，俄罗斯将更加依赖中国，会加速向中国出售更多资源、高端军事装备等俄罗斯可以拿得出手的东西，同时会加速中俄合作开发俄罗斯远东，并加大力度推动丝绸之路经济带建设。在美俄、欧俄交恶的状态下，中国将在美、欧、俄之间游刃有余。在这期间，中国将更加容易实施中国的国家战略,拓展自己的国际政治、经济和军事影响力。这些利益都不是用钱可以衡量的,这是战略机遇。

经济方面,在中国经济结构转型的当口,有人送如此大礼,给了中国经济结构转型更大的自我调整空间,降低了转型升级成本,这不得不让人有感谢美利坚一番的冲动。同时,如果油价继续大跌,则是中国成立上海原油期货的一个绝佳机会。若不出意外,俄罗斯会很快支持中国成立原油期货市场,而中国的原油期货不久就可能推出。

那么,油价下跌会影响中国的新能源发展吗?考虑到中国的战略部署,总体应该不会,但会有一定程度的负面影响。之所以总体不会,原因是中国有巨大的能源需求增长和降低碳排放的硬指标,这一切都给了新能源发展的空间。譬如,核电一定会继续大力发展,风电、水电都是如此,煤电发展就会受到遏制。新能源汽车也会极力推广,现在国家财政和地方财政都有补贴就是对新能源汽车的促进。不过,看现在整体技术仍有待提高,新能源汽车的成本价仍然太高,性价比却不够好。当然,考虑到油价下跌会拉低经济发展的能源成本,因此对新能源的需求肯定会有一定程度的遏制,这是客观存在的。

另外,需要提醒的是,鉴于上述因素对石油价格打压的影响,其他资源品的价格也会受到遏制,因此商品投资者对此应有相关认识,同时在做股票投资时也应有相关考虑。

反垄断法为何祭向外企?

据彭博社[①]报道,中国反垄断监管部门因轴承生产商日本精工违反相关规定而对其罚款 29 亿日元(约合2 800万美元、1.737 亿元人民币),这是此次汽车行业定价规范调查以来首家被罚的日本企业。随后,日本轴承制造商

① 彭博社是全球最大的金融信息服务供应商,其数据终端系统“彭博专业服务”可以帮助客户查阅和分析实时的金融市场数据,并进行交易。使用该数据终端的客户遍布全球,包括交易员、投行、美联储、美国其他官方机构以及全球各大央行等。(资料来源:百度百科)

NTN Corp.表示,因违反中国反垄断法,中国国家发展和改革委员会已对其开罚1.192亿元人民币(折合1 942万美元)。另据《经济参考报》报道,奥迪、克莱斯勒以及另外几家整车企业虽然涉案受罚已成定局,但罚单金额仍存悬念。

除了反垄断调查,我国前些时间还对包括麦当劳、肯德基在内的快餐企业进行了食品安全调查,2014年7月20日,麦当劳、肯德基等洋快餐的供应商上海福喜食品公司被曝使用过期劣质肉。上海食药监部门已经要求上海所有肯德基、麦当劳问题产品全部下架。这些相关企业的生意因此受到严重打击。

2013年以来,我国政府对境外企业在华业务进行诸如反垄断、食品安全等各种调查的力度明显加大。对于相关调查,有人为之叫好,有人为之叫屈。前段时间还出现了因反垄断专家组张某在对相关企业进行反垄断调查时,接受聘请帮助被调查企业写报告而被解聘的事件。一些叫好者认为,这些境外企业在中国获得超高的利润,早该严查;一些叫屈者认为,现在的外企行为与过去没什么不同,为什么过去不是垄断,现在就成垄断了呢?为什么食品安全一定要查外企?还有观点认为,7月我国外商直接投资(Foreign Direct Investment,FDI)①大幅下降,就是因为中国政府不断扩大调查的缘故,中国这是在自砸饭碗。

这些说法,或许各有各的道理,但都不全面,也不够客观。要看懂中国政府所做的一切,必须将这些事件放在中国经济结构转型和当前国际形势当中去看,否则根本无法看懂这些动作。那么,中国政府为何加大了各种调查力度呢?原因有内外两个层面:

(1)内部层面:中国经济结构转型以及政府职能转变的现实要求。

改革开放头30年的前半段,由于我国经济规模整体还较小,市场消费能力较弱,所以境外企业的消费品在中国的规模不大,那时还不能对我国经济

① 外商直接投资是一国的投资者(自然人或法人)跨国境投入资本或其他生产要素,以获取或控制相应的企业经营管理权为核心、以获得利润或稀缺生产要素为目的的投资活动。

产生太大影响，所以在诸如反垄断监管方面就会较弱，那时中国连反垄断法都没有，所以说可以忽略不计；改革开放头 30 年的后半段，我国是出口导向型经济，消费在宏观经济中占比较小，中国居民消费能力也还不够强，这一阶段外资在中国虽属高消费，但市场规模还有限，对中国宏观经济影响不大，再加上之前我国也没有反垄断法，包括食品安全之类的监管也不完善，手段也不多。

2008 年之后，我国宏观经济开始转型，十八届三中全会更是确立了政府职能转型的具体方向和规划。未来，政府要简政放权，各种审批权能取消的尽量取消、能下放的尽量下放，政府要放松对市场的行政控制。放松行政控制，就必须加大事后监管力度和提高监管手段，从而加强政府的监管职能和提升政府的监管能力，否则市场就变成了一个无序竞争的混乱市场。如今所做的这一系列调查，不过是在相应准备工作差不多完备的情况下，逐渐适应加强监管的过程，也是市场规范化的一个过程，这样的过程就是政府职能转变的现实要求。

当然，政府职能转变是为满足经济结构转型要求的。中国经济正从出口导向型经济向内外需求平衡发展的方向调整。可以预见，这种调整必然会刺激内需消费，刺激内需消费除需增加民众收入外，就是要降低产品各个流通环节的成本，以降低商品的价格。境外这些企业长期在中国获得高额利润，甚至享受着超国民待遇，这些都不适合内需经济。譬如，同样一辆奔驰车，中国的价格是欧美国家的两三倍甚至更高，这些高出的部分多半成了相关企业的不合理利润。如果中国在这种情况下启动内需，无疑意味着外企在中国身上插了一根根借中国经济发展而得到超额利润的吸血管，会大大遏制中国的消费经济发展，不利于中国经济总体发展。

过去，我国容忍这些企业的价格垄断，一方面是因为我国当时还不是内需型经济，这些企业的价格垄断对中国宏观经济影响还不大；另一方面，考虑到保护我国相关产业发展的目的，也就相应地容忍了这些企业的超高利润。但是，今天情况变了，中国的企业大部分已不需要保护，中国内需经济又必须打掉这些超高利润，所以诸如反垄断调查是必然加强的，通过反垄断调查打掉相关企业的不合理利润，将更多利益留在中国国内，这是拉动内需经济必须要做的。

至于食品安全的调查，那是必须一视同仁的。三鹿奶粉都可以因为三聚氰胺直接关掉，外企难道就能法外施恩吗？统一进行监管，并加强监管手段，是政府职能转变的方向。换句话说，在新的市场经济环境下，要通过监管给市场立规则、划红线。这一点，就像反腐要将政府行政权力关进制度的“笼子”一样，市场的不合理的权力也得被关进制度的“笼子”，企业必须在法律的框架下进行有序竞争，而不是不顾消费者安全或损害消费者利益进行恶性竞争。事实上，这种调查也不仅是针对外资企业，国内的黄金首饰、食品包装、液晶面板、高端白酒等行业都有被调查，包括中国联通和中国电信也都受到了反垄断调查。

(2)外部层面：国际博弈形势恶化背景下的手段需要。

过去很多年，西方对中国制裁多，中国反制手段少。反制手段少的原因在过去有两个：一个是过去我国经济实力较弱，反制手段相对较少，所以经常受制于人；另一个是我国相关反制手段的法律、制度建设不够，从而使得相关手段缺乏法律依据。譬如，我国《反垄断法》在 2008 年 8 月 1 日才实行，到最近两三年才开始运用熟练。

2008 年世界经济危机以来，国际形势越来越复杂，虽然 G20 各国在 2008 年联手救市，但之后国际社会在利益方面再难达成广泛代表性的一致意见，各国的利益层面逐渐开始分化，世界正在倾向于不同层面的利益集团化。在这种背景下，以美国为首的西方开始有打贸易战、金融战和经济战的意图。特别是贸易方面，近几年，西方针对中国多个行业的商品已多次作出双反惩罚，给我国相关行业带来了很大的困难，譬如光伏产业。

面对这种情形，中国如果没有反制手段，或者说不作出相应反应，就可能被对方当成软柿子不停地捏。中国最近一两年不断进行的各种调查，也是在对相关企业和相关国家提出警示，即相关国家如果对中国的企业作出过于不利的惩罚,中国必然会展开相应的反制。如今的这些手段,不过是反制演练的一部分。某种程度上说,这也是中国给世界立中国经济规则的一种宣誓。毕竟,中国 13 亿多人口的大市场,对各国都有巨大的吸引力,与中国合作比与中国对抗利益大得多。在这种时候中国的这种表态,会让各国在面对中国企业时,态度上更加慎重,对侵害中国经济利益的行为三思而后行。

当然,就短期而言,可能会在一定程度上影响境外对华投资,但这些都是权衡利弊后的一种选择,也是必然要经历的一个过程。经过这种塑造,未来中国市场会在有序的状态下竞争,也不会因为简政放权而完全对市场失去控制。当然,在面对相关国家的制裁时,我们的反制手段会更加丰富。

亚投行:中国对美国的巧妙釜底抽薪

2014 年 10 月 24 日,又发生了一件大事,包括中国、印度、新加坡等在内 21 个首批意向创始成员国的财长和授权代表在北京签约,共同决定成立亚洲基础设施投资银行。亚投行法定资本1 000亿美元。

亚投行的成立意义有多重大呢?就级别而言,和之前成立的金砖国家新开发银行同一个级别。它未来会起到改变亚太经济主导权的作用。它的出现,对那些发展中国家来说将是福音,因为中国不但能给它们提供发展基础设施的资金,还有性价比最高的基础设施工程建设能力。中国能给它们提供的是从资金到项目完工的“交钥匙工程”,而这些国家几乎不需要直接付出太多,它们只要将部分市场交给中国,与中国进行互惠互利的经济合作即可。中国所做的,是西方国家所不愿意做的和无法做到的。所以,习近平主席在 2013 年 10 月份提出计划后,就得到了二三十个国家的响应。

亚投行的意义对中国来说是战略性的,主要有如下几个方面:

(1)与中国国家战略配套,承启内外。

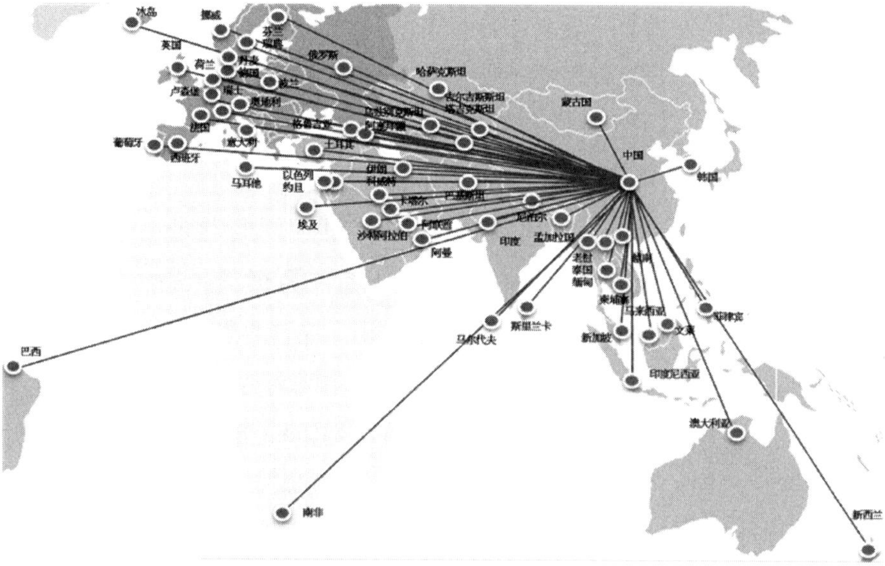

众望所归的亚洲基础设施投资银行(AIIB)(图片来源:《海南日报》)

2013年,习近平主席提出了两个关乎中华崛起的中国国家战略,这两个战略是中国的全球战略,即丝绸之路经济带战略和21世纪海上丝绸之路战略。这两个战略的目标是要整合欧、亚、非三个大陆,是要惠及欧、亚、非大陆上的每一个人,而且这也符合欧、亚、非三大洲的战略发展方向。

要将这两个战略实施,首先要解决的就是交通运输、通信等沟通各国的基础设施建设问题。因为如果没有这些基础设施沟通各国,"一带一路"战略就会犹如空中楼阁,不太容易实现或实现太慢,不利于国家战略。要加快实施这些国家的基础设施建设,没有资金和领袖国家推动是不行的,自然发展的效率太低。而且,很多国家由于资金、建设能力问题,一时半会根本解决不了这些问题。如何加快实施中国的"一带一路"战略呢?诸如金砖国家新开发银行和亚洲基础设施投资银行,都是在中国倡议和主导下出现的解决这一问题的办法,这些机构将担负起为新兴国家提供基础设施发展资金的责任。

有了资金,中国拥有世界上工程能力最强、性价比最高的基础设施建设能力,这种基础设施建设能力恰好可以借机释放到这些新兴市场。包括高铁、高速公路、通信设备等基础设施的建设，这些工业能力释放和输出，将进一步推动中国的产业升级和经济结构转型，促进中国经济发展。

所以，亚投行对中国来说有承启内外的战略意义，是国家最高战略的金融投资配套机制。

(2)提高中国的资本、工业输出力度，加快人民币国际化进程。

今天的中国已不是过去的中国，中国拥有 4 万亿美元的外汇，中国的 GDP 已接近美国。中国有大量资本可以使用。在这种情况下，中国需要加快对外投资，通过对外投资提高中国的资本输出能力，进而提高中国对世界资源的控制能力。那么，通过亚洲基础设施投资银行，就能将中国的资本输送到这些新兴国家，提高中国对这些国家的经济影响力，从而进一步提升中国的经济竞争力。

考虑到中国当前工业能力已开始大规模释放，中国国内已无法完全消化，亟须进行工业产品、工程建设的工业输出，开拓和占领更多国际市场。如果有了亚投行，那么亚洲的很多基础设施投资建设项目在中国的推动下就可以顺理成章地拿到。中国输出去的钱，很大一部分又通过制造业和工程输出流了回来。经此一转，中国同时又拥有了境外的投资和商品市场份额，这些将进一步形成中国对相关国家的政治经济影响力。

当然，随着投资的深化，考虑到中国的生产能力，新兴市场国家想买的东西基本都能从中国买到，特别是这些基础设施建设需要的物资。那么，逐渐地，这个体系就可以直接由人民币替代美元。而且，基础设施建设所带来的投资贸易便利，又会促进双方经济发展和融合。如此一来，必然能加速人民币的国际化进程，提高人民币的国际市场占有率。

(3)提高中国在亚太区域经济整合能力，提升中国的经济话语权。

如果亚太这些国家的基础设施都是由中国主导的资本和中国提供的物资以及中国施工建设的，可想而知中国在这些国家会有什么样的影响力。当前世界，经济正在进行区域的加速整合，未来世界经济将不再是个体的竞争，而是区域集团化的竞争。未来，谁拥有的合作集团越多，谁的影响力就越大，竞争能力也就越强。在这种大趋势背景下,中国有必要加速主导区域经济整合,提升自己的区域经济影响能力。

从某种意义上说,中国对这些区域的经济话语权越大,中国在未来国际经济游戏规则重组中的话语权也就越大。话语权越大,在未来新的经济游戏规则中能够制定有利于中国经济的规则就越多。中国就将处在世界经济金字塔的最上游。如今,中国刚刚从底层进入中层,以中国的能力,完全可以有更大的话语权提升空间,争取更多的经济话语权。

(4)抢世界银行的"生意",分美国人的权力。

通过国际机构对新兴市场进行基础建设投资的援助过去是西方的专利,主要由世界银行承担这项职责。但是,由于西方拥有经济游戏规则的主导权,所以世界银行在对新兴市场基础建设投资时,往往会附加很多有利于西方国家的政治经济条件,这样相关贷款往往会吃亏。但是,由于世界银行就那一家,话语权完全由西方掌控,新兴市场国家对此毫无办法,为了得到一些资金,往往不得不付出巨大代价。

如今则不同了,中国陆续成立的金砖国家新开发银行、亚洲基础设施投资银行,其实都是抢世界银行的"生意"。当然,这也不仅仅是抢"生意"的问题,而是实实在在地给西方出了难题,未来世界银行相比这些开发银行将不再有竞争力。如此下去,以美国为首的西方在世界经济中的权力将会被实际削弱。

(5)对冲美国 TPP[①] 战略。

笔者在自己作品《大博弈:中国之危与机(形势篇)》中特别阐释了经济进入集团化竞争的趋势,美国搞的 TPP 就是针对中国进行的经济围堵,目标是在亚太构建一个没有中国的、以美国为核心的市场,目的是在经济上孤立中国,遏制住中国经济发展的势头,降低中国的经济影响力。

---

① 指跨太平洋伙伴关系协定(Trans-Pacific Partnership Agreement),是目前重要的国际多边经济谈判组织,前身是跨太平洋战略经济伙伴关系协定(Trans-Pacific Strategic Economic Partnership Agreement)。它是由亚太经济合作组织成员国中的新西兰、新加坡、智利和文莱四国发起的。(资料来源:百度百科)

但是,美国搞 TPP 隔离中国对亚太相关国家来说可不是好事,因为中国已经是很多国家的第一大贸易国,它们对中国经济的依赖程度已经超过美国,而且中国市场的潜力远远大于美国。在这种情况下,TPP 推广一定程度上会遇到困难。但是,美国拥有超强的军事能力和政治活动能力,如果三者合力,虽然说封闭中国无法实现,但对中国经济显然会有较大的负面影响。

在这种情况下,中国仅仅用自贸区的手段、仅仅靠简单的双边贸易是不够的,还需要用更多手段将亚太国家融入大中华经济圈。那么,对这些国家来说,什么最有吸引力?显然是能大大改善这些国家经济基础面貌、改善民生的基础建设。

如此,中国在战略上辅以"一带一路"的大战略,给这些国家指明战略发展方向,同时还给其提供从资金到建设的全方位服务,这样自然会对冲 TPP 对中国的负面影响,也必然可以让美国试图孤立中国的 TPP 战略功亏一篑。

(6)统合国际社会经济战线,争取国际资本与中国的合作,提高中国资本号召力。

未来世界,哪个国家争取到更多资本,哪个国家能掌控更多的资本,哪个国家就是世界的王者。如今,全世界都在争取国际资本,美国制造加息预期,准备加息是为什么?目的就是吸引国际资本进入美国投资,制造美国的经济繁荣。中国为何进行更大幅度的市场化改革、开放更多领域给资本投资、创立混合所有制经济新模式?目的还是吸引国内、国际资本投资。中国一直在向世界宣布中国的市场潜力,也是为了促进国际资本进入中国投资。

亚投行虽然不是将资本吸引到中国国内,却是吸引到中国主导的平台上,在中国自己进行资本输出的同时,也吸引更多国际资本一道和中国对新兴市场国家进行基础建设投资。这些投资在中国创立的平台上,就能为中国的国家战略服务,就能将这些资本纳入中国主导的平台,增加的将是中国的国家竞争力和号召力。譬如,像中东的科威特、阿曼、卡塔尔,都是有资本的国家,还有亚洲的新加坡,将这些国家的资本纳入中国主导的平台运行,显然战略上有利于中国。当然,这些投资还能带动中国的工业、资本输出,还能促进人民币的国际化以及国家战略的实现,好处多多。

美国这次又扮演了一个不道德的角色。据英国《金融时报》报道,几个欧洲国家、澳大利亚和韩国最初都对此设想表示感兴趣,但均遭到美国阻挠。

美国为什么阻挠它们? 根本原因就是因为中国领导创立的亚投行对美国国际权力形成釜底抽薪的效果。在美国看来,这些行为是损害美国霸权的。但是,站在中立的立场,你美国不能服务于新兴市场,无心帮助他国,难道还不让中国为他国人民造福吗? 这显然是不道德和不讲理的霸权主义行为。

当然,这种行为其实终归难以影响大势,初期没有欧洲国家和美国的铁杆盟友参与也更好,因为这样一来,中国的统筹话语权会更大。未来,只要在实际工作中做好几个国际项目,让投资的人取得利润,让新兴市场国家得到实际投资好处,那些国家看到好处后,还是会争取加入进来。只是,到那时亚投行的“股价”就要上涨了,参与的门槛自然也就要提高了。

APEC 北京峰会

战略主导 APEC,中华崛起浮出海面

2014 年 11 月北京 APEC① 会议为什么那么重要?

APEC 高官会在北京已经召开,包括北京、河北等地都有单双号限行,甚至也要求一些工厂停产,为的就是保北京有一片蓝蓝的天。而且,天公还作美,吹了一阵风。于是,当时北京,那真是一片蓝蓝的天,大有青藏高原的感觉。微博有人戏称,有一种蓝叫“APEC 蓝”。

① 即亚洲太平洋经济合作组织,简称“亚太经合组织”(Asia-Pacific Economic Cooperation,缩写 APEC),是亚太地区最具影响力的经济合作官方论坛。(资料来源:百度百科)

很多人对如此兴师动众不解,不就开个会嘛,至于吗?

对这事,笔者觉得,放在别的时候也许有些过于兴师动众,但放在这次APEC峰会期间是一点不过。不但不过,还非常有必要。为什么这么说呢?我们今天就从天气说起,唠唠这次北京APEC会议对中国未来的战略意义和战略价值。

风云际会,2014年APEC北京峰会(图片来源:百度图片)

北京这次APEC峰会非同小可,与2001年那次有本质不同。

2001年的上海APEC峰会,是在中国加入世贸组织前夕。当时是中国主动在经济上融入西方经济体系当中,在与西方进行经济对接背景下开的一次会议。那次会议,中国是融入者、被主导者。

北京这次APEC峰会则不同。这次会议,是中国第一次在经济上主导亚太规则的一次会议。中国不但将这次会议变成了展现自己国家发展成果和国家战略的舞台,还将自己的国家战略深深地融入了会议当中,并最终形成APEC成员的共识,指引亚太发展方向。这次会议,放在历史中对中国是一个伟大的转折点。也许数十年后,历史学家会将这次北京的APEC峰会定义为中国第一次真正主导世界经济游戏规则的会议。APEC这次峰会,也是中美在世界经济游戏规则主导中的一次“攻守易位”,所以这是一次战略性事件。从这次会议起,中国的战略、政策的影响不再只是局限于国内和地区,而是全球性的引导甚至局部的主导。由这次会议可以看出,中国不再是规则的顺应者,俨然已成为规则的制定者。

在这样的会议当口,全球政界、财经界、媒体都聚焦北京,中国在这个时候务必要将全球的注意力引导到融入中国战略和政策方向的 APEC 会议上来,绝不能让其他事情分散全球媒体的注意力,这种利益是战略性的。

我们知道,北京雾霾很严重,如果在全球聚焦北京时,全城笼罩着雾霾,那必然会让西方找到批评中国的借口,必然会分散全球对 APEC 会议本身的注意力。西方的领导者美国,多次为中国 APEC 峰会设置障碍,为的就是干扰中国战略的宣传及实施效果。为了起到干扰作用,不惜搞乱香港,打乱中国布局。如今,看中国不为所动,还鼓动 5 个“港闹”在 APEC 会议期间到北京闹访。这么做是为什么?就是要制造负面影响,分散全球媒体对 APEC 本身的注意力。

在这种背景下,中国政府宁愿停工、停车、停学,短暂影响经济,也要保北京天蓝蓝,就是基于这样的战略考量,就是为了避免西方抓住局部问题无限放大,冲淡会议本身,影响中国的国家战略表达影响力。

(1)北京 APEC 对中国的战略意义。

APEC 影响力有多大?APEC 成员的经济总量、人口规模、贸易额占到世界近一半,APEC 成员中有中、美、俄三个世界大国。作为 APEC 中人口最多、贸易量最大、经济总量世界第二的中国来说,如何梳理和引导好 APEC 的走向,对中国具有战略意义。APEC 这个平台,中国有充分利用其影响力为中国国家战略服务的必要。

这次 APEC 是在什么背景下召开的呢?是在世界经济复苏乏力、发达经济体货币政策走向分化的背景下召开的。可以这么说,若任由当前形势发展,新兴市场国家将面临巨大灾难,很多国家的经济可能面临崩溃局面。一旦如此,新兴市场的很多国家未来都不得不等着世界银行和 IMF 带着西方的旨意,做它们的“掠夺式救世主”了。所以,如今的世界亟须新的经济增长点,亟须新的经济火车头来带动世界经济。中国就是借此机会,在几乎所有成员都需要的情况下,将有利于几乎所有成员的中国战略、政策融入 APEC 当中。

北京 APEC 会议的主题是“共建面向未来的亚太伙伴关系”,其中涵盖了四大议题:推动区域经济一体化;促进经济创新发展、改革与增长;加强全方位基础设施与互联互通建设;反腐败执法合作。

这四大议题都充分体现了中国和亚太绝大多数国家的战略意愿。如果将这次 APEC 会议比作一个人体,那么“共建面向未来的亚太伙伴关系”就是大脑,“推动区域经济一体化”是骨架,“促进经济创新发展、改革与增长”是肌肉,“加强全方位基础设施与互联互通建设”是血管,“反腐败执法合作”是皮肤。

①大脑。“共建面向未来的亚太伙伴关系”之所以是大脑,因为这正是几乎所有成员所希望的,是它们发自内心的需要。因此,这一涵盖几乎所有成员的核心思想自然是这次会议的“大脑”。

②骨架。中国为推动区域经济一体化作出了很多基于中国国家战略的规划,这些战略规划包括 21 世纪海上丝绸之路战略、丝绸之路经济带战略、中印缅孟经济走廊战略、中巴经济走廊战略、东北亚经济整合战略等。这些战略中,每个都是以区域经济一体化为核心的,每个都是以中国的国家战略为基础的,每个都是符合 APEC 几乎所有成员的战略利益的。

更为重要的是,上述这些战略,最终都可以统合到更广大的战略——欧亚大陆经济整合的大战略——当中。如今,欧亚大陆经济整合的大战略由中国提出了两个符合大方向的战略:丝绸之路经济带战略和 21 世纪海上丝绸之路战略,中国在亚太地区制定的所有区域经济战略都可以融入上述两个战略当中。

丝绸之路经济带战略可以涵盖东南亚经济整合、东北亚经济整合,并最终融合在一起通向欧洲,形成欧亚大陆经济整合的大趋势。而 21 世纪海上丝绸之路战略则是从海上联通欧、亚、非三个大陆，最终可以和丝绸之路经济带战略形成一个海上、陆地的闭环，推动区域经济一体化。这就是中国包容性发展战略，实现合作共赢是战略的中心思想，这也是中国最高国家战略的包容性体现。这一部分，当然可以比喻成亚太的合作骨架。

③肌肉。“促进经济创新发展、改革与增长”是肌肉，其根基也在中国。站在中国战略角度来说，这些战略的拓展在经济层面都是立足于中国国内的经济结构转型、产业升级、区域经济结构调整，由中国这个经济内核影响到相关经济体，促使它们成为中华经济圈的配套。如此一来，大家都可以通过经济增长来“长自己的肉”，通过“长自己的肉”来实现自我发展。

那么，如何实现“长肉”（经济增长）呢？大家在五大支柱领域展开合作，包括经济改革、新经济、创新增长、包容性发展、城镇化。这五大支柱中，前三个是中国经济转型的政策方向，包容性发展是中国对世界范围内经济发展应该遵循原则的看法，而世界上当前最大的城镇化进程正发生在中国。所以，本质上，这五个讨论点，就是这些国家围绕中国的国家政策展开讨论，然后各自结合自己国家的实际情况，考虑自己扮演什么样的角色。这就是这次APEC 峰会经济合作的本质。

④血管。“加强全方位基础设施与互联互通建设”则是本次 APEC 会议战略规划内容的“血管”。为什么这么说呢？因为要在现有区域经济框架上“长肉”（经济增长），必须靠血管给各个组织输送营养。这些血管由什么组成？就是由公路、铁路、航空、港口等交通基础设施的建设组成，由包括互联网、通信基础设施的建设组成，由金融体系互联互通的建设组成。资本、货物和信息这些经济发展“养分”，就是靠这些流通通道对相关国家、组织进行输送的。事实上，这些基础设施的建设本身就能拉动经济增长和就业，提升相关国家的经济发展和民生水平。

⑤皮肤。“反腐败执法合作”为什么是皮肤呢？因为再好的政策，如果腐败严重，则必然损公肥私、影响公平公正、影响市场开放，最终必然影响经济发展和运行。反腐败执法合作能抵御各种腐败病菌、病毒侵袭经济发展，保

护 APEC 成员的经济合作和内部经济运行，起到经济皮肤的作用。

据消息称，APEC 高官会已就反腐败执法合作达成共识，未来将就反腐败展开国际合作。中国 APEC 发展理事会理事长张力军在会后对记者说："希望本次会议可以促进 APEC 成员形成全面互动、信息共享、相互支持、相互帮助的氛围。"张力军还表示，会议将发表反腐共识的公告，其中既有宏观安排，又有具体举措。中方希望国际社会和有关国家在追逃追赃方面给予配合和支持，不让境外成为犯罪者藏匿的避罪天堂。

事实上，在 APEC 会议前，中国已经展开了一系列国际反腐合作。中国在 2014 年发起了声势浩大的全球追逃追赃的"猎狐行动"，加强反腐败国际合作更加重要和紧迫。而据报道，中国正与澳大利亚警方合作，对出逃到澳大利亚的腐败分子进行追赃。根据国际惯例，追出的赃款将是两国政府分账。我们知道，澳大利亚、加拿大、美国等 APEC 成员是中国许多经济罪犯的逃逸去处，利用 APEC 平台加强反腐合作针对性强，更能彰显中国反腐工作透明化、公开化。由此，在整个 APEC 范围内进行反腐合作，使得腐败门槛大幅提高，让腐败分子无处遁形，能有效保证相关经济改革和经济合作。

中国政府将反腐国际化，对中国内政来说也是极大促进。中国当前处于深化经济体制改革的关键时期，要对当前法治体系进行全方位升级，以保障中国深化体制改革的成功及未来经济的正常运行。在这种情况下，将中国国内的反腐作为国家战略向世界范围内延伸，不但能体现中国制度的优越性，还有助于中国内政问题的有效解决，提高反腐效率，在制度上遏制腐败恶化势头，提升政府和社会的廉洁度。

(2)中国从被主导者到主导者仅用 13 年。

我们应该还记得，就在前不久，在北京成立了亚洲基础设施投资银行。这个投资银行要干吗？就是给亚太区域经济整合提供造血功能，对亚太相关国家进行基础设施投资建设，加强彼此互联互通。

这么做对中国有什么好处呢？除了可以大大促进中国资本输出、工业输出、人民币国际化、中国经济结构转型、产业升级外，本质上相当于以中国为核心进行区域经济一体化，并由此通过丝绸之路经济带战略向西延伸，最终主导完成欧亚大陆经济整合。

中国的战略是如此宏大，如此符合国际大势，如此让国际社会无法拒绝，使得中国成为最近几届 APEC 会议上最亮的那颗星。而在此之前的两届当中，美国总统奥巴马均未参加。让人感觉有些冷幽默的是，21 世纪海上丝绸之路战略和亚投行的建设建议，都是中国国家主席习近平在 2013 年印度尼西亚 APEC 峰会上提出的。那一届 APEC 峰会因此成为中国国家主席宣布中国大国战略的舞台。与此形成鲜明对比的是，以前的 APEC 主导者——美国——元首却缺席了。美国总统连续两届没有出席 APEC 峰会，不但没有实现弱化 APEC 峰会的目的，反倒是将主导权拱手让给了中国。

屈指算来，中国从 2001 年第一次主办 APEC 峰会到 2014 年第二次主办 APEC 峰会，时隔 13 年。这 13 年的开始，中国还是即将加入世贸组织的融入者；到这 13 年的末尾，中国则一跃成为主导者。不得不叹服，世界变化是如此之快。中美在 APEC 主导权易手，不是 30 年河东 30 年河西，而是 13 年河东 13 年河西。

从中国主导 APEC 我们可以看出，中华崛起神威渐显，实现“伟大复兴中国梦”前景日渐光明。

APEC 峰会上的中美对话

APEC 领导人非正式会议于 2014 年 11 月 10 日至 11 日在北京举行，这次峰会的主题是“共建面向未来的亚太伙伴关系”。借着 APEC 峰会之机，美国总统奥巴马对中国进行访问，这是美国总统对 2013 年 6 月中国国家主席访美的一次回访。

在 2013 年 6 月中国国家主席习近平访美时，双方达成了“一致”意见，构建内涵为“不对抗、不冲突、相互尊重、合作共赢”的新型大国关系。中美之所以达成了这个“一致”意见，根本原因是中美搞直接对抗对彼此都有伤害，只能让欧盟和俄罗斯得利。考虑到中美经济融合的程度太深，中美都需要有一个冠冕堂皇和维持双方关系斗而不破的大框架，这个大框架在中国提出“新型大国关系”后得到了彼此的认可。但是，中美双方在“新型大国关系”的内涵上是完全不一致的。

中国的意思很明确，所谓中美“不对抗、不冲突、相互尊重、合作共赢”的内涵是：中国不会主动和美国搞对抗、冲突，也希望美国不要和中国搞对抗、冲突，中美应互相尊重彼此的核心利益，应加强合作共赢，美国不能为一己之私遏制中国，损害中国的核心利益。中国对此也抛出了试金石，即习近平主席说的“太平洋足够大，容得下中美两国”。如果美国也这么认为，那么中美在这一点上利益就是一致的，中美合作大于博弈；反之，如果美国继续在西太平洋遏制中国，则必然是与“新型大国关系”的真正内涵相悖的，中国对此也必然会不信任。

美国的意思和中国的意思明显不同，美国在表述“新型大国关系”时称作“中美新型合作模式”。也就是说，美国认为的“不对抗、不冲突、相互尊重、合作共赢”是中国不要和美国对抗、不要和美国冲突，要尊重美国、要与美国合作；至于美国，是超级大国，是特权国家，中国要尊重美国的国家战略。

因此，虽说中美在新型大国关系上达成了“一致”意见，但彼此的内涵是大相径庭的，中美彼此也都明白，心照不宣。既然都明白，为何又心照不宣，还达成“一致”呢？原因是中美共同利益太多，中美的斗争若公开化，受损的只能是中美两国，这是中美两国都不愿意看到的。

举个简单的例子。美国挑起乌克兰内战，最终差点形成欧俄新冷战。经过乌克兰局势的博弈，美国重启了半瘫痪的北约，加强了对欧洲的军事控制，在遏制俄罗斯方面和欧盟展开了进一步合作，使得欧俄向新冷战又迈进一步。这些都是美国得到的战略利益。从这次大对抗中，中国也捡了很多便宜。譬如，俄罗斯在战略上彻底倒向中国，欧盟也加强了对华关系，俄罗斯加强了对中国的油气供应，同意开发俄罗斯远东地区，并决定和中国共同发展丝绸之路经济带战略。而且，俄罗斯还吸引了大量美国的注意力，转移了美国对中国的战略压力，诸如此类还能列出不少。

那么，受损的是谁呢？俄罗斯因乌克兰经济严重受损，在经济上遭到西方国家围堵，丢了大半个乌克兰等；欧盟经济上也受到严重损失，经济压力更大，同时与俄罗斯为敌，政治和军事压力都大增……至于乌克兰，已经被打烂。从某种意义上说，中美新型大国关系稳住了中美关系，无论如何这都是中美的战略利益需要。

在这种背景下，第二次习奥会双方无疑还会强调加强"新型大国关系"，因为这个概念和框架彼此都需要，大家都能得利。中美为了让奥巴马访华取得"成功"，差不多已经协调了至少 3 个月，中国国务委员、外交部部长与美国总统安全事务助理频繁互访，就是为双方领导人会谈做准备。

当然，中美对新型大国关系概念的理解仍然是不同的，这一点从美国的重返亚太战略和 TPP 战略都是直指中国中可见。从中国搞金砖国家新开发银行和亚投行，可以看出中国对美国也是釜底抽薪。当然，这些都是中美暗战，彼此发挥自己的能量进行各个层面力量的统合和整合，大家都还未到完全摊牌的地步。

基于这种情况，中美在 APEC 会议上必然是一边谈合作、一边掰腕子。

谈合作和关注的内容会非常广泛。譬如，反恐问题、中美商贸经济合作、朝鲜半岛问题、中东问题、南海问题、能源合作、网络安全等，肯定会罗列一堆，但实实在在的合作恐怕只有两点：一是商贸经济合作，中美会在一些领域继续合作，中国会签一些协议、送点合同，同时再呼吁美国放开对中国高科技产品出口等；二是反恐、政治方面的合作，譬如在打击 ISIS 方面，美国希望得到中国的配合，而中国则希望美国在打击东突恐怖分子方面给予配合，双方合作也会形成文件。最后，大家会发一个联合声明什么的。表面上你好我好大家好，实际上却继续暗自较劲。当然，中美会进行深入沟通，美国也为此准备了充足的时间，奥巴马在 APEC 会议后专门多待一天，就是要将第二次"庄园会晤"搞得像模像样，继续告诉全世界中美的"合作"关系。

不过，有趣的是，奥巴马所在的民主党输掉了中期选举，如今参议院和众议院都掌握在共和党手里，奥巴马成了跛脚总统。屈指算来，奥巴马恐怕是第二次世界大战之后美国最没权力的总统了。第一任期，奥巴马风头完全被国务卿希拉里盖过；第二任期，奥巴马大志未酬，又丢了两院，成了跛脚总统。相比奥巴马，中国国家主席习近平则是改革开放后最有权力的元首。两个大国最没权力的总统和最有权力的国家主席会面，倒是很有趣。

中美除了上述合作谈判外，在北京 APEC 峰会上，有三个方面是要在 APEC 这个大平台上进行掰腕子角力的。

(1)APEC 发展方向之争。

在北京 APEC 会议上，中国一直在努力促使重启“亚太自贸区”谈判，而美国却强烈反对。美国一直是以“全球化卫道士”自居，为何却对亚太自贸区持抵制态度呢？根本原因就在于，随着中国经济的发展，美国在 APEC 的话语权被削弱了，同时如果继续推动亚太自贸区建设，将会与美国遏制中国的国家战略相悖。所以，美国必然抵制重启“亚太自贸区”。

奥巴马任期内，美国推动的是要把中国规避在外的 TPP。美国的目的是，通过 TPP 的建设，在经济上孤立中国，让中国变成孤家寡人。同时，美国一直在努力淡化 APEC、强化 TPP。更直白点说，就是美国试图用 TPP 替代 APEC，这也是美国总统奥巴马连续两次不参加 APEC 领导人峰会的根本原因。

中国推动亚太自贸区，就是要强化 APEC 的作用。为何强化 APEC 的作用呢？因为 APEC 才更代表亚太利益，代表整个亚太的利益也就是代表中国的利益，中国的发展趋势与亚太深化合作是一致的。当然，战略上强化 APEC，就能起到对冲美国 TPP 战略计划的作用。推动亚太自贸区建设，就是要强化亚太合作，而亚太合作对中国和亚太国家都是有利的。

如此一来，我们就可以看出，美国要弱化 APEC，中国要强化 APEC，这就是中美在 APEC 会议上的 APEC 发展方向之争。

当然，最终在这次 APEC 会议上中美应该是妥协了，而美国也获准借北京 APEC 峰会在中国搞 TPP 谈判。说白了，这就是各取所需的妥协，也是一种博弈后的和平竞争。

事实上，中国也知道，没有美国的配合，推动亚太自贸区是不可能的。在这种情况下，中国要拿到重启亚太自贸区谈判的筹码，实际上是要进行亚太国家的意向整合，拿到这个冠冕堂皇的谈判权。通过这种谈判，亚太国家可以增进互信和了解，虽然因为美国阻力自贸区可能进展艰难，但通过谈判大家可以互通有无，在 APEC 这个平台上干不成事，大家可以另起炉灶，搞双边或多边合作。譬如，亚投行就是在这种背景下诞生的一个新的多边协作机制。

所以，本质上，中美是在 APEC 会议上又各退一步，大家各展神通，继续推动彼此的战略。就像中国不可能去公开阻止 TPP 一样，美国哪怕再怎么批评，也还是阻挡不住亚投行的建立。

中美掰腕子谁笑到最后，笔者的看法是，中国顺应的是亚太各国的利益，是得民心的，是顺势而为；相反，美国则不同，美国遏制中国战略是损害亚太国家利益的，是不得民心的，是逆势而为。输赢，其实从开始就已经注定。

(2)欧亚大陆发展方向之争。

基于中国的国家战略，基于当前世界发展大势，中国制定了“一带一路”战略。虽然“一带一路”提出时间不久，但显然已经获得包括亚太国家、中亚和欧洲国家的认可，中国这一战略很显然要和 APEC 这个平台对接，中国要努力推动融合欧亚大陆甚至欧亚非大陆的经济整合，走互惠互利的发展共赢之路。

美国则不同，一旦欧亚大陆完成了经济整合，美国在亚太的力量必然被挤出，美国必然失去全球霸权。所以，美国千方百计地阻碍这一战略。美国的目的是，由美国主导，分片对欧亚大陆进行整合。美国通过一片片整合，构建出一个分裂的欧亚大陆，然后美国可以继续作为斡旋者和操盘者，继续渔翁得利。

总体而言，中国走的是欧亚大陆“合作之路”，美国走的是欧亚大陆“分化之路”。这种方向性的矛盾，必然是中美分歧的重点。

(3)未来世界经济走向之争。

在未来世界经济发展走向上,中国希望通过对外的工业和资本输出,给新兴市场国家创造发展机会。为此,中国和相关国家制订了一系列计划,这些计划包括金砖国家新开发银行、上合组织开发银行和亚投行这些平台。通过这些平台,中国希望在为这些国家提供发展机遇的同时,中国也借力发展,大家合作共赢。这种合作,是建立在中国既有资本,又有工业建设能力,还有消费市场的基础上,这种基础可以让中国低成本、高效率地帮助相关国家发展,同时中国也可以从相关发展中取利。在帮助新兴国家的过程中,会创造出新的经济增量,中国和这些国家发展共赢,就能带来彼此的共同发展。这种共赢,对新兴市场来说是一种福音,因为中国为它们提供的是基础建设,可以大幅提升其国家的经济发展基础,并能使民生大幅改善,这是共同繁荣的发展走向。

美国的计划则不同。由于美国是以虚拟经济和消费经济为主(美国市场规模已不足以带动整个世界的经济发展),美国无法帮助新兴市场进行低成本的基础设施建设,华尔街资本也没有耐心和精力去等这些实体经济的投入与回报,它们要的是通过低买高卖的游戏来获得超额利润,通过虚拟经济对新兴市场进行剥削和掠夺。再加上,美国现在债务压力非常严重,美国亟须抽逃新兴市场的资本,让这些资本到美国资本市场投资从而刺激美国经济增长。未来,美国再以低价收购新兴市场的资产,收购后再炒高获利。但是,这样的炒作对新兴市场经济发展不但没好处,还会有巨大坏处,被华尔街资本剪过羊毛的国家必然一地羊毛,还很可能会导致相关国家经济崩溃、民不聊生。

从上述内容我们可以看出,中国的发展模式才是适合世界发展的模式,才是更快发展世界的模式,才是合作共赢的模式,才是世界的大潮流;相反,美国的模式则是阻碍世界经济发展的模式,是损人利己的模式,是不符合世界潮流的模式。

如此,美国战略和中国战略,谁更能赢得新兴市场的心呢?当然是中国的战略。不过，这里最大的变数就是军事能力。因为大国拼实力拼到最后，拼的就是军事能力。这也是为何中国在近几年加大投入发展军力的根本原因。

中美大国掰腕子，还在路上……

绝不能犯这种简单的常识性错误！

中国这次北京 APEC 会议真是精彩纷呈，中国不但把自己的国家战略、政策深深融入了 APEC 会议当中，还充分利用这个平台干大事，制造出宏大的共振效应。

加强互联互通伙伴关系对话会于 2014 年 11 月 8 日下午在北京钓鱼台国宾馆举行。中国国家主席习近平主持会议并发表题为《联通引领发展伙伴聚焦合作》的重要讲话。

参加这次会议的有孟加拉国总统哈米德、老挝国家主席朱马里、蒙古国总统额勒贝格道尔吉、缅甸总统登盛、塔吉克斯坦总统拉赫蒙、柬埔寨首相洪森、巴基斯坦总理谢里夫、联合国亚太经社会执行秘书阿赫塔尔、上合组织秘书长梅津采夫。在这些国家中，没有一个国家是 APEC 成员。中国举办这个会议，就是要充分利用这次举办 APEC 会议的机会，充分利用这一平台，为中国国家战略服务。在这次会议上，国家主席习近平宣布将拿出 400 亿美元成立丝路基金①，为丝绸之路经济带战略服务。中国还宣布，丝路基金是开放的，欢迎亚洲域内外的投资者积极参与。

但是，在中国大展宏图之时，却有人又犯常识性错误。他们怎么说呢？请看如下案例："先解决下国内的民生吧！有多少孩子还吃不上饭、坐不上校车、上不起学、看不起病？"

这话对吗？答案当然是否定的！那么，这话错在哪呢？

---

① 丝路基金，是由中国外汇储备、中国投资有限责任公司、中国进出口银行、国家开发银行共同出资，依照《中华人民共和国公司法》，按照市场化、国际化、专业化原则设立的中长期开发投资基金，重点是在"一带一路"发展进程中寻找投资机会并提供相应的投融资服务。（资料来源：百度百科）

简单来说,中国拿出400亿美元建丝路基金,目的是实现国家战略,是整合亚洲经济,构建大中华经济圈。整合亚洲经济圈,首先要做的就是进行基础设施投入,构建互联互通的硬件环境。同时,这么做还有利于中国的工业输出和资本输出,可以加速中国产业升级和经济结构转型,保持国家经济的可持续发展,实现中华民族伟大复兴中国梦。

这些都是实实在在改善民生的事情。有些人因缺乏常识对国家的战略解读有误差,也是可以理解的。

丝路基金既然确定要投400亿美元,咱们就先得知道这些钱从哪出。钱从哪出呢?不是从中国的中央财政出,也不是地方财政出,更不是企业集资,而是从中央银行的外汇资产中出,从持有的美元资产中出。我们知道,中国持有大量美元资产,这些资产主要是美国国债和一些其他美元资产。总而言之一句话,这些钱是从央行持有的美元外汇资产中出。

知道了钱的来源,我们就得补充一下央行外汇资产的知识。

很多人不知道外汇是什么东西,认为中国外汇4万亿美元,为啥不用在国内?有这种想法,就是犯了常识性错误。因为央行持有的外汇是资产,在资产负债表中对应的是人民币负债。也就是说,在央行拥有这些资产的时候,央行同时在国内市场发行了等额的人民币,发行的人民币就是负债,两者在资产负债表中对应。这些外汇资产只是央行的表上资产,并不是国内实物资产或其他贵金属什么的,也不是国内货币,这些资产是不能兑换到国内使用的。如果央行非要将美元换回到国内市场,那么就相当于在国内市场抛出美元、收回人民币,譬如用美元购买商业银行手中的人民币。但无论怎么做,国内流通的货币还是等额的,只是人民币换成了美元而已。货币具有主权性质,正常情况下他国货币是不能在另一个国家流通的,美元当然也不允许在国内流通。如此一来,美元在市场不能流通,就还得由央行收回去,还得发出等额人民币,然后美元又到央行的户头,变为外汇了。

为了让大家更明白,咱们举个简单的例子。假如一个企业对外出口了100美元货物,收到了客户支付的100美元,企业手中持有美元无法在国内流通，必须换成人民币，于是它就卖给商业银行，商业银行给其兑换当时汇价下的等额人民币，这个动作在专业术语上叫汇兑。商业银行不能一直拿着美元现金承担汇率波动风险，也不能手里缺少维持经营的人民币。为了得到相应的人民币，商业银行会将美元再卖给央行，央行再支付相应的人民币给商业银行。于是，这部分钱就变成了外汇资产。当然，这部分外汇资产就不能再拿回到国内用了，只能在境外购买物资，或者到美国购买美元债券和其他资产。在国内，这部分资产已被换成人民币在市场流通了。

外汇是不能拿回来直接补贴财政的，更不能拿回国内来花，这是基本金融常识。

央行持有美元外汇，这些钱都拿来干吗呢？一般情况下，都是去买美国国债，或者投资美国其他安全的投资品等。我们知道，我们持有很多美国国债和其他资产，美国国债是安全性很高的，暂时没有问题，但购买的有些其他资产偶尔会遇到问题。但是，由于中国经济的持续发展，美元外汇资产不断增长。然而，如此持续增长也不是事儿，会给中国带来很大压力。譬如，美国通过 QE 稀释美元币值，就相当于对中国美元资产进行掠夺，中国对此却毫无办法。所以，一直持有这么多美元资产总是相对被动的。

如今，我们开始改变了，开始变被动为主动了。怎么变？减少购买美国国债，拿这些美元外汇去构建亚投行、金砖国家新开发银行和应急基金，还有最新的 400 亿美元丝路基金。这些钱加在一起，恐怕已超过千亿美元了。

这意味着什么呢？意味着我们减少了购买1 000亿以上的美元国债，然后把这些钱投入构建中国资本和工业输出的渠道。过去，我们把资产放在美国任人宰割，如今我们拿回来主动构建工业和资本输出的渠道，帮助中国经济发展，同时也帮助和中国友好的国家发展，这难道不是开创性的大好事？再直白点说，过去，我们出口换回美元，然后再将美元投入美国供美国人使用，他们会拿出这里面的一部分钱来购买中国商品。如此，美国相当于在中国生产中不断扒皮。如今，模式改了，中国用这些钱投资到新兴市场，通过新兴市场再买中国东西，相当于这些钱通过新兴市场大部分留在了中国。这就是本质区别。

这么做,不但有利于中国工业和资本输出,内部还有利于经济结构转型和产业升级,更有利于人民币加快国际化进程。这些事情,哪一件不是对中国有巨大好处的?

更为有利的是,中国经过将这些钱化成基金、变成贷款贷给新兴市场国家,相当于中国将自己央行的资产从美国抽离,放到新兴市场国家。放在这些新兴市场国家干吗呢?在帮助这些国家发展的同时,向外拓展中国的市场,这些投资的收益和中国的出口收益会给中国带来巨大好处。就投资而言,这叫分散投资;就国家经济行为而言,这叫资本输出,叫拓展国际市场。

这些钱变成新兴市场国家的贷款怎么花呢?在用途方面中国是有话语权的,这些钱只能用于有利于中国的基础建设。这些基础建设由谁来做呢?由中国的企业。也就是说,中国把不能用于国内的外汇资产,贷款给新兴市场国家,然后由新兴市场国家再将这些钱花给中国。

新兴市场国家通过这样的贷款,有了基础建设,有了发展经济的硬件。中国则将本来是外汇资产的钱,再变成我国企业的收入给收回来,变成了营业收入和利润。如此,我国的外汇资产得到的是资产的增值,我国企业得到的是企业收入的增加和利润的增加。直白点说,这相当于本属于外汇的资产,如今经过国外的二传手,变成了中国企业的收入和利润。这些企业的收入和利润,一部分变成了企业资产,一部分变成了工人工资,这不就是外汇资产成为提升我国经济发展、改善民生的工具了吗?经过这么循环,央行资产不但没有减少还增加了,企业的利润也增加了,人民收入也增加了……这里亏的是谁?美利坚啊!

如此,中国解决了产能过剩问题,解决了资本和工业输出问题。同时,随着这些对外资本输出渠道的建设,人民币慢慢就可以在这个渠道中替代美元,可以加速人民币国际化。这简直是一个绝妙的创意。如今,这些有利于中国和其他发展中国家发展的战略,由中国通过国际平台释放出去,这是多么高明的手段!

APEC 峰会中国向世界展示三大“重磅武器”

通过 APEC,中国向世界展现了中国三个能推动世界经济发展的“重磅武器”。中国给世界提供的,不仅仅是一个宏伟蓝图,还有具体措施。譬如,在 APEC 前和其他 20 国一起成立亚投行,在 APEC 会议期间和非 APEC 成员进行“互联互通对话”,还及时抛出 400 亿美元的丝路基金等,这些都是解决当前经济难题的具体措施和行动。

举个不恰当的例子,这就像当前世界各国都病了,正不知道怎么办的时候,突然有个国家说我这里有解药,还告诉大家这个解药为什么可以治你们的病,同时治病还不要付出代价,只要大家同心协力、互惠互利谋发展即可。这种大好事,哪个国家不欢迎?哪个国家不支持?所以,中国的主导并非中国真的是逆大家意而为,恰恰相反,中国是顺大道、顺人心而为。

那么,中国向世界抛出了哪三个“重磅武器”呢?

(1)“一带一路”的大国战略。

“一带一路”是指丝绸之路经济带战略和 21 世纪海上丝绸之路战略,这两个战略是习近平主席于 2013 年分别在哈萨克斯坦和印度尼西亚提出来的。另外,2013 年在李克强总理访问欧亚四国时还提出了中印缅孟经济走廊和中巴经济走廊战略。

仔细观察,这些战略是相辅相成和互相契合的,而且是极具包容性的。这几个战略不但可以单独存在、局部发展,未来完全可以揉在一起变成一个大的“丝绸之路战略”。这些战略不但涵盖了中国和俄罗斯,还包括整个东南亚、南亚、中亚、中东、东欧的相关国家,并最终指向西欧。这些战略,本质上是欧亚大陆经济整合的战略;这些战略,不是谁依附谁或谁压榨谁,完全是自愿的一种互惠互利合作;这种合作,不具有任何强制性或强迫性,完全是自愿的、符合世界经济发展趋势和各国利益的战略合作。只要参与发展,自己就能得到实惠,这是中国展示给世界的一个宏伟蓝图、一个大国战略。

中国的大国战略有以下四大特点：

一是包容性。即包含区域内的所有国家、所有领域和所有的人，不留死角。充分的包容而非行使霸权，充分连接各国而不是对别的国家进行围堵、打压、屏蔽，这完全是一种顺应大势、大道的大国战略。用当前时髦的话说，这叫互联网思维；用中国传统的话说，这是"平天下"的王道作风。

二是互惠互利性。即中国战略和执行措施给予这些国家的都是好处而没有附加条件，中国可以向新兴市场国家提供包括资本、工业产品以及发展引导的一系列性价比最好的服务，同时绝不向相关国家附加条件，大家只是在未来的经济交流中互惠互利即可。这与过去西方推行的掠夺式合作模式完全不同，如此自然会受到热烈欢迎。

三是发展的可持续性。中国给对方提出的建议都是可持续的，都是有保障的，都是有利于相关国家经济可持续发展的战略建议，这种战略建议是持续未来数十年的，且不同层面的国家有不同的位置和不同的得利方式。譬如，发达国家可以融入这个大战略中对新兴市场进行投资，解决资本和工业输出问题，通过新兴市场的发展来获得利润；新兴市场国家可以张开怀抱迎接投资，通过得到发达国家投资来发展自己的国家经济，改善百姓民生。这样，大家都能各就其位、各取所需、各有所得。

四是自主性。即中国在战略中遵循不对他国内政进行任何干涉的原则，合作重点只放在经济层面；至于政治、文化等其他层面，主要是互惠互利的交流，而不是干涉。这种自主性是过去大多数国家都没有过的，因为过去很多年西方干涉得太多。

过去的发展模式，发达国家和发展中国家在利益上往往是对立的，很多国际谈判之所以难以取得任何进展，根本原因在于利益难以达成妥协，大家在还没有做事之前就已经为利益不均而打得头破血流了。

如今，中国提出的"一带一路"战略，从根本上解决了这个问题。中国作为战略提出国，首先拿出自己的真金白银等资源与相关国家在中国提出的平台上合作，并且形成平台机制，建立起一套互惠互利的模式，这样大家不至于在事情还没开始前就有太多争议，而是在做事之前让任何其他国家都能看到利益而不是损失，这是一种没有损失的共赢模式，谁付出得多，谁就得到得多，是一种正激励，不存在根本性的残酷掠夺。

由这些实质内容我们可以看出，中国这种调和发达经济体和新兴市场的做法，才是符合世界发展潮流的负责任大国战略，才符合人类的发展方向。在这个战略中，发达国家和发展中国家各就其位、各取所需、各有所得，根本不需要为了各自利益争得头破血流，各自内耗。发展就有利益，通过平台又有各自利益的保障，大家充分连接，充分市场化，大家都是争着做事为自己创造利益。

相比美国围堵、到处煽风点火的战略战术，中国的大国战略才是负责任的大国战略，才是真正符合世界潮流的大国阳谋。

(2)包容性发展的“工资外交”。

“工资外交”这个词汇是笔者创造的，意思是“工业输出＋资本输出”的双核外交。为了帮助新兴市场发展，中国为这些发展中国家提供从金融服务、资本投资、工业产品到工程建设服务等一系列的交钥匙工程。只要与中国合作，沿着中国的大国战略走，那么中国就能让中国的发展成果惠及这些国家。当然，对中国来说，好处自然是拓展了工业和资本输出市场，有能力调动更多世界资源为中国经济发展、提高人民生活水平服务。

媒体将中国这种“工资外交”称作“中国版的马歇尔计划”。虽然也可以这么理解，但中国的这一计划和马歇尔计划的性质还是有根本区别的。马歇尔计划是第二次世界大战后对西方世界的重建计划，是西方世界帮西方世界的一种互惠互利投资，是美国帮助欧洲复兴的计划。

中国的“工资外交”则不同，中国这一计划则是包容性的和无排他性的，全世界任何国家只要愿意发展都可以参与，而且不设置任何门槛和条件，有人出人，有力出力，有钱出钱……总之，有啥出啥，只要愿意发展，就有机会，中国就会创造机会。所以，我们可以看到，中国领导成立金砖国家新开发银行和应急基金、亚投行，这些平台覆盖亚、欧、非、拉四个大洲，其中既有新兴市场国家，也有较发达国家，可见其包容性与开放性。

因此，中国的“工资外交”比美国的“马歇尔计划”要宏大得多，更具包容性、可持续性和互惠互利性。

(3)中国大市场的战略机遇。

中国除了向世界展现中国的大国战略、计划措施、工业能力等实力外，还向世界展现了中国的巨大市场潜力。中国拥有13亿多人口的大市场，这个市场潜力一旦被挖掘，它所能迸发出的能量就不是美国的市场规模可以相媲美的了。莫说美国，就是把欧美市场规模加在一起，恐怕也不一定能敌得过。何况发达国家的市场潜力已经基本挖掘殆尽，没有什么增长潜力了。

中国与发达国家的西方市场相比，有三个巨大市场有待开发，这三大市场不但适合新兴市场国家的初级产品输入，也适合发达国家的高端产品输入。这三大市场分别是：

第一，居民消费市场。中国拥有13亿多人口，这些人口整体消费水平还不高。中国居民储蓄率达50%(美国基本维持在0%上下)，这意味着只要解决社保等百姓的后顾之忧，只要调整收入分配方式，让中低收入者能有足够高的收入，那么中国的消费市场潜力将非常巨大。这个消费市场，远非当前世界任何国家可以媲美。

想想看，这么大的市场，对于那些新兴市场国家来说，它们可以向中国出售农产品、消费品和初级资源产品等；对那些发达国家来说，可以出售诸如汽车、电子产品等高端消费品。这样的市场，对新兴和发达国家来说，将是多大的机遇?

这一切，成败取决于中国的深化体制改革。如今，我国深化体制改革已经在战略上做好了布局，这不但给了国民信心，也让全世界看到了真正的前景。

第二，产业升级市场。中国现在是世界第一大工业国和进出口贸易国，中国的工业规模和进出口规模仍在快速发展中。中国有这么大的工业基础，这些工业基础都要进行产业升级。以机床和工业机器人为例，中国已是世界第一大机床和工业机器人市场与进口国，这个市场还在不断膨胀，需求还在不断增加。

第三，中西部经济开发空间带来的市场。经济发展最怕同质一元化。一旦一个国家经济体内同质一元化，就必须在境外寻求对应的另一元，否则就无法持续发展了，这是资本经济发展规律，不以人的意志为转移。西方发达国家遇到的很多问题，就是内部经济同质化导致发展缺乏对流引发的。

中国人口规模巨大、国土面积巨大，发展了六十多年，虽然已是世界第二大经济体，但中国的中西部仍然较为落后，这就给了中国巨大的、潜在的发展空间。中国在对中西部进行基础设施投入、产业转移时，必然有巨大的各种资源、设备进口需求，这种需求无论是对新兴市场国家还是对发达国家都具有极强的吸引力。这种可开发的潜力空间至少还有二三十年。这也是中国可持续发展的内在动力源之一。

占豪感悟

中国正在改变世界规则，在 2014 年对此进行深入解读时，不少网友还不能理解其中奥妙，哪怕到今天还有认为中国在构建未来人类社会发展方向是夸大其词的说法。但事实是，以美国为首的西方在这方面比大众认识深刻得多。奥巴马上任后力推的跨太平洋伙伴关系协定（TPP）就是要对中国进行釜底抽薪，他提出的口号就是“不能让中国制定贸易规则”。是的，白宫也感受到了中国对其主导规则的挑战。至于西方媒体，近两年关于中国正在书写世界新规则的分析非常多，甚至包括科技领域中国都在打破西方垄断，实现一个个的突破。在诸如量子通信领域，中国已经取得了明显领先。

2016 年 9 月中国举办 G20 峰会，我们可以看到中国在其中扮演的角色有多么重要，中国明显已经开始制定未来世界经济发展的中国路线，并且中国正在利用自己的国力极力落实这些路线，世界各国对中国所抱的期望也不再只是观望姿态，而是投入了现实合作之中。这一切，都是因为中国的高效率和取得的现实效果。譬如，以亚投行为例，习近平主席于2013年才分别在哈萨克斯坦和印度尼西亚提出丝绸之路经济带战略和21世纪海上丝绸之路战略，只用1年时间就确定了成立亚投行，只用了2年时间就开始了亚投行的营业，只用了不到3年的时间亚投行第一个项目已经开工。相比已经谈了7年的TPP一直被美国国会卡着不放行、生死未卜，中国效率可谓让美国相形见绌。

在世界经济处于后危机时代的没有明晰思路和明确路线之时，中国的建议具有很强的可行性，而且这些可行性是建立在中国的综合国力之上的，是建立在中国的巨大市场空间之上的，是有现实保证的，这些都给了世界各国以信心，这正是中国推动中国路线图很可能获得成果的关键。

中国正在书写新规则，这一点千真万确。只是，相比美国过于敌视中国的思路，中国的思路并非取西方而代之，而是从对西方原有体系进行补充的角度出发，对现有规则进行的有力补充。在这方面，更加代表欧洲利益的IMF给予了更多肯定，这就表明，中国路线是更加科学和更加具有包容性的路线。

21世纪是中国世纪，这是一些有先见之明的西方人喊出来的，也是一批对中国未来充满自信的中国人内心一直坚信的。现如今，这种自信正在变成现实，我们拭目以待中国书写未来辉煌吧！

当然，在现阶段作为个人，除了要对祖国保持足够的信心外，恐怕就是要踏准国家发展节奏，去探寻适合自己的发展之路。我们不要辜负这个时代，更不能辜负自己，带着自己的使命，向前奔跑吧！

第3章

项庄舞剑

我们的近邻

◎ 中、美、俄视野下的日本

◎ 迷雾重重的朝鲜半岛

◎ 印巴冲突

◎ 阿富汗的棋局

◎ 越南军方突访北京的真实意图

中、美、俄视野下的日本

安倍连任与国际形势

2014年12月24日，在日本参、众两院首相提名选举中，安倍晋三没有任何悬念地连任了。对于此人，相信不仅绝大多数中国人都对其无好感，亚洲很多国家的人民对其也没有好感。就这样一个人，为何能够连任，又为何在日本有很高的支持率呢？

在笔者看来，安倍连任根本原因有四个：

(1)日本国民右翼化倾向越来越明显。

虽然官方措辞还比较委婉，称日本极右翼、军国主义是极少数，那是为了争取日本国内的健康力量，是国际场合的政治语言。事实上，日本整个国家正在走向极右翼化，甚至在日本政客的引导下，正在走向“新军国主义”。我们知道，安倍晋三就是极右翼，不但参拜靖国神社，各种言行都充分暴露了其军国主义分子的习性。而且，他和之前的副首相麻生太郎祖上都是战犯。

在民间，我们从日本反华的极右翼分子在日本越来越猖狂、修改教科书的地方越来越多，以及日本政坛参拜靖国神社、支持军国主义行为的人越来越多中可以看出来日本政治氛围右倾的趋向。不说别的，从安倍在日本政坛的地位，就能知道日本整个国家都在走向极右翼。正是这种极右翼情绪，与安倍的极右翼行为逐渐融合在一起，构成了安倍在日本政坛的竞争力。对这一点，中国要保持高度警惕。

(2)日本政坛确实无人。

第二次世界大战以来,大部分时间里日本首相干的时间都不长。20 世纪 90 年代前后至今,日本首相在任时间大多数都较"短命"。不过,自 20 世纪 90 年代之后,有两个人在任时期最长:一个是以参拜靖国神社、反华著称的前首相小泉纯一郎,另一个就是安倍晋三。安倍晋三又恰恰是小泉纯一郎的门生,继承了小泉纯一郎的衣钵。在过去 20 多年时间内,日本经济都不景气,但在小泉纯一郎时期是最好的。2008 年经济危机之后,日本政坛给了民主党一点机会,但后来证明民主党还不如自民党,于是首相又成了自民党的安倍晋三。

从日本过去多年的历任首相任期内的作为上看,基本没有人有大作为。试想,小泉纯一郎和安倍晋三就是其中的佼佼者,可见日本政坛的确无人,整个国家的政客基本都没什么大战略。日本政坛无人的根本原因是日本的政治基本被家族垄断,普通百姓基本无法真正参与到政治生活当中。这种机制决定了日本精英政治已走向末路。但也正是这种机制,让安倍这种人可以登上政坛巅峰。

(3)日本经济确实不好搞。

20 世纪 80 年代是日本经济最牛的时候,第二次世界大战后经过三四十年的发展,到 20 世纪 80 年代时已让美国感到深深的威胁。1985 年,美国联合欧洲诸国逼迫日本签署了一份"阉割"协议——广场协议[①]。最终,日本被这些国家搞了一次货币围剿,日本经济在进入 20 世纪 90 年代后陷入衰败。

这一次衰败,失去一个十年又一个十年,如今正在走失去的第三个十年,此局真的是无人能解。在这种情况下,安倍这种能够煽动民意情绪、敢用透支未来的方式刺激经济者,反倒成了日本国民信任的人。这就是历史现实。

---

① 20 世纪 80 年代初期,美国财政赤字剧增,对外贸易逆差大幅增长。美国希望通过美元贬值来增加产品的出口竞争力,以改善美国国际收支不平衡状况。表面上是美国减轻国内债务的一种调节性行为,实质上,广场协议及其后的举措,是美国对第二次世界大战后由于自己的强力扶持而崛起却越来越不听话的日本(20 世纪 70 年代末,日本由于经济崛起,叫嚣要买下整个美国,极端人士还出版诸如《日本可以说"不"》等在日本得到大量民众支持的书籍)的一次剪羊毛行动。(资料来源:百度百科)

(4)安倍连任符合美国利益。

自第二次世界大战之后,日本客观上一直是被美国占领的国家,从来不是真正独立的国家。在日本本土,还有美国大量的驻军。过去数十年,日本从最初对经济毫无主动权,到现在逐渐从美国手中淘换到大部分自主权也是不易。不过,美国在政治上依然对日本有几乎决定性的影响。譬如,之前民主党首相鸠山由纪夫上台后提出"脱欧入亚"等一些不利于美国的政策,结果鸠山连一年时间都没干到就被赶下台了。之后的民主党首相虽然极力讨好美国,但由于治理国内经济无能,又无法满足美国遏制中国的战略需要,结果总共也就干了三年多时间,就将执政权重新交还给了自民党。

安倍上台后,在遏制中国问题上冲在最前面,为了遏制中国,他不惜与中国交恶,但这却很对美国胃口,符合美国的国家战略利益。基于此,虽然美国对安倍的激进偶尔有些不满,但仍认为安倍是最佳的合作伙伴。那么,安倍后面又会干啥坏事?

在笔者看来,只要安倍在台上,这位极右激进主义的首相就一定会对中国干坏事,绝不会停止。未来,有五件坏事安倍必干:

(1)推动修宪。

安倍再次连任后,有一种声音认为,由于共同执政的公明党未公开表示支持修订日本和平宪法,热衷修宪的极右翼小党也在本次选举中纷纷阵亡,再加上修宪重要反对力量日本共产党又获得了21个席位且拥有了提案权,所以安倍的修宪进程恐已"戛然而止"。

对此观点,笔者认为太过理想化。个人认为,安倍这次连任后不但会继续推动修宪,而且很可能在未来3年内就完成修宪。在安倍心中,推动修改和平宪法,既让日本可以堂而皇之地发展军事力量,同时可以向外拓展军事力量,是多年的理想。从"安倍经济学"我们可以看出,安倍的政策是透支未来,并通过强化政府能力准备向外拓展空间。安倍的目的是,通过拓展外部空间来发展日本经济,这种拓展就包括军事的向外拓展。就日本的模式来说,这和军国主义时期日本的想法基本无二致。只是,现在的国际局势暂时还不允许日本造次而已。

由于日本整个国家都正在走向右翼化，其国民对修宪的敏感度在下降，支持修宪的比例在不断提升。未来安倍在任，必然会加快推动修宪宣传，为国民“洗脑”，并在一个不经意的时候完成修宪。

对日本来说，修宪的最大障碍除了国民外，最重要的束缚力量是美国。但由于美国试图寻找一个全方位的亚太合作伙伴来帮助其搞亚太平衡，日本是最佳选择，所以，为了遏制中国，美国未来很可能会给日本松绑。日本解绑后，美国一定会加速武装日本，为将来给中国在西太平洋制造麻烦做准备。

(2)继续配合美国加强遏制中国。

虽然中美签署了关于气候的框架协议，军事交流在不断增加，军事透明度也在不断增强，看起来好像美国已经拿出了诚意要发展中美两国的“新型大国关系”，但是，美国的让步，就现阶段来说还只是空头支票。这个空头支票，一方面未来有被撕毁的可能，另一方面是想让中国节能减排，本质上有遏制中国发展经济之意。所以，客观上，美国对华让步一方面是形势所迫，另一方面也是一种“忽悠”。

美国的亚太再平衡战略已经布下，暂时不可能有大的变化，针对中国的遏制未来必然会加强。考虑到中美经济的此消彼长，美国需要帮手，这个帮手就是日本。日本安倍政府为了能从美国手中淘换到更多国家政治主导权，对此会不遗余力。所以，可以预见，未来随着美国的战略需要，日本的行为必然对中国不利。安倍为了从美国淘换到更多自主权，对中国的挑衅必然不遗余力。

(3)继续借钓鱼岛“争端”武装自己。

日本进行所谓钓鱼岛“国有化”，一方面是试图在中国崛起前吞下钓鱼岛，另一方面也是借此机会寻找武装自己的理由。特别是，只有不断挑衅中国，日本才能借所谓“中国威胁论”来发展自主军备，同时还能借此向美国购买更高级别装备从而加强军事实力。日本武装自己为了干吗？其最大目标就是中国。随着日本走向右翼化，未来数年内日本对中国冒险的可能性正在增加。

(4)在中国周边挑事。

日本一直在发展与菲律宾、越南、印度等国的关系，只要是能给中国带来“负能量”的国家，日本都想搅局，试图支持它们反华。可以预见，为了给中国制造麻烦，日本未来很可能会和菲律宾、越南等国进行军事合作，帮助这些国家挑衅中国，以分散中国在东海的注意力，给中国周边制造麻烦。

(5)修改历史教科书必然推进。

由于美国第二次世界大战后的私心，未能对日本军国主义进行真正的斩草除根，结果现阶段军国主义开始走向复活。随着日本右翼化趋势越来越明显，日本政府会继续推动修改教科书，为抹掉那段侵略历史做努力。面对邻国的反对，日本在这方面的工作也绝不会停止。

面对这样的局面，中国怎么办？

中日关系，就现阶段来说还是从属于中美关系。虽然这种从属正在发生深刻变化，但未来较长时间内，中美关系对中日关系的影响仍然非常大。面对日本整个国家的越来越右，甚至有走向军国主义的倾向，中国不要受安倍政府的迷惑，对与安倍政府达成的所谓“四点原则共识”要保持足够的“怀疑态度”。

事实上，安倍实现和习近平主席握手后，回去就变卦开始混淆视听。对中国来说，签署这个文件不是坏事，因为中国加强对钓鱼岛实际控制的目的达到了，随便进出第一岛链的目的达到了，构建东海防空识别区的目的达到了，所以此时与日本缓和一下关系，不但可以对冲日本和美国签署 TPP 的压力，还能增加一个对日本念紧箍咒的机会。虽然日本不承认，但毕竟有文件在，未来只要日本越线，中国即可敲打。

不过，中国务必做好对日战争准备，要随时防着日本冒险。中国的对手虽然不是日本，但日本这个恶邻却是拿中国当对手的。基于这种情况，中国战略上虽然不能瞄准日本，但战术上必须对日本高度重视，同时要有应对之策，随时准备迎接美国怂恿出来的日本军国主义对中国的各种挑衅。

美日为何急欲改善中日关系?

过去数年,由于日本的一意孤行,中日关系越来越冷淡。过去数年当中,日本不但在历史问题上频频大放厥词,更是对钓鱼岛进行了“国有化”,还不断加强针对中国的军事部署。甚至在美国的支持下解禁了集体自卫权,接下来还准备修改和平宪法。这一切,美国都是支持的,甚至可以说是纵容的。

美国为什么这么做?原因是在自己实力下降的情况下,维持全球霸权需要帮手。在这种背景下,美国扶植日本的目的有两个:一是借日本力量遏制中国,布局所谓亚太再平衡战略;二是美国的力量衰弱后,需要一个新的、更具实力且更积极的全球合作伙伴,基于经济实力、遏制中国的积极性和对在全球发挥更大影响力的渴望,日本扮演这个角色现在看起来最合适。

过去数年,日本一边干着伤害中国和与中国敌对的事,一边又不断制造舆论要和中国对话。日本这种看似自相矛盾的言行根本原因是什么?现在安倍又为何急欲和中国改善关系呢?

看过《菊与刀》的战友应该知道,日本人就具有这样极其矛盾的性格。日本人一边可以在言语上显得很礼貌,一边又可以在行为上肆无忌惮地对别人进行伤害。而且,日本人往往翻脸比翻书还快,刚刚还看似非常友好,突然就能以最凶狠的方式对待对方。甚至日本人往往用他们的礼貌去迷惑对手,如果对手软弱,那么他们会不断得寸进尺,用既礼貌又残忍的方式放倒对手。

如今日本的这种行为和日本人这种骨子里的性格有着极其密切的关系。他们一方面说和中国交好,要和中国保持友好交往;另一方面会不断地美化侵华史,不断地参拜靖国神社,在领土问题上还不断地对中国进行挑衅。日本人试图用他们表面的友好,换回中国在领土、历史等问题上的让步,试图让这一切都木已成舟。换句话说,日本的这些行为,是其民族性格使然,也是对中国的一种战术迷惑。

现在安倍急欲和中国改善关系,除了上述民族性格因素外,还有另外四个原因：

(1)试图打破外交孤立。

日本在周边外交上正陷入孤立，不但和中国交恶，和韩国、俄罗斯都关系不睦，和朝鲜关系暂时也还未获得改善。而在这些国家当中，和中国交恶是日本周边外交恶化的起点，中国是日本周边外交最重要的国家，日本和中国搞不好关系，那么和朝鲜、韩国，甚至俄罗斯的关系都会受到负面影响。所以，在安倍政府周边外交越来越被孤立的背景下，与中国缓和关系就能达到一缓俱缓的目的。所以，日本安倍政府非常迫切。

(2)试图扩大外交腾挪空间，提高中日关系恶化后的外交弹性。

中日关系现在外交腾挪空间很小，日本人现在并未做好和中国撕破脸的准备。在这种情况下，日本如果想继续扮演好美国在西太平洋的桥头堡，发挥更大的作用，尽量多地从美国那边得到资源和权力，就必须管控好中日关系，不让两国关系激化到撕破脸的地步，以争取更多时间。

我们之前分析过，在中美摩擦加剧背景下，日本显然是对抗的桥头堡，这是日本向美国提高要价的好机会。但是，如果扮演美国桥头堡的角色意味着中日彻底敌对甚至爆发冲突，这个风险太大了，这是现在的日本所不愿意看到的。所以，日本目前尽量缓和中日关系，为今后外交腾挪争取更大空间，争取更多地从美国那边拿到好处，是日本人的目的之一。

(3)试图麻痹中国，占中国便宜。

日本人既不在钓鱼岛、东海上让步，也不在参拜靖国神社方面让步，甚至还不断试图美化侵华史，在这种情况下如果实现了中日关系缓和，相当于占了中国便宜。而且，还可以起到战术麻痹中国的作用。通过这种麻痹，在不知不觉间提高中国对日本行为的容忍度，特别是对日本走右倾化路线的容忍和麻木。

(4)降低政治关系不睦对经济的影响。

自小泉纯一郎时期开始，中日政、经分离越来越明显，即政越来越冷，经却越来越热。但是，这种情况在 2010 年日本抓扣中国渔船船长詹其雄及“国有化"钓鱼岛后发生质变,中日政冷开始影响中日贸易。中国作为当前世界经济增长最稳定和最有力的国家,日本不想失去这些利益。所以,日本试图改善中日关系还有经济因素,希望中日政治关系不影响中日贸易关系。

当然,日本不断喊话还有其他因素。譬如,日本试图通过向中国喊话,向国际社会表明,不是日本不想和中国改善关系,是中国不愿意。这也是一种推卸责任的表现。

日本为了改善与中国的关系,甚至要求美国向中国施压。那么,日本是真心和中国改善关系吗?在笔者看来,日本是真想和中国改善关系,却没一点真心。因为日本既不愿意承担过去几年中日关系变坏的责任,又不想为消除中日关系发展的障碍作出努力,哪里又有半点真心?日本企图在伤害中国后还让中国让步,这又怎么可能?

那么,美国为什么又积极想改善中日关系呢?

美国的有些原因和日本是一致的,譬如美国虽然未来有推动中日之间爆发冲突甚至战争的可能,但至少现在还没到时候,暂时还不想中日撕破脸,美国还是希望日本扮演遏制中国的角色,而不是和中国爆发冲突。所以,在未来中美之间博弈压力越来越大、日本角色越来越重要的背景下,美国希望中日之间有更大的外交弹性是很正常的心态。

但是,这个对美国来说还不是最主要的,美国试图改善中日关系还有另一个目的,就是改善日韩关系。因为在对日交恶上,近几年韩国紧跟中国步伐,日韩交恶同样是因历史问题、参拜靖国神社问题和领土问题。现在,美国在推动日韩关系缓和上完全没办法,这已经影响到美国的亚太再平衡战略布局。在这种情况下,如果能推动中日关系缓和,那么日韩关系缓和也就有了契机。当然,美国缓和日韩关系,目的还是在于构建美日韩三国联盟来遏制中国。

那么,中国对此又是什么态度呢?

中国在这方面的态度是一硬一软。硬的是,官方和日本不作任何大的妥协,高层交往继续暂停,继续冷淡日本领导人,在政治上和外交上给予日本足够的政治外交压力。至于影响经济，对中国的损害要远远小于对日本的损害，也是中国不必过于忧心的。软的是，中国半官方、民间和日本的交往并未中断，譬如日本前首相、在野党议员及商业领袖频频访华，中国的半官方回访也不断。2014年上半年，前政协副主席胡德平访问日本；10月8日，中国人民对外友好协会会长李小林正在日本访问；10月7日晚，中国上海歌舞团还在日本东京进行了舞剧《朱鹮》的首场演出，日本首相安倍晋三夫妇观看了演出并与中国官员进行交谈。

中国的硬，体现的是中国在原则性问题上绝不让步的决心，这是告诉日本及相关国家中国的底线；中国的软，则是一种外交上的弹性，也体现中国一贯的外交态度，即通过政治谈判来解决分歧。就中国而言，只要不撕破脸，中国对一切都持开放态度，只要日本真心诚意消除之前破坏中日关系的负面影响，中日关系就可以缓和。

中国这么做，既是做给国际社会看的，也是做给日本朝野看的。当然，这么做还有两层更深的含义：

一是尽量摸清日本朝野内部的对华态度，这样中国可以有的放矢，应对会更加从容，所谓知己知彼，特别是在未来中日有可能爆发冲突甚至战争的情况下，这种了解就更有必要。

二是尽量分化日本朝野，使得日本政府更不得人心，这是影响日本政坛的一种外交手段。

当然，就现在情况看，安倍政府毫无改善中日关系的诚意，安倍政府也没打算在历史问题、钓鱼岛问题和参拜靖国神社问题上作出任何让步，甚至还在不断滑向右倾化路线。所以，中日关系至少在安倍时期恐怕很难改变。由于安倍政府没有改善中日关系的诚意，中日关系也无法真正获得改善。在这种背景下，再加上因经济压力而支持率越来越低，安倍走右倾化路线，甚至继续冒险的可能性会不断增大，中国需要做好完全准备和防范。

骑墙——日本与美、俄同时举行军演

据彭博社网站2014年10月26日报道，日本从26日开始与美国陆军在国土最北端的北海道举行军演。而就在一天前，日本刚刚启动了与俄罗斯的海军演习，地点位于符拉迪沃斯托克外海，距离日美演习地点仅有500英里(约合800公里)。

日本为何突然作出这么奇怪的举动？早先因日本迫于美国压力而制裁俄罗斯致俄罗斯剧烈反弹的俄日关系，又为何会缓和这么快？俄日关系缓和会持久吗？美国会因此对日本施压吗？日本的这种态度转变对中日关系及东北亚局势又有什么影响呢？

为了搞清楚上述问题，我们有必要分析一下日本人的战略定位及因日本的战略定位而引发的东北亚格局巨变。

(1)背景：中日关系、韩日关系的受阻。

我们知道，中日钓鱼岛问题是自2010年9月爆发的，这个爆发的时间点就是美国确定重返亚太战略实施的时间点。所以，中日钓鱼岛问题的爆发，本质上是美国重返亚太战略所引发的。而日本之所以通过抓捕中国渔船船长来激化钓鱼岛问题，就是想借美国之力将钓鱼岛主权坐实，借美国之力将中国牢牢地遏制在第一岛链内。2010年的中国早已不是刚刚改革开放时候的中国，何况这次日本是实实在在地准备将钓鱼岛主权坐实，中国也因此无比强硬，最后是以抓日本“间谍”为筹码，高压迫使日本放了中国船长。之后，日本又闹出了钓鱼岛“国有化”等一系列闹剧。

2010年后到2012年安倍晋三上台前，日本一直是民主党执政，相对较为温和，中日关系还算缓和。但随着美国重返亚太战略的推进，更加右翼、更加激进、更加有军国主义倾向的安倍晋三再次当选首相。安倍上台后一意孤行，在钓鱼岛问题、历史问题上频频挑衅中国，导致中日关系持续恶化，降至建交以来的冰点。

安倍政府的意图很明确，就是借美国重返亚太的机会，借美国的力量遏制中国，通过扮演美国在东亚遏制中国的助手来获得自身地位的提升，特别是借此解除束缚在自己身上的和平宪法枷锁等。日本已经借美国力量解禁了集体自卫权，下一步就是修宪，向正常国家迈进。美国为了激励日本，不断对其进行纵容，甚至对安倍政府的军国主义倾向视而不见。

日本的这种行为也激怒了韩国，再加上韩国不希望推进美国的美日韩联盟战略，所以和中国靠近共同对抗日本。之后又由于美俄的直接交恶，美国为了制服俄罗斯普京政府，施压日本对俄罗斯进行制裁，日本迫于美国压力不得不对俄罗斯进行制裁。在这样的背景下，俄罗斯在对欧美反击手段不多的情况下，对日本大打出手，使得日本在东北亚的地缘外交上四面楚歌。

日本为了突破外交困境，采取各种方式对周边国家进行试探，寻求外交突破点。譬如，日本不断装出一副“诚恳”和“可怜”的样子试探中国底线，试图在中国这里撕开一条缝，和中国恢复领导人对话。日本这么做的目的是，让中国容忍其胡作非为，在其实际伤害中国利益的情况下，可以不伤及中日关系。这种投机显然是中国所不能容忍的。在中国这里无所作为，日本被迫一度和朝鲜眉来眼去，甚至不惜得罪美国准备和朝鲜建交。但这些还是未能取得有效进展。在这种情况下，日本不得不再次低下头转向刚刚交恶的俄罗斯。

(2)与俄罗斯外交的碰壁。

对俄罗斯来说，交恶日本并非本意，因为日本未来是俄罗斯油气出口的潜在大户市场，日本的经济能力又可以帮助俄罗斯开发远东。俄罗斯对日本一度有非常明确的定位，借由日本扮演中国竞争者的角色，这样俄罗斯在向东方出售油气时就有更好的谈判筹码，开发远东也不会让中国一家独大受制于人。但日本的三心二意着实让俄罗斯信不过，更何况是在俄罗斯国家最困难的时刻，日本的行为也的确激怒了俄罗斯。这是之前俄罗斯对日本作出了强有力报复的原因。

报复结束后，当美国将注意力从乌克兰转移到叙利亚时，日本人再次看到了机会，于是再次向俄罗斯求和。俄罗斯面对日本有很强的自信，因为可打的牌最多，南千岛群岛（日本称“北方四岛”）问题永远是日本人的痛。日本此时求和显然对俄罗斯有利，俄罗斯完全可借日本的外交需求，通过改善和日本的关系来突破7国集团对俄的经济封锁。只要日本有了初一，后面德、法就可能有十五（法国石油巨头殒命俄罗斯机场显然是有人刻意为之，法国总统奥朗德出席葬礼也不是没有缘由，这背后有很深的逻辑背景，只是不太容易为外人道。有兴趣的可以去看看那次飞机事故过程的模拟，太蹊跷）。所以，很快俄罗斯就有了回应。至于日本，就是想在周边外交中寻求突破，避免和周边所有国家都交恶。如此，俄日双方一拍即合。

俄日关系，本质上还是美俄关系，所以俄罗斯和日本不可能在战略上互信，这是两国未来很长时间的关系本质。只要美国战略需要，日本随时会迫于压力和俄罗斯疏远，俄罗斯也随时可能和日本翻脸。但是，俄日都希望推进彼此的能源合作，因此只要美俄关系有了缓和空间，俄日就会推动经济合作。这就是俄日关系的现实，未来可能长期维持政经分离的状态，同时会出现时好时坏的状况。

(3)日美军演的目的。

①继续扮演好美国第一岛链“看门者”的角色，做美国遏制中国的桥头堡。

日本和俄罗斯改善关系，不断向中国求和，其必然担心美国会减少对自己的支持，在这种情况下，和美国的军演必须加强，这是日本未来的国家战略定位，是不会轻易改变的。

本质上，日本的这个军演主要是针对中国的，是强化美日关系的，是为美国遏制中国服务的。在看起来不太平衡的时候，日本做出一些平衡的态度有助于稳固日本在美国心目中的定位。

②平衡俄美关系，稳定日本在俄美之间的位置。

日本突然和俄罗斯搞军演，如果不和美国搞军演，这会引发周边国家和美国的遐想，会影响日本的国家战略，会影响日本在美俄、中美之间的位置。

在这种情况下，俄日、美日同时举行军演就不难让人理解了。这是日本人为了政治平衡所作的安排。

③军演位置放在日本国土最北端另有深意。

之所以美日军演放在国土最北端而不是靠近中国一方，原因也在于平衡。这也是一种精心安排，既满足了美国的情绪，又实现了日本的目的。军演和俄罗斯驻军隔海相望，还能给自己一把安慰，告诉俄罗斯人，日本是有美国人保护的。

通过日本的这些态度转变，我们看出了什么呢？看出了日本内政外交以及经济的困境，这一点体现在日本政坛就是前几任的首相也很忙，他们不断为缓和中日及俄日关系而奔波、喊话。同时也说明，日本朝野对安倍政府的政策和外交有较大的不同意见，他们在做安倍政府做不到的事。譬如，日本在野政客和商界频繁访华，就是尽量降低中日关系跌入冰点对中日贸易的影响。迫于内外压力，安倍政府也作出了调整，向中国开出了条件，希望中国展开对话。从这些态度上我们可以看出，只要亚洲关系有缓和的空间，日本还是希望在中美、美俄之间骑墙，玩政经分离的平衡。换句话说，还是希望玩政治投机。只是中国给日本玩的空间越来越小了，未来也不可能给很大的空间。

对中国来说，日本的态度转化不是坏消息，只要日本态度上有转化，那么，中国维护东亚和平的局面就有了一定的条件；而日本在野力量也会向安倍政府施压，这能一定程度地对美日关系构成一种干扰。

随着时间的拖延，诸如丝绸之路经济带战略、亚投行等，中国落实得越来越多，走得越来越远，那么美国企图围堵中国的战略未来对中国的影响也就越来越小，中国的战略目的也就达到了。

所以，这次日本的策略调整有助于暂时缓和东北亚局势，有助于暂时拖延美国的重返亚太战略，也有助于为中国争取时间。当然，这些都是日本基于自身利益作出的，和中国无关，中国只是合理利用而已。

迷雾重重的朝鲜半岛

朝韩火炮对射，未来半岛局势如何？

2014 年 10 月 3 日，朝鲜向韩国发去二号人物访韩的请求，韩国立刻答应。

10 月 4 日，朝鲜二号人物黄炳誓及崔龙海、金养建访韩，并参加亚运会闭幕式。

10 月 5 日，美国国务院分管东亚和太平洋事务的助理国务卿丹尼尔·拉塞尔与国防部分管亚太事务的助理部长施大伟当日下午即抵达韩国首尔访问(从时间上看，美国高官是 5 日凌晨出发的，4 日朝韩高官会见，5 日凌晨美国高官即出发赶往韩国，可见对该事件之重视)，会晤韩国外交部长官尹炳世等高级官员，就朝鲜高级代表团 4 日访问韩国的情况交换意见，讨论调整对朝政策。

10 月 7 日上午，朝韩双方互射炮弹，双方没有人员伤亡。

上述事件发生在 5 天内。这些事件预示着什么？预示着朝鲜半岛的局势要发生变化了。

我们下面就针对朝韩为何发生火炮对射，以及未来朝韩关系和半岛局势如何发展作出分析。

新闻报道的互相对射过程：韩国联合参谋本部称，一艘朝鲜巡逻艇 7 日上午越过朝鲜半岛西部海域“北方界线”(NLL)后撤离，在此过程中双方开炮对射。韩方称，一艘朝鲜巡逻艇向南越界约 0.5 海里，韩军立刻发出警告信号并进行了警告性射击。由于朝鲜巡逻艇开炮对射，韩方也开炮予以还击，但没有造成人员伤亡。

由上述韩方说法我们可知，是韩军认为朝方巡逻艇越界，率先对朝方巡

左二为黄炳誓,左三为崔龙海(图片来源:《参考消息》)

逻艇进行了警告性射击,朝方毫不示弱也开炮对射,韩国又开炮射击。双方都无人员伤亡,也没有彼此击伤对方船只的报道,说明彼此都未真正向对方船只射击,只是一种彼此的军事警告。

我们知道,所谓北方界线是韩国单方面定的,朝鲜并不承认,所以现实当中朝鲜并未将该界线当成界线。当然,朝鲜方面也有界线,这个界线也是朝鲜单方面制定的,韩国也不承认。如此一来,双方的海上界线实际上就有一片重叠区。平时,朝韩双方所谓的"越界"巡逻是家常便饭。因此,这种所谓警告性射击并不是必然要发生的,这种射击一定是极具政治含义的一种射击,是一种政治信号。

那么,韩国为何突然在朝方向韩方示好的情况下向朝鲜巡逻艇进行警告性射击呢?笔者认为,主要原因应该有三方面:

(1)试探朝鲜对韩示好的实际态度。

这种试探的实际意义是什么呢?如果朝鲜不还击,说明朝鲜是向韩方低头的示好,那么韩国就可以在10月底11月初二次会谈时提出更高的谈判要价;如果朝鲜还击,韩国就会在二次会谈时适当张口。这种试探,可以一定程度地帮助韩方摸一摸朝方的状况。

(2)舒缓朝韩关系突然改善引发的美国紧张,避免美国对韩国猜疑。

美国对朝鲜突然访韩是很紧张的,这一点从美国助理国务卿 5 日凌晨出发赶往韩国可知其重视程度。这种事情突然发生,必然会引发美国猜疑,那么此时炮击可在一定程度上对冲朝韩关系加温过快的情况,减轻美国对韩国的压力。

(3)尽量不让朝韩关系改善显得过于扎眼。

半岛局势对西太平洋的博弈形势影响很大,如果朝韩关系改善得过快、过于扎眼,将会引发整个地区很多国家的联动。若真的引发连锁反应,将很可能影响朝韩关系的进一步改善,凭空增加很多阻力。特别是,朝鲜向韩国提议两国实现"邦联制"统一。在现阶段,朝鲜提出的朝韩"邦联制"统一是符合朝鲜、韩国和中国利益的,却不符合美国及其他盟友的利益。所以,此时韩国降温朝韩关系应有长远考虑。

当然,考虑到韩国政府根本没有韩军的指挥权,所以该炮击应该是综合了美国的意见,甚至是根据美国提出的警告性射击建议才有了双方的对射。而美国这么做的目的,主要是为了破坏南北关系升温的气氛。所以,虽然只是简单的炮击,背后的事情和各方算盘却是较为复杂的。

搞清楚了炮击的政治含义,那么朝韩关系和半岛局势会如何发展呢?

笔者认为,过去大概一年有余的时间,朝韩关系改善的外部阻力在美国,内部阻力在朝鲜。外部阻力的意图不言而喻,为的是东方小北约——美日韩联盟,为的是进行针对中国的西太平洋布局;内部阻力的意图则是为了稳固金家政权和让美国彻底改变对朝看法(美朝关系正常化)。

美国的布局很好理解,但朝鲜显然忽略了中美在西太平洋和东北亚的大国博弈中朝鲜的位置,从而对美朝关系正常化过于妄想和急于求成了。事实上,美朝关系正常化的突破口在韩国而不是在美国,只要朝韩关系真的改善了,哪怕美朝关系没有正常化,朝鲜改革开放的外部条件也就具备了。而且,作为要依靠中国支撑才能与美韩保持战略平衡的国家，不考虑中国的大国战略却只考虑自己的小算盘，显然是路线的错误。经过一年的徘徊，最终迷途知返，朝鲜下决心改善朝韩关系，才有了 4 日的突然访韩。

经过这个变化，我们可以看到，试图缓和半岛局势由过去的中韩变成了中朝韩，那么与过去的力量对比就不同了。所以，只要朝韩在细节控制上不出现问题，双方不乱出牌导致彼此误解，那么朝韩关系将确立方向，双方关系改善不会因为彼此的炮击而发生变化。而在操作细节上，朝鲜是关键因素，因为中韩都希望朝韩关系进一步改善，以利于自己在未来西太平洋博弈中处于相对有利的位置。

某种程度上说，只要朝鲜下定决心进一步改善朝韩关系，那么美国将会被迫进一步履行之前与朝鲜达成的食品和物资援助协议，韩国也会扩大对朝鲜的援助，中国对朝鲜的援助也会毫无疑问地重启，朝鲜内部压力将会得到缓解。

美日韩联盟的阻力

对美国来说，西太平洋战略最重要的战略之一就是构建针对中国的东方小北约——美日韩联盟；相反，对中国来说，最重要的对冲战略就是通过一系列手段尽量避免东方小北约的成型。

对美国来说，构建美日韩联盟最大的阻力来自韩国。韩国之所以尽力避免美日韩联盟的建成，根本原因有三个：

(1)韩国不想成为中美地缘对抗的最前沿。

韩国朴槿惠政府很清楚，一旦美日韩联盟构成，中美在西太平洋的直接对抗将会非常激烈。如此一来，朝鲜半岛就成了中美对抗的最前沿。在南北朝鲜敌对的背景下，朝鲜半岛的战争将可能因此一触即发，韩国的国家安全形势会急转直下，国家经济发展将很难再持续。

(2)韩国不想开罪中国。

中国现在是韩国第一大贸易伙伴，韩国经济过去十多年的繁荣主要靠中国，是中国的发展带动了韩国经济。在这种情况下，为美国而开罪中国，无疑是自绝，韩国无法承受这种打击。

(3)开罪中国相当于自绝未来。

中国经济蒸蒸日上，美国国力每况愈下，中国最终对朝鲜半岛起决定性作用只是时间问题，美国早晚会被迫退出朝鲜半岛。在这种发展趋势下，韩国如果与中国形成敌对关系，一旦未来美国被迫后撤，韩国的国家生存、经济发展都必然面临巨大的潜在压力。所以，韩国不愿意开罪中国。

基于这三点，朴槿惠政府上台后，将中国放在了和美国一样高度的外交地位上。朴槿惠上台后，韩国借独岛和历史等问题，大幅降温韩日关系，使得美日韩联盟计划举步维艰。与此同时，韩国主动向中国走近。朴槿惠访华时主动提出在中国哈尔滨为朝鲜民族英雄——安重根——竖立纪念碑(安重根在中国刺杀了日本前首相伊藤博文)，这是明确要和中国一起对抗日本。某种程度上，这种对抗就是中韩联手对冲美日韩联盟的构建。

站在中国角度考量，未来欧亚大陆经济整合拉上韩国显然是再好不过的事情。而就地缘战略而言，和韩国发展关系，尽量避免美日韩联盟成型，非常符合中国的国家战略。更何况，韩国在这方面和中国心思完全一致。所以，中国新一届政府大力发展和韩国的关系(南京青奥会开幕式上，演唱歌手请了两个国家的艺人，这两个国家分别是俄罗斯和韩国)。

中国发展和韩国的关系，冷淡与日本的关系，这是符合中国西太平洋和东北亚国家战略的，中国的这个战略虽然是区域性的，但其实是着眼于全球的，它不单单关系到东北亚，还关系到东海、台海以及整个西太平洋，甚至包括全球的权力结构。

金正恩突然现身的背后玄机

笔者曾在 2014 年拙作《大博弈：中国之危与机(形势篇)》中详细分析了朝鲜半岛问题的形成和局势。朝鲜的政体具有世袭性质，但这个世界上世袭政体的国家并非只有朝鲜，还有很多看似所谓“民主”的国家，本质上也是世袭。譬如新加坡、中东一些国家，都是不同情况的世袭。甚至美国、日本等国，领导人虽非世袭，但议员却有很严重的世袭性，而他们国家的领导人都出自议会，所以这些国家经常出现领导人家族化情形。譬如，我们众所周知的布什父子总统，还有克林顿夫妇；再往前说，美国第 26 任总统 T.罗斯福是第 32 任总统 F.罗斯福的堂叔，第 8 任总统布伦的高祖是第 26 任总统T.罗斯福的外高曾祖，第 12 任总统泰勒与第 26 任总统 T.罗斯福是旁 4 系隔 3 代亲戚。旁 4 系即上溯 4 代是同一父母的兄弟姐妹，旁 4 系隔 1 代是一个 4 代的祖上和一个 5 代的祖上是兄弟姐妹。据有人统计，美国总统是由三个家族世袭的，几乎所有总统都出自这三个家族。

相比中国人了解美国的程度，美国人对中国了解非常有限，他们的媒体只会抹黑、歪曲中国，看似开放的美国实际上是在媒体垄断集团下的封闭。试想，连总统候选人都可以不知道中国有核弹那该是多奇葩的事情，但这种事就发生在几年前美国总统竞选时。

金正恩 2014 年 10 月间的这次“消失”，看来并非简单的消失，一方面是因为所谓“腿疾”，另一方面则有其政治目的。从这位 80 后上台至今，与其父相比，我们发现其很多特点。譬如，他的一些审美观更加西化，性格上比其父更开朗，和其祖父倒越来越有几分相似。他在做事风格上也和其父的稳健风格有所不同，和其祖父的雷厉风行倒有几分相似。基于这种特性，金正恩的这次消失很有可能是为了吸引国际社会眼球。直白点说，就是通过自己不露面，将世界的聚光灯聚到朝鲜。在世界舆论盯紧朝鲜之时，朝鲜做出迅雷不及掩耳的外交调整，通过聚光和调整这两个动作，一下子将本来集中在朝鲜身上的矛盾，像踢皮球一样踢到了美韩一方。

在金正恩不露面期间，朝鲜新任二号人物和传说中的三、四号人物不但迅速访问了韩国，接着还提出了金日成在 20 世纪 80 年代提出的“邦联制统一”计划。面对朝鲜的这一系列迅猛的外交攻势，美韩方面倒显得非常狼狈。白宫没有任何明确表态，韩国方面甚至都没有高一点级别的人物出来说话，反倒是朝鲜显得更放得开。显然，朝鲜的急转弯动作让美韩有些犯傻，再加上金正恩一直不露面，让人不知道朝鲜葫芦里卖的什么药，对这种突然的急剧变化也就显得不知道该如何应付。

参加韩美联合军演的美军 F-18 超级大黄蜂战斗机(图片来源:《人民日报》)

美韩的不知如何应付，本质上是美国的不知如何应付。因为从韩国朴槿惠政府本意上讲，是想改善韩朝关系的，这一点从其上任来对中国的态度可知。通过缓和韩朝关系，稳定半岛局势，如此发展下去，韩国就能在未来东北亚经济整合当中获得更多好处。但是，美国是不希望半岛进一步和解的，因为一旦半岛局势和解，美日韩联盟泡汤不说，中美俄在西太平洋上的博弈焦点也将由半岛和东海直接转到琉球。真发展到这个地步，美国在第一岛链的战略压力将会非常大，这是美国所不愿意看到的。因此，本质上美韩的不知如何应付正是美国的不知如何应付，韩国则主要是因为在半岛问题上缺少相应的主导权(决心是问题，卢武铉大力发展对朝关系，后来被清算自杀)。

美韩手忙脚乱地不知如何应付，体现在哪些层面呢？

首先，白宫一直没有特别明确表态。如果美国思路是清晰的，白宫一定会表态并采取相应行动。但是，美国除了在朝鲜二号人物访问韩国后第二天即赶到韩国外,没有进一步的明确表态和行动。

其次,韩国朴槿惠政府没有高级别表态。莫说朴槿惠没有表态,韩国连外交部都没有针对朝鲜提出的建议表示过明确态度,只是说过几句关于金正恩的所谓情报。考虑到韩国朴槿惠政府改善南北关系的内在需求,没有表态根本原因就是美国没有拿出态度,还找不到切入点。因为韩国也不是那么清楚朝鲜为何急转弯,何况对这个急转弯,美国表现出了极高的警惕,并施加了足够大的压力。

最后,韩国频频挑衅。这个挑衅不但挑衅朝鲜(连续对朝射击,从新闻报道上看均是韩方先出手且调子很高,之前一直高调的朝鲜反倒是一直低调处理这些问题),还挑衅了中国(在海上枪杀中国渔船船长,扣押中国渔民)。韩国这种挑衅,本质上体现了美韩的焦虑(主要施为者是韩国亲美力量),他们试图通过这种挑衅,一方面破坏朝韩和中韩关系,另一方面也是为了摸清朝鲜的政局,他们对朝鲜内部到底发生了什么拿不准。由于前面对朝鲜的两次试探朝鲜都一反常态地隐忍了,这让美韩心中更加狐疑。在这种背景下,出现韩国执法船枪杀中国渔民事件(初衷虽不一定是为了枪杀中国渔民,也许就是想抓回去,但中国渔民一般都会奋力抵抗,之前也发生过渔民打死韩国执法人员的事,所以韩国执法人员现在有了开枪的许可。对于该事件,中国应加大施压,避免类似事件再度发生),通过中国的表态来看中国的态度,从而揣摩中国在半岛局势上的态度(中国未对朝鲜的行为表示任何明确态度,这说明中国并不想在朝鲜表态上加入太多中国因素,这也是让美韩狐疑的另一个原因,何况之前中朝关系是趋冷的)。中国的外交措辞是强烈抗议,实际上就是告诉美韩,中国已忍耐到极限了,再不知进退就采取行动。

在这种背景下,金正恩出来了,其中原因主要应有三点:

(1)朝鲜上演这出戏的基本目标已达到。

即通过吸引世界眼球,充分放大朝鲜对韩国的示好这一政治信号,从而充分向世界表现朝鲜在半岛问题上的积极态度,为自己未来的行动灵活性加分(可进可退,进则快速改善朝韩关系,退则以韩国响应不济为由我行我素)。

(2)局面失控,对半岛局势不利。

中韩关系若因美韩胡乱试探而出现问题,会影响整个半岛局势,这对朝鲜掌控大局是不利的。由于美韩心中没底,不断试探,这种试探如果过头了可能会影响整个半岛局势,这正是美国想要的,中朝韩都不希望。所以,金正恩这个时候出来破掉美韩的猜疑(美韩最拿不准的就是金正恩到底是否还真正掌控大局),有助于稳定半岛局势。金正恩出来,确认了二、三、四号人物访韩及朝鲜官方的决策来自最高层。

(3)传言继续传下去不利于朝鲜自身。

金正恩的传言隔几天就换个版本,这种传言在一定时间内能够起到吸引眼球的作用,但如果传得过久而金正恩始终不露面,就可能影响其国内时局。这个时候露面,有助于稳定国内。

考虑到上述因素和局势,金正恩这个时候露面,一方面是破掉外界猜疑,另一方面就是避免美韩在政治上出现误判。

另外,我们看到,韩国新国家党党首金武星于2014年10月13日访华,中国领导人会见了他,并向朴槿惠喊话"期待与朴槿惠的会晤"。韩国执政党党首访华,恐怕与半岛局势有一定关系,至少借机打探相关底细。

接下来,韩国的态度就很重要了。如果韩国朴槿惠政府作出决定,明确了与朝鲜缓和关系的态度,那么韩国就是真心与中国在半岛局势上合作,稳定半岛局势并加速东北亚经济整合;相反,如果韩国依然含糊其辞或者态度不明确,说明朴槿惠政府在半岛问题上仍完全受制于美国,半岛局势在朴槿惠政府手里就不会有大作为。

印巴冲突

印巴在2014年10月间突然爆发边境交火,而且连日来不断升级。印巴为何突然激烈交火？这里面有什么文章？我们在这里作简单分析和评估，以供参考。

先来看一则相关报道：

据《印度时报》10月8日报道，7日晚的交火是印巴双方自2003年达成停火协议以来最严重的一次军事冲突。印度边防军连夜发射炮弹进行回击，至少消灭18名“恐怖分子”；巴基斯坦称，印军炮击造成15名巴基斯坦平民身亡，超过50名平民受伤。印巴双方都指责对方先挑起军事冲突。巴准军事边防部队贾维德·汗少将说：“我们不知道印方为何攻击巴平民。”但《印度教徒报》撰文称，这是巴基斯坦准军事边防部队先向印度50个哨所以及35个掩体发动袭击，印军才以猛烈炮火回击。法新社表示，因为印巴持续不断地交火，使得边境附近的多栋建筑物遭到严重损毁，约2万民众已经从该地区迁移。《印度时报》8日称，印巴双方每周二都通过“电话热线”就边界问题进行对话。印军7日在“电话热线”中警告巴方，将遵照印度陆军参谋长指示，以“强烈、直接且足够的反应”对巴国任何挑衅予以强烈反击。而巴军方称，已经向联合国军事观察员小组发出对印度的投诉。

看完报道，我们再来看当前这一事件的大背景：

总体来看当今世界，哪几个地方不安宁？中东、东欧、东北亚、东海、南海、南亚、北非。这几个地方，中东、北非都是中国能源供给基地，和中国利益密切相关，东北亚、东海、南海、南亚都和中国直接相关，而唯一和中国关系不是很大的东欧，也和中国的全球战略“小伙伴”俄罗斯直接相关。而和中国直接或间接相关的乱局是最多的。为什么会这样？因为中国是如今欧亚大陆上综合国力最强的国家，是世界霸主的眼中钉、肉中刺，对中国是如芒在背。所以，可以预见，未来围绕中国的各种“乱”必定只增不减。当然，这个过程也正是中国崛起的过程，因为如果没有中国崛起、没有中国的开放，这种乱可能与中国也就无关了，正是中国国际影响力的拓展，中国才是利益攸关者。这一切，实际上表明了中国是世界大博弈中的大玩家。

印巴关系是南亚诸国最重要的关系，也是关系中国国家安全和国家战略非常重要的一环。就国家安全而言,中印有领土争端,印巴有领土争端,中印是世界上人口最多的两个国家,也是最重要的两个发展中国家。中印是合作还是对抗,不仅仅关系到中印两国的核心利益,实际上也关系到亚太的格局。正是基于这些,中印才在过去一段时间总体上保持良好关系发展趋势;也正是基于这种原因,印度对巴基斯坦一直保持着相应的冷静。就国家战略而言,丝绸之路经济带战略、中印缅孟经济走廊和中巴经济走廊,三者归根结底是大一体的,都是丝绸之路经济带战略的延伸。同时,中国21世纪海上丝绸之路从东南亚到南亚,同样也可以和丝绸之路经济带联通,这"一带一路"虽说是两个战略,实则是中国大战略框架下的不同路线,殊途同归,目标一致。

但是,作为给中国制造麻烦的对手来说,这种格局是不利于它们的。特别是,如果中国的"一带一路"战略通过南亚联通起来,则整个欧亚大陆的亚洲部分将被融合在一起,到时候亚欧利益一致,中东是必然会走向和平的。当然,某些国家在这里也就没有位置了,所以,它们对挑拨中印关系是不遗余力的,因为挑拨中印关系,让中印陷入对抗,这"一带一路"战略才无法实施,中国只能腹背受敌。

如何挑拨中印关系?只有两种方式:一种是利用中印的领土争端,另一种是利用印巴争端。中印在领土争端上彼此都是相对冷静的,是可控状态,挑拨起来并不容易。但是,印巴之间却比较复杂,一方面是彼此信任问题,另一方面是两国边界时常爆发冲突,爆发冲突的原因也极其复杂。总体而言,让印巴在边界出现一定程度的交火并不是特别困难的事,这就像朝韩之间偶尔也会发生交火一样。一旦印巴严重对立,特别是印巴爆发战争,那中国是必然会被拖进去的,如此不但可以破坏中国的大国战略,还能有效吸引中国并让中国陷入消耗战,还让金砖国家等平台运行出现问题。所以,挑拨印巴冲突甚至战争,一直是相关国家的局部目标。

大家应该还记得2008年曾发生过的孟买恐怖袭击事件,那次事件造成近200人死亡,是非常严重的恐怖袭击事件。西方的情报指向了巴基斯坦的恐怖分子,并且有意无意地将这一事件与巴基斯坦政府联系在一起。这起事件，显然是一起有预谋且试图引发印巴冲突甚至战争的事件。最后，经过中国在其中施压、斡旋，印度冷静下来后事件才得以平息。之后，印巴之间一直保持了相对冷静和理性。

但是，如今不仅仅有中国的“一带一路”战略，还有配套的上合组织扩容，印巴大概率将在未来不久的时间内加入上合组织。这意味着，“一带一路”战略不但要联通在一起，还要有一个上合组织作为政治、经济和军事保障、协调机构。如此下去过不了几年，中国这个整合欧亚大陆的“一带一路”战略就将形成聚合大势，越往后将越难以阻挡。而要阻止这一切，最好的办法就是让印巴干起来。

我们再看上面的新闻报道。从新闻报道中，印巴各执一词，互相指责对方。那么，哪一方可能是事端的挑起者呢？

我们知道，巴基斯坦内部不稳，习近平主席还以这个理由推迟了对巴基斯坦的访问。所以，在这个时候，巴基斯坦挑衅印度的可能性很低。这一点，我们从以上新闻中巴基斯坦向联合国军事观察员小组发出对印度的投诉及巴方伤亡更重可知，巴方要比印方更加克制。所以，这起事件由巴方挑起的概率基本没有。

那么，会是印方挑衅吗？印度刚和中国达成重要共识，而且印度也非常希望加入上合组织，在2008年那么严重的恐怖袭击下印度都忍下来了，现在主动挑衅巴基斯坦，对巴基斯坦进行攻击的可能性也不是很大，何况如此对巴攻击并不符合现阶段印度的利益(印巴冲突会影响其加入上合组织及影响中印关系)。

既然印巴的动机都不是很强烈，那么，这事为什么又会发生呢？

这里不得不说一下另外一则消息，即在10月4日，巴基斯坦塔利班宣布效忠ISIS。这意味着什么呢？意味着巴塔将会发动更多的恐怖袭击，这些恐怖袭击的目标主要在巴基斯坦，但考虑到2008年那起针对印度的恐怖袭击事件，显然印度也在其攻击范围之内。最近，巴基斯坦境内连续发生恐怖袭击事件，应该就是巴塔干的。所以，这里有一种可能性，就是巴塔在中间给印巴打了黑枪，挑起了彼此的争端。这么干，对巴塔来说就可以乱中取利。

另外,还有一种可能性,那就是一些受西方支持的塔利班零散组织(在美国推翻阿富汗塔利班政权之后,实际上一些号称塔利班的零散组织一直与美国有合作和交易。譬如,哪怕现在美国号称要剿灭的ISIS,在2011年和2012年利比亚战争和叙利亚内战中,以美国为首的西方也支持过他们,与他们进行过交易)完全可能在某些利益驱使下充当大国博弈的棋子。所以,完全不能排除一个塔利班组织在利益驱使下引发了这一事件。其目的是挑起印巴矛盾,最好能引发更大的冲突甚至是战争。

当然,这些也还只是根据当前大背景以及区域的情况进行的可能性分析,没有任何信息能证明到底是什么原因。那么,印巴冲突会继续发酵甚至演变成大规模冲突吗?

笔者的看法是:(1)考虑到巴基斯坦的现实情况以及中国的战略利益,巴基斯坦完全没有打一场战争的愿望。站在巴基斯坦的利益诉求角度考虑,冲突越早结束越好。(2)考虑到印度的国家战略及和中国达成的战略默契,印度也并不希望印巴这个时候爆发战争,如果真有和巴基斯坦发生战争的愿望,在2008年恐怖袭击后就进行了。现在和巴基斯坦发生更大规模冲突或战争,并不符合印度的国家战略利益。所以,印度也没有继续扩大冲突的内在诉求。

基于双方都没有诉求,而且又是巴基斯坦吃亏,冲突虽然比较剧烈,但应不会持续太久,规模也不会失控,更不会爆发印巴战争。

不过,中国要提高警惕,因为相关国家试图挑起印巴冲突的企图一直存在,在这种情况下要和印巴双方保持密切沟通,尽量要管控好印巴矛盾,不让其过度发酵。

阿富汗的棋局

2014年10月26日,北约正式终结在阿富汗的作战任务,美军驻扎在阿富汗境内的最后一支海军陆战队及英国在阿富汗境内的作战部队正式结束任务并撤离阿富汗。北约驻阿富汗的美军和英军当天举行了交接仪式，向阿富汗军方移交美、英两个军事基地。北约宣布结束阿富汗作战任务，标志着美英自"9·11"恐怖袭击事件后，正式结束对阿富汗长达13年的军事占领。

有趣的是，就在北约宣布终结在阿富汗作战任务的两天后，即10月28日，阿富汗伊斯兰共和国总统阿什拉夫·加尼·艾哈迈德扎伊应中国国家主席习近平邀请访华4天。访问期间，中国国家主席、国务院总理、人大常委会委员长都分别予以会见。

值得一提的是，这是阿富汗新总统上任后的首次出访。首次出访没有选择美国，也没有选择其他国家，而是选择中国，这是非常耐人回味的一件事。当美国战略调整时，从阿富汗撤军就成为必不可少的选项，因为美国的国家财政难以支撑。从新总统加尼首访选择中国可以看出，中、美在阿富汗的影响力已经出现逆转。

过去13年，美国一直是阿富汗的主导者；13年后，中国由阿富汗局势的旁观者逐渐成了阿富汗局势的主导者。加尼总统访华期间，还出席阿富汗问题伊斯坦布尔进程第四次会议开幕式。

美国在阿富汗折腾了13年，一无所获不说，还在中东制造出了一堆恐怖分子。由于一直无法推翻伊朗政府，最终自己不尴不尬地被拖入战争泥潭，阿富汗战争和伊拉克战争胜而不利。折腾13年，除了花费数万亿美元、制造一堆敌人外，美国最后还是不得不黯然离开。而阿富汗和中国交好，也再次让西方酸味十足，西方媒体对此称中国又在"搭顺风车"。中国这哪是搭顺风车，不过是中国顺势而为，将西方人打烂的地方重新修缮起来而已。西方是破坏者，中国是建设者，这就是区别，这就是为什么相关国家欢迎中国的原因。

那么，中国又是如何从被动旁观者变成了主导者呢？

苏联解体后，美国就一家独大，2001年的美国处于极度强大之末。为了创造一个可以完全统治世界的"地球帝国"，以便美帝国能在世界上"千秋万代"，美国充分利用"9·11"事件，意图通过占领阿富汗实现三个目的：

第一个目的:截断中国向中东辐射影响力的能力。从地缘战略考量,美国只要在阿富汗扎稳脚跟,即可遏制住中国向中东辐射影响力的能力,如此美国即可通过进一步控制中东而获得对全球的控制权。

第二个目的:截断俄罗斯向南亚辐射影响力的能力。苏联当年在阿富汗用兵,目的就是向印度洋迈进,通过打通到印度洋的通道来破解西方的围堵。最终,苏联不但以失败告终,战争还拖垮了苏联。而美国通过拿下阿富汗,即可锁住未来俄罗斯南下的这条战略通道。

1979 年,苏联入侵阿富汗,从此深陷泥潭(图片来源:网易新闻)

第三个目的:为拿下伊朗做准备。上述两项是潜在战略目的,美国侵略阿富汗最直接的目的是为了拿下伊朗。美国拿下伊朗分三步走:第一步是拿下阿富汗;第二步是拿下伊拉克,对伊朗形成包夹之势;第三步就是拿下伊朗。

当时,无论是中国、俄罗斯还是欧盟,都深知美国的战略目的。但是,由于美国的强大,任何国家都无法阻止这一行动。美国有“9・11”这个借口,是打着“反恐”的“正义”旗帜展开侵略行为的。所以,就当时来说,中国只能继续埋头发展自己,任美国折腾,和美国抢时间。

2003 年,美国实施了第二步计划,武力侵略了伊拉克。美国侵略伊拉克,无论是中国、俄罗斯还是欧盟都是明里暗里反对的,美国也并未能在联合国拿到对伊拉克动武的授权。没有拿到授权不怕,小布什单边政策毫不顾忌这些,最终发动了侵略战争。伊拉克萨达姆政权倒台。通过拿下伊拉克,美国完成了对伊朗的包夹,并准备开始第三步。

从战略上说,美国只要完成这最后一步,那么"地球帝国"地位就确立了。到那时,美国发动战争这些费用自然会摊派给二流或三流的国家负担,美国的"地球帝国"在其看来也就实现"千秋万代"了,美国人就可以毫无压力地生存在世界的最顶端,为推动"世界政府"消灭其他国家而继续努力。

当然,任何国家都不会坐以待毙。在中东,美国要干掉的终极目标是伊朗,伊朗对此早有准备。在美国发动伊拉克战争一个多月前,时任伊朗总统哈塔米在 2003 年 2 月 9 日发表电视讲话时宣布,伊朗已在亚兹德地区发现铀矿并已成功提炼出铀。由此,伊核问题爆发,伊朗开始拿起"核"来武装自己,以求得自保。

中、俄、欧借解决伊朗核问题,拖住了美国。这一拖一直拖到小布什任期结束都未能搞定,美国就这样被晾在了半山腰。美国很尴尬,直接进攻伊朗?这么多国家与美国为敌而支持伊朗,美国必败无疑,而且以美国当时的国力,再开一个战场的结果是拖死自己。迫不得已,美国只能继续拖下去,拖着拖着,次贷危机就盖不住了。美国就是在这种情况下被摁在了阿富汗和伊拉克,大量的军事驻扎成本使得美国在两场战争中花费了数万亿美元。直到 2008 年世界金融风暴,美国才意识到自己实力的衰退和其他国家的崛起,特别是中国的崛起。

2008 年底,美国一方面采取 QE 向外释放美元来释放自身的有毒资产,另一方面准备调整国家战略。美国最初的想法是,给中国一个老二的地位,由中美共管世界,中国多替美国扛起责任,同时成为世界各国的靶子,而美国稳坐王台。奥巴马上台后,2009 年 11 月第一次访华目的即为此。美国在奥巴马访华时提出要和中国 G2 共管世界,中国知道这是要让中国背黑锅,没有同意，奥巴马访华失败。失败后，无法解决自身危机的美国只能不断进行QE，同时确立了重返亚太的战略调整。2010年，美国确立重返亚太战略，同时开始准备从阿富汗和伊拉克撤军。

这一战略调整是美国迫不得已作出的，因为美国发现，如果不在太平洋遏制住中国，也许过不了多久，美帝国的霸权就会自动消失。但是，当美国战略调整时，从阿富汗撤军就成为必不可少的选项，因为美国的国家财政难以支撑。在美国准备撤出的同时，中国和阿富汗即展开了合作。早在2007年，中国冶金科工集团和中国江西铜业就赢得了阿富汗艾娜克铜矿项目的招标，2011年，中石油与阿富汗当地公司瓦坦集团组建合资公司，开发阿姆河盆地的油气资源。该项目有望给中国石油增加数千万桶原油的产量。

从上述情况可以看出，在美国陷入阿富汗泥潭时，中国已经开始了布局。如今，美国调整国家战略，中国于2013年提出丝绸之路经济带战略。这一战略向西发展，正是美国从中亚撤出的时候。这就是中国人的智慧，随着局势变化不断作出战略的合理调整。丝绸之路经济带战略被提出后，很快获得中亚、东欧国家的响应。时任阿富汗总统卡尔扎伊在习近平主席出访中亚返回后立刻出访中国。由此可见阿富汗对中国的这一战略的重视程度。

而今，美国已经决定撤出阿富汗①，与此同时，中国举办了为解决阿富汗问题成立的伊斯坦布尔进程会议第四次会议。这意味着，美国用武力解决问题以失败而告终，不得已黯然退去；中国以经济建设为中心的方案已获得认可，并将在未来主导。在不知不觉间，美国在阿富汗的主导权就易主了。这种易主是由美国战略调整和中国战略调整决定的，同时这也是美国无奈的结局。在这场博弈中，美国花去了数万亿美元，中国只付出了很小的代价（中国援助阿富汗5亿元，并在未来3年再援助15亿元）。美国用数万亿美元没有获得任何实际好处，中国用极少的代价换取了阿富汗的肯定，这真是一笔划算的买卖。

① 根据美国总统奥巴马的计划，2014年后美国将在阿富汗留下约9 800名士兵；据阿美草签的《双边安全协议》，美国驻留军队将拥有阿全境九处基地的使用权，驻留美军人员还将拥有刑事豁免权以及必要时的入室搜查权。

中国丝绸之路经济带战略是需要实施数十年的战略，这是伴随整个欧亚大陆经济整合的大战略。在这个战略中，阿富汗的地缘位置非常重要。一旦阿富汗这块拼图给拼上，那么东南到东南亚，东北从俄罗斯开始，一直可以通到中东、中亚和东欧，欧亚大陆的绝大部分都将被丝绸之路经济带战略所覆盖。如果欧盟最终愿意和这一战略联通(德、法已经显现出积极性，德国工商界也认为丝绸之路经济带可以让德国商品输入中国，这就是中国市场空间和战略的重要引导作用)，那么整个欧亚大陆的经济整合就会进入一个高速发展时期。这种趋势将是美国无法阻止的。

如今美国在想什么办法呢？围绕中国发展反华盟友，通过在中国周边制造地区争端和混乱来拖住中国的战略脚步。围绕俄罗斯，通过东西对抗来迫使俄罗斯就范。同时，阻止东西方的经济进一步融合。至于中东、中亚，美国采取的办法是，通过制造恐怖分子来让这些地区碎片化，陷入失控的无政府状态。这种情况正在由伊拉克、叙利亚向外扩展。对欧洲，美国则采取分化欧盟的策略，避免欧盟变成一个拥有中央政府的联盟国，因为一旦如此，欧盟将直接具备对抗美国的实力。从这些事情上看，欧亚整合的未来之路将会很不平坦，但正所谓“前途是光明的，道路是曲折的”，这一趋势是无法阻挡的。

越南军方突访北京的真实意图

据报道，2014年10月17日，中国国务委员兼国防部长常万全在北京与时任越共中央军委副书记、国防部长的马光青举行会谈，双方就下一步两军关系发展达成三点原则共识。这三点共识是：

第一，本着“长期稳定、面向未来、睦邻友好、全面合作”的十六字方针和“好邻居、好朋友、好同志、好伙伴”的四好精神，逐步恢复并推动两军关系健康稳定发展。

第二，两军加强团结，为巩固两国共产党执政地位、维护社会主义建设事业提供坚强保障。

第三，恪守中越两党两国领导人达成的有关重要共识，为妥善处理海上问题、维护和平稳定局面发挥积极作用。

马光青，时任越共中央军委副书记、国防部长(图片来源：百度图片)

2014 年以来，中越关系多次出现问题，中越关系再次受到严峻挑战。而且 2014 年以来，越南的领导人一直表现强硬，特别是在南海问题上表现出绝不退让的架势。在这种背景下，代表越共和军方的中央军委副书记为何突访北京求和呢？下面我们作简要分析。

我们知道，自美国确定重返亚太战略开始实施，南海的局势就越发动荡。在南海，有两个国家显现出了对中国极不友好的态度，其中一个是菲律宾，另一个是越南。针对菲律宾，我们主要考量的是未来美国在其国家驻军的情况，菲律宾本身实力太弱难翻大浪。事实上，近几年，菲律宾跳得越高，实际损失越大，就国家而言并未得到实际好处。相比菲律宾，越南则不同。越南距离中国近，军事实力强，对中国在南海的安全构成了一定威胁。而且，越南在南海非法占据中国岛礁最多。越南在南海已建了大量油田，这些油田所创造的经济价值在 2010 年已占其 GDP 的 30%。由此可见，南海对越南来说可是实实在在的经济利益。这也是为什么2014年5月在中国油气平台勘探南海石油时，越南不惜与中国进行大规模海上对峙的根本原因。

当然，中越之间的恩怨绝非这么简单，也绝不仅仅是经济因素、领土因素，还掺杂着历史因素、地缘政治因素及越南内政因素等。

历史因素很好理解，中越在胡志明时期是“同志加兄弟”的关系，越共就是在中共的强力扶植下才崛起的。越战期间，中国更是对越南援助不遗余力。在越战期间，中国对越南援助的各种物资价值200亿元人民币（想想，那个时候的200亿元，中国还很穷的时候），派了数十万军队进行支援。

但是，随着20世纪60年代末、70年代初中苏决裂及中美关系缓和，中越之间开始出现了裂痕，再加上胡志明1969年逝世，亲苏力量逐渐在越掌握权力，中越关系也因此走差。20世纪70年代，统一南越的越南政府在苏联的支持下开始与中国决裂，并准备通过战争控制整个中南半岛。苏联之所以支持越南侵略他国，占据整个中南半岛，目的是为了在东南亚寻求地缘突破，对中国形成战略包夹之势。苏联和越南的行为惹怒了中国，并最终引发对越自卫反击战，中越也彻底由“同志加兄弟”关系转向敌对国关系（具体内容可参考《人博弈：中国之危与机（形势篇）》相关章节）。这种关系，直到苏联解体，越南才迫于压力和中国重新建交。

基于上述原因，中越虽均为社会主义制度，虽然曾共同抗美，但中越关系却难言“铁磁”。而且，由于历史因素，中越之间缺乏实实在在的信任。再加上越南在南海占据了中国大量岛屿，心中有虚，对中国就更加警惕。鉴于这种状况，越南一直有一股力量试图寻找大国依靠，从而获得平衡中国政治压力的筹码。

2010年，美国重返亚太战略让越南看到了机会。鉴于地缘上的位置，越南试图利用美国重返亚太之际，借用美国的力量来平衡中国。对美国来说，如果中国掌控南海，就彻底掌控了东亚向外贸易的咽喉。而包括美国在内的西方，从东亚进口商品及向东亚出口商品，商船都需要经过南海，这让美国很担心，也是美国试图重返菲律宾、充分利用越南反华的根本原因。由于美国的战略调整,越南的地缘重要性开始重新凸显出来,越南也开始试图搞地缘政治投机来获得不可能得到的地缘政治平衡。

当然,越南对华强硬还有其内部政治因素。越南九大政改后,政治上由总书记、国家主席、政府总理和国会主席"四马驾辕"。总书记作为党首存在而不是国家元首,掌控一定党权和实际军权;国家主席是名义上的国家元首,具有名义上的军权和政权,但实际权力并不是很大;越南政府的真正权力掌控在总理手中,但总理没有军权和党权;国会主席则掌控议会。越南经此改革,国家权力被分散了,分散后的越南政权,其各个方向所表现出来的政治取向往往只代表自己的一派,却不能完全代表越南。在越南政坛中,总书记和国家主席属于北方派,对华相对友好;掌控政府的总理则是南方派,相对亲美。这样的格局,也较大程度地影响了中越关系。

就在 2014 年 8 月 26 日,为了修复中越关系,越共 5 号人物黎鸿英还匆忙访华。但是,中越关系刚刚有所缓和,美国方面就又出新招蛊惑和挑拨。9 月下旬,美国向外宣布消息称,准备年底解禁对越武器出口,包括美国国务卿克里在内的多位高官向越南喊话。美国解除军售的下药很猛,甚至准备将 P-3C反潜侦察机出售给越南。美国的这种高端军备过去只出售给盟友,而越南和美国甚至还没有完全互信。美国之所以这么高调,就是要重新激起越南反华热情,重新挑动南海地缘紧张。美国的意思是,如果需要,美国可以视越南为"盟友",向越南出售高端武器,甚至和中国打仗。

越南对此反应是什么呢?当时正在联合国出席会议的越南副总理兼外长范平明立刻回应克里,称欢迎美国解禁对越武器禁运。范平明甚至说,美国对越南解禁武器禁运不用中国担心,因为越南不从美国买武器也会从别的地方买。这其实就是摆明了,越南一定会在南海和中国一较高下,一定会武装自己。但是,相对于当时亲西方的阮晋勇政府,越南军方及北方势力都没有明确表态。从这些态度上可见,越南党内及国内政治力量在对华态度上还是有较大差异的。

中国现在在南海干什么呢?据报道,中国正在南海吹沙填海。中国在南海的决心很明确,就是要实际控制,避免美国插手南海。要做到这一点,中国就需要在南海有强大的军事能力。因为南海既是中国未来的能源基地,还是中国整合东盟的关键地缘节点,更是中国控制东亚和西方航路的核心节点,中国只有拥有了这些筹码和西方在贸易上讨价还价,才有平衡的主动权。因为当美国有能力在海上截断向中国输送资源的航路时,中国也要有能力做到反制才行;否则,关键时刻就没办法硬起来,也就受制于人。当然,中国这么做也是维护国家的领土和领海权益。

中国在南海的决心是国家全球战略,是核心利益,是不可更改的。中国的这些核心利益必然和越南的现实利益产生冲突,因为越南已经从南海的油田开采中获得巨大利益。南海岛礁是中国的,越南如果愿意坐下来谈,彼此可以找一个相对都有利和共赢的妥协方式。相反,如果越南非要据为己有,中国肯定不会答应。如此一来,客观上,中越在南海存在着军事冲突,甚至有引发战争的可能。特别是,越南政府又相对亲西方,如果他们在越共内部博弈中得势,则中越关系完全有快速恶化的可能。当然,美国也是看到了这一点,才会不断挑动越南挑衅中国。

在这种情况下,越共委派中央军委副书记访问中国,和中国防长达成上述三点共识,是越南军方给中方吃的定心丸,意思是说越南不会挑战中国的战略利益,越南愿意与中国保持合作,越南政府所表现出的反华并不能完全代表越南等。

但是,笔者想说的是,越南政改后已使得今天的越南和过去大有不同,再加上越南民众有一定反华基础,特别是经济发达的南越更是如此。因此,未来越南仍有可能走向亲美反华的路子。再加上,中国的国家战略是不以越南的态度为转移的。所以,中国仍应加快在南海的基础建设,加强对南海的军事部署和实际控制能力。同时,中国还要做好在南海用兵的准备,因为一旦有事,中国就必须绝对控制南海。中国特别要避免的是,越南和美国结成联盟对抗中国,虽然现在还未显现此迹象,但从越南政府如此积极响应美国解禁对越军售来看,一旦获得美国更大支持,越南很可能会再次改变态度,继续挑衅中国,中国对此要有足够的心理准备。

占豪感悟

中国周边可谓风起云涌,特别是南海、东海、朝鲜半岛在过去几年真的是风高浪急,这其中不但有日本扮演美国的急先锋角色,也有菲律宾这样不知天高地厚的国家的挑衅,还有诸如新加坡、越南、印度尼西亚等国或明或暗的使绊子,中国可谓不易。

但是,中国在此过程中实际上不但没吃亏,还逐渐拓展了自己的控制范围,并提升了自己在关键区域的控制能力。譬如,在南海,经过两三年的"种岛",中国已经在南沙拥有了可以建设军事基地的多个岛屿,毫无疑问,中国对南海的控制力得到了大幅提升。再如,中国在东海设置了东海防空识别区,在钓鱼岛也增加了控制能力。

当然,我们也应看到,半岛局势越来越复杂,韩国已经允许美国在韩部署"萨德"反导系统,日本未来很可能跟进,再接下来菲律宾也存在部署的可能,甚至美国可能将"萨德"在未来部署到我国台湾地区。种种迹象表明,美国是想用反导体系和盟友体系困死中国。这些现实都告诉我们,美国在过去六七年的行动中也已取得了阶段性成效,给中国构成了更大的军事和战略压力。只是由于中国实力的增强,美国才对中国无可奈何。从中国综合国力看,美国和其盟友根本不可能遏制住中国,中国只会在遏制中不断壮大,并最终冲破这种阻碍。但是,对于美国的遏制和各种挑衅,我们并不能掉以轻心。

在未来的一两年时间里,日本将会加速修改和平宪法,这意味着日本将会对中国带来更大威胁,美日联盟针对中国的遏制会变本加厉,特别是现在美日韩联盟初步成型,中国需要更加小心。对中国来说,如果美日挑衅过头,已经影响到了中国的正常发展战略,甚至已经危及中国的安全,那么中国可能就不得不考虑出手。

对中国来说,现阶段必须做好一切准备,握好拳头,随时准备对挑衅者迎头痛击。与此同时，中国依然需要以发展为主，要借助G20平台继续加大推动中国路线图的力度，要尽量将中国的发展与世界经济的发展融为一体，一旦这种大势形成，美国就是再怎么遏制都将无济于事，无法改变已经形成的全球大趋势。对此，个人充满信心，并且坚信中国能走出具有中国特色的领导路线。

第4章

华丽转身

中国的蓝海战略

◎ 蓝海:联结中国与世界的纽带

◎ 钓鱼岛与中日关系

◎ 中国,东盟的好邻居、好伙伴

蓝海:联结中国与世界的纽带

印度洋战略布局的点睛之笔

2014年9月,习近平主席访问塔吉克斯坦,并参加上合组织峰会,收获可谓丰厚。中、俄面向21世纪构建的中俄战略协作伙伴关系,开启了两国关系发展的新篇章。上合组织扩容大门已打开,中俄要联手展开“丝绸之路经济带战略”的大布局。

习近平主席这次出访很有意思。四国中,塔吉克斯坦自不必说,参加上合组织峰会必去。但对后面三国马尔代夫、斯里兰卡、印度的访问却很有讲究。从顺序上看,先访马尔代夫,再访斯里兰卡,最后访问印度,是从印度洋向中国靠近。这个访问次序和上年李克强总理第一次出访就将印度作为首访国完全不同。细微之处往往见玄机,这种安排有何内涵呢?中国又是如何考虑布局的呢?

要搞清楚,我们还得从习近平主席访问塔吉克斯坦说起。习近平主席访塔,塔国总统超规格待遇接待,不但邀请习近平主席家访,还不止一次手挽手出现在媒体面前,以凸显中塔友谊层级之高和特殊性。我们知道,塔吉克斯坦和俄罗斯关系非同一般,中亚国家中,塔国与俄国关系最紧密。过去二十多年,中国和塔国发展关系一直没有与其他几个中亚国家步子迈得大,两国关系发展总体相对较为平淡。但是这一次,中塔关系显然发生了质变,这一点就像过去几年中俄关系发生质变一样,我们能从塔吉克斯坦总统对习近平主席的热情中明确感受到。

中塔关系缘何突然快速发展？根本原因有两个：一是中国的丝绸之路经济带战略让塔吉克斯坦充分感受到了战略发展机遇；二是塔国已充分认识到中俄在国家战略上的关系已发生质变，双方结成“新联盟”关系，战略上取得了空前的一致，这种一致性明显具有二十年以上的长期性。如此，塔国与中国紧密靠近不但不会让俄罗斯不快，还能有助于大家的共同发展。

塔吉克斯坦地处中亚，与中国接壤，向西是阿富汗，向南是巴基斯坦及克什米尔地区。中国与塔吉克斯坦关系紧密，不但有利于中国在中亚继续扩大影响力，还能让中国从中亚进一步向南亚辐射影响力，这有利于中国控制南亚局势，特别是印巴局势。中国只要能调和好印巴关系，将印巴两国一起纳入上合组织并融入丝绸之路经济带战略就将顺理成章。如此一来，欧亚大陆整合进程就将向前迈进一大步，这显然有利于中国丝绸之路经济带战略加速向西推进。

那么，习近平主席访问马尔代夫、斯里兰卡和印度的战略考量又如何呢？

访印本该是上合峰会后第一站，之所以最终成了最后一站，主要原因在于 8 月份印度为讨好日本推迟了习近平主席访印，理由是习近平主席访印时间与印度总统访问越南时间冲突(印方称总统于 9 月 15～17 日访问越南)。印方理由就是托词，更重要的是早先安排好的事突然推迟，明显是故意为之。如此故意为之，目的是讨好安倍，以获得日本更多投资。最终，莫迪目的达到了。

9 月 9 日，莫迪就派了总理特使到中国，习近平主席会见了印度特使。

印度总理特使多瓦尔还转达了莫迪总理致习近平主席的口信。莫迪在口信中表示：“印中都是人口大国，互为邻国，也同是两个最大的新兴经济体，两国在和平友好的气氛中加强合作，不仅有利于各自发展，也将为地区和世界繁荣作出重要贡献。我相信，习近平主席即将对印度进行的国事访问必将加深我们两国相互理解、友谊和信任，为双方合作注入新的动力和内涵，成为中印关系发展进程中又一重要里程碑。”

幽默的是，莫迪口信中的内容不少都是我们在分析中说过的内容。而莫

印度总理莫迪(图片来源:第一财经)

迪这个时候专门派特使过来,其实就是重新高调邀请习近平主席访印。从莫迪的口信中可以看出,印度已经准备好了超高规格的接待。

印度之所以这么干,原因是投机,是为了忽悠日本首相安倍的钱,如果没有之前对中国表面上的“冷淡”与“批评”,安倍不会出那么多血。在完成访日后,立刻就掉转头跑中国讨好,这充分说明莫迪是一个政治投机者。对于这种投机者,虽然会有短期效应,但长期看是不利的,因为无论是日本还是中国,对印度的信任度都会因此打折扣。

中国之所以还是高调接受印度的邀请,原因是中国以大战略、大局为重,这种小节无关大局,尽可以让印度投机好了。只要稳住西南,就有利于中国集中精力面对东海、南海问题。当然,“巴铁”就要受点委屈了。不过,中国对“巴铁”兄弟的支持会继续不遗余力,面子上的一点损失不算什么。

根据新闻上习近平主席出访时间的安排推断,9 月 12 日和 13 日出席完会议后,9 月 14 日离开塔吉克斯坦,接下来应是两天印度访问。但印度推掉访问,中国为对印度的投机进行警告,借巴基斯坦政局不稳暂时推掉了访巴。印度莫迪政府看中国有冷淡访印的意思,立刻派总理特使访华,力邀习近平主席访印。中国则顺水推舟,习近平主席访印方得成行。

中国对印度是容让的。为何容让?原因是中国需要稳住南亚才能顺利发展丝绸之路经济带战略，才能更加集中精力在东海和南海发力。当然，对中国的丝绸之路经济带战略来说，印、巴一起加入，就会为该战略体系带来超过 14 亿的人口，这对中国来说战略利益极大，对印度来说也是好处极多，是双赢和多赢战略。

当然，中国不能让印度牵着鼻子走，所以中国围绕印度一直也有硬的一面，中国对巴基斯坦的支持不遗余力就是对印度最好的硬，也是中国稳定南亚最重要的筹码。这还不够，习近平主席这次访问马尔代夫和斯里兰卡也与此有关。因为在中国确定习近平主席暂时不访问巴基斯坦那一刻，就已确定访问马尔代夫、斯里兰卡的时间，印度是后来派特使请求习近平主席访印，中国不可能为印度调整时间，中国也不可能像印度那样出尔反尔，所以巴基斯坦这一趟就不可能访问了，但中国对巴基斯坦的支持仍会一如既往。

习近平主席之所以令人意外地访问马尔代夫(中国与马尔代夫建交 42 年来，中国国家主席的第一次访问)，根本原因在于马尔代夫的战略地位。马尔代夫位处印度洋要冲，战略上有多重要，我们得先从美国针对亚洲的两个军事基地说起。

我们知道，关岛是美国在太平洋的前出堡垒，当年朝鲜战争关岛就是美国最重要的支援基地，美国在关岛有海军基地、空军基地和海航基地，是美国第二岛链的军事部署核心。在印度洋，美国还有一个非常重要的军事基地，那就是迪戈加西亚军事基地。迪戈加西亚岛是美国 1966 年从英国手里租借来的，1990～1991 年波斯湾战争、2001 年阿富汗战争和 2003 年伊拉克战争初始阶段期间，美军有许多次是从迪戈加西亚发动空中作战。

从军事角度看，美国在太平洋上的关岛和印度洋上的迪戈加西亚岛两个军事基地构成了对亚洲的夹击之势。亚洲最大的国家是谁？是中国。所以，这两个军事基地对中国战略上构成了很大的威胁。理论上说，迪戈加西亚岛的基地在军事战略上对丝绸之路经济带战略构成了威胁，而关岛则威胁到 21 世纪海上丝绸之路战略。

2013 年曾传出，美国有打算在马尔代夫建立军事基地。这个意图很明显,就是要将美国的军事影响力由迪戈加西亚军事基地向南亚战略靠近。一旦美国实现这一个目的,从军事角度说,相当于在印度洋上装了一个门,这个门的开关权在美国。如此,中国21世纪海上丝绸之路战略向非洲、欧洲辐射就将受到严重遏制。习近平主席这次历史性地访问马尔代夫,就是要充分利用中国的经济影响力来破解美国的战略遏制企图。当然,通过这种经济影响力,中国也在地缘政治上进行了一次战略布局。中国虽然不太可能在马尔代夫进行军事部署,但是,只要能用经济顶住,避免美国在马尔代夫进行军事部署,就相当于拦住了美国由印度洋向亚洲登陆的脚步。随着中国经济对马尔代夫经济的影响增强,中马合作恐怕会有更多想象空间。特别是,如果该海域海盗猖獗,影响了中国的海路安全,中国完全可以与马尔代夫进行准军事甚至军事合作来打击海盗,以保持中国航路畅通。总之,这是一步妙棋,既有现实经济意义,又有战略安全意义。

从马尔代夫再访斯里兰卡,其内涵更加丰富。习近平主席访问斯里兰卡,是28年来中国元首的首访。这说明,中国与斯里兰卡的合作更加趋于战略性。这种战略性已经不仅仅停留在口头上,而是落实到实际行动中。斯里兰卡总统在和习近平主席见面时的表态就充分体现了这一点。

据媒体报道,时任斯里兰卡总统拉贾帕克萨表示,中方提出建设21世纪海上丝绸之路的倡议,与斯方打造印度洋海上航运中心的设想不谋而合,斯方愿意与中方共同建设和经营好汉班托特港和科伦坡港口城等重点合作项目,加速双边自由贸易谈判,加强经贸、能源、农业、基础设施建设、卫生医疗等领域合作。斯方愿意积极加入亚洲基础设施投资银行。

斯里兰卡对自己的定位很明确,就是打造印度洋海上航运中心,这和中国21世纪海上丝绸之路战略正好对接。中国和斯里兰卡事实上已在合作建设和经营港口,斯里兰卡总统所说的汉班托特港和科伦坡港口城就是双方的合作。其中,科伦坡港口城,中方预计要投资14亿美元,这个港口城1/3的土地将交给中方运营。虽然之后遇到一些波折,但中斯双方的合作战略性已极高,待港口建成后,将不仅仅可停货轮,还可作为中国军舰在印度洋的补给基地。另外,中国和斯里兰卡已经进行了100亿元人民币的货币互换,很快将签署自贸协定,显然斯里兰卡已彻底投入中国怀抱。

中国和斯里兰卡关系怎么这么铁呢?根本原因除了中国的国家战略有利于斯里兰卡发展外,就是在前几年中国帮助斯里兰卡消灭了猖獗三十多年的斯里兰卡分裂组织——猛虎组织。猛虎组织自1972年成立以来,一直让斯里兰卡政府很头疼,该组织多次被西方利用。不过,由于该组织过于残暴,2000年前后西方开始停止对该组织的支持,并将该组织列为恐怖组织。但后来,随着中国加入世贸组织,外贸得到快速发展,猛虎组织的利用价值被西方重新发现,西方又掺和进来不断在政府与猛虎组织间斡旋。中国本来也不想去干涉他国内政,但猛虎组织多次扮海盗对中国外贸航路构成了威胁,大约在2005年前后还曾发生过截杀中国渔船的事件。这惹恼了中方。斯里兰卡这个时候也逐渐发现了中国的价值,因为中国在向他国出售军备时从不附加任何政治条件,这一点和西方完全不同。所以,斯里兰卡向中国购买了大量重装备,2009年终于消灭掉了猛虎组织。当然,猛虎组织被消灭还有另一个重要原因,就是他们的军事最高指挥官投靠了政府,这让猛虎组织的实力大大受损。但也正是从那时起,中国和斯里兰卡的关系得到了快速的发展,彼此建立了很高的信任关系。

抛开这段渊源不说,我们知道,斯里兰卡是紧挨印度的一个岛国,面积比我国台湾岛还大。鉴于斯里兰卡与印度的距离,中国发展与斯里兰卡的关系有助于中国对冲印度在印度洋的影响力。而且,与斯里兰卡关系紧密还能在一定程度上阻断美国迪戈加西亚军事影响力和印度军事影响力的进一步联合。当然,与斯里兰卡建立全方位的战略合作,不但有利于中国进一步牵制印度,避免印度对中国冒险,还对促进中印合作有莫大好处。从中亚到巴基斯坦,再到马尔代夫、斯里兰卡、孟加拉和缅甸,这些布局都能对冲印度对周边国家的影响力,都能相应地促进中印进一步合作而非走向对抗。

斯里兰卡对中国的战略作用,未来会越来越重要。特别应该指出的是,若已经立项的泰国克拉运河真的能够开挖,中国南海和印度洋一旦打通,中国即可避开马六甲。中国从克拉运河出去，就能直接从泰国湾到印度洋，而进入印度洋迎面就是斯里兰卡的中国港口。如此一来，这不但是经济上极其合算的买卖，战略上的布局也将非常巧妙。到那时，斯里兰卡的战略作用将会更加凸显。

站在中国战略角度，习近平主席的这次出访，明显是围绕中国最高级别的两个国家战略——丝绸之路经济带战略和 21 世纪海上丝绸之路战略——进行的。中国不但与俄罗斯共同拉拢中亚国家，同时还在印度洋布局上做了更多安排。在印度洋的战略安排，不但可以对冲美国的战略威胁，还能在一定程度上对冲印度在印度洋的影响力，一举多得。

宽广的太平洋，容得下中国的和平之舟

APEC 北京峰会在中国开成了“国际政协会议”，大会非常成功，参与峰会的各国除了个别国家外，几乎都各取所需找到了自己的位置，各国看到了中国大国战略给它们带来的潜在利益和好处，都希望搭上中国战略发展的便车，成为亚太发展大方略的一部分。各国争先恐后，谁都怕自己落下。这次会议中，中国成为主导，指出了亚太发展的方向。而且，中国还将亚太、亚洲完全连在一起进行整合，把两盘棋合成一盘棋来下。习近平主席在北京，更是将“中国梦”的提法升级为“亚洲梦”。

这次峰会上，美国基本没什么话语权，后来倒是和中国做了一个战略妥协，签了一份军事协议、一份气候变化的协议。美国虽然在北京也开了一个 TPP 的峰会，但基本就是一个“碰头会”。

从 APEC 峰会我们可以看出，中国至少在经济上、战略上已完全不是过去的跟随者角色，开始给亚太指方向。由此，中国在经济上、政治上已彻底迈出了第一岛链。至少，现存的军事锁链根本拦不住中国走出去的脚步。当然，中国这次做的绝不止走出第一岛链，而是向太平洋迈出了更大的步子。这一步迈出去，实际上已与美国针锋相对。当然，这个针锋相对只是形势上

的，在表面上大家还是各行其道。从某种意义上说，中国这是剑走偏锋，插入的都是美国忽略或弱势的地方。

2014 年 APEC 北京峰会后，接着就是澳大利亚召开的 G20 峰会。这场峰会，达成的实质性内容并不多，都是一些意向。不过，这次会议对于中国 2016 年主办 G20 峰会却是一次非常好的铺垫。这次澳大利亚的 G20 峰会有 15％的议案是中国提的，这是中国和澳大利亚充分沟通的结果。而 2016 年中国 G20 峰会将是一个类似北京 APEC 峰会的会议，融合的都是中国的战略和世界的方向，涉及的面和战略布局当然更宏大、更壮观。

习近平主席参加 G20 峰会，除了访问澳大利亚外，还访问了新西兰和斐济。中国和澳、新两国共签署了五十多项合作协议，涉及政治、经济、投资、金融、能源矿产、基础设施建设、文化、教育、旅游、气候变化等广泛领域。通过这次访问，中国不但巩固了和新西兰的关系，还和澳大利亚完成了自贸协定谈判，并在其后签署协议。中澳的合作，在 2014 年 G20 峰会有了很大程度的深化。

由于中澳关系的深化，事实上中国是以针尖对麦芒的方式在澳大利亚和美国进行了一轮争夺，只是使用的工具不同，美国用的是军事盟友手段，中国用的是经济合作工具。美国希望澳大利亚扮演西太平洋第二岛链核心的角色，目的是遏制中国。如今，中国不但没有被遏制住，澳大利亚更是和中国展开了更深入的合作。习近平主席还做客澳大利亚国会，发表了重要演讲。澳大利亚的议员还不好意思地坦露心迹，意思是：本来我们是施压中国来着，结果中国太友好了，给我们带来了发展“大礼”，谁又能拒绝友善呢？说白了，大家不都是为了利益嘛，中国这么多好处，澳大利亚经济增长都要靠中国出口的增长，“袋鼠国”能一心帮美国遏制中国吗？

当然，站在澳大利亚的角度考虑，后面依然会时不时地扮演美国遏制中国的角色，因为其要在中国这里体现价值，美国盟友的身份还是很重要的，时不时到中国这里晃晃，可以拿美国的压力从中国这里交换利益。对中国来说，通过这一次 G20 峰会，新总理阿博特的底基本上摸清了，以后打交道就容易了，彼此都知道对方的位置，客观上很难在中短期内再发生根本性矛盾。

新西兰和中国的经济合作非常深，相比很多西方国家明显亲华，这次双方加强关系，更有利于中国扩大对南太平洋的影响力。但是，如果仅仅止步于此，中国在太平洋就谈不上迈出的是大步子。重头戏在于，这次习近平主席出访了斐济。习近平主席出访斐济，是中国国家主席第一次访问太平洋岛国。斐济是一个很小的岛国，人口只有 85 万，是长期不被大国关注的角落国家，所以习近平主席访问在当地引起了不小的轰动。

访问斐济，不仅仅是进行两国交往，而是和另外 7 个太平洋岛国来参加集体会见。也就是说，习近平主席这是在斐济搞了一个有模有样的“太平洋岛国论坛”。外交部部长王毅对此的解释是：太平洋岛国是亚太大家庭成员，海洋资源丰富，具有区位优势，是建设 21 世纪海上丝绸之路的自然延伸和亚太一体化的重要组成部分。意思就是说，中国的 21 世纪海上丝绸之路不仅仅是出南海到印度洋，而是出第一岛链进入南太平洋，是要用 21 世纪海上丝绸之路这一战略，从太平洋一直划到印度洋，后边恐怕要越过大西洋到拉美。

今天的中国，已经确定抛弃了“韬光养晦”，全面转入“有所作为”。习近平主席在斐济搞“太平洋岛国论坛”时做了哪些事呢？

与 8 个国家领导人举行了集体会晤，共同决定建立相互尊重、共同发展的战略伙伴关系。习近平主席还阐述了新时期中国对岛国地区政策，强调中方尊重岛国自主选择社会制度和发展道路，支持岛国平等参与国际和地区事务、维护自身正当合法权益。习近平主席另外又宣布了支持岛国经济社会发展的一揽子计划，包括将为最不发达国家 97%税目的输华商品提供零关税待遇，今后 5 年为岛国提供2 000个奖学金和5 000个各类研修培训名额，在南南合作框架下为岛国应对气候变化提供支持等。这些将帮助岛国把资源优势转化为发展优势，提升可持续发展能力。当然，中国与相关岛国还分别举行双边会谈，就加强农林渔业、矿产、基础设施建设、旅游等领域合作达成广泛共识，并签署一系列合作文件。

这些事情对那些岛国来说简直是天降大红包。这些国家当中，人口最多的是巴布亚新几内亚，人口有700万，其他国家没有一个超过100万人口，大多在一二十万人口，人口最少的纽埃只有1 400人。

有些人可能会问，这些小国没啥影响力，理它们干什么？理它们，不仅仅是现实利益，还有战略利益，主要包括如下几个方面：

(1)中国要进入太平洋，形成既定事实，需要足够的“民意”。

进入太平洋，如果有太平洋上的“一堆”国家支持并认可，那么美国恐怕也就阻拦不住了。更何况，中国是光明正大地通过经济合作与这些国家交往，是给这些国家带去福祉的行为。而且，这些国家别看小，但在联合国也具有一票的权利。中国在这些国家中的影响力，对中国扩大在太平洋的影响力有很大的好处。

(2)中国战略需要容纳尽量多的国家和地区，越多越好。

中国的国家战略与美国的不同，中国这个工业“大机器”、大市场可以容纳更多国家的商品和资源。可以毫不夸张地说，越多国家认可和支持中国的国家战略，中国的战略和实际利益就越大，当然对相关国家的利益也越大。正所谓众人拾柴火焰高，这些国家虽小，却代表着一个区域的利益，也符合中国的利益。

(3)这些国家虽小，但合作空间很大。

这些国家虽然都很小，但它们散布在太平洋不同的地方，拥有的海洋资源非常丰富。无论是现在可以利用的渔业资源，还是未来可以利用的海底资源，都值得中国进行长远布局。

(4)中国和这些国家可以在地区事务上互相借力。

这些国家很小，过去莫说和大国交往没有话语权，就是地区大国澳大利亚和新西兰，它们都没有什么话语权。如今，借中国的力，它们也就可以“挟洋自重”一下，可以在国家利益和地区问题上有更大的话语权。当然，中国做事，有更多国家支持，一呼百应总是有利的。

(5)对其他太平洋小国有示范效应。

这8个国家和中国交好得到好处，那么其他太平洋小国就会蜂拥而至，这对中国真正跨入太平洋、对中国与太平洋国家展开更广泛的合作，都有巨大的好处。

美国一直在利用自己的军事实力对中国进行围堵。中国则利用自己的经济优势剑走偏锋，在美国关注不到的地方进行布局，同时在美国的关键节点上与美国进行针锋相对的争夺。中国的大国战略已不再小心翼翼，而是大踏步地开始走出去了。这种战略在未来数年还有很多大手笔出现，不出意外在未来两三年，中国的大国战略布局将在全球内开始形成体系，让我们拭目以待。

在这里，笔者也提出点个人看法，既然这次已经搞出了一个小型的“太平洋岛国论坛”，那么何不与有 40 多年历史、16 个成员国的“太平洋岛国论坛”合作进行一个“16＋1”的战略对话峰会？如此，中国即可进入与太平洋国家协调发展的角色当中，中国和太平洋岛国就能形成利益共同体，有助于中国提升自己在太平洋地区的地位，同时还有利于彼此的经济发展。

阿博特缘何从“美分”变为“五毛”?

2013 年 9 月当选澳大利亚总理的阿博特是个国际政坛的新手。上任以来，他看起来就像一个愣头青，总干一些让人哭笑不得的事。上任后，阿博特就表现出了遏制中国的倾向，被澳大利亚媒体称为“对华强硬总理”。他上任以来，“升级”和台湾关系，与日本眉来眼去、保持亲密，甚至毫无节操地说“二战日军英勇”。为了讨好美日，与日本商量联合美国建立遏华联盟。在中国宣布东海防空识别区后，澳大利亚外长还对中国公开提出批评。中澳关系在阿博特上任后有不断降温趋势。

某种程度上说，阿博特上任的头半年，俨然就是一个遏华先锋，看似要联合美日反华。阿博特头半年的种种表现，用一个网络热词“美分”来形容非常合适。这位出格的总理，为了充分表现自己的西方属性，甚至声称如果普京敢到澳大利亚参加 G20 峰会，他就准备给普京来一个“抱摔”。

但是,正是这位冒失的"新手"此后却与中国合作得火热,不但极力表现对华友好,还在2014年11月下旬与中国合作干了四件大事:一是和中国完成中澳自贸区谈判,准备签署中澳自贸协定(是第一个和中国完成自贸谈判的西方发达国家,这对中国来说有突破意义);二是将G20的2016年峰会主办权交给中国;三是在G20峰会上,中国提案占峰会总议案的15%;四是和中国一起反腐,协助中国法办在澳贪官。

这几件事,哪一件都是大事,就是号称"中国通"的澳大利亚前总理陆克文执政,这些事恐怕也不太可能一起谈成。不要忘了,中澳自贸区谈判已经进行了将近十年,如今才算刚刚修成正果。过去,西方对中国贪官一直表现出高度的袒护,中澳这次合作也是一个很大的突破。对于2016年G20峰会的主办权,日本更是倾力和中国进行竞争,但最终还是花落中国。

阿博特的这些行为,显示其突然一下子好像又变成亲华的"五毛"了？这个"冒失"总理为何如此突然地"华丽"转身？这背后有什么逻辑呢？在笔者看来,原因有四个:

(1)中美妥协背景。

阿博特的转变,很大的原因之一就是中美之间的战略妥协。若非中美妥协,澳大利亚不太可能一口气干这么多事。正是基于中美妥协,澳大利亚找到了在中美之间平衡的点,这就是大环境给的契机。

这个大环境契机是从哪里来的呢？是美俄交恶促成的。如果没有美俄和欧俄在乌克兰问题上的交恶,一心要重返亚太的美国就不可能将注意力转移到俄罗斯身上。那么,也就没有这么顺利的中美关系的缓和与战略妥协。当然,作为美国战略盟友的澳大利亚,就不可能在与中国合作方面迈出这么大的步子。

因此,客观上,中澳深化合作,是在美俄交恶引致中美进一步妥协的背景下才有的契机。

(2)澳大利亚的经济原因。

2008年以前,中国国内投资很热,带动了钢铁产业的爆发式增长。澳大利亚作为三大铁矿石最大出口国,完全掌控着铁矿石的定价权,中国因此每年要多支出数百亿甚至千亿元人民币,澳大利亚经济因中国的经济发展而保持高增长。但是,自 2008 年开始,经济危机使中国开始调整经济增长方式。在这种情况下,中国通过市场手段使钢价一直保持极低水平,早几年不断扩大产能的澳大利亚铁矿石面临产能过剩问题。

2013 年,澳大利亚对外贸易同比下降 4.2%,四大出口市场只有对华增长,对日、韩、印分别下降 8.1%、9.7%、27.1%;对四大进口国中、美、日、新(加坡)进口分别下降 1.3%、17.3%、7.4%、16.1%。相比澳大利亚对外贸易增长的下滑,中澳贸易关系却仍然保持良好增长势头。

据中国海关统计,2013 年,中澳双边贸易额为1 363.8亿美元,同比增长 11.5%,占同期我国对外贸易总额的 3.3%。其中,我国对澳出口 375.6 亿美元,同比下降 0.4%;从澳进口 988.2 亿美元,同比增长 16.8%。这就是说,澳大利亚对华顺差 612.6 亿美元。根据商务部数据,截至 2013 年底,中国企业对澳各类投资累计 584.5 亿美元,仅次于中国香港,为中国对外各类投资第二大目的地。截至 2014 年 9 月底,澳在华实际投资累计达 77.1 亿美元。与此同时,中国又在加大对外投资规模,可想而知这对澳大利亚会有多大吸引力。

一边是经济增长压力,另一边是对华贸易的高增长,这让澳大利亚政府怎么能不重视对华关系? 作为澳大利亚的第一大出口市场,澳大利亚经济对中国有较强依赖性,如果和中国交恶,对澳大利亚经济将是重大打击。

(3)中国的大国战略因素。

中国的“一带一路”战略不但在东南亚、中亚、南亚等国得到积极响应,甚至包括欧盟都已经看到了这一战略的巨大潜力。更为重要的是,中国为这套战略制定了详细的计划和执行措施,并领导创建了专门为互联互通服务的亚洲基础设施投资银行。投资基础设施必然需要包括铁矿石在内的大量资源,这正是澳大利亚的主要出口产品。在这种背景下,澳大利亚自然想搭上中国的战略“便车”。在这种时候,阿博特讨好中国也就不令人奇怪了。

(4)阿博特的"冒失"。

我们知道,阿博特上台后给人的感觉就是"冒失",俨然是国际政治舞台上的愣头青。但是,正是这种愣头青,会在很多事情上更有胆子向前迈步,顾虑更少。譬如,如果换作国际政治老油条——前总理陆克文,中澳两国政府可能就很难在短期内做成这么多事。作为一个新手,阿博特可以为了一些利益更快速地作出决定,更快地达成协议。

事实上,澳大利亚最近之所以可以与中国进行这么多合作,是阿博特政府利用了其 G20 的主席国身份,用一些东道主可以操作的权力,从中国这里换取了更多合作的红利。

譬如,阿博特政府很可能是通过将乌克兰问题列为 G20 峰会上的重要议题(G20 峰会本来是经济论坛,乌克兰问题属于地缘政治问题,本不该列入峰会议程),通过"群殴"普京以孤立俄罗斯,从而满足美国的战略需求;通过满足美国的战略需求,再从美国那里换回可将 2016 年 G20 主办权交给中国的默许(当然,这里中美取得战略妥协也是重要原因,但澳大利亚政府显然起到了非常关键的作用)。更直白地说,澳大利亚拿俄罗斯的利益到美国那交换了筹码,然后拿这些筹码再和中国交换澳大利亚需要的利益。

澳大利亚的这种行为简直就是赤裸裸的"五毛"行为! 那么,阿博特政府为何不惜顶上"五毛"的帽子,也要将 G20 峰会交给中国举办呢? 那个搂着脖子当哥们的安倍那么想举办 G20,阿博特也没给他(给了个安慰奖,G20 峰会让安倍站自己边上,满足了一下安倍的虚荣心,也算对得起一起"撒过尿"的兄弟了),其中根本原因就在于中国未来的市场空间和大国战略是澳大利亚经济未来增长的动力。说白了,目的还是搭中国"便车"。

澳大利亚将 2016 年 G20 峰会交给中国主办,不但可以让中国感到满意,更为重要的是,G20 在秘书处的运作机制是"三驾马车"机制。即每年的轮值主席国都会设立"临时秘书处",并将前一次主席国和后一次主席国的成员都吸收进来,组成所谓"三驾马车"。如此一来,就意味着澳大利亚和中国同时处在 G20 峰会的秘书处平台上工作,2016 年中国 G20 峰会,澳大利亚就可以

阿博特与安倍晋三(图片来源:《参考消息》)

充分接触到中国的战略布局,这当然有利于澳大利亚对接自己的国家战略。想想看,中国在 APEC 北京峰会上干了什么?是将中国的国家战略和大国国际战略与 APEC 峰会融合在了一起。通过这次峰会,中国成了亚太发展方向的主导者。2016 年 G20 峰会,中国也必然如此操作,那么澳大利亚提前参与其中,未来可预期的获利空间可想而知。

阿博特显然是国际政坛的一个新手,说话甚至有些莽撞胡来。但是,这样的人干事却也不一定差。譬如,虽然直接对外声称要对普京进行“抱摔”很荒唐,但也通过这种出格言论,充分表现出了自己的西方阵营位置,能讨好欧美国家。在充分表现出自己的立场和位置后,转脸就又充分利用这层掩护,到中国这里换人民币当“五毛”了。如此大呼小叫,名声虽然不好,但实惠还是到手了。

澳大利亚总理是一个不讨人喜欢的人,是一个政治投机客,但他由“美分”变“五毛”,纯属是为了澳大利亚国家的利益,如此维护国家利益的人再不靠谱,也是真正的澳大利亚人,是值得尊重的。反观某些中国人,过去当“美分”骂中国、黑祖宗、数典忘祖,如今看风向一改,突然摇身一变成“五毛”了,着实让人大跌眼镜、无法直视！面对这种对比，不禁产生深深的疑问，这样的人还算是真正的中国人吗？

马尔代夫的水荒与中国的援助

2014 年 12 月 4 日，马尔代夫首都马累的海水淡化公司的发电机起火受损，淡水生产装置无法工作，马国内淡水供应告急，15 万居民面临严重水荒。马尔代夫立刻向美国、中国、印度和斯里兰卡 4 个国家发出救援请求。

接到请求后，各国表现各异。美国在接到救援请求后，无动于衷，没有反应；中、印在接到请求后则反应迅速；斯里兰卡方面的消息没有报道，估计有援助也不多。中国反应极其迅速，立刻调 2 架民航客机向马尔代夫空运 12 吨瓶装水，当地 12 月 6 日凌晨即抵达马累，第二批 8 吨也在 6 日晚运抵。中国从接到马尔代夫求援到把水运到，差不多也就是一天时间。

若仅仅止于此，显然这事没什么值得关注，但中国与此同时调派正在印度洋执行任务的援潜救生船“长兴岛”号赶赴马累，利用自带海水淡化装置为马国居民供水，该船经过 50 多个小时的全速航行，7 日晚 22:00 到达马累港。“长兴岛”号此次将为马累供应 690 吨淡水，耗时十余个小时供完。应马方要求，之后“长兴岛”号在马累港外抛锚，利用船上装备的多套海水淡化设备制造淡水，每天生产淡化水七十余吨，定期为马累供应。这项行动持续到马累供水系统恢复正常为止。

此外，7 日晚 21:00，中国人民解放军增派空军 2 架伊尔-76 飞机满载 40 吨矿泉水紧急起飞马尔代夫，在 8 日凌晨 4:00 抵达马尔代夫马累机场。马尔代夫外交部官员称：“我们对中国政府在我们面临淡水危机时给予的大力援助表示感谢。迄今为止，中国政府提供的淡水量在所有国外援助的淡水总量中占比最高。所以，我们对中国政府和其他国家的帮助表示由衷感谢。”

在这次救援中，印度也不甘示弱，派出 5 架飞机运载饮用水到马尔代夫，以及 2 艘船只运载零件协助维修该海水淡化装置。

中、印、美三个大国，为何对马尔代夫缺水救援反应不一？在笔者看来，根本原因在于，马尔代夫对美国来说可有可无，因为美国在印度洋有迪戈加西亚岛的军事基地，美国认为足够了。而对中国和印度来说，两国现正在争夺马尔代夫的军港建设和租用权。

对中国来说，拥有马尔代夫的军港，中国在印度洋就又多了一个海军补给基地，未来可提升解放军在印度洋的活动能力，可以提升对中国运输船航线的保护能力。对印度来说，如果中国军港建在马尔代夫，则对印度在印度洋的影响力有较大负面影响。对马尔代夫来说，由于国家太小，并不是那么真心希望印度在马尔代夫有太大的影响力，这样容易受制于人，这就是为什么马尔代夫近些年和中国发展紧密关系的根本原因。这次马尔代夫借缺水危机向中国抛出橄榄枝，正是希望中国更多地介入马尔代夫，从而对冲印度对马尔代夫的施压。

2014 年 5 月，有报道称中国将援建马尔代夫军港，军港建设将耗费 77 亿马尔代夫拉菲亚(约合 31 亿元人民币)，距首都马累只有数公里。2014 年元月，马尔代夫新总统访问印度；5 月，印度参谋长访问马尔代夫就海军基地建设与马尔代夫沟通。早先，马尔代夫前总统也到印度政治避难。2014 年 9 月，习近平主席访问马尔代夫。由此我们可以看出中、印对马尔代夫的重视程度。

这次对马尔代夫的救援，中、印两国实际上比的正是国力，两国进行国力竞赛，看看谁的影响力大，谁对马尔代夫好处更多。最终，实力证明，中国虽然道远，但实力更强。不过，考虑到印度和马尔代夫的距离，如果不出意外，中、印很可能都会在马尔代夫建军事基地，这样更有利于马尔代夫的平衡。

事实上，在全球局势越来越复杂、中国全球战略和经济利益越来越多的情况下，中国军队的全球布局已经开始迈出实质性的步伐，马尔代夫仅仅是一个小节点而已。

重塑海上丝绸之路

那么,除了马尔代夫,中国正在进行怎样的海上丝绸之路军事布局呢?

根据习近平主席2014年9月访问斯里兰卡达成的协议,中国将会参与建设斯里兰卡汉班托特港。① 而之前,中国已在缅甸、巴基斯坦获得港口,未来必然成为中国海上丝绸之路的重要补给基地。

与此同时,中国南海的南沙群岛有六个岛礁正在进行吹沙填海作业。从卫星图片上可以看出,这些建设是为了建海军、空军基地。一旦建成,我国海军不但可以控制南海航路,还能通过部署防空导弹和战机控制中国南海的上空。一旦部署了轰炸机,还能对周边形成威慑。中国为了绕开容易受制于人的马六甲海峡,已经和泰国洽谈在泰国湾修建克拉运河,打通南海和印度洋。

我们可以观察到,正在和可能成为防务基地的地方,全部位于印度洋相关国家的港口。这些补给基地只不过是商业港口的一个配套,并非如美国那样搞大规模驻军。由此我们可以看出,中国建海军补给基地并不是为了搞军事霸权,也不是为了对相关国家进行军事控制,而是和这些国家进行通商贸易。中国海军的存在,则是为了保护彼此的航路,保护彼此的海洋经济利益。这些军事基地未来主要也不是用来驻军,只是为海军提供补给,为中国海军在印度洋的更多部署提供基础设施条件。

中国军队从南海到印度洋及周边国家,已经开始了战略布局,甚至在纳米比亚的军事基地部署准备已经跨入了大西洋。当然,中国的战略部署还不止海上。据俄罗斯之声中文网12月7日报道,南非总统雅各布·祖马周日在北京结束访问后表示,中国将投入本国力量,帮助非洲联盟建立快速反应部队,以应对危机。

祖马说:"中国准备帮助非洲联盟建立维和代表团,并提供物资,其中包括帮助建立非洲快速反应部队。"中国国家主席习近平在巴西出席金砖国家

---

① 资料来源:《新京报》,2014年9月16日。

领导人第六次会晤时会见了祖马，习近平表示，欢迎祖马总统下半年访华，共同制定未来合作规划。双方要积极开展能源、矿业、农业、装备制造、基础设施建设、铁路机车、核电等领域合作，中方愿继续配合南非办好2014年中国“南非年”活动。

为什么要建快反部队？就是为了应对中部和南部非洲的突发事件，以便及时控制事态。南非是南部非洲实力最强的国家，中国通过金砖国家平台，通过扶植南非，并利用中国在中、南部非洲的影响力，逐渐确立在南部非洲的战略布局。如此，中国就能依托自己的经济，通过海上丝绸之路与中、南部非洲建立更加紧密和深入的经济合作关系，促进彼此经济发展。在这种情况下，为防止敌人破坏，就必然需要进行军事部署。中国负责海上，相关国家负责陆上。如此，这些国家就可放心，中国不是为了控制它们，而是为了帮它们。

通过南部非洲，绕过好望角，就可以连接大西洋彼岸的拉美。这种格局一旦形成，就意味着亚、非、拉三大洲的海上联结建立起来了。亚、非、拉意味着什么？意味着毛主席布局的第三世界终于可以通过海上形成一个利益共同体。

海上有中国海军的保护，陆上有中国支持的当地国家团结协作。如此即慢慢形成了以中国经济为核心的海上丝绸之路经济带。这一条丝路带，从南海出去经东南亚国家到印度洋，绕着印度洋的周边国家到中、南部非洲，再将非洲和拉美相连。这些地方都是美国和西方布局薄弱及不太关注或关注不了的地方。而对中国的战略布局来说，除了陆上打通欧亚大陆的连接之外，还要打通海上的大连接。

就战略构想来说，只要丝绸之路经济带这一个战略成了，美国的全球霸权就必然坍塌；如果丝绸之路经济带和海上丝绸之路两个战略都成了，美国的海上霸权恐怕也就难以支撑了。如今中国的战略和发展模式是在为人类社会提供生存和发展的机会；相反，美国作为全球的领导者，却到处点火、遏制，为的是维持美国的一己之私——全球霸权，孰高孰低可见一斑。美国战略不调整,10 年后全球战略上必落后于中国。至于如何调整,美国那么多智库好好想去吧。

客观上,中国要维护中国全球战略利益和经济利益,必须让解放军走出去。解放军走出去,一方面在美国对中国遏制、施压的点和面上要真正能够顶得住、顶回去;另一方面就是要独辟蹊径,走美国和西方顾及不到的地方,如今的战略布局就是美国和西方顾及不到的地方。

可能有人会问,那些地方美国和西方为何不去部署?因为它们在那里的经济利益无法支撑它们的布局。以美国为例,在中东掌控全球霸权、在太平洋遏制中国的军事战略部署维持都已显得困难,又如何再将摊子铺大?美国遏制中国,如今要日本、澳大利亚的帮忙,又哪里能顾及印度洋周边的那些穷地方?至于欧洲,俄罗斯的威胁还未去除,内部经济、政治整合还没搞好,经济增长都搞不定,在政治和军事上除了影响北非还有足够能量,在印度洋根本也是没有能力铺开的,因为经济利益不足以支撑这些布局。

中国则不同,中国需要非洲的资源,非洲需要中国的商品、工业和资本支持,中非合作互补性极强。中国的工业能力、市场规模、资本输出能力使得中国进行这样的布局游刃有余,经济合算。

更为重要的是,与西方霸权主义不同,中国的思路是以和为贵,中国的军事部署也并非如西方的那样大规模驻军,而是通过军事部署使中国军舰有足够强大的补给基地,至于当地的安全维护,则以帮助当地建设军队来实现。譬如,帮助非洲建立快反部队就是中国的思路。反观美国,帮助伊拉克建的那是什么军队?完全都是傀儡。美国不实打实地帮助相关国家,是怕它们一旦强大了反过来再打美国,因为美国行的是霸权主义。美国培训的伊拉克大兵,面对 ISIS 不堪一击,3 万人的部队被不到1 000人的 ISIS 恐怖分子一击即溃,笔者都怀疑美国大兵到底给他们进行培训了吗?

21 世纪的中国人民解放军,正以不同于西方的方式走出去,正以中国模式与相关国家建立合作关系。中国人民解放军,是一支维护和平的部队,是一支为维护大家利益不受敌人侵犯而出击的部队,是一支受各国欢迎的中国人民军队。21 世纪,新的“郑和舰队”已整装起航,正在为海上丝绸之路上的国家带去和平与福祉。

钓鱼岛与中日关系

中国为何坚持钓鱼岛“存争议”?

说起钓鱼岛,中方总是称钓鱼岛是中国固有领土,但中日在钓鱼岛领土问题上“存在争议”。相反,日本总是说“钓鱼岛领土不存在争议,主权属于日本”。很多人对中国的说法很反感,“钓鱼岛是中国的,为啥非说存在争议?这岂不是不拿领土当回事吗?一边说是中国领土,一边又说存在争议,不是自相矛盾、自打耳光吗?”

这样的说法看似有一定道理,但客观上却是对事物本质缺乏深刻认识的肤浅表现。试想,中日在钓鱼岛问题上有不同主张,中国说是中国领土,日本说是日本领土,这本身就是争议。所以,是不是存在争议本身没啥好争议的,因为“你说是你的,我说是我的”就是争议,没争议两边争什么?当今的非当事方国家都会认为,中日在钓鱼岛问题上存在争议,各有主张。这是既定事实,而不是哪一方是否承认的问题。

所以,本质上,双方显然争的不是存在争议与否,因为本身有争议的说法就是争议。那么,中日为什么在这个简单、明了的事情上,非要在是否“存在争议”这个措辞上较劲呢?双方又在争什么呢?是否“存在争议”又为什么对彼此那么重要呢?请听笔者细细分解。

中日之所以在是否“存在争议”问题上不断争议,根本原因有四个:

(1)“钓鱼岛问题”牵涉面广。

“钓鱼岛问题”本身并非只是钓鱼岛问题,而是包括东海划界问题和琉球问题,甚至还关乎台湾问题。

我们知道,钓鱼岛问题是领土问题,它的归属除了地缘价值外,还有很高的经济价值,因为200海里专属经济区的实际价值还是很高的,经济意义非常大。但是,中国绝不只是考虑这些,因为如果中国也是如此简单考虑,就不会单纯地非要日本承认钓鱼岛争议,中国完全可以和日本发表一样的声明,即钓鱼岛不存在争议,主权属于中国。中国没有如此措辞,定另有原因。

这个原因,就是钓鱼岛背后挂着东海划界问题、琉球归属问题,甚至关乎台湾问题。为什么这么说呢?因为如果钓鱼岛确认归了中国,那么中日在东海划界问题上日本主张的中间线依据就更站不住脚了,最终中国大陆架延伸依据将更加得到认可。更为重要的是,钓鱼岛和琉球群岛当初是被放在一起由美国私自将行政管理权交给日本的,这两个地方在第二次世界大战后被放在一起管理,最初是由联合国托管,并由美国代为管理,美国私自交给日本不符合国际法。所以,如果钓鱼岛归中国,那么琉球的归属问题就自然浮出水面。

日本最怕钓鱼岛背后的这些逻辑,所以日方一直坚称钓鱼岛主权没争议。中国则不同,中国要谈的不仅仅是钓鱼岛的主权问题,而且还有背后的东海划界、琉球归属的问题。所以,中国一定要日本承认有争议,只有承认了钓鱼岛的争议,才能接着谈琉球、谈东海。

琉球问题背后肯定是中美问题,那么就必然涉及台湾问题。所以,这个钓鱼岛存在争议的说法很有必要,而且意义重大。只有这样才能牵出相关问题。对中国来说,时间在中国这边,越往后对中国越有利,现在越有争议对中国越有利。

(2)钓鱼岛问题本质上是中美西太平洋的博弈问题。

既然钓鱼岛背后是东海问题、琉球问题,还包含了台湾问题,那么,本质上,钓鱼岛问题是中美西太平洋的博弈问题。读过《大博弈:中国之危与机(形势篇)》的战友应该知道,钓鱼岛本质上是美国遗留下来的问题,目的是用钓鱼岛来钓中日之争的鱼,这样它就可以渔翁得利。

对中国来说，既然美国是如此打算的，那么反过来中国也可以用钓鱼岛来钓美国的鱼，即通过让钓鱼岛的争议继续向后拖着，慢慢地在中国实力增强后，让一个钓鱼岛问题变成整个西太平洋的问题。直白点说，就是用钓鱼岛反过来钓美国的鱼，通过自己实力增长来反制美日，并最终通过钓鱼岛的"争议"来达到自己的战略目的。这就是邓小平"主权归我，搁置争议，共同开发"的内涵之一。

(3)钓鱼岛问题还是中日两国太平洋战略的关键节点。

中国要求美国在太平洋让开一条路这已不是什么秘密，说白了就是要美国放弃第一岛链。美国显然不干，所以在第一岛链上中美较劲是必然的。在这个较劲过程中，日本就扮演了中美博弈美国的桥头堡角色。日本这个国家是有野心的，它试图通过借力美国重返亚太的机会，给束缚自己的和平宪法松绑，试图借机成为正常国家，向外拓展生存空间。

对中国来说，钓鱼岛的归属实际上是东海划界问题。钓鱼岛有"争议"，有利于执行中国的太平洋和平战略。

对日本来说，若想向外拓展空间，只有向西或向南。向西是中国和俄罗斯，已不可能登陆，暂时只能向南。向南，琉球就是核心中的核心，失去琉球的日本战略空间将被压缩一半。所以，日本要想实现海洋战略，必须保住琉球。在这种情况下，日本死咬"无争议"不放就不难理解了。

(4)推动中国的国家外交战略。

中国一贯主张通过谈判解决领土领海问题。这个通过谈判，很重要的原因是，中国想通过谈判寻找彼此的利益共同点，然后通过这些利益共同点，慢慢消化彼此在领土领海方面的矛盾和冲突，求同存异，并最终再想别的办法解决问题，譬如主权归我、共同开发之类的。当然，这个谈判主要是为了缓和关系，中国可以通过这种缓和关系，在经济、政治上逐渐对对方进行整合。或者，干脆大家继续保持争议，在合作层面达成协议，大家先在这里共同享受利益再说。

中国这么做，根本上还是为自己争取战略时间、战略空间，为更大的全球博弈做足准备。但是，大家要想心平气和地谈判，承认“争议”就是前提。出于这种原因，中国必然会强调“争议”。因为这么一直争议着对中国有好处，争议时间越长，中国在实际控制上就越有优势。

上述四个原因，才是中国不断强调“存在争议”的根本原因。“存在争议”有其深意，不只是简单说说，其背后利益巨大，是为以后在战略上作调整做更多准备，为以后调整立场和谈判筹码做好铺垫。理解这些，才能理解“存在争议”的现实意义。

中日关系缘何缓和？

2014 年 11 月 7 日，距 APEC 北京领导人峰会不足 3 天，APEC 高官会和部长会第 3 天，中日突然达成一致意见，就处理和改善中日关系达成四点原则共识。僵持了 4 年的中日关系，缘何突然破冰？中日两国是怎么考量的？中日关系会因此彻底好转吗？我们下面对此进行分析阐释。

日本国家安全保障局局长谷内正太郎(图片来源：《环球时报》)

分析之前，我们不妨先看一下中国国务委员杨洁篪和日本国家安全保障局局长谷内正太郎会谈后达成的四点原则共识：

(1)双方确认将遵守中日四个政治文件的各项原则和精神，继续发展中日战略互惠关系。

(2)双方本着“正视历史,面向未来”的精神,就克服影响两国关系政治障碍达成一致共识。

(3)双方认识到围绕钓鱼岛等东海海域近年来出现的紧张局势存在不同主张,同意通过对话磋商防止局势恶化,建立危机管控机制,避免发生不测事态。

(4)双方同意利用各种多双边渠道逐步重启政治、外交和安全对话,努力构建政治互信。

我们知道,中国很早之前就针对日本不断要求中日领导人会见亮出底线,即日本首相安倍晋三必须停止参拜靖国神社,安倍政府必须承认钓鱼岛存在争议。如果日本不满足这两点条件,中日关系不可能改善。

对中国的要求,安倍政府长期以来都置若罔闻,只是自说自话以求投机,但中国不为所动。前段时间,日本作出了一丝让步,提出中日领导人会见的条件,要求中日领导人会谈,中方再次拒绝并重申中国底线。那次过招,已充分表现了安倍政府的焦虑。而在这之前和之后,中日半官方的沟通和交流一直没有停止。特别是日本,前首相多次到访中国,为的就是缓和中日关系。

在 APEC 会议前,日本一直显得很焦虑,不断要求中日领导人会见。最终,迫于压力,在 11 月 7 日,中日关系有了大的改变。这个改变,我们从上述四点原则共识中可以看出,日本显然是作了根本性让步,同意了中方的要求。换句话说,在中日外交战中,最终日本屈服就范。而从上述四点共识中,我们可以看到一句“避免发生不测事态”,这句表述已充分表明中日之间处于“不测事态”发生的边缘,这也是日本一直努力寻求改善中日关系的重要原因之一。

那么,长期以来都桀骜不驯的安倍政府,为何突然向中国政府屈服就范呢？在笔者看来,根本原因有三个:

(1)中国战略主导 APEC 对日本构成巨大战略压力。

这次 APEC 峰会,几乎都是中国声音,中国战略在亚太一呼百应,整个亚太的战略已进入了中国轨道，这让日本又妒又恨，但更担心日本若继续被孤立，很可能会错过亚太大整合的战略机遇。特别是，如果中国主导了亚太未来走向，而日本和中国交恶，相关国家在中日之间自然会作出一些选择以避免将来陷入被动，这对日本是非常不利的。

就在 APEC 峰会前，中国牵头成立的亚投行已基本确立了亚洲未来经济发展方向，这种主导已经不仅仅是口号了，而是实实在在的现实力量。在亚投行成立过程中，美国一直强烈反对，但美国的反对没能阻碍亚投行的成立进程，美国仅仅只能暂时阻止韩国、澳大利亚等几个国家不参加亚投行。哪怕在这种背景下，美国不但对中国的战略无能为力，还必须和中国继续改善关系。这种结果说明，美国在亚太经济领域遏制中国已明显力不从心。在这种情况下，日本如果和中国的关系继续恶化，将会继续压缩日本政治和经济的活动空间，这对疲软的日本经济来说，或意味着失去未来。如此，日本才认为有必要打破原来在东亚被孤立的格局，要为自己更大的政治、经济腾挪空间做足准备，而要实现这一点，和中国改善关系是必需的。

考虑到中国的底线鲜明，日本毫无空子可钻，在最后时刻日本做出让步是迫不得已的结果，也是慎重思考后的决策。

(2)日本被外交孤立已影响到日本国家战略决策。

自安倍政府明确开始走右倾化路线后，日本就逐渐被中、韩、俄孤立。这种孤立，以中日关系的交恶对日本影响最大。影响不仅仅是经济方面的，还有政治方面。如今，日本解禁集体自卫权的阶段性目的已达到，距实现修宪还有较长的路要走。在这种情况下，如果持续中日这种关系冷淡局面，日本的政治、经济腾挪空间将完全被封死。若如此，就政治上而言，日本只能对美国唯命是从。

因此，本质上，这次中日关系缓和，对日本来说，是为了对冲美国方面的压力和给自己争取更大的政治、经济腾挪空间，为将来赢得更好的位置做充分准备。

(3)美国迫于压力缓和与中国关系，给日本带来缓和与中国关系的机会。

自美俄交恶对抗以来，美国已认识到美俄关系短期内不可能改善，原因除美国伤俄太深外，根本在于美国的国家战略。若美国想继续推动其全球霸权战略，就必须拿下叙利亚，推动欧俄新冷战。在这种大背景下，中美关系有必要缓和。而且，由于美国策划的香港“占中”毫无实际效果可言，根本对中国没有造成任何大的负面影响，甚至其盟友也只有英国跳一跳支持一下，其他国家若非直接反对，就是将精力放在了关注 APEC 北京峰会的战略机遇上。这种局面，让美国暂时对中国无计可施。

另外，随着美联储加息，美国希望与中国缓和关系。因为只有进一步推进中美关系的缓和，才能避免中美在今后因根本性矛盾而出现关系破裂。中美关系破裂对当前中美两国来说都是战略损失，这就是为何推进中美关系发展是两国共识的根本原因。基于此，在美联储加息前，先缓和政治上的关系对中美两国来说都很有必要。

中美这样的博弈关系背景让日本捕捉到了信号，这意味着如果日本不抓紧时间在这个时候与中国缓和关系，中美关系一旦陷入不明朗状态，日本基本就没有和中国改善关系的时间窗口了。若如此，中美角力，日本必须走向前台，那日本就可能因此成为中美角力的牺牲品。日本希望从中美博弈中两头获利，自然不想两头受损。所以，日本在 APEC 会议这个时间窗口上，退到中国底线上和中国改善关系，就是为了抓住这次时间窗口机遇。

那么，中国又是如何考量的呢？

中国得到了什么？

对中国来说，取舍其实很从容。一方面，中国不可能破底线，这既不符合中国的战略和现实利益，也不符合中国的外交原则，中国外交有弹性，但原则一定不会破；另一方面，中国底线本来就非常明确，如果日本真想改善关系，完全可以退一步，如果不愿意退则说明缺乏诚意，没有诚意的关系改善对中国毫无用处。所以，中国对日本态度鲜明，非常从容。

基于这种鲜明和从容，如果日本选择了和中国改善关系，那显然对中国是有利的。那么，中国为何顺势和日本改善关系呢？原因有三个：

(1)中国战略目标初步达到。

过去4年的中日角力中,中国划设了东海防空识别区,钓鱼岛巡航常态化已基本确认了对钓鱼岛的实际控制权,中国进出第一岛链非常从容,已使得第一岛链形同虚设。所以,本质上,现阶段中国该得到的都得到了。既然战略目的达到了,日本主动要改善关系且又满足中国条件,那当然可以同意。中日关系进一步缓和,就减少了美国从中渔利的机会。

(2)中日缓和关系有助于拖延美国TPP战略。

从某种意义上说,TPP战略是针对中国的,是美国孤立中国的工具。这个工具,最重要的一环就是日本。日本签署了TPP协议,则TPP整合进程将大大加快;反之,如果日本一直拖着,TPP进程就难以推进。

当时日本内政外交困境决定了日本政府承受了巨大压力,美国必然继续施压,一旦日本认为已完全无法改善与周边国家的关系,在没有希望的情况下就会迫于美国压力签署TPP。

(3)缓和关系有助于中国大战略的执行。

在这次APEC会议上,中国华丽转身,已成为规则制定者和区域经济的主导者。中国还把中国的国家战略——21世纪海上丝绸之路战略和丝绸之路经济带战略——融入了APEC的共识当中。在这种背景下,只要他国不挑衅中国,不挑战中国的核心利益,中国愿意和任何国家展开一切合作。因为这样的合作过程,就是中国的发展过程。在这种背景下,日本愿意与中国缓和关系符合中国的战略利益,中国自然乐见其成。

那么,中日关系真的能因这次破冰而出现本质性改善吗?笔者的看法是:不太可能回到从前。

中日关系现在的情况,就像一只股票处于跌势当中,跌到中期底部该有一次技术反弹,但由于股票大势仍处于跌势当中,因此中日关系并不能因这次破冰而出现趋势性改变。从某种意义上说,这只是冰封后的一次外力破洞,我们可以看到冰下的水,却不能因为看到冰下之水就认为春天来了。基于这种看法,笔者认为中日关系不可能出现本质性改善。

考虑到中美关系对中日关系的影响及日本对自身在中美之间的定位，可以预见，未来中日关系会随着中美博弈的激烈程度而起伏，会因为中日两国的国家战略调整而波动。我们还可预见，一旦中美博弈需要日本站在台前和中国叫板，日本会毫不犹豫这样做。到那时，安倍为了继续推动其右倾化路线，很可能会继续考虑参拜靖国神社，同时还会为美国遏制中国的战略充当马前卒。

日本当然不会白干，日本希望从美国手里换回的是修改和平宪法。美国想得到的，则是一个帮助美国管理亚太的小弟，从而减轻美国全球霸权的统治压力。若到时候美国真的需要，完全可能将日本修宪作为条件，让日本在遏制中国战略中扮演更重要的角色。对中国来说，尽量抓住美日利益矛盾点，延缓美日融为一体遏制中国的进程，为自己争取更多发展时间，即为中国的考量。因为时间越往后推，中国战略布局完成得越扎实，越有战胜对手和不被对手撼动的能力。

因此，中日关系本次缓和不过是彼此阶段性的各取所需。未来，只要彼此需要调整，随时可能撕毁这次共识，重新剑拔弩张。正所谓时过境迁，一个阶段有一个阶段的利益，现阶段各取所需正是彼此现实的需要。以安倍的性格，他向中国的妥协必然是权宜之计，不可能长久。因此，中国不能因为中日关系缓和就延缓中国的战略准备。恰恰相反，中国除了继续加快推进中国自己的大国战略外，依然要加快做好针对日本的战争准备，以防中日关系急剧恶化时不好应对。

中国，东盟的好邻居、好伙伴

2014 年东盟 10＋1(东盟＋中国)、10＋3(东盟＋中、日、韩)和 10＋8(东

盟十中、美、日、韩、印、俄、澳大利亚和新西兰)峰会[1]开得非常和谐,可以说是近些年最和谐的一次峰会。前几年总是在峰会上捣乱的菲律宾、越南在这次峰会上没有发出一点刺耳的声音。那么,为何菲律宾和越南突然变老实了呢?在笔者看来,根本原因有四个:

(1)中国在 APEC 峰会主导亚太未来走向,已经让这些国家感受到中国力量。

这次在北京召开的 APEC 峰会是在中国完全主导下召开的,中国已经开始放手展开中国的国家战略,并在地区范围内进行战略布局。这种布局已经明显让国际社会感觉到其势之猛、其力之大。作为域内国家,若盲目与这种力量抗衡,必然会自打耳光,未来也必将错失战略发展机遇。这种危险,是任何国家都不愿意承受的。作为域内国家的菲律宾和越南,自然也是如此。在 APEC 峰会刚刚结束之时,它们不会轻易做反华之事也就顺理成章了。

(2)中美战略妥协让这些国家暂时失去位置,它们对中美战略妥协还未真正消化和理解。

在 APEC 峰会后,中美的妥协已形成战略性的妥协,其中军事透明与互信已上升到新高度。这意味着,诸如越南、菲律宾这种国家真和中国发生冲突,美国是不可能冒险介入的。同时,中美在气候变化方面达成协议,意味着美国不但承认了中国承担地区主导者角色,甚至已开始认为中国是和美国差不多平起平坐的世界规则制定者角色。中美这种妥协,让这些国家暂时对中美达成的战略妥协拿捏不准。如此,导致它们到底该在新的中美关系中扮演什么角色也拿捏不准,也就没办法立刻作出明确定位与选择,自然就不可能产生行动。它们要重新选择自己的位置,一定要对中美妥协进行充分研究后,对其中内容进行充分消化,才会再做出新的定位,并展开下一步行动。

(3)亚投行、丝路基金、李克强总理最新宣布的对东南亚国家的 200 亿美元贷款,让这些国家眼里放光。

---

① 这一系列会议均在 2014 年 11 月缅甸首都内比都举行。

亚投行、丝路基金和李克强总理最新宣布的对东南亚国家的 200 亿美元基础设施建设贷款，对东南亚国家有巨大吸引力。因为这些都是可以给它们带来发展的真金白银。而这些真金白银，控制权都在中国手里。

可以预见，在未来这些资金投资的运作中，谁与中国关系好，谁就能获得更多投资；相反，谁反华，谁就难以获得相关投资。在当前经济增长压力越来越大的情况下，这种真金白银就是地区权力，它们对这些投资的觊觎使得它们暂时不敢再张嘴。

(4)已和中国进行妥协的美国还没有发出新的信号。

在第二次“习奥会”①后，美国和中国必然都会重新调整自己的策略。从媒体报道的美方官员口中我们得知，这次“习奥会”完全是中方主导的，议题由中方提出。说白了，就是中国向美国要权力，要未来的妥协预期，美国是被迫做出的妥协。当然，这种妥协也只是支票，支票未来就有撕毁的可能。这一切，都取决于未来的博弈。

在这种情况下，美国也得结合自己的国内政治和国际局势，重新进行局部政策调整。美国政策调整阶段，自然无法对外发出明确的信号。如此一来，诸如菲律宾和越南这样的国家，也就暂时找不准自己的位置。找不准位置，它们自然就会暂时保持安静。

那么，中国在未来该如何处理和东盟的关系呢？如何进行整合呢？

(1)继续加大经济合作力度，加速中国与东南亚的经济整合。

这一点，中国已经拿到了绝对主导权，亚投行、400 亿美元丝路基金和 200 亿美元对东南亚国家的贷款承诺，已经可以给东盟国家经济提供很强的增长动力。与此同时，李克强总理在会议期间，提议共同打造中国—东盟自贸区升级版，力争 2015 年底前完成自贸区升级版谈判。中方还愿以更加开放的态度，与东盟探讨以准入前国民待遇②加负面清单模式开展投资协定谈

① 指 2014 年 11 月 11 日奥巴马抵京与习近平主席举行的年内第二次会晤。在这次会晤中，双方举行了著名的“中南海瀛台夜话”。

② 准入前国民待遇，是指将国民待遇延伸至投资发生和建立前阶段，其核心是给予外资准入权，是指在企业设立、取得、扩大等阶段给予外国投资者及其投资不低于本国投资者及其投资的待遇。

判。中国愿与东盟国家推进建设跨境经济合作区和产业园区。同时,还将着力推动陆海通道建设,并加强通信、电力、网络等领域的联通规划和建设,提供资金支持,着力改善通关便利、市场监管、标准规范等互联互通的软环境。

中国能做到的这些,美国都做不到,所以美国就只能在政治军事防务上做文章。但是,这种文章在距离中国这么近的东南亚做,的确也有些力不从心。

(2)加强海洋合作和防务沟通,增强海上互信和军事互信。

在峰会上,李克强总理还提出另外两点建议:

其一,精心营造海上合作新亮点,将 2015 年确定为“中国—东盟海洋合作年”,进一步深化海上合作,加强海上执法机构间对话合作,成立海洋合作中心,落实好《泛北部湾经济合作路线图》,共同实施好中国—东盟海上合作基金项目。

其二,努力保障传统领域和非传统领域“双安全”。办好 2015 年中国—东盟防长非正式会晤,探讨建立中国—东盟防务热线,并开展联合演练。深化湄公河流域执法安全合作,尽快将《灾害管理合作安排谅解备忘录》落实到合作项目。

这些合作实际上已经涉及了海洋执法和防务,虽然级别还不高,但这种对话有利于彼此加强政治和军事互信,对域外大国试图将东盟搞成军事平台有很强的对冲作用。

另外,笔者曾在《大博弈:中国之危与机(形势篇)》中提过一个建议,构建一个“南海经济圈”,并由中国和东盟共同建立管理机构负责管理和开发。如此一来,南海对每个南海毗邻国家都是特区。通过该平台,可向包括南海周边国家及世界其他国家招商。一方面,各国企业可开发南海油气资源;另一方面,对南海进行大规模的旅游开发,把南海建设成为旅游和度假胜地。

通过“南海经济圈”平台建设,再进一步要求占据我国南海岛屿的国家从岛屿撤出驻军。只有在此基础上,才能建立共同的经济体系和安全体系。通过这样的谈判,最终构建出中国与东盟的共同安全体系。

常规安全方面，由中国和东盟共同成立联合执法机构，负责南海的常规执法，模式可参考湄公河的联合执法形式，只是规模更大。军事安全方面，由中国和东盟共同建立南海军事安全合作体系，签署南海共同安全条约，建立针对南海的国家安全互助体系，对南海安全进行军事保障，保证南海航道的自由航行与航道安全。

李克强总理提出的建立海洋合作中心和开通防务热线、开展联合演练，恐怕就有上述笔者战略设想的内涵。海洋合作中心未来可作为经济开发平台，防务热线和联合演练可以逐渐向军事合作平台迈进。任何事情都需要一个开始，现在这些就是开始。经济开道，接着是政治和军事的互信，再接着是更进一步的整合，这是有利于中国和东南亚国家的好事。

虽然上述设想不可能一蹴而就，这种发展可能要持续一二十年，但有必要以此为发展方向展开工作。因为客观上，东盟就是中国经济和安全后院，中国有必要深耕细作、认真经营。

占豪感悟

改革开放以来，我国“韬光养晦”，一直维持着埋头发展的状态，不当头，只发展。这么做的好处在于，我们抓住了世界30年和平的大机遇期，在美国开始遏制中国之时已经具备了较强的实力。现如今，我国已经不可能再延续“韬光养晦”策略，因为我们的“体型”已经足够大，再隐藏就成了鸵鸟。

正是基于中国国家发展和利益的需要，中国开始走出去。中国的利益在哪里，中国的军队就该在哪里，所以我国海军开始从黄水走向蓝水，亚丁湾护航只是起步，而现在我国也开始谋求在海外的军事基地以拓展中国军队的活动空间。

现在中国蓝水海军的建设速度很快，我国自主建造的航母很快即将下水，再有两年估计就会服役。中国的驱逐舰建造速度更是被网友称作“下饺子”。在南海，我国已经在南沙、西沙进行一系列的陆域吹填，打造出了多个军事基地，这能大大提升我国对南海的控制能力，对我国航线安全起到了战略性作用。

中国蓝水海军并不谋求像美国那样的霸权，中国要的是能够维护自己的国家利益。对中国来说，在西太平洋，要的是冲破第一岛链并能自由进出不受抑制；向南，要的是开辟21世纪海上丝绸之路，中国海军就要从南海到印度洋，然后再进入地中海、大西洋，从而用军事勾勒出一条海上丝绸之路。在这方面，中国遇到很多阻力，也取得很多成效，从2013年开始，我们在走向蓝水方面已经有了很大进展。

中国海军走入蓝水是必然趋势，中国加油！

第5章

打劫

乌克兰之争

◎ 大国在乌克兰的“打劫”

◎ 乌克兰的引信，燃向何方？

◎ 折翼的天使：坠毁在乌克兰的马航 MH17 航班

◎ 下个大国较量风暴眼在哪儿？

◎ 美、俄“打劫”乌克兰背后的赢家与输家

◎ 欧盟为何对俄突下“杀手”？

◎ 普京的愤怒

大国在乌克兰的“打劫”[①]

在乌克兰冲突[②]中，美国的如意算盘很清楚，即继续通过对乌克兰政府的掌控能力，推动乌克兰继续扩大内战，逼迫俄罗斯出兵乌克兰。一旦俄罗斯出兵乌克兰，美国即可威胁、逼迫和利诱来促使欧盟继续制裁俄罗斯，并对乌克兰政府进行包括军事援助在内的各种援助。这里的威胁和逼迫，包括美国对俄罗斯威胁的添油加醋描述、美国在欧洲面对俄罗斯威胁时的态度，再加上欧盟如果不跟从美国，美国就可以继续明目张胆地对欧盟经济进行定点打击（譬如制裁法巴银行），这就会迫使欧盟不得不加大对俄罗斯的制裁，并且支持乌克兰政府；而利诱，则是告诉欧盟，在美国的领导下，欧盟不但自己是安全的，经济上也能获得发展。

一旦美国的目的达成，一方面欧、俄都会陷入乌克兰的战争陷阱，对国力将是巨大消耗；另一方面，处于半瘫痪状态的北约将被激活，美国将重新通过军事能力掌控西方，那么美国所主导的全球新冷战就可能因欧、俄新冷战而打响。在美国主导下，一场以击垮中、俄为目的的全球新冷战，毫无疑问将会给世界带来灾难。但为了全球霸权，美国不会罢手。

由此我们看到，在美国的主导下，乌克兰政府一点坐下来谈的意思都没有，不断加大力度在东部和南部采取军事行动，为此不惜搞出看似制裁俄罗

---

① 打劫，围棋术语，是指黑白双方都把对方的棋子围住。这种局面下，如果轮白下，可以吃掉一个黑子；如果轮黑下，同样可以吃掉一个白子。因为如此往复就形成循环无解，所以围棋禁止“同形重复”。根据规则规定“提”一子后，对方在可以回提的情况下不能马上回提，要先在别处下一着，待对方应一手之后再回提，如下页图所示。

② 这一冲突是乌克兰反对派在他国政府支持下由示威运动演变而成的，在乌克兰军方倒戈后，2014年2月时任乌克兰总统亚努科维奇逃亡俄罗斯；之后，乌克兰东南多个地区，当地俄罗斯族人和乌克兰亲俄势力与新政府展开对抗，并在5月初演变为武装冲突。

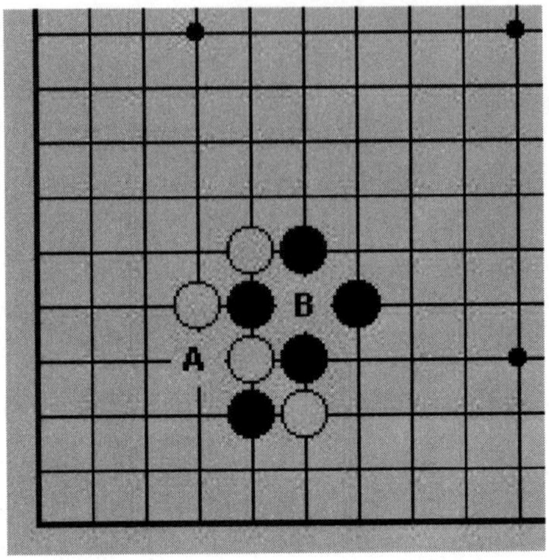

围棋中的“打劫”(图片来源:百度百科)

斯,实际却是自残,即同时制裁欧盟和俄罗斯的所谓禁止俄罗斯天然气通过乌克兰的法案。俄罗斯输往欧盟的油气管道有一半通过乌克兰,欧盟的天然气有30%来自俄罗斯,乌克兰的天然气主要来自俄罗斯,这一制裁法案损失的不但包括俄罗斯,连乌克兰自己和欧盟一并搭了进去,仅符合美国的利益,这种制裁简直不可思议。

从乌克兰政府现在的表现上看,欧盟对乌克兰的影响力仍不是很大,白宫对乌克兰仍有几乎说一不二的影响力。在这种情况下,乌克兰必然不惜代价继续推动对东部和南部的军事行动。从最近乌克兰内战局势看,双方伤亡都非常巨大,也都未能取得压倒性优势。从曝光的新闻看,乌克兰民间武装中显然有不少俄罗斯的“志愿军”,而在政府军中也有不少来自西方的“雇佣军”。事实上,这场内战本质上是大国博弈下的一个局部缩影,各方都有参与,但都不挑明。

美国不挑明是等着俄罗斯出兵。但就现阶段而言,俄罗斯不可能上这个当,不会给美国逼迫欧盟继续制裁俄罗斯的借口。从俄罗斯的角度上说,用私下派“志愿军”的方式挡住乌克兰政府军,继续消耗对手,然后等到了冬天俄罗斯的手段就会更多一些。而且,只要再顶几个月,乌克兰政府在财政上耗不起，欧盟不可能支持一个不听话的政府，什么时候美国顾不到了，也不愿意出钱了，欧盟发挥影响力的机会就来了，乌克兰局势也就可能缓和下来了。所以，俄罗斯的态度是，只要西方不明确大力支持乌克兰并对乌克兰民间武装进行打击，只要当前的民间武装支撑得住，俄罗斯就会继续维系这个模式。否则，俄罗斯也不会搞280多辆卡车通过红十字会向东乌克兰运送物资，这么做就是做好了打持久战的准备。

俄罗斯向东乌克兰运送的物资是在国际红十字会的监督下进行的，这些东西不可能是军火，都是生活必需品。这些东西运进去，是为了给民间武装所控制的东部和南部区域以物资支持，既可避免造成当地民众的民生灾难，同时也可借此继续提高俄罗斯在东部和南部的威信。面对乌克兰政府对东部和南部进攻造成的人道主义灾难，无论是乌克兰政府还是以美国为首的西方，都没有任何作为；反观俄罗斯，则不断想办法解决当地的生计问题。这样做既是在国际上攒人品，又是在东乌克兰拢人心。俄罗斯绝不希望自己陷入乌克兰内战，也不希望掉进美国陷阱搞新冷战，哪怕有一丝一毫的办法，俄罗斯也不会出兵。俄罗斯出兵唯一的原因是，不出兵就要彻底失去乌克兰，这是俄罗斯所不能容忍的，到那时就不得不赌上身家性命了。

至于欧盟，现在比较无奈。一方面是美国的巨大压力，另一方面是对乌克兰局势的无能为力。同时，经济上的压力更大，德国的GDP增长都低于1%了，欧盟经济状况可想而知。欧盟国家对俄罗斯制裁，结果中国很快补上了俄罗斯的需求，而欧盟却是眼睁睁地看着经济吃亏而没办法。有一个幽默的说法，中国一方面向俄罗斯出售包括苹果在内的大量农产品，另一方面又以折价的方式去波兰等国收购苹果等农产品。评论说，中国真是活雷锋，既帮助俄罗斯解决了生计需求问题，又帮助波兰等国解决了过剩产品消费问题，自己还能赚一笔，真是一个多赢的好局面。

在这一博弈中，迄今为止中国显然是最大受益者。就是因为乌克兰局势恶化，俄罗斯越来越向中国靠近，谈了20年没谈成的天然气协议现在达成了，根据双方的备忘录，后面还有天然气的大合同。丝绸之路经济带战略中国没怎么费力就说服了俄罗斯，中俄双方一致同意大力发展这一战略，并和中亚国家一起共同推动。至于俄罗斯远东地区，过去俄罗斯一直对中国保持高度警惕，不愿意让中国轻易染指，如今也主动要与中国合作开发了。过去日本是中国的最大竞争对手，如今日本因和西方一起制裁俄罗斯而被排除在外。俄罗斯主动要求开发，对中国东北老工业基地来说是个福音，可以拓展东北老工业基地的发展纵深，对中国显然是非常有利的。

俄罗斯对欧盟对俄农产品出口的反制裁让欧盟受损不小，影响了西方国家对俄出口总价值约 91 亿美元，德国和荷兰是最大对俄出口国，损失最为严重。因此而受益的国家也不止中国。巴西对俄肉类出口商品的数量由 30 种迅速增加到 90 种，对俄牛肉、鸡肉和猪肉出口量将会迅速飙升。除了巴西，诸如智利、厄瓜多尔和阿根廷等南美国家的对俄食品出口预计都将增加。中国企业正在黑龙江中俄边境投资6 000万元人民币，开设 7 万平方米的特殊海关区，用于对俄直接出口水果和蔬菜。

从现在局势上看，乌克兰局势就是一个“耗”字。除非美欧直接介入乌克兰内战，否则俄罗斯直接出兵的可能性并不大，但支持力度会根据情况调整，“志愿军”规模会调整。如今，欧盟面对美国的压力和乌克兰的局势显得有些无能为力，对俄罗斯来说，局势改观可能要到冬天来临。到时候，乌克兰政府打得既没钱，又没气取暖，恐怕内部政局就会再次出现不稳。到时候，在美国无能为力的情况下，欧盟可借机敦促乌克兰政府重新回到谈判桌。

中国在乌克兰问题上显然是无条件支持俄罗斯的，这一方面是源于中俄战略和经济利益的捆绑，支持俄罗斯就是支持中国自己在国际上的战略利益；另一方面，中国在这里边也有利可图，就短期而言，包括芯片、食品这些领域就有至少以 10 亿美元为单位的好处，长期包括石油、天然气以及其他经济合作的好处就更多了。只要不形成新冷战，西方与俄罗斯的角力对中国来说是战略好处和实际利益双丰收；哪怕形成欧、俄的新冷战，中国仍有很大的渔利空间。

综合来看，乌克兰局势就是彼此干耗，看谁最终耗得过谁。在耗的过程中,可以预见,乌克兰将会自己把自己打烂。欧盟和俄罗斯在经济上受损失最大,但俄罗斯的部分损失可以由中国和其他国家给补上,欧盟的损失只能自己扛了,波兰的小苹果白宫不会买几颗。美国方面则是出了不少金钱支持乌克兰现政客(之前承诺提供50多亿美元投资金额),这些费用至今还未变成实际效益。从巴西等拉美国家对俄罗斯的支持力度看,在巴西召开的金砖国家峰会以及与南美国家共同体的对话发挥了作用,这说明以中国为首的金砖国家统战工作做得不错。而且,这次西方对俄罗斯的围殴以及俄罗斯的应对,也给中国提供了一次极好的"观战"机会,这次"观战"有利于中国做好如何应付西方的准备。

乌克兰的引信,燃向何方?

正如笔者之前分析的那样,乌克兰局势的引爆者是白宫,白宫的目标是引爆欧盟和俄罗斯的新冷战,并最终引发全球的东西方冷战。所以,乌克兰局势引发新冷战的风险从来都没有消除。因为乌克兰局势迄今并未真正实质性缓解,乌克兰政府的方向盘还握在白宫的手里,所以至今欧、俄难以实现立足于自身的真正对话。在这种情况下,乌克兰局势引发更大规模内战,并最终引爆欧、俄新冷战的可能性会持续存在。什么时候,美国基本退出了乌克兰,欧、俄、乌三方达成了联邦制的一致意见,局势才能彻底缓和。

我们知道,2014年8月23日,默克尔访问乌克兰首都基辅,当时她就说希望乌克兰接受联邦制,并表示不希望与俄罗斯为敌。而在此前,德国副总理就说过,乌克兰问题的解决只有一条路,即联邦制。联邦制正是普京在2014年5月份提出的,也是俄罗斯可以接受的底线。如果乌克兰局势重新回到欧、俄博弈的轨道上,那么最终双方达成妥协必然是联邦制。但是,白宫显然不希望这样,白宫需要的是乌克兰局势继续恶化,并最终引发欧、俄的冷战。

在默克尔访问基辅结束后,在白俄罗斯明斯克举行俄白哈关税同盟—欧盟—乌克兰三方会谈及俄罗斯与乌克兰元首双边会谈,这两次会谈本是双方一次很好的沟通机会,但显然条件谈不拢,谈判无疾而终,乌克兰局势恶化。恶化的原因有三个:

(1)乌克兰当局妄心未改,还想作最后挣扎。

从波罗申科和亚采纽克的表态上看,乌克兰当局并未立刻听取德国劝告,仍然试图通过国际压力来迫使俄罗斯让步,然后消灭乌克兰民间武装。这种想法显然是幼稚和不切实际的,乌克兰对俄罗斯的重要性不言而喻,俄罗斯不可能放弃乌克兰。而最近的乌克兰局势突然“恶化”,是乌克兰政府试图再作最后的挣扎。

(2)早先乌克兰政府“美化”对民间武装战绩露馅。

早先,乌克兰政府报喜不报忧,称已将顿涅茨克包围,马上将拿下顿涅茨克。事实上,当时的乌克兰政府军有数万多人已被包围在了乌克兰东部和南部的不同区域,只是那时候民间武装因为种种原因并未收网(看看乌克兰政府只能临时派 150 名警察支援前线即知,政府军已无兵可派)。当双方无法谈妥条件后,民间武装收网,政府军损失惨重,据报道仍有约 5 万人被分割包围。在这种情况下,乌克兰政府有些挂不住,所以不断声称俄罗斯军队入侵,试图将政府军被包围的责任推给俄罗斯。而俄罗斯方面,普京一方面已经开始将东乌称作国家,另一方面呼吁民间武装给政府军让路让他们逃生。最后,为了体现俄罗斯的威慑力,普京再次拿出了核大棒挥舞,声称不会有人愿意与核大国为敌。

(3)谈判前的彼此示威。

9 月,欧、俄、乌三方关于天然气的谈判就开始了,这时候的天然气谈判实际上就是乌克兰局势的谈判。因此,在谈判之前,彼此都想在气势上压服对方。这恐怕也是英国号称要组建 1 万远征军远征乌克兰的原因所在。事实上,笔者认为英国这么做的可能性几乎没有。连美国都不敢染指乌克兰的战争,英国进来岂不是送死?在俄国人眼皮底下,莫说来1万,就是来10万不也一样消灭吗?所以,英国不是脑子发烧坏掉了,就是虚张声势,显示存在而已。

因此,所谓的局势突然紧张是假象,正常情况下,乌克兰局势很快会缓和下来,为后面谈判做准备。因为默克尔访问基辅一定是有过深思熟虑的,而默克尔后来说要对俄罗斯进一步制裁,和英国派1万远征军应是异曲同工,都是谈判前的示威动作。

至于乌克兰局势,恐怕不是一两天能够解决的,大家妥协都需要一个过程。日子还得过,生意还得做。乌克兰该支付给俄罗斯的天然气钱欧盟得替付了再说,接着就是先稳住供气,然后拉锯谈地缘政治。普京肯定要求联邦制,乌克兰政府肯定不同意,欧盟就当和事佬拉个偏架什么的。但终归大家还得妥协,只是妥协的过程可能较长,妥协过程中估计会打打停停。

搞笑的是,德、法竟然支持波兰总理担任欧盟委员会主席(欧盟总统)。在笔者看来,这就是将乌克兰局势扔给波兰,让波兰和俄罗斯这对老冤家碰碰,如此欧盟诸如德、法这样的大国可以再往后靠一点,以便可进可退地斡旋。

另外,还有一个很有趣的现象,俄罗斯外长对马航MH17被击落事件几乎每天一个追问。更蹊跷的是,早就应该被破译了的黑匣子,以及早就该公布的调度与机组人员的通话,至今不予以公布。甚至那些之前指责俄罗斯是凶手的国家都销声匿迹了,白宫压根不再提了,甚至连受害国荷兰都不吱一声。想想MH17机上的亡灵,最终给他们伸张正义的竟然是俄罗斯外长,这真是莫大的讽刺。

乌克兰局势就现阶段来说,不久就会缓和下来,但博弈不会停止,谈判将长期处于拉锯状态。甚至,可能谈判尚未结束,乌克兰现政府就不存在了。一切奇葩事件,发生在乌克兰都不奇怪。

折翼的天使:坠毁在乌克兰的马航 MH17 航班

2014 年 7 月 17 日 23:00,马来西亚航空公司 MH17 航班在乌克兰靠近俄罗斯边界坠毁。机上载有 283 名乘客与 15 名机组人员共 298 人全部遇难。根据曝光的新闻,以及大国博弈和各国内外利害关系的相关逻辑,笔者得出如下结论:

(1)飞机百分百确认是被击落的,此分析结论后来被证实。

(2)俄罗斯击落飞机的可能性为零。虽然美国总统、副总统百般污蔑和抹黑,试图证明俄罗斯是击落凶手,但一则事件发生在乌克兰,二则根本没有相关证据,空口无凭。后来,美国白宫的这两位激动的总统被他们的幕僚——CIA 的官员——分别打了脸。

(3)乌克兰民间武装击落的可能性不超过 10%。这一分析的依据有两个:一是其没有主观作案动因,这么干对自己极为不利,这种时候任谁也不会自捅一刀,这不符合民间武装的利益;二是乌克兰民间武装没那个能力,操作能够击落万米高空客机的导弹山毛榉,至少需要十多个训练有素的军人,民间武装不具备这样的素质,如果是俄罗斯军人帮助,就不可能识别不出苏产安-26 和波音 777 客机的区别。所以,既无主观动因,客观又没有能力,肇事者的可能性微乎其微。事发后笔者立刻给出一个可能性不超过 10%的分析评论,原因就是,基于没有绝对证据来证明民间武装没干这事,所以虽然分析证明民间武装几乎不可能作案,也不能绝对排除可能性,所以就给了一个不超过 10%的可能性。

(4)乌克兰政府军击落的可能性超过 90%,主要是有国际和国内的动机。国际主要是乌克兰政府听命于美国,而激起欧俄争斗是美国的战略企图;国内则是乌克兰政府试图借美欧力量制服俄罗斯,从而击败民间武装,同时达到在美欧提高自己战略地位的目的。

对于一个为推翻亚努科维奇政权,能雇用境外狙击手向示威者和警察一起下手狙杀的政客来说,的确什么事情都可能干得出来。当然,一方面信息量不够,另一方面也没有绝对的证据来证明,故虽大多数逻辑和证据都指向乌克兰政府军,但笔者仍设定了一个 90%的可能性。后来越来越多的证据表明,凶手最有可能是乌克兰政府军,而俄罗斯公布的有力证据也证明了这一点(相比俄罗斯率先公布的证据,美国最后被迫拿出了一个模糊不清的卫星图证据,但什么也证明不了。俄罗斯的雷达和卫星数据都直接提交给了欧盟,这种数据不可能短时间内造假)。

山毛榉地空导弹(图片来源:人民网)

俄罗斯最初说是山毛榉击落了客机,并提供了非常清晰的卫星和雷达数据证明了乌克兰在当地几个地方部署了山毛榉导弹,且被俄罗斯的雷达和卫星侦测到其曾打开雷达进入战备状态。另外,俄罗斯在发布会上还埋了个伏笔,即当时距客机几公里外有一架 SU-25 战机一直跟随。

在公布的相应证据中,俄罗斯还公布了 MH17 偏离航线的证据。俄罗斯的证据被乌克兰否认,但事后证明,飞机向北偏离航线达100多公里。而这个偏离航线,据后来报道是飞机在波兰中部时就应乌克兰空管要求向北调整的。另外,飞机被要求调整的还有下降高度600余米。更为离奇的是,本来不是什么秘密的乌克兰空管中心与马航MH17的通话数据早该公布,但乌克兰方面在第一时间取走空管与机组的通话数据后一直未公布,并对外界质疑保持沉默不回应。

如果从波兰中部被要求偏离航线属实,那乌克兰空管为什么在波兰中部就要求机组更改航线呢?个人认为,唯一目的就是为了避免黑匣子记录空管与机组的相关通话。因为黑匣子只能记录飞机半个小时内的数据,超过半个小时的数据将被自动抹去。从波兰中部到乌克兰东部,行程一定超过半个小时。如此一来,就意味着飞机在坠毁那一刻已经抹去了之前空管与机组成员的通话。这也就可以解释,为什么乌克兰当局第一时间取走空管与机组的通话数据,却至今不予公布。更直白点说,就是只根据黑匣子的通话,并不能证明乌克兰空管曾在波兰中部与机组有过直接交流或通过波兰空管有过交流。笔者不懂客机的这些业务流程,但按照常理,飞机在波兰上空时,乌克兰方面要与机组交流应通过波兰空管。但是,波兰是亲美的,这个时候波兰方面不可能拿出不利于美国的情报。这一点和当时马航MH370事件中各国都不拿出相关雷达数据是一个道理,谁也得罪不起美国。如此一来,调查组即使拿到了黑匣子,也不能完全证明是乌克兰空管要求MH17偏离航线的,当然也就可达到瞒天过海的目的。

消息来自马来西亚最权威媒体《新海峡时报》(*New Straits Times*)。报道说,根据专家最新资料,在乌克兰东部上空坠毁的马来西亚航空公司波音(Boeing)飞机可能被SU-25战斗机的导弹和加农炮击毁。专家们认为,战斗机向客机发射了空对空导弹,随后用30毫米口径加农炮"击碎"了它。他们认为,可以用这一点解释飞机被损以及碎片四散的特点:既有炮击通常造成的圆形孔,也具有箭形杀伤元件导弹攻击造成的不连续的洞。

消息人士向该报表示:"某些(来自坠毁地点的照片上)爆炸碎片符合带

有远程引信武器留下的那些特征,另一些碎片上有加农炮开火留下的更加准确和成堆的特征。我们正在分析这一点。”根据这个新的说法,曾使用带有三公斤弹头的自动导向热导引头的导弹,它落到飞机最热的地方——发动机。这个说法排除了上一个说法,即飞机被“山毛榉”装置击毁,因为专家认为,如果那样的话,飞机就会几乎片甲不留,也就不需要再用炮“补充”打击一次。

我们知道,通常认为 SU-25 实用升限是7 700米,而 MH17 是在10 600米上空飞行,正常情况下是不能击落的。针对这一点,俄罗斯副总参谋长曾特别指出过,虽然 SU-25 实用升限是7 700米,但其极限升限是在10 000米左右。只是相比在7 700米的稳定,10 000米会影响 SU-25 的性能。《新海峡时报》援引该报消息人士说:“SU-25 被迫在自己能力上限行动,但这完全可能。”俄罗斯武装力量总参谋部行动指挥总局局长安德烈·卡尔塔波洛夫中将此前曾表示,空难发生前在距离波音飞机 3～5 公里处发现了乌克兰军用飞机,据推测,这是 SU-25 攻击机。他指出,这架 SU-25 能击毁5 公里距离的空中目标。媒体此前还报道,在乌克兰上空坠毁的马来西亚航班 MH17 未公布的黑匣子资料与飞机被爆炸导弹的多个碎片损坏的消息不矛盾。

这则消息很重磅,重磅的原因在于它来自马来西亚的权威媒体。马来西亚是当事国,是调查的主要参与者,所以这个援引的专家和消息人士基本可以肯定是参与调查者,或者是马来西亚政府的高官。此时马来西亚方面放出这样的消息,更多的层面就是向外表述官方不能表述的真相,就像当时马来西亚前总理马哈蒂尔通过自己博客向外阐述马航 MH370 的真相一样。如果最终确认客机是被 SU-25 击落,那么就更不可能是乌克兰民间武装所为,因为民间武装根本就没有空军,更没有 SU-25 战机。马来西亚方面发布这样的消息,实际上已明确用暗语指出了凶手是谁。

或许,MH17 就像 MH370 一样永远都无法有确切真相,但同样像 MH370 一样,越来越多的证据给了我们一个“大约”的“真相”,让我们“大约”知道了谁是“真正的”凶手。

下个大国较量风暴眼在哪儿?

乌克兰局势扑朔迷离——乌克兰总统波罗申科说俄罗斯侵略,军队开进了乌克兰;默克尔和欧盟委员会主席都说考虑加大对俄罗斯的经济制裁;英国说准备搞一个万人联合远征军,要远征乌克兰和俄罗斯打仗……大战好像一触即发。

但是,笔者多次强调,乌克兰局势实际上缓和了,各方只是虚张声势。随即 2014 年 9 月 3 日,乌克兰总统府宣布,波罗申科和俄罗斯总统普京通了电话,双方达成很多共识,决定“永久”停火。过了半天,可能觉得“永久”这个词用得太过了,后来又改成了“长期”。

令人感到幽默的是,普京和波罗申科此前一周在明斯克曾经见面谈过,双方完全无法达成共识,好像双方就此决裂又要大干一场一样。可是,仅仅过去几天,9 月 3 日乌克兰总统府就发表声明称:“波罗申科今日与普京通话,双方就在乌克兰东部顿巴斯地区实现‘长期停火’达成协议。”稍早,俄总统发言人佩斯科夫也证实,普京与波罗申科就如何解决乌克兰危机达成了广泛共识。

那么,又如何解释几天前明斯克会议的毫无共识呢?政客的解释很有意思:前几天谈的都是分歧话题,刚刚通话谈到的都是共识话题。哦!真是“英明神武”的政治家啊,洗地都不用拖把,屁股一蹭就 OK 了。

对于乌克兰的局势,其实自其爆发迄今笔者分析的文章有一二十篇,局势演变基本没超出分析预估。笔者在七八月份乌克兰内战打得正欢的时候就说过,等接近或者到了冬天,大家还得坐下来谈,而且只有谈才能解决问题。事实上,以乌克兰当前的经济实力,仗根本打不久。因为没人愿意为这种基本不可能胜利的战争埋单,无论是美国还是欧盟都只会咋呼而不会有实际行动。而笔者之所以提前研判乌克兰局势很快就将缓和下来，主要原因有四方面：

(1)解决乌克兰危机只有谈判，达成的共识点只能是联邦制。

这个结论笔者在四五月份就已经作出了，作出的根据是俄罗斯丢不起乌克兰，面对乌克兰的局势，普京会奋死一搏。而乌克兰政府背后的主子，无论是美国还是欧盟，没有一个愿意直接和俄罗斯对抗。一个要奋死一搏，另外两个没一个愿意为此出血，乌克兰问题能怎么解决？要想解决只有谈判，否则就是将乌克兰打碎、撕烂，没有别的可能性。俄罗斯能退的极限就是联邦制，所以也就只能通过谈判以联邦制来解决。

(2)欧盟和乌克兰都需要俄罗斯的天然气。

俄罗斯之所以没有使用"天然气"武器，除了这对俄罗斯的经济有重大损害外，最根本的原因还是因为当时是夏季。夏天，断气了不过是换其他能源烧水吃饭，不影响生活。但是，如果是冬天，欧盟、乌克兰等国到冬天温度都是零下二三十度，如果俄罗斯真的断气，欧盟突然减少 30%的供气，人们哪里受得了？居民不得找政府算账？西方领导人提高一个点的支持率多难，这一下不知道得掉下去多少个点。欧盟是无法忍受这一点的。乌克兰政府别看牛皮吹得挺大，号称要制裁俄罗斯对欧输送的天然气，不准俄气过境乌克兰。但如果真的俄罗斯停气，乌克兰政府很快就得倒台，日子根本没法过。而现在秋天了，冬天不远了，都得为过冬打算了……

(3)乌克兰政府军东部军事行动失败。

从出兵那一刻起，笔者就作过判断，乌克兰政府军必败。为什么当时就敢作出这样的判断？原因是乌克兰对抗的不是东部民间武装，而是俄罗斯。乌克兰对俄罗斯，输赢岂不是一目了然的？

俄罗斯是在拼命，美欧谁会为乌克兰拼命？在东欧，谁都知道俄罗斯派了大量志愿军和特工，西方也派了雇佣军和军事顾问。但是，西方愿意出的力和俄罗斯愿意出的力不可同日而语。俄罗斯对乌克兰东部每时每刻都进行着空中、地面、太空立体式的侦察，政府军往哪动一动俄罗斯都很清楚，随时传递给前方民间武装。乌克兰并非北约成员国，谁能给它提供那么及时的情报？何况，乌克兰部署的俄式武器和北约的装备也完全对接不上。再加上，乌克兰政府的总统是个现实的生意人，总理是一个街头“民逗”，这样的人又怎可能让军人信服？

一场缺乏民意支持的内战，一个财力不够的政府，战争不败才是奇迹。而波罗申科在最后几天指责俄罗斯军队入侵，不过是给自己败退找个借口，挽回点面子；否则，输给民间武装的政府，还有什么权威继续执政？

(4)默克尔 8 月 23 日访问基辅已经确认了态度缓和。

在默克尔访问基辅前，德国副总理说，解决乌克兰问题唯一的途径就是联邦制。这正是俄罗斯总统普京 5 月份提出来的，也是俄罗斯可以接受的条件。德国是欧盟的主心骨，德国认可了，别人还能说什么？何况，法国本来就不认可在乌克兰问题上和俄罗斯交恶，法国连军舰的合同都不愿意撕毁。所以，我们看到，俄罗斯这次反制裁也是目标对得很集中，就是针对德国、波兰等国，结果德国损失巨大。

与此同时，德国二季度经济增长只有 0.8%，如继续和俄罗斯交恶，德国损失会更大，到冬天就更加麻烦。所以，在明斯克会议前，默克尔访问了乌克兰首都基辅。访问期间，默克尔明确提出不愿意与俄罗斯为敌，甚至乌克兰再次加入俄白联盟，欧盟都不会反对。这话简直是在告诉乌克兰政府，再不听话以后死活不管了。同时，IMF 又声称要紧急拨款 14 亿美元给乌克兰。软硬兼施，让乌克兰政府就范。

在上述情况下，乌克兰局势怎么可能不缓解？所谓的乌克兰局势恶化怎么可能不是表象？所以，笔者将之前所谓局势“恶化”称为谈判前的彼此示威。至于英国号称要派 1 万远征军，那不过是虚张声势和展现自己的存在。因为英国对乌克兰局势根本就没太大影响力，何况当时欧盟本身也不是由英国主导的。

乌克兰的局势暂时缓解了，但美俄的对抗并未结束。美国领着北约在东欧搞了一个1 000多人的演习，普京以一个7 000人的远程核弹演习作为回应。

这种针锋相对，完全没有停息的迹象。而大国博弈的风暴眼从乌克兰这里挪开，又会转向哪里呢？

笔者认为，风暴眼将重新回到叙利亚。原因如下：

(1)巴以冲突结束，美国在中东进一步行动不再受到掣肘。

巴以冲突给美国带来了很大的国际压力，美国那个时候是不敢过于在中东行动的，特别是在叙利亚行动，容易使中东局势不可控，从而让美国在战略上陷入被动。如今，巴以冲突结束了，这个时候再在中东发力，美国就可以使得上劲，同时顾虑也少一些。

(2)伊拉克乱局暂时缓解，ISIS转战叙利亚。

美国通过空袭使得伊拉克危局有所缓解(实际上是伊朗对伊拉克什叶派政府的支持将ISIS打得向北跑了)，同时使得ISIS开始将更多力量转向了叙利亚。ISIS转向叙利亚，是美国所希望的结果之一。因为ISIS转向叙利亚，可以给叙利亚政府制造压力，会搅乱平息下来的叙利亚政局。如此，美国在推翻巴沙尔政权的目标上就有机可乘。

(3)美国可能借打击ISIS之名侵略叙利亚。

连续两个美国记者被ISIS恐怖分子割掉脑袋，美国此时可以非常正义地打击ISIS，这是联合国安理会通过的。而且，美国完全可能顺带空袭巴沙尔政府军，借机入侵叙利亚，从而试图推翻叙利亚政权，一举多得。2013年9月，在叙利亚内战打得如火如荼、反对派濒临崩溃之时，奥巴马就曾决定打击叙利亚，结果被普京硬生生给拦了回来。这次，美国的机会终于来了。

(4)乌克兰局势仍牵制俄罗斯。

虽说乌克兰局势缓解了，但仍然牵制着俄罗斯的精力。如果待乌克兰问题尘埃落定，美国再想动叙利亚就难了。这个时候，在俄罗斯可能还顾及不到叙利亚的时候，在伊拉克刚刚换了总理、伊朗对叙利亚的影响力还没恢复的时候，美国出击叙利亚的可能性在增加。

美、俄“打劫”乌克兰背后的赢家与输家

随着乌克兰局势的缓解，美、俄这一轮在乌克兰的对抗博弈中，中国是赢家之一，已成国际舆论共识。就中国而言，欧俄关系只要不发展成新冷战，中国必然是最大赢家；欧俄即便发展成新冷战，中国依然有腾挪空间。只有当欧俄新冷战发展成全球新冷战时，才会对中国构成大的伤害。所以，中国需要尽量避免欧俄走向新冷战，这也应该是欧俄试图避免的。

这一轮博弈，最大输家毫无疑问是乌克兰，其次就是俄罗斯和欧盟。原因也很简单，乌克兰被折腾得千疮百孔，东部乌克兰已被打烂，经济停滞，民生凋敝，显然是最大输家；至于欧俄，彼此制裁、互不信任，伤及经济和双方关系。

那么，美国是赢家还是输家？

美国显然也是赢家，只是这种赢现在还是浮盈，没有兑现。美国通过颠覆乌克兰亚努科维奇政权，计划乌克兰局势，得到了如下几个方面利益：

(1)北约这个由美国领导的军事组织正在复活，美国有了通过北约军事框架重新统领欧洲的机会。

(2)通过乌克兰局势给欧洲制造了一个强大的对手——俄罗斯，只要欧俄敌对，美国就能从中渔利，欧盟就不得不听美国的话。

(3)美国在经济上打击欧盟和俄罗斯，就能促使这些地区的资本向美国回流，经济上也划算。所以，美国也是赢家，只是大部分还是浮盈，什么时候欧俄新冷战开始了，美国就能获得巨额回报。

事实上，虽然乌克兰局势缓解了，但美国针对俄罗斯的行动并未结束。如今，美国正在试图用三根绞索绞杀俄罗斯。这三根绞索分别是：

(1)军事绞索。

2014 年 9 月 4 日,北约峰会在英国威尔士纽波特市召开。根据会议议程,内容主要包括阿富汗问题、乌克兰危机及全球伙伴关系三大议题,主要是为了加强北约军力建设,而峰会的矛头则直指俄罗斯。

2014 年的北约峰会规模非常大,除了包括美国总统在内的 28 个成员国政府首脑外,还邀请了 27 个伙伴国的领导人及欧盟和国际组织代表,出席会议的政要数量超过 60 人。这次峰会没有邀请俄罗斯,北约称如此“不合时宜”。

笔者在早前就分析过,美国激化乌克兰局势的目的是恶化欧俄关系,通过给欧盟国家制造俄罗斯这个“敌人”,从而制造出欧盟国家对美国军事保护的需求,由此来促使欧盟国家重新回到由美国主导的北约军事安全框架之下。一旦实现这个目标,美国即可重新主导欧盟,从而继续推动欧俄冷战,并最终制造全球新冷战。

如今,通过乌克兰局势的恶化,欧盟特别是东欧的一些国家,已经强烈要求美国重新在北约框架下共同对付俄罗斯,这正是美国所需要的效果。在这种背景下,才有了如此大规模的北约峰会。北约其实自 2008 年格鲁吉亚战争开始已经处于半瘫痪状态,在那次战争中,美国和欧盟态度迥异。如今,正是美国制造出了俄罗斯这个“敌人”,才使得欧盟不少国家又有了让美国“保护”的需求,所以从某种程度上说,美国的阶段性目标实现了,即进一步加强北约的作用。

如果北约的军事协作能力再次被有力加强,这无疑是美国试图套在俄罗斯头上的一根绞索,想要绞杀俄罗斯。

在这方面,欧盟和美国分歧严重。这一点可以从乌克兰总统和总理身上体现得淋漓尽致。当时乌克兰总理亚采纽克多次强调要加入北约,这是美国所希望的;但是,欧盟并不希望,所以我们看到波罗申科和普京突然“共识”很多,这种共识就是来源于欧盟,应和默克尔访问基辅有关。

(2)经济绞索。

虽然乌克兰局势缓和,欧盟试着和俄罗斯共同解决乌克兰问题,但是,美国仍然在试图通过迫使欧盟对俄罗斯进行金融、经济的制裁,来不断收紧套在俄罗斯脖子上的绳子。譬如,最近原油价格频频下跌,目的就是打击俄罗斯经济。类似手段,未来应该还会不断使出,特别是在促使欧盟继续在经济、金融等领域制裁俄罗斯方面会进一步作出努力。

(3)地缘绞索。

ISIS已经杀了两个美国记者,美国已向伊拉克增派了850个地面部队人员,并且已经开始针对叙利亚进行侦察。美国在北部打击ISIS,除了是要保护库尔德人并替库尔德人扩张地盘外,还有就是要将ISIS赶到叙利亚境内。ISIS一旦到了叙利亚,就能给叙利亚政府制造大麻烦(已经夺了叙利亚政府3个机场,获得了1个中队的战斗机),同时美国还能借空袭ISIS之机,搂草打兔子地打击巴沙尔政权。

如今,美国用乌克兰问题困住俄罗斯,通过加强北约来压制俄罗斯,之后很可能就是在叙利亚问题上寻求突破。在这个问题上,如果俄罗斯继续像2013年时那样阻止美国对叙利亚动武,相当于俄罗斯帮助ISIS,这在道义上过不去,更何况安理会已经通过了美国空袭ISIS的议案;美国的计划就是继续推动美国在中东推翻叙利亚和伊朗反美政权的目标,以达到进一步控制中东。

如果美国这一目标实现,那么这就是美国的第三根地缘绞索。因为一旦俄罗斯失去叙利亚,相当于失去了介入中东的支点,这对俄罗斯的战略损害非常大。

事实上,美国针对俄罗斯所做的一切,最终的目标是针对中国。可能会有人问,为什么不直接针对中国呢?原因很简单,如果美国直接和中国进行硬对抗,除经济遭受重大损失不说,政治、军事上的压力将会非常大,对美国消耗的成本过大。一旦如此,鉴于美国控制着全球,掌控着全球大量利益,到时候美国无法拿下中国,必然会遭到欧、俄在背后的讹诈,抢夺美国的战略利益。这样,就变成了中、欧、俄一起瓜分美国的战略利益。所以,美国不敢轻易动中国。

动俄罗斯，同时激起欧俄敌对，那么美国就能通过给欧盟制造俄罗斯这个“敌人”，从而通过北约进一步控制欧盟及西方国家。一旦欧俄进一步敌对，鉴于中国对俄罗斯的支持，美国必然继续挑动中日矛盾和南海矛盾，接着美国就能在西方和俄罗斯冷战的基础上，进一步恶化中国与欧盟的关系。甚至，在军事上，美国还可以通过组建美日韩三国联盟，将美日韩三国联盟这个东方小北约注入当前北约当中，形成更大的全球军事组织。再进一步，通过对中国的围堵，逐步激起全球新冷战，并最终通过遏制中国来进一步确立自己的地位。

可以预见，如果俄罗斯倒下或俄罗斯被迫屈服于西方，中国必然会成为下一个核心目标。因此，中国要做的是继续与俄罗斯加强合作，在美俄对抗时，客观上找到与俄罗斯经济合作的增长点。丝绸之路经济带战略、俄罗斯远东开发以及能源与军事合作，都是对俄罗斯的支撑。另外，还有上合组织开发银行应加快建立步伐。

当然，中国必须自己主导自己，不应寄希望于俄罗斯在前面给中国做挡箭牌，中国要主动做好准备，并随时准备出击。中国要进一步加强对南海的控制，控制南海的能源及航道，一旦有人胆敢与中国为敌，到时候中国要有能力绝对掌控这一航道的贸易。因为掌握了这一航道，就是掌握了东亚向西方输送商品的航路，这就是卡死西方脖子的一招，就像美国卡死中国能源脖子一样有效。当然，这也正是中国对美国卡死中国能源通道的反制手段。

中国还是要和欧盟搞好关系，因为中欧不但有非常多的共同利益，而且在战略上欧盟并不想搞新冷战，中国要抓住这一点，尽量择机对冲美国对欧盟的影响力，特别是在推动北约进一步加强军事合作方面，中国要尽量促其淡化。当然，中欧更应该加强的是经济合作，因为这是彼此最实际、最现实的利益。

在中东，中国和俄罗斯要继续配合，坚决遏制住美国试图在叙利亚方向投机。一旦美国在叙利亚问题上投机，中国应强力支持俄罗斯，由俄罗斯对美国的动作强硬下手。同时,中国应进一步加强与伊朗的合作,以及和中东其他国家保持更加密切的沟通。

在内部,中国应加强经济结构转型,加强区域经济的纵深发展。譬如,要向中西部加快发展和转移,要继续向西开放、向西发展,绝不能只顾东部或在东部盲目投资。例如,为建烟大隧道投资3 000亿元,而以相同的投资建高铁可以建设3 000多公里,再加上当前的国际形势,这不是一笔很合时宜的投资。

总之,中国要将自己的命运掌握在自己手里,决不能掉以轻心,决不可认为美国对付的是俄罗斯就可以放马南山。恰恰相反,中国要枕戈待旦,随时准备应付对手的挑战,因为美国对付了俄罗斯之后的目标就是中国。

欧盟为何对俄突下“杀手”?

2014 年 9 月 10 日,欧盟突下重手要对俄罗斯进行新一轮制裁,这与欧俄在乌克兰问题上关系缓和形成强烈对比,也与北约峰会成果低于预期的现实情况明显不符,这到底是为什么呢?

我们先来看看这些凌乱且矛盾的信息:(1)乌克兰的局势如期缓和,欧、俄、乌也准备在 9 月开始天然气谈判。(2)有史以来最大的北约峰会在英国召开后,会前媒体一致认为这次峰会对准俄罗斯,开启新冷战。但是,会议结束,各方并未达成如峰会召开前宣传的那些针对俄罗斯的成果,只是建立了一个主要为安慰东欧国家的快反部队,并未在围堵俄罗斯这个议题上达成广泛一致意见。(3)欧盟委员会突然通过决议要进一步制裁俄罗斯。最新通过的制裁触及 3 家俄罗斯大型石油公司、3 家国防工业企业和 9 家生产军民两用产品的公司等,新制裁首次禁止名单上的公司在欧盟融资和贷款。新制裁还禁止与俄罗斯能源公司签署新的涉及深水、北极或页岩气项目的油气勘探和生产服务合同。新制裁还涉及 20 名俄罗斯官员和乌克兰东部的官员，他们被禁止入境欧盟，其资产也将被冻结。不过，欧洲理事会主席范龙佩 7 日表示，如果乌东部停火协议得到实施，新一轮制裁将可收回。

前两条消息都意味着欧俄关系将缓和，但第三条消息却表明欧俄关系有恶化，这到底是为什么呢?

总而言之，乌克兰局势如笔者之前分析的那样缓解了。但是，乌克兰局势缓解了，欧盟为什么又要追加对俄罗斯的制裁呢？既然欧盟如此强硬，又为什么在北约峰会上没有和美国达成一致围堵俄罗斯的意见呢？这里的内在逻辑到底是什么呢?

我们先看为什么北约峰会没有达到预期目的。

我们知道，北约自 2008 年格鲁吉亚战争后就基本上处于半瘫痪状态，原因是美欧在对待俄罗斯的态度上和对俄利益上的分歧开始非常明显。美俄在很多国际问题上完全无法达成一致，战略冲突非常明显；相比美俄，欧俄却开启了“欧俄新关系”的大门，这明显有甩开美国和俄罗斯发展新关系的意思。若这种局面持续下去，未来北约有解体的趋势和风险。北约一旦解体，对美国控制欧亚大陆将是灾难性打击，这是美国战略上所不能承受的。所以，重新激活北约对美国具有战略意义。为实现这一目标，美国不惜花重金搞乱乌克兰(超过 50 亿美元)，通过激化乌克兰局势来激化欧俄矛盾，恶化欧俄关系。

如今，通过乌克兰局势恶化并最终触发乌克兰内战，美国终于实现了重启北约的阶段性目标。虽然现阶段的“成果”距欧俄新冷战还有较远距离，但至少战略上迈出了有利于美国的一步，而且这也避免了北约进一步瘫痪甚至趋向瓦解的格局。

之所以北约没有达成遏制俄罗斯的一致意见，原因有两个：

一是北约 8 年的半瘫痪状态，不可能一下子就激活，重启需要更多条件和时间。当前形势还没紧迫到让欧盟愿意出血激活北约，并进行自我束缚的地步。

二是欧盟和俄罗斯都没有走向对抗进行欧俄新冷战的主观意愿。虽然欧盟在美国的策划和裹挟下重启了北约,但想让欧盟认可新冷战在现阶段并不现实。在这种背景下,北约自然难以达成针对俄罗斯的广泛协议,欧盟并不想制造一个俄罗斯这样的敌人。这一点与乌克兰局势缓和的逻辑是部分相通的。

那么,欧盟为什么自己又突然对俄罗斯下“杀手”追加制裁呢?主要原因有三个:

(1)政治投机作祟。

在停火协议达成后,乌克兰政府军和民间武装大部分都处于停火状态,但是有两个亲政府的武装组织并非受政府指挥,而是独立的民间武装,只是亲政府而已。它们分别是“亚速营”和“右区”。这两个所谓民间武装都有西方背景,特别是“亚速营”的纳粹倾向非常严重,它的袭击目标经常针对平民。所以,虽然双方整体处于停火状态,但偶尔还是有小规模的互相袭击事件发生。对此,乌克兰政府和民间武装彼此都对对方进行了指责。

欧盟在这个时候之所以进行制裁,目的还是让俄罗斯停止对民间武装的支持。这一点从范龙佩所说的“如果乌东部停火协议得到实施,新一轮制裁将可收回”可以看出。从欧盟的意思里我们可以看出,欧盟还是有迫使俄罗斯放弃对东部民间武装的支持,然后促成政府军对民间武装进行毁灭性的打击的企图。不过,俄罗斯毫不示弱,梅德韦杰夫明确表示,如果欧盟确定制裁,俄罗斯将展开反击,反击手段包括对欧民航关闭领空。在听到俄罗斯的警告后,这一制裁议案马上又暂停了。之所以暂停,原因是鉴于俄罗斯的领空太大,一旦针对欧洲航空公司制裁,这将是一个吃不消的制裁,会给欧洲航空业带来毁灭性的打击。从这一点上可以看出,欧盟对俄罗斯的经济施压还是投机心理作祟。

(2)欧盟试图通过经济进一步遏制俄罗斯,削弱俄罗斯在乌克兰和中东的影响力。

这种削弱包括两个方向:一个是乌克兰方向,另一个是叙利亚方向。乌克兰方向很好理解,叙利亚方向则需要解析。

美国一直想拿下叙利亚,在这方面欧盟对美国处于半配合状态。俄罗斯在叙利亚问题上非常强硬,甚至在 2013 年强力阻止了美国动武。如今,美国很可能正在借打击 ISIS 的由头,准备打击叙利亚政府军。如果能够切割俄罗斯对叙利亚政府的支持,美国就可以对巴沙尔政权痛下杀手,推翻叙利亚政权,换上亲西方政权。干掉反西方的巴沙尔政权,就欧盟来说,它们会认为有利于欧盟进行地中海经济圈的整合(虽然是一厢情愿)。所以,欧盟还是想进一步在经济上遏制俄罗斯,从而降低俄罗斯在中东的影响力。

(3)在东欧方向争取主动。

北约一旦重启,东欧国家必然倾向于美国。对于欧盟来说,进行内部整合离不开已经加入欧盟的一些东欧国家的配合。美国重启北约,欧盟的东欧国家很高兴,它们觉得自己有了美国保护更安全了。如此时欧盟不体现出一点对俄罗斯的强硬,主导欧盟的西欧国家在与美国竞争东欧国家的时候将会落于下风,这对欧盟的内部团结是不利的,对西欧国家进一步加强欧盟一体化进程也是不利的。所以,欧盟在这个时候作出一种强硬姿态,既是对东欧国家的安慰,也是强化欧盟内部团结的一个措施,当然还能顺水人情地回应美国。

总体而言,如果欧盟的制裁最终得以实施,对俄罗斯经济会继续产生较大压力。在这种情况下,俄罗斯对欧盟必然展开反击,俄罗斯的反击对欧盟国家的打击也不会小。一旦格局确立,欧俄之间就成了零和游戏,也必然是鹬蚌相争的结局。控制不好,影响了欧、俄、乌的天然气谈判,已得到缓解的乌克兰局势可能会短期内再度激化,甚至到了冬天俄罗斯真的被迫拿起“断气”武器。不过,从现在情况看,欧俄相对还都是冷静的。因此,最终双方还是会走向谈判桌。

普京的愤怒

普京怒了！G20 会议没开完，2014 年 11 月 16 日，普京连中午饭都不吃就乘专机返回了俄罗斯。理由虽然是要赶回去开会，明眼人都知道普京是不高兴了，是对西方在 G20 峰会上的排挤受够了！

参加澳大利亚的 G20 峰会可不像参加 APEC 北京峰会那么愉快，普京下飞机，澳大利亚就给一个较低的接待规格，用一个国防部副部长迎接。与此同时，迎接中国国家主席和德国总理的都是总检察长。

2014 年 G20 峰会会标

（由澳大利亚原住民族文化创意机构 Gilimbaa 及其艺术家 Riki Salam 设计）

在澳大利亚 G20 峰会期间，英国首相卡梅伦、加拿大总理哈珀、德国总理默克尔、美国总统奥巴马等都没给普京好脸色看。其间进行领导人合影时，主办方排位更是将大国总统普京排在最边上的位置（就在前几天的北京，普京拍照排位是紧挨东道主中国国家主席习近平的），甚至比南非总统祖马还靠边。

这些其实都是小事，最让普京难以忍受的是，G20 峰会本来是谈经济问题的，结果前面峰会领导人扯完闲篇说空话，说完空话抱考拉，反正没啥正事。最后一个下午，却把经济论坛的 G20 峰会开成了针对俄罗斯的批斗会。一共两天会议，最后半天最重要的会议是就乌克兰问题进行一个下午的专门讨论，讨论内容是如何搞定俄罗斯。俨然，这次 G20 峰会成了一次围攻俄罗斯和普京的专题会议。普京是个聪明人，怎么可能受这个气，干脆早早坐专机回去了，让剩下的那帮政客爱干什么干什么吧。

事实上，普京早已知道会议议题，所以在普京参加 G20 峰会前，就让俄战略空军的远程轰炸机编队直接飞抵墨西哥湾巡航，让俄海军的舰队在峰会期间驶向澳大利亚近海。面对西方准备对普京的“抱摔”和“群殴”，普京亮出的是自己的“肌肉”。对普京来说，这次 G20 峰会最重要的恐怕就是金砖国家的“聚会”，普京的收获是金砖国家领导人会谈后达成的合作及在重大国际问题上的高度共识。

普京在参加 G20 峰会前不但军事上向西方亮肌肉，政治上也向西方提出警告。2014 年 11 月 14 日，俄罗斯当局下令驱逐了波兰多名外交官。之后不久，俄罗斯又驱逐了一名德国外交官。与此同时，欧盟继续就乌克兰问题向俄罗斯施压，成员国外长 17 日举行会议，决定是否对俄实施新一轮制裁。

不过，新任欧盟外交事务专员莫盖里尼表示，必须保持与俄对话大门敞开。各国外长表示，新一轮制裁极可能只是扩大制裁名单。俄罗斯总统普京在俄当局驱逐一名德国外交官和多名波兰外交官后，接受一家德国电视台采访时指出，西方国家正在挑战俄罗斯的底线，意欲促使俄罗斯与西方国家进入新一轮的冷战。另外，乌克兰总统波罗申科也称正在准备对俄罗斯的战争。

种种迹象表明，之前俄、欧、乌三方达成的妥协就是一场大家缓和争取时间的游戏。因为在乌克兰，内战从未真正停息，只是乌克兰政府军大部队撤退了而已，小规模的交战一直在进行。最新的消息是，一批俄罗斯军事物资也进入了东乌克兰。而欧盟在和俄罗斯达成天然气妥协后展开进一步制裁，在未来冬天最冷的一段时间，俄罗斯不排除会使用“断气”这个手段迫使欧盟让步。

俄罗斯外长拉夫罗夫在18日参加完和白俄罗斯的外长会议后接受采访时说:“……制裁,不是我们选择的,但我们也不会乞求西方国家去取消制裁。虽然它们会给我们些暗示,让我们同意一些事情(就会取消制裁),(现在是)我们(来)告诉你们——你们应该(去)做些什么,来换取我们取消对你们的制裁!”这些话意味着,俄罗斯很可能会展开针对西方的强硬行动。

普京震怒了,并展开了反击。反击,是因为西方的围攻、制裁挑衅和施压,这些我们从上述内容可知。但是,在政治上,遭到围攻、制裁和施压,并不一定非要震怒和反击,也可以顺从、服软、求和,或者采取其他方式。普京为什么选择愤怒和反击呢?

(1)俄罗斯的战略利益。

普京之所以反击,是基于俄罗斯的大国战略利益。关于乌克兰对俄罗斯的重要性这里不再赘述,在《大博弈:中国之危与机(形势篇)》和之前的笔者微信文章中都有阐述。面对美国要将乌克兰夺走,这相当于要砍断俄罗斯的大腿,要让俄罗斯失去成为地区大国的机会。对俄罗斯来说,一旦失去乌克兰,将不仅仅是失去成为大国机会的问题,而是可能产生严重的连锁反应,亲俄的东欧国家就可能全面倒戈西方,甚至邻近东欧国家的俄罗斯加盟国都可能要求脱离俄罗斯独立。这种局面,是俄罗斯所不能接受的。俄罗斯如果继续分裂,无疑将会彻底分崩离析。

在以美国为首的西方将俄罗斯逼到死角的情况下,俄罗斯愤怒是很正常的反应,不愤怒就不像北极熊的性格了。

(2)领导人的性格。

普京是极富个性、智慧和作风强硬的领导人,在他的领导下,俄罗斯从崩溃边缘重新走了出来,一步步重建到今天可以再次抗衡西方的地步。普京面对西方是强硬的,面对俄罗斯国内财阀也是强硬的,普京的强硬成就了今天的俄罗斯。这样的领导人,面对西方的制裁挑衅和对大国战略的破坏,不震怒才让人奇怪。

(3)只有震怒、反击、反制,俄罗斯才能有机会使战略利益最大化。

苏联因为向西方示弱、投降，结果分崩离析。经历过苏联崩溃的普京深知，如果俄罗斯这次低头，那么面临的就是进一步分崩离析。如此，普京过去十多年的努力将付诸东流，他也可能就此沦为国家和民族的罪人。基于此，普京必然震怒、反击，并展开一系列反制。

但普京表示愤怒、反击并不仅仅基于此，因为普京也明白，中俄当前是战略共同体，西方攻击俄罗斯，目的是击垮俄罗斯后再围攻中国。除非俄罗斯顺从西方，向西方低头，否则俄罗斯就必须在中国前面先挨刀。因此，俄罗斯绝不能退让。所以，俄罗斯只有表现出足够的愤怒和强有力的反击，才能得到中国的更多支持。在当前，也只有中国敢真正力挺俄罗斯，俄罗斯也只有在中国支持下才能扛住西方对俄罗斯的制裁和打压。

在中国看来，俄罗斯和西方斗得越厉害，对自己当然越有利，会给自己赢得更大的战略空间和战略利益。所以，俄罗斯越强硬，中国也就越支持。在APEC期间，中俄再次签署中俄天然气西线合同，对俄罗斯在经济上给予更大的支持。

当然，俄罗斯也开始拿出干货同中国合作了。就在11月18日，俄罗斯防长访华，中国总理李克强进行了会见。国防部长访华，正常情况下总理大可不必会见。总理会见对方防长，说明双方进行的一定是军事技术这种需要拍板的合作。如果不出意外，中俄在未来不久可能达成更大的军事技术合作或军售合同。

面对这种情况，中国该作何选择呢？

其实很简单，中国现在要做的就是力挺俄罗斯，然后与以美国为首的西方继续谈合作。只有俄罗斯顶住西方，西方才更需要中国的合作。也只有中国的合作，美国才觉得不会腹背受敌，欧盟才觉得不会引发全球新冷战，这游戏才玩得下去。

客观上，中国越力挺俄罗斯，中国在国际上的战略空间越大，战略利益和实际利益就越多。试想，如果没有美国挑起的美俄和欧俄交恶，中国不可能得到俄罗斯连续的天然气大单，中国也得不到美国如此大的战略妥协，俄罗斯远东开发也不会进入日程，APEC开成中国政协会也不会如此顺利，“一带一路”战略更不会如此顺风顺水、没有阻力……有了俄罗斯顶着西方和中国的坚决支持，会让更多小国看到这个世界不同的风景和力量，会吸引更多国家与中国进行战略合作。

总之，力挺俄罗斯的战略利益很大，力挺普京的实际利益很多。如此继续挺上两年，2016年中国G20峰会又会是一场中国“国际政协会”；如此继续挺上几年，中国的大国战略就有了势不可挡的大国战略势能。到那时，想阻挡大中华的大国战略、想阻挡中华崛起，那就成为不可能了。两千多年前的鬼谷子是捭阖之道的祖宗，两千多年后的今天和中国玩捭阖，相信中国会借力打力、顺势而为，成就中华民族的崛起！

占豪感悟

前面的分析都是在2014年做的，现在很多预估都成了现实，譬如文中强调分析了俄罗斯要想解决乌克兰问题就必须把乌克兰问题放在更大的格局中，俄罗斯必须向中东出击才能真的更加接近解决乌克兰问题，否则乌克兰问题不但无解，还将长期困扰俄罗斯，导致俄罗斯长期“失血”。后来发展的格局证明，普京最终果然在叙利亚出兵，最终还是走了“乌克兰问题中东解决”的思路。除了判断俄罗斯解决乌克兰问题的思路外，当时笔者判断乌克兰危机之后下一个风暴眼是叙利亚，事实上这一判断也非常准确。

在俄罗斯采取了军事支撑巴沙尔政权而打击ISIS之后，美国果然陷入了被动，最终普京不但打破了过去美国一家独大的中东格局，还迫使美国拿叙利亚问题和俄罗斯交易乌克兰问题。虽然从2015年年底到2016年8月底已经过去了大半年，双方并未实现真正的交割，但由于土耳其爆发政变，局面又朝向了对俄罗斯有利的方向发展。现阶段，不能完全排除未来会出现俄罗斯军事解决乌克兰问题的契机，因为一旦美国和土耳其彻底决裂，那么俄罗斯军事解决乌克兰问题的时机就成熟了。

不过，这里比较悲剧的是马航MH17，继马航MH370失踪后，这是马航在不到半年时间里第二次发生特别重大的事故。与MH370失踪不同，这次是被导弹击落的。这次事件是大国博弈下的一次看似“意外”却并非“意外”的事件，在事情之初笔者就分析了未来将如何发展。事实上，这次事件一定会像MH370一样成为一个世纪之谜，根本不可能有真正的答案。但是，如果清醒点分析其中的内在逻辑，估计凶手也能八九不离十。只是，很无奈，那些无辜的冤魂将永不瞑目。

其实，乌克兰之争最受伤的不是别人，正是乌克兰自己，这个国家因为一些被美国支持的无良政客而使得国家陷入万劫不复，不但克里米亚成了俄罗斯的领土，整个东乌克兰甚至已经不在乌克兰政府的控制之下。内战已经导致乌克兰数以万计的人死亡，乌克兰经济陷入窘境，然而其政客却对此毫不负责，反而还可以担任要职继续领导乌克兰，真是让人扼腕的笑话。

更让人觉得悲哀的是，当初被这些政客利用的乌克兰人，只是拿着一天100元人民币的工资就替这些政客推翻了民选总统，结果现在反而导致国家万劫不复。事实上，那些目光短浅之人当时得到了几百块上千块的收入，但实际上他们后来失去的利益比起当时所得到的利益多得多。由此也可以看出，一国的民智如果愚昧到这种程度，一个国家的政客如果自私到不顾国家利益的地步，这个国家也就真的要万劫不复了。

乌克兰将来会何去何从？何时能从危机中走出来？谁知道呢，一帮这样的政客领导的国家，谁也无法对其做出准确预测，这是一个国家的悲哀。

第6章

中东战火

◎ 中东面临大变局

◎ 巴以冲突

◎ 请君入瓮:美国在中东给中国设局

◎ 中东的新一轮摊牌

◎ 代理人战争正逼近中国

中东面临大变局

巴格达迪现身

中东局势现在处于一个变局前夜的状态。变局点有两个:一个是伊拉克内战,另一个是巴以局势。

2014 年 7 月,疑似伊拉克极端组织 ISIS 的领导人巴格达迪露面了。这个极端组织绝非简单的宗教极端组织,而是有自己的野心,且带有多方利益使命的一个怪胎。解读之前,我们先看两则新闻:

第一则新闻:

新华社电:近一个月来在伊拉克北部攻城略地的“伊拉克和黎凡特伊斯兰国”(ISIS)极端组织于 2014 年 7 月 5 日在其网站发布一段视频,据称是该组织头目阿布·贝克尔·巴格达迪的男子在视频中现身。这段 21 分钟的视频拍摄于 4 日。视频中,被称为巴格达迪的一名身穿黑袍、头戴黑巾的男子出现在伊拉克北部尼尼微省首府摩苏尔的一座清真寺内,他对参加礼拜活动的民众和部下说:“尽管我不是你们中最好的,但我已经成为你们的领袖。如果我做得对,请你们支持我;如果我做得不对,请你们对我提出建议。”

第二则新闻:

新华社电:网上流传的照片显示,逊尼派极端组织“伊拉克和黎凡特伊斯兰国”(ISIS)在占领的伊拉克北部地区破坏了至少 10 处古代圣殿和清真寺。ISIS 极端武装人员一直视什叶派乃至逊尼派一些派别为异端,在占领区破坏相关建筑属于常用手段。但分析人士称,ISIS 此次在伊拉克破坏宗教建筑,特别是什叶派清真寺,可能也有挑起伊拉克教派冲突的用意。

美联社报道：这些照片出现在ISIS经常用来发布消息的一家网站上，遭到破坏的建筑位于伊拉克北部城市摩苏尔和泰勒阿费尔。

照片显示，ISIS武装人员驾驶推土机推倒墙体，还用炸药把建筑炸成废墟。

法新社报道：遭到破坏的建筑中至少有4座属于逊尼派阿拉伯人或伊斯兰派别苏菲派人物的圣殿，还有6座什叶派清真寺或宗教场所。摩苏尔51岁的居民艾哈迈德说："我们对于这些圣殿遭到破坏感到非常伤心，这是我们从祖父和父亲那里继承下来的。它们已经成为这座城市的地标。"

我们之前曾分析过ISIS的背景及其在大国博弈中的位置，若说要清楚巴格达迪这个人物，我们需要看看他的简历。

阿布·贝克尔·巴格达迪，1971年生于伊拉克北部城市萨迈拉，伊拉克极端组织"伊拉克和黎凡特伊斯兰国"头目，本名叫阿瓦德·易卜拉欣·阿里·巴德里·萨马赖，是一名逊尼派穆斯林(瓦哈比教派，沙特、卡塔尔主要是瓦哈比教派)。他自称是先知穆罕默德的后裔，他的兄弟叔伯中有宗教学者、阿拉伯语教授，他自己也是"知识分子"，曾在巴格达的伊斯兰大学获得伊斯兰学博士学位。

2003年美国对伊拉克开战时，巴格达迪还是一名伊斯兰教学者。战争期间，巴格达迪在伊拉克东部成立了一支武装组织，但一直默默无闻。2005年，巴格达迪被美军抓获，在伊拉克南部的"布卡营"被关了4年。在那里，巴格达迪结识了"基地"组织的重要人物。2010年，"基地"组织几名重要人物相继被击毙，声望渐增的巴格达迪开始掌权。

2012年，巴格达迪将组织改名为"伊拉克和黎凡特伊斯兰国"。为充实战斗力，他在2012年7月发布视频，煽动追随者在伊拉克全境实施"劫狱"、"越狱"。随后一年内，巴格达迪指挥24起汽车炸弹袭击，并攻击9座伊拉克监狱，致使数百名被囚极端分子越狱。随着这批武装分子的加入，巴格达迪加紧攻势，控制了伊拉克北部。2014年1月，"伊拉克和黎凡特伊斯兰国"占领了西部重镇费卢杰。2014年6月，ISIS从伊拉克北部迅速攻城略地，直逼首都巴格达，并扬言要进攻什叶派圣城卡尔巴拉，奥巴马政府有关"撤出后确保伊拉克安全”的承诺随之被打得粉碎。在叙利亚,“伊拉克和黎凡特伊斯兰国”趁内战迅速扩张,攻占东部城市拉卡,控制了叙利亚和土耳其边境关卡,还掌握着附近油田和炼油厂。巴格达迪不仅发动进攻,还驻扎占领。依靠油田收入,“伊拉克和黎凡特伊斯兰国”在拉卡及周边行使行政管辖,甚至开通了公共汽车。于是,这个人口近百万的城镇因此成为“基地”组织真正占有的第一片“领土”。6 月 29 日,该组织在互联网发表声明,宣布在横跨叙伊边境的广大区域正式建立一个宗教“国家”,头目阿布・贝克尔・巴格达迪成为“国王”,并自封为伊斯兰世界的领袖。

从上述新闻和有关巴格达迪的介绍中我们可以看出,巴格达迪在萨达姆时期是一个学者,美国入侵伊拉克使得巴格达迪有机会成立了武装,但 2005 年就被美国逮捕。而巴格达迪的发迹,正是来源于被逮捕后与“基地”组织的交集。也就是说,是美军将他“安排”到“基地”组织的恐怖分子当中,并给他 4 年时间在“基地”组织头目中建立人脉以获得权力。巴格达迪在美军的关押下不断成长的同时,美军结束了几个“基地”组织头目的生命,然后把已具备人脉并构建出权力的巴格达迪放了出来。巴格达迪被放出来后,得到美国盟友沙特一些富豪的支持。这些难道都是巧合?

事实上,美国结束萨达姆政权后,就有肢解伊拉克的计划,这些计划一度在议会进行讨论,部分提议甚至获得通过。但考虑到时机问题以及美军当时还占领着伊拉克,相关议案并未得到实施。然而,当美军彻底撤出伊拉克后,美军的这一计划即可付诸实践。所以,巴格达迪被释放后迅速崛起。由于巴格达迪表现极端且并不为欧盟所认可,巴格达迪的组织实际上并未进入欧美都接受的叙利亚反对派阵营。但通过对叙利亚政府的攻击,巴格达迪获得了包括沙特等国相关富豪的支持,而这些支持在某种程度上得到了美国的默许。积蓄力量后,在叙利亚难以取得成果的情况下,ISIS 开始在伊拉克攻城略地。

经过 ISIS 的折腾,美国一直支持的库尔德人准备建国,而 ISIS 的所谓“建国”,虽然并未获得承认,但美国之前所计划的分裂伊拉克已经开始实施。

事实上，在伊拉克进入分裂过程中，美国不但作壁上观，还声称不让中东国家干涉。而真正帮助伊拉克政府的是谁呢？是美国一直视为敌人的伊朗、叙利亚，背后还有最近两年和美国尖锐对立的俄罗斯。这不得不让人浮想联翩，ISIS的复杂程度超过想象。

不过，正所谓“神一样的对手不如猪一样的队友”，ISIS就是猪一样的队友。巴格达迪攻城略地时，不是对当地百姓进行安抚，而是猖狂滥杀、强抢民女，搞所谓“性圣战”。这不但让其在伊拉克很快失去民心，他的极端行为让原来支持他的沙特等国都陷入尴尬，瓦哈比派的卡塔尔甚至直接与ISIS决裂，要与伊朗合作。巴格达迪将ISIS“建国”并自称伊斯兰世界的领袖更是激怒了伊斯兰世界，事实上，巴格达迪已经将自己变成了世界公敌。

恰在此时，已派兵支援伊拉克什叶派政府的伊朗，将伊朗、伊拉克和叙利亚针对ISIS的战争定义为反恐，并声称穆斯林应团结起来，共同对付以色列这个中东敌人。伊朗的意图很明显，要将美国引导伊斯兰世界宗教内部派别对抗的企图，导向中东的民族矛盾。

美国的意图也很明显，它试图用ISIS的力量，将伊拉克已经激化了的派别矛盾经伊拉克内战向中东世界扩散，最终推动其演化为整个伊斯兰世界的什叶派和逊尼派的尖锐对立，甚至对抗。一旦两者展开血拼，美国即能从中渔利。

但是，“猪队友”的“配合”使这一计划有可能成为泡影。甚至不但不会实现原计划，反而有反以色列的倾向。一旦如此，就意味着美国人又在搬石头砸自己的脚。

相比ISIS这个“猪队友”，巴勒斯坦对伊朗的配合却很有针对性。巴勒斯坦哈马斯①杀害了三名以色列人，致使以色列政府暴跳如雷，对巴勒斯坦进行了大规模报复，巴以战火有一触即发之势。这种演化倾向，事实上都不利

---

① 哈马斯，“伊斯兰抵抗运动”的缩写，也被称为巴勒斯坦伊斯兰抵抗运动，成立于1987年的一个巴勒斯坦伊斯兰教逊尼派组织，“卡桑旅”是其主要的军事派别。其主要活动区域是巴勒斯坦地区(加沙地带)和卡塔尔等中东其他地区。(资料来源:百度百科)

于美国。

从现在的情况看，伊拉克局势预计也将长期化，美国在伊拉克局势演化中并未占到便宜。相反，伊朗、伊拉克什叶派政府和叙利亚政府有形成“什叶派之弧”的迹象。一旦三国真正联手，哪怕伊拉克真的分裂，其对中东局势的影响也不利于美国。

如今，美国不但搞不定叙利亚，甚至连伊拉克也搞不定。假如“什叶派之弧”最终形成，同时伊拉克也形成了事实上的分裂，如果库尔德人真搞过头也要建国，土耳其甚至可能和上述三个国家构建一个遏制库尔德人的合作平台。如此，对美国又将是另一个打击。如果中东的矛盾演化最终不是走向什叶派和逊尼派的宗教对立，而是变成了巴以矛盾激化，则中东的乱局很可能让美国失控。美国若失去对中东的控制，无疑是对石油美元的重创，美国霸权也随之终结。所以，这种演化方向对美国来说影响极其严重，美国必然会非常重视。于是，美国会继续想办法激化两派矛盾。如果 ISIS 不但起不到引发什叶派和逊尼派宗教对立的作用，为了息事宁人，美国还真有可能调转回头帮助伊拉克什叶派政府剿匪。

基于此，ISIS 领导人露面到底是见光死还是有新的发展，在当前伊拉克局势还处在剧烈演化的情况下，任何结论都为时尚早。但有一点可以确认，若 ISIS 继续保持其极端做法，势必将很快消亡。相反，如果包括美国、沙特在内的力量对 ISIS 有足够的影响力，则 ISIS 会收敛且低调起来，继续实打实地去推动逊尼派和什叶派的对立。

ISIS：百足之虫，缘何死而不僵？

伊拉克内战依然持续，美国虽然对 ISIS 进行了打击，但非常有限。就像我们在美国确认打击 ISIS 时分析的那样，美国的动作不过是为了阻止 ISIS 向库尔德自治区进军，是应库尔德自治区的请求，只要 ISIS 停止对库尔德人的进攻，美国就会停止空袭。如今，相关分析已得到验证。事实上，虽然 ISIS

反人类且已完全不为世界所容,但 ISIS 对美国来说还是有很大的利用价值。所以,虽然美国可以轻松将 ISIS 击垮,却不下手。事实上,ISIS 本身就是美国入侵伊拉克一手制造出来的,ISIS 一部分来自“基地”组织,一部分来自叙利亚反对派,其首领巴格达迪的成长正是在美国的军事监狱中。而且,美国之前就指望 ISIS 能够为己所用,现在美国也并未放弃这一目的。

ISIS 是如今中东最具实力的恐怖组织,其对美国的价值和意义主要有以下四点:

(1)美国可借 ISIS 力量攻击伊拉克什叶派势力。

过去一些年,什叶派力量在伊拉克得到很大程度发展,伊拉克政权基本上掌握在以总理马利基为首的什叶派手中。正是基于此,伊朗对伊拉克的影响力才越来越大。通过伊拉克,伊朗对叙利亚的支持才更加直接,俄罗斯对叙利亚的影响通过伊朗、伊拉克辐射得更充分。站在伊朗、伊拉克和叙利亚现政权角度,如果能形成一个三国的什叶派联盟,则三国可在中东地区发挥更大作用。当然,这是损害美国在中东的战略利益的,所以美国对此耿耿于怀。

美国当时为什么会对 ISIS 给伊拉克现政府造成的威胁无动于衷,甚至有些乐见其成呢?根本原因在于,ISIS 是逊尼派,他们由“基地”组织的分支成员及叙利亚反对派武装的一支组成。ISIS 过去主要是受到沙特富豪们的支持,西方也在一定程度上给予了支持,其首领巴格达迪和美国还颇有渊源。如果 ISIS 最终能够真的击败伊拉克现政府,那么伊拉克就会成为逊尼派掌权的国家,这样就能阻断叙利亚和伊朗的联系,美国就能拿下叙利亚。因此,客观上,当时的美国还等着 ISIS 真的攻下伊拉克首都。到那时,美国甚至可扶植其反攻叙利亚。

(2)美国可借 ISIS 促进库尔德自治区建国。

在这种背景下,美国试图借助 ISIS 的力量,来加速什叶派在伊拉克统治局面的崩溃,同时借机扶持库尔德人走向建国之路,为以后美国继续控制中东铺路。

但是，ISIS 毕竟是一个反人类的恐怖组织，政治上虽野心勃勃，但在伊拉克干尽坏事，不断在伊拉克境内进行大规模屠杀和强抢民女，还要搞什么“性圣战”。甚至到后来他们还声称建立了“伊斯兰国”，巴格达迪自称伊斯兰世界的最高领袖。如此乱来的反人类组织，顿时让同是逊尼派的卡塔尔站在了其对立面，并和伊朗商量如何对付这帮恐怖分子。最终，伊朗和卡塔尔都将ISIS 定义为恐怖组织，打击 ISIS 被确立为反恐行为。伊朗于是出兵至少2 000人，帮助伊拉克现政府挡住了 ISIS 的进攻，并最终迫使 ISIS 无法南下。进入七八月份，伊拉克政府军和伊朗军队对 ISIS 进行了大规模反击，打得ISIS不得不向北败退。于是，ISIS 就和库尔德人①起了冲突。库尔德人与ISIS一交手，还真不是对手，死伤惨重。于是，库尔德人向美国求救，白宫对此马上响应。

这就是为什么 ISIS 在伊拉克攻城略地半年多，美国都无所作为，而当ISIS攻击库尔德人后美国立刻出手的根本原因。如今，ISIS 向库尔德伸出的手被美国敲打了一下，ISIS 知道自己哪里不能打了。

促进库尔德人在伊拉克北部建国，甚至构建一个跨伊朗、叙利亚、土耳其和伊拉克的库尔德人国家是美国人的企图，也是库尔德人的梦想。这么做的目的是，减轻以色列人在中东的压力，从而减轻美国人在中东的压力，并进一步稳固美国在中东的控制地位。当然，美国的这一设想，上述四个国家都是反对的，特别是土耳其和伊朗，必然会采取实际行动。作为中东的两个完全不同派别且政治观点也差异很大的较有实力的国家——伊朗和土耳其，为什么能够不断靠近，根本原因之一恐怕就是两国在领土利益和民族问题上存在非常重大的共同战略利益和潜在合作空间。

(3)美国可借 ISIS 打击叙利亚巴沙尔政权。

ISIS 总是需要不断扩张的，美国既然不想消灭它，那么就必然会充分利

① 库尔德人是西亚库尔德斯坦地区的游牧民族，属欧罗巴人种地中海类型，主要分布在扎格罗斯山脉和托罗斯山脉地区，在中东是人口仅次于阿拉伯人、土耳其人和波斯人的第四大民族。(资料来源：百度百科)

用它。ISIS已经知道,美国是不会允许他们进攻库尔德人的,伊朗和土耳其又是ISIS没实力进攻的,所以他们可以攻击的方向只有两个:向南的伊拉克现政府、向西的叙利亚巴沙尔政府。而攻击这两个国家的政府军,正好都是美国战略上所需要的。如果最终ISIS认为攻击伊拉克现政府难度大,他们就可能转向攻击叙利亚,这也正是美国所需要的。

伊朗察觉到这一趋势后,总统鲁哈尼表示,德黑兰有意在核领域同莫斯科发展合作。伊朗总统这句话是什么意思?直白点说,就是伊朗已经开始为巴沙尔政权失去对叙利亚的控制权而做准备了。准备什么?准备核试验,和朝鲜一样。为什么准备这些?因为一旦叙利亚失守,伊朗要想顶住美国压力,只能通过核爆来自保。在这个世界上,拥核国家和无核国家的地位是天壤之别。而如果伊朗拥有核武器,则整个中东将会进入急剧的连锁反应,包括沙特、埃及等国,都可能研究核武器,核扩散的局面可能就一发不可收拾。当然,这并非说俄罗斯支持伊朗的核武计划,而是在唇亡齿寒的背景下,俄罗斯放松对伊朗核武计划的反对,就像当年印巴核爆时各核大国反应一样。核扩散对世界的最大影响并非其爆炸威力,而是其对世界游戏规则的潜在改变能力。试想,如果中东的那些富国都拥有了核武器,那么这种核平衡下美国的所谓军事保护伞、核保护伞还存在吗?以美国为首的西方在第二次世界大战后构建的中东秩序框架还能持续吗?可能不但不能持续,甚至过去数百年西方一直主导的国际游戏规则都会发生质变,重新大洗牌。如此,对西方来说,这将是致命的打击。这就是伊核问题是世界权力争夺核心问题的根本原因。

(4)美国可借ISIS继续肢解和分裂伊拉克。

美国肢解和分裂伊拉克的好处我们之前已经分析过,这其实也是很多年前的一个计划。早在N多年前,美国就有议员提出肢解伊拉克并获得通过,只是那时火候不到,没有执行。现在情况差不多了,美国军队也撤出了伊拉克,恰好是肢解伊拉克并制造区域混乱的时候。一旦伊拉克继续走向索马里化,这种恐怖主义横行的状态就可能继续向外扩散,这就是美国可以继续控制中东并在中东继续发挥作用的机会。

那么,伊拉克现政府是一个什么情况呢?

过去,经过多年的经营,以马利基为首的什叶派在伊拉克基本可控制局面。但经 ISIS 这一折腾,美国和西方借机敦促马利基下台。经过美国和伊朗的斡旋以及伊拉克内部博弈,库尔德派系最终获得了总统之位,逊尼派执掌议会议长之职,什叶派继续掌权总理本无悬念。但是,美国继续督促马利基下台,而新任总统则提名什叶派副议长阿巴迪为总理。一石激起千层浪,什叶派开始有分裂倾向,原来马利基掌控的第一大政治联盟有不少议员退出。马利基为了继续执掌总理,甚至鼓动支持他的军队将坦克开进了巴格达。

美国国务卿克里(图片来源:《台州晚报》)

美国国务卿克里敦促伊拉克新领导人必须尽快组建一个包容性政府,他称美国还将加大打击伊拉克极端组织的力度,并提供更多援助。美国人的意思是,如果你们换了马利基,那么美国就加大对 ISIS 的打击力度,否则将不会帮助你们打击 ISIS。这显然既是威胁,又是利诱。较为亲美的库尔德派系借机试图换掉马利基,而什叶派的一些人也相信这一点,因此退出了马利基的联盟。而有报道称,伊朗也在迫不得已的情况下改为支持新总理阿巴迪。如果消息属实,伊朗的意图恐怕是为了维护伊拉克什叶派的团结,但能否实现恐怕也是未知数。

事实上，哪怕伊拉克更换了总理马利基，美国也不太可能真正对 ISIS 下死手，这一点和伊朗愿意为救援什叶派政府而派援军有本质区别。从某种程度上说，伊拉克什叶派政府是倒还是立直接关系到伊朗的核心利益；但对美国来说，什叶派政府倒台恰合美国的意，伊拉克继续混乱并走向分裂正合美国的意。再加上，美国是在利用 ISIS 为自己服务，怎么可能将其扼杀？

所以，伊拉克的政客是幼稚的。这么折腾下去，伊拉克现政权只会更分裂，据报道称，马利基甚至有可能发动政变。这种情况的继续演化，就是一个走向无政府状态的伊拉克，这正是白宫所需要的。从某种程度上说，伊拉克的政客们是正在继续做极其愚蠢的内耗，在国家生死存亡之际还在内耗，其结果可想而知。在 ISIS 大敌当前的情况下，如果什叶派也出现分裂，那么最终很可能会出现更大的内战，伊拉克完全可能进一步确认分裂为三四个国家，当前的伊拉克政权完全可能分崩离析。一旦如此，内战可就会打得更欢，到时候就看谁背后国际支持力度更大，以及谁更加强权了。当然，到时候伊拉克只会出现更严重的人道主义灾难，伊拉克人民将更加水深火热。

美国为何突然决定空袭打击 ISIS？

2014 年 8 月 9 日，奥巴马一改往日态度，突然宣布要介入伊拉克内战，决定对 ISIS 进行空袭。而且，从宣布不到一天，当天晚上空袭已开始。过去大半年，ISIS 在伊拉克攻城略地，白宫对此视而不见。在 2014 年 6 月 ISIS 逼近巴格达、伊拉克现政府面临沦陷之际，美国依然保持观望姿态。美国最初的姿态告诉我们，美国对 ISIS 推翻伊拉克现政权不但无动于衷，甚至有纵容之嫌，但保护反政府的库尔德人却如此积极，其目的在上文已经详述。库尔德人和白宫有多亲密呢？我们可以从美国在 2014 年 6 月的行为上看出来。在 ISIS 几乎要攻下巴格达的情况下，美国不但坐视不管，还要求中东国家都不准介入，这意思很明确，就是要置伊拉克现政府于死地，而库尔德人在 ISIS

背后则不断捡漏拓展地盘。相比库尔德人,伊拉克现政府从 ISIS 攻下摩苏尔起就向美国不断求救,美国除了派兵保护其大使馆外,没有作出任何积极的响应。如今,当库尔德人受到威胁,美国立刻展开空袭。这就是差别。就在 2014 年 6 月 24 日,美国国务卿克里甚至亲自访问了库尔德自治区(美国 1991 年入侵伊拉克时,顺带支持库尔德人建立起了一个“准独立”的库尔德斯坦)。

当然,美国打击 ISIS 还有另外三个辅助原因:

(1)伊拉克问题是美国一手造成的,美国遭到了巨大的舆论压力。

1991 年,先是默许伊拉克萨达姆入侵科威特,然后又以“正义之师”入侵伊拉克,并在中东驻扎下大规模部队,加强了对中东的控制。经过对伊拉克十多年的制裁,2003 年展开新一轮对伊拉克的入侵,最终终结了萨达姆政权。自此,伊拉克成了恐怖主义的天堂,人道主义灾难深重。

据统计,自 2003 年伊拉克战争以来,伊拉克国内仅儿童就有 50 万人死亡,加上成年人非正常死亡预计超百万(伊拉克总人口仅3 000万多一点,百万就是 1/30,超过 3%的人口损失)。迄今,伊拉克每年因恐怖袭击死亡的人数都超万人。这些灾难都是美国一手造成的。如今,ISIS 在伊拉克惨无人道地杀戮,已经激起了世界公愤,作为肇事者和自诩的“世界警察”,美国若再没表示,在国际道义上将更加被动。

(2)伊拉克内部矛盾趋于缓解。

伊拉克内部经过伊朗的斡旋,在政治上已重新调整,各大派别政治上已达成了较大程度的和解,美国此时不作为不利于自己在中东的权威,在伊拉克的影响力必将更加式微。

伊拉克国内权力重新分配后,库尔德集团的代表当选了总统,逊尼派担任议会议长,不出意外什叶派将继续把控总理权位。经过妥协,各派实际上已经达成了打击 ISIS 的一致意见。若此时美国再无表示,恐怕得罪的将不只是伊拉克,美国在中东的权威将继续被削弱。如此,战略上将不利于美国。

(3)美国在巴以问题上的立场使其面临道义上的困境。

巴以问题激化后，以色列对巴勒斯坦的军事行动带来了严重的人道主义灾难，巴勒斯坦死亡超过千人，美国的偏袒加剧了局势的恶化，这让美国在道义上严重失分。

根据联合国秘书长潘基文的声明，以色列仅向联合国难民营就轰炸了33次，潘基文对此进行了严厉谴责。巴以问题如今没有缓和迹象，美国毫无办法。若巴以战争继续发酵，同时逊尼派和什叶派因巴以问题进一步和解，那么美国在中东的外交将面临巨大困难。为了挽回一些声誉，美国对ISIS动武稍作打击，也可以起到安慰中东盟友的目的。

不过，虽然美国展开了对ISIS的空袭，但只要ISIS放弃对库尔德人的攻击，美国很可能就会停止空袭，然后继续袖手旁观ISIS和伊拉克政府军的内战。而且，美国也不可能大规模派地面部队。所以，伊拉克局势并不会因美国空袭而真正缓解，内战还将持续较长时间，ISIS主力被消灭也还需要较长时间，但其命运注定要失败。

巴以冲突

难解的僵局

要说中东问题的焦点，最终必聚焦于自第二次世界大战后已持续数十年的巴以问题。巴以问题自第二次世界大战以后引发过5次中东战争，迄今巴以之间仍打打停停，从未真正实现和平停火。

要看清巴以问题，我们非得从历史中寻找端倪。客观上，巴以今天的问题也是美国一手制造的。关于这一点，《大博弈：中国之危与机(形势篇)》中的相关内容做了如下阐述：

1914年第一次世界大战爆发，土耳其加入同盟国。第一次世界大战期间，世界爆发了反对欧洲人殖民统治的浪潮。作为世界最大的殖民主义国家，英国人为了以彼制彼，就以战后承认各阿拉伯国家独立为条件，与阿拉伯领导人麦加王子埃米尔·侯赛因谈判缔结了军事联盟。但是，狡猾的英国人为了获得更多支持，事实上向多方进行了多种空头许诺，其中对阿拉伯国家的许诺明显与早先对世界犹太复国主义组织罗斯柴尔德勋爵作出的许诺相冲突。英国人向以罗斯柴尔德为首的犹太金融家们许诺帮助其复国，完全是想从犹太金融家那里获得战争融资，以支持英国在第一次世界大战中获胜。

战争期间卖命的筹码大，战争过后使钱的筹码大，因为钱在非战争时期更有利用价值。第一次世界大战最黑暗的阶段，为了获得更多犹太金融家的支持，1917年11月2日，时任英国外交大臣贝尔福勋爵代表英国政府写信给好友罗斯柴尔德勋爵（该联盟由罗斯柴尔德建立），宣称英王陛下政府赞成在巴勒斯坦建立一个犹太人的家园，“并为达到此目的而竭尽全力……但不言而喻，不能做任何有损于巴勒斯坦现存的非犹太人社会的公民权利和宗教权利的事情……如果你能把这一声明转告犹太复国主义联盟，我将不胜感激”。

这封被称作《贝尔福宣言》的信件，显然和之前协约国瓜分奥斯曼帝国的秘密条约相冲突。但这阻止不了在英国的支持下，犹太复国主义者不顾阿拉伯人的强烈反对，采取政治、外交、财政以及军事手段，强行组织犹太人向阿拉伯人聚居的巴勒斯坦西部地区移民。

战后，法国托管了叙利亚，英国除了保护国埃及外还得到了美索不达米亚和巴勒斯坦，意大利则分得多德卡尼斯群岛，希腊获得了爱琴海上的几座岛屿、东色雷斯以及对士麦那地区的五年管辖权。

第一次世界大战后的列强分赃，和之前英国人给阿拉伯人的承诺及协约国公开声明的民族自决原则完全相反，这让阿拉伯人无比气恼，中东地区掀起一浪高过一浪的武装抵抗浪潮，阿拉伯民族抵抗运动开始爆发。经过数年斗争和妥协，英国和法国逐渐恢复了托管的秩序，同时也允许地方有一定的自治权，这种相对不稳定的和平状态一直得以维持到第二次世界大战之前。

不过，巴勒斯坦的情况与中东其他地方完全不同，因为英国之前对犹太复国主义者的承诺要兑现。根据托管条款第六条的规定，英国人要为犹太人迁移提供方便和支持，并鼓励犹太人秘密移居该地区。但同一条款中还有另一条事后看起来自相矛盾的规定，即“居民中其他几部分人的权利和地位”将受到保护。显然，英国人的如意算盘是，犹太人的迁移人口永远也不会达到侵害阿拉伯人“权利和地位”的程度，一切都在英国人的掌控之中。但是，英国人的如意算盘被战争狂人希特勒所打破。

1933 年，希特勒上台后展开一系列排犹政策，希特勒疯狂的灭犹政策加快了犹太复国主义的发展。犹太人向巴勒斯坦的移民，从 1932 年的9 553人快速发展到 1933 年的30 327人，到了 1934 年和 1935 年，移民人数更是高达42 359人和61 854人。巴勒斯坦地区犹太人的总人数也从 1919 年的65 000人猛增至 1939 年的 45 万人。

短期内如此大规模的移民，彻底打破了之前犹太人缓慢移民时的平衡，也使得之前一度欢迎有钱、有活力、有技术的犹太人的阿拉伯人开始对这一情况进行激烈反击。阿拉伯人认为，《贝尔福宣言》背叛了此前英国人对阿拉伯人的承诺，他们也没有任何理由为西方国家的排犹政策埋单，更不应该因此而失去自己的家园。在这种大背景下，巴勒斯坦成了英帝国主义、犹太复国主义和阿拉伯民族主义三方力量的博弈场，也成了中东火药桶的引信。

第一次世界大战之后，大量犹太金融家移民美国，定居在美国的犹太人达数百万，犹太人和美国的关系逐渐密切。第二次世界大战期间，为了扩大美国在中东的势力范围并排挤英国的影响，美国大力扶持犹太复国主义。1943～1945 年间，美国国会通过了赞成在巴勒斯坦无限制移民和建立犹太人国家的决议和宣言，这更加深了阿以矛盾。

第二次世界大战后，在犹太复国主义的游说和地缘利益的促使下，时任美国总统的杜鲁门于 1945 年 8 月提议，让 10 万犹太人进入巴勒斯坦托管地。刚刚成立不足半年的阿盟立即表示强烈反对。但是，由美国一手操控的联合国大会还是在 1947 年 11 月 29 日投票通过了将被托管的巴勒斯坦一分为二的决议。

1948 年 5 月 14 日，犹太人根据这一划分宣布建立国名为“以色列”的犹太人国家。美国立即承认了以色列并给予最大限度的支持。第二天,阿盟国家相继进入巴勒斯坦,第一次中东战争因此爆发。

第一次中东战争以获得美国支持的以色列胜利而告终。此时,以美苏为首的东西方冷战已经开始,失败后的阿盟自然向美国、以色列的敌人苏联靠拢,中东地区就此成为美苏东西方冷战的前沿。在这种大背景下,爆发了第二次中东战争,美苏全部卷入这场战争中。到了第三次中东战争,由于美国对以色列的支持极为有力,而苏联对阿盟的支持则非常不力,这使得阿盟自此疏远苏联。第四次中东战争阿盟几乎取得胜利,但战场策略的选择和以色列背后美国综合实力的对比,使得阿盟最后依然失败。

这次失败与以往3次都不同,它使得部分阿盟国家、以色列和美国开始寻找互相妥协之路。正是这种妥协之路,使得阿拉伯国家自此走向分裂。也正是由于阿盟的分裂以及阿拉伯国家与苏联的疏远,使得苏联最后为了地缘利益不得不发动了入侵阿富汗的战争。

1982年,以色列借阿盟分裂之机,发动了第五次中东战争。1979年,伊朗爆发伊斯兰革命,美国扶持的巴列维王朝覆灭。1980年,在阿盟逊尼派国家和美国的支持下,又爆发了伊拉克和伊朗之间的两伊战争。由于进一步的地缘因素,在两伊战争后又爆发了海湾战争、美国入侵阿富汗战争和伊拉克战争等较大规模的战争。

至今,中东仍是世界政治、经济和军事最敏感的地区,是世界大国角力的焦点区域,其中地缘政治依然是最主要因素之一。

由此可知,正是美国第二次世界大战后在欧亚大陆的地缘战略布局,需要一个以色列这样的角色作为“中东钢钉”存在,才有了犹太复国的真正机会。这一战略目的又与持续很多年的犹太复国主义结合在了一起,再加上犹太资本雄厚的经济实力,于是就真的在中东创造了一个“以色列国”。

1946年时,国联[①]托管英国具体管辖下的巴勒斯坦地区,面积约2.7万

① 即“国际联盟”,是《凡尔赛条约》签订后组成的国际组织,曾拥有58个成员国,1945年被联合国取代。(资料来源:百度百科)

平方公里。当时绝大部分土地归巴勒斯坦人，犹太人星星点点地占据约6%的巴勒斯坦土地。1947年联合国决议“巴以分治”，此时犹太人从世界各地蜂拥而至，人数达到约60.8万，巴勒斯坦人则为122.2万。根据“巴以分治”决议，“以色列国”的面积为1.52万平方公里，占巴勒斯坦地区的56%；“巴勒斯坦国”的面积为1.115万平方公里，占巴勒斯坦地区的43%。经过六七十年的斗争和博弈，如今整个巴勒斯坦地区的领土基本被以色列控制，巴勒斯坦人被分割在不同的地区，巴勒斯坦实际控制的领土面积只剩下2 500平方公里，剩下的2.45万平方公里大部分在以色列的统治下。

更直白点说，在美国的支持下，失去国家2 000多年的犹太人，愣是在中东这片土地上又建立了一个国家，同时也是对巴勒斯坦人的入侵。站在一个中立角度，一方面不得不对犹太人产生几分敬意，因为追寻了2 000多年的复国梦得是多么强大的坚持精神；另一方面又为多灾多难的巴勒斯坦人感到难过，正是犹太人的入侵，给巴勒斯坦人带来了无休止的灾难。

我们知道，正在进行的巴以冲突是由三名以色列青年被杀害引发的，2014年6月30日三名青年的尸体在约旦河西岸南面哈勒候勒镇附近被搜索行动人员发现。以色列方面很快将矛头指向了哈马斯，并誓言报复。哈马斯方面并未回避，而是立即回应内塔尼亚胡的警告，称以色列不要作任何报复行动，并警告说：内塔尼亚胡如果胆敢大面积进攻加沙，那么通向地狱的大门就已为他敞开。很快，一个巴勒斯坦青年也被以色列方面绑架后杀害。双方的互相报复就此展开了，仗越打越大，以色列由单纯空袭转向空袭加地面行动。相比以色列，巴勒斯坦方面实力要差很多，巴勒斯坦为此付出了巨大伤亡，至今双方仍未实现停火。

这次巴以冲突的背景是什么呢？是ISIS在伊拉克攻城略地，什叶派政权岌岌可危，中东很可能会因伊拉克的乱局而引发什叶派和逊尼派对垒的情形。我们知道，ISIS信仰的是逊尼派的瓦哈比教派，信仰这个教派的国家主要包括沙特和卡塔尔，沙特富豪是过去ISIS主要资金来源渠道之一。如果ISIS继续肆虐，那么就可能引发中东什叶派和逊尼派的大对抗。为了避免这一局面出现，伊朗在 6 月份早早就将 ISIS 定义为恐怖分子，并将对 ISIS 的打击定义为反恐。在这个过程中，卡塔尔王子和伊朗总统通了电话并达成一致意见。而沙特方面，至今未有吱声。在这个过程中，如果真的形成什叶派和逊尼派的大对抗，那是美国求之不得的事。所以，最初美国对 ISIS 的表态一直很暧昧，甚至有些纵容。

显然，伊斯兰世界内部派别大对抗是伊斯兰国家所不愿意看到的，那么如何破解这一局面？最好的方式恐怕就是用民族矛盾来替代宗教内部矛盾。于是，就在这个时候，以色列的三个青年被杀了，中东地区的核心矛盾——巴以民族矛盾——瞬间激化爆发了。

以色列对巴勒斯坦哈马斯的报复是非常激烈的，不但有轰炸，还有地面行动，给巴勒斯坦人带来了非常惨痛的人道主义灾难，总人口只有 430 万人，却因此死亡超过千人，这已经差不多是万分之二点五的比例。以色列这个时候对巴勒斯坦采取如此大规模的行动，战略上是对美国非常不利的。因为这么一打，巴以矛盾对冲掉了伊拉克 ISIS 引发的逊尼派和什叶派之间的尖锐对立可能，客观上损害了美国的战略利益。而以色列完全不接受美国的调停和斡旋，毅然决然地进行了行动，美国却不得不对此进行默许，这又引发了国际社会对美国的不满。

以色列之所以毅然决然地行动，原因在于两方面：一方面是奥巴马和华尔街犹太财团已经有了较深的矛盾，奥巴马的很多政策都对华尔街的犹太财阀不利，白宫有试图节制华尔街财阀的意思。再加上奥巴马在巴以问题上一直毫无作为，甚至有些弹压以色列，对以色列的支持也不够，这也让以色列感到不爽。另一方面，以色列内部极右翼势力对内塔尼亚胡一直不满，认为他对巴勒斯坦过于软弱，一直要求内塔尼亚胡强硬。如果面对三个以色列青年被杀害而内塔尼亚胡依然无所作为的话，国内政治上内塔尼亚胡就无法向公众交代，这个政治压力内塔尼亚胡不好扛。这两者的结合，促成了以色列的强烈反应。说白了，就是以色列在与美国有嫌隙的情况下，内塔尼亚胡政府为了笼络国内民心，发动了这场强硬的行动。

另一边,哈马斯对以色列也进行了强烈的反击。大多数人喜欢把哈马斯和恐怖分子挂钩,其行为也有一些恐怖分子的影子。但是,哈马斯在巴勒斯坦人心目中却是英雄,支持率远高于巴解组织,因为在巴勒斯坦人看来,哈马斯面对以色列的欺凌是强硬的、不妥协的,这正是巴勒斯坦人所希望和需要的。哈马斯越强硬,支持它的巴勒斯坦人越多,支持温和派巴解组织的人反而越少。但是,在国际上,美国和以色列至今只承认巴解组织,不承认哈马斯,也不和哈马斯进行谈判。而巴解组织越是和美国谈,巴勒斯坦人越觉得巴解组织软弱,越不支持巴解组织,巴解组织也就越难以在国内取得统一意见。于是,巴以问题就变成了一个死循环。这种死循环,使得巴以问题基本上变成了一个死局。这种死局,在没有新的重大变量被注入的情况下,基本上无解。

甚至,随着国际局势的演化,美国在中东的影响力弱化后,当伊斯兰世界内部的矛盾缓解,巴以的民族矛盾就可能成为中东地区的主要矛盾。到那时,若再爆发第六次中东战争,以色列在没有美国支持的情况下还能如之前那样取胜吗?这恐怕也应该是以色列担心的问题。更直白点说,当美国无法再控制欧亚大陆时,以色列的前途又该怎样?以色列只有800多万人口,但中东国家的总人口有四五个亿,这种对比任谁都不得不对未来揪心。当然,从另外一个角度看,最近些年以色列一直大力发展与中国的关系,恐怕也是另有所图。

巴以的死局,如果继续按当前美国主导的模式走,基本上会继续保持死局且永远无解。如此长期持续,当美国衰落,对以色列来说将是非常危险的一件事。站在一个中立角度说,以色列与中东实现民族和解,大家和平共处,恐怕是彼此最好的出路。那么,又该如何实现和解呢?

在现阶段,和解恐怕只有一个出路,那就是经济的发展与融合。仅靠以色列和中东国家,这个经济既难取得持续发展的成就,又难做好融合,只有更大的发展潮才能带动一个区域走向和平发展的道路。这个出路是什么呢?就现阶段来说,只有欧亚大陆经济整合,才能帮助中东伊斯兰国家与以色列实现真正和解。如今,最能代表欧亚大陆经济整合发展方向的便是中国提出的丝绸之路经济带战略。

从丝绸之路经济带战略的角度来考量,参与的国家和地区越多,就越有利于大家的发展,所以这一战略并不排斥中东国家。如果中东伊斯兰国家和以色列能够达成一致意见,都将自己融入丝绸之路经济带战略中,那么中东将会成为欧亚大陆经济整合的战略枢纽,也才能真正带动整个中东的经济向好的方向持续发展。随着欧亚大陆经济的整合,一旦中东国家都融入这个大潮当中,那么当地民众精力会逐渐被经济发展的利益所吸引,相应的民族仇恨也将随着发展而逐渐淡化。在这种背景下,再辅以更具代表性的国际斡旋,到本世纪中叶或下半叶,中东实现民族和解还是有可能的。如果不走这条路,继续进行着零和博弈的战争游戏,无论是以色列还是巴勒斯坦,恐怕都难有任何出路可言。

巴以停火背后的各方算盘

从 2014 年 7 月开始,以色列和哈马斯在加沙激战了 50 天,在这 50 天内双方打打停停,巴勒斯坦死亡两千多人,以色列死亡数十人,双方终于在当地时间 2014 年 8 月 26 日晚 19:00 达成了最新的停火协议。与前面曾达成的 11 次停火协议不同,这第 12 次停火协议不是以小时计算的,而是“不限时长”。直白点说,就是双方终于达成了一个长时间的停火协议。打了 50 天,为什么双方突然达成了一致呢?这背后有什么逻辑?

大家应该记得我们之前的分析,巴以冲突发生在伊拉克 ISIS 逼近巴格达、伊拉克什叶派政府遭遇巨大压力、美国正试图借机分裂伊拉克的节骨眼上。引发以色列对巴勒斯坦空袭的原因是三个以色列青年被劫持杀害。以色列认为是巴勒斯坦哈马斯干的,所以就在加沙展开空袭并进行了地面行动,双方爆发激战。

以色列方面内塔尼亚胡政府在国内遭遇重大压力,必须对哈马斯采取行

战火不断的巴以冲突(图片来源:搜狗百科)

动才能给予国内交代,面对三个青年被杀,以色列不顾美国的中东利益在加沙出手。而站在哈马斯的角度,作为和伊朗、伊拉克走得较近的哈马斯,一方面可借冲突中哈马斯的强硬来收拢人心,另一方面在国际上也减轻伊朗方面的压力。所以,双方各不相让、大打出手。

那么,如今为何停手了呢? 原因有三个:

(1)伊拉克局势变化。

因 ISIS 向北打击库尔德自治区,激怒美国,从而被美国赶到了叙利亚,伊拉克危局暂解,哈马斯在国际层面上没有进一步冲突的必要了。而在遭到以色列 50 天的袭击后,哈马斯及巴勒斯坦人都需要休养生息。

(2)欧盟在乌克兰局势上态度的变化。

默克尔在 2014 年 8 月 23 日访问了乌克兰首都基辅,德国在乌克兰局势上的态度明显放缓。在这种背景下,乌克兰局势有趋于缓和的迹象。9 月 26 日,欧盟、俄罗斯和乌克兰代表在德国首都柏林,就俄罗斯向乌克兰输送天然气事宜达成初步一致,以确保冬天俄罗斯向欧盟国家和乌克兰供应天然气。三方谈判代表在闭门会谈后先后出席新闻发布会。欧盟委员会负责能源事务的委员奥廷格说，三方经过“紧张的谈判”，初步同意签署一项临时协议，乌克兰在 2014 年底前向俄罗斯支付 31 亿美元天然气欠款，其中 20 亿美元需在 10 月底前支付；俄罗斯在 10 月底收到 20 亿美元后，向乌克兰输送 50 亿立方米天然气，协议有效期为 6 个月。俄罗斯与乌克兰、欧盟间的关系进入实质性的缓和。

与此同时，根据统一俄罗斯党的一项提案，将允许查封外国在俄罗斯的国有资产，以此补偿那些在国外被查封资产的个人。该法案提议，利用联邦预算资金对那些遭遇外国法庭“非法”判决的俄罗斯公民予以补偿；俄罗斯政府随后可以查封外国在俄罗斯的国有资产，包括具有外交豁免权的房产。这意味着俄罗斯可能将西方制裁俄罗斯国家的一些国有资产直接收归国有，同时政府对那些西方制裁俄罗斯个人的财产予以补偿。俄罗斯这么做会导致什么结果呢？可能导致一些原来西方本就不太愿意制裁俄罗斯的国家放弃对俄罗斯的制裁。这一点，在俄欧关系缓和的背景下完全有可能发生。

由此，腾出手的俄罗斯就很可能在巴以问题上作文章，以报复美国在乌克兰问题上给俄罗斯制造的麻烦。所以，在乌克兰局势有缓和迹象的情况下，以色列也有了外部压力和危机感，此时停火有助于以色列更从容地处理局面，不至于被动。

(3)以色列和哈马斯在自己国内都有了交代。

以色列展开对巴勒斯坦的轰炸和地面行动，已经导致两千多名巴勒斯坦人丧生，对于以色列内塔尼亚胡政府来说，这足以向国内民众交代，以表现内塔尼亚胡政府对哈马斯的强硬态度。在国内能交这个差，以色列在国内层面就少了继续采取军事行动的压力。与此同时，以色列的经济因战争也面临压力，国内也有停火的需求。更何况，由于战争给巴勒斯坦带来了巨大的人道主义灾难，国际社会对以色列施加的压力也越来越大。

对哈马斯来说，他们已经显示出了对以色列足够强硬的态度，巴勒斯坦人心中又给哈马斯加了分，哈马斯在国内有了更大威望。如果继续打下去，造成的民生灾难过大，对整个巴勒斯坦都不利，包括哈马斯。同时，对于哈马斯来说,军火储备也不是无限的,据报道他们的火箭弹估计只剩下一万枚的1/3,而且哈马斯的几个首领也在轰炸中身亡。在国际层面上暂没有进一步的行动需求,且国内目标达到的情况下,自然也就有了停火的积极性。

在宣布停火后,双方都宣布获得了胜利。那么,双方到底谁胜利了呢?

其实,这样的战争既是双输也算双赢。说是双输,是因为彼此都造成了较大的平民伤亡,巴勒斯坦伤亡两千多人,以色列伤亡数十人,这种战争又有谁是赢家?而且,仇恨越结越深,谁也灭不了谁,还必须天天为邻,又哪有赢家可言?之所以也算是双赢,因为无论是以色列还是哈马斯,都暂时得到了彼此想要的东西。

根据最新达成的停火协议,以色列控制的加沙边境口岸将开放,允许人道主义救援物资及重建物资进入加沙地带。而其中水泥和混凝土的进入将被严密监控,以确保它们被用于民用目的而不是用于重建军事设施。此外,以色列还允许加沙渔民在海上的捕鱼带从3公里扩展到6公里。针对一些核心问题的实质性谈判,将在停火协议实施一个月后开启,其中包括哈马斯要求的重建、开放加沙地带的海港与机场,以色列提出的归还以色列士兵的遗体、解除哈马斯的武装、实现加沙地带非军事化。

协议前面的几点显然暂时是可以执行的,譬如以色列控制的加沙边境口岸开放,人道主义救援物资就可以进入加沙,这样巴勒斯坦就能接收到国际社会的救援。与此同时,以色列放宽了海上捕鱼的区域,这也对巴勒斯坦人有利。至于所谓的哈马斯要求的重建、开放加沙地带的海港和机场,以及以色列要求的解除哈马斯武装、实现加沙地带非军事化,这些都基本上不太可能。至少要解除哈马斯武装是不可能的,就像以色列也不会归还1967年后占领的巴勒斯坦土地一样。

巴以之间的停火,更多的原因是自己打累了,国际形势和内部情况对彼此来说都基本差不多,即继续战争对彼此都没什么好处。对巴以来说,如果持续战争,一方面对国内经济打击太大,另一方面民生压力也太大,特别是巴勒斯坦。所以,双方达成了无期限停火协议。当然,若想让彼此永久停火,以现在的美国模式是完全不可能的,关于巴以问题如何从根本上解决我们之前也分析过,只有它们都认识到加入中国的丝绸之路经济带战略才是出路,两国的和解才有希望。以现在的情况,在一定条件满足后,停火也就结束了,彼此还会继续战争。战争是巴以的灾难,也是现阶段彼此都难以逃避的宿命。

请君入瓮:美国在中东给中国设局

2014 年 8 月 2 日奥巴马在接受《经济学人》专访时向中国“开炮”,呼吁欧洲盟友一起对中国坚决强硬;8 月 8 日又接受了《纽约时报》专访,再次向中国“开炮”。类似奥巴马的言论,实际上在美国和西方很有市场,即在伊拉克问题上中国应该负更多责任,甚至有不少言论认为中国应该出兵伊拉克。

美国总统贝拉克 · 侯赛因 · 奥巴马(图片来源:澎湃新闻)

但是,奥巴马抱怨中国,站在美国角度看又不是没有缘由的。那么,奥巴马为何突然连连抱怨中国？这背后到底有什么意图呢？

首先，直接原因在于奥巴马如今的内政外交一塌糊涂，支持率已降到只有百分之十几。相比中国，奥巴马的政绩乏善可陈，外交也不顺利，甚至连盟友日本在很多方面也不是那么配合。正所谓“头疼医头，脚疼医脚”，非洲在被奥巴马忽略很久之后，终于被想了起来。于是，就搞了一个美非领导人峰会。但是，相比中国在非洲数十年踏踏实实的经营，美国毕竟是临时抱佛脚，为了使美国的这次外交突破更有影响力，对中国“炮轰”是一个不错的选择。

伊拉克的今天拜谁所赐？显然是拜美国所赐，是美国一手导演和制造的。正是美国为了自己的中东利益，扶植萨达姆政权并促其打了一场持续八年的两伊战争。两伊战争给伊拉克造成了较大的经济消耗，欠了中东几个国家一屁股债。萨达姆不想还钱，试图通过入侵科威特来解决债务问题，于是向美国主子征询意见。美国在苏联虚弱得濒临崩溃的大背景下，意图在中东扩大势力，于是再次利用萨达姆的野心，默许萨达姆入侵了科威特(具体细节参见笔者作品《货币战争背景：中国经济与应对方略》和《大博弈：中国之危与机(形势篇)》中的相关章节)。之后，美国以“正义之师”入侵了伊拉克，伊拉克的噩梦由此而生。

仅美国入侵伊拉克的1991年，伊拉克的货币就贬值超90%，12 000多美元的人均GDP瞬间变为300多美元，伊拉克人从富有沦为赤贫。接着，美国和西方又对伊拉克进行了十多年的制裁，终于将伊拉克搞瘫。为彻底控制中东，实现“地球帝国”梦，美国又在2003年再次入侵伊拉克。结果，伊拉克自此变成了恐怖主义天堂，过去十多年仅儿童就死亡50万，民不聊生。美国入侵伊拉克的理由——萨达姆藏匿“大规模杀伤性”武器——仍找不到证据，已成国际笑柄。事实上，过去十多年是美国人失信于世界的十多年。白宫造成的这一恶果，迄今却想让中国埋单，无论从哪个方面都是毫无道理和根据的。

其次，奥巴马之所以不断强调中国应该负责，根本原因至少还有如下四个：

(1)甩脱自身责任。

伊拉克、阿富汗问题客观上已使得美国在世界上的信誉濒临丧尽,美国已经丧失过去在国际道义上积累的优势。如今,美国在国际上的影响力主要靠的是其在军事、政治和经济领域的影响力,所谓西式“民主、自由”也已成明日黄花,难以让人信服。而伊拉克、阿富汗的现实问题越混乱,美国在国际道义上就失分越多。因此,从某种程度上说,伊拉克是美国在国际道义上的负资产,美国一直试图甩掉这项负资产以求解脱。

在这种背景下,结合中国国家实力的增强以及对中东影响力的增加,美国就试图将这种道义责任转嫁到中国身上,由中国分担一部分美国的道义压力。说白了,美国就是想在伊拉克这项负资产上拉一个垫背的,中国正是这样的候选角色。如果中国不愿意承担美国转嫁的本不属于中国的责任,美国即可借此攻击中国不负大国责任,从而减轻自己身上的道义压力。

面对这种情况,中国一定不能与其在所谓伊拉克责任问题上纠缠,因为无论如何纠缠,中国都会着美国人的道儿,左右都是自己损失,直接表态接或不接这个责任,中国都将吃亏。正确的做法是,批评美国近些年在伊拉克问题、阿富汗问题以及巴以问题上的无所作为,并督促美国对中东的一系列问题负主导责任。中国将会和国际社会一道,为解决诸如伊拉克问题作出努力。

(2)牵制中国精力。

美国重返亚太是要遏制中国出第一岛链,是要构建一个东方小北约体系以遏制中国在国际上的影响力,同时也为阻止中国进入蓝水。当然,中国的丝绸之路经济带战略对美国的战略打击作用更大,如能让诸如伊拉克这样剪不断、理还乱的“破事”牵制中国一定精力,吸引中国一定的政治资源,就能一定程度地分散中国的战略注意力,从而影响中国的国家战略。

(3)将丝绸之路经济带战略引向歧途。

中国丝绸之路经济带战略是由中国向西一直通向欧洲,这一战略本质上是欧亚大陆的经济大整合战略,有利于整个欧亚大陆上的国家和人民。这一战略不但获得了中亚国家、俄罗斯等国的支持,包括西欧国家都支持这一战略并积极参与。中东欧国家也非常欢迎这一战略，这一点从李克强总理 2013 年底访问中东欧时，中东欧的那些国家都跑来与李克强总理会面可见其战略吸引力。

在这种背景下，如果中俄推动的丝绸之路经济带战略最终得到中亚、中东欧相关国家的支持并获得不断推进，从东亚到西欧最终连起来是很自然的事。在这一过程中，美国必然被挤出欧亚大陆，中东也必然会被吸引进去。中东国家会在经济发展利益的驱动下，逐渐化解掉地区的宗教、民族矛盾，从而实现和解。而这正是美国最头痛的事。如何阻止这一切，就是要尽最大努力地破坏丝绸之路经济带战略。其中，破坏方式之一就是将中国向西的发展战略吸引到中东，然后把中国耗到中东的宗教和民族矛盾中去。一旦中国耗进去，甚至可能将中国内部的民族矛盾也拖到里边。只要中国不能全心全意地推动丝绸之路经济带战略，这一战略的发展就会遇阻，下一步美国即可想办法终结这一战略。

(4)促使中东恐怖势力与新疆恐怖势力合流。

新疆的恐怖主义在改革开放后一直受境外势力资助，如今经过三十来年的发展已形成了一定规模，这一点从最近一次打击恐怖分子，抓获两三百人、击毙数十人可知。换句话说，中国新疆的恐怖主义已很猖獗，且形成了一定的反动组织和反动势力，对地区稳定和百姓的生命财产安全构成了严重威胁。我们知道，新疆的恐怖主义势力既受到境外某些国家的支持，又受到中东恐怖分子的训练，如今还有一批所谓的“圣战者”在叙利亚和伊拉克参加两国内战。如果中国自己都不能让中国的西部开放门户保持稳定和安全，又如何有力地推动丝绸之路经济带战略呢？

最近，西方媒体在鼓吹中国新疆恐怖主义猖獗的言论，结合奥巴马的论调，西方有促使新疆恐怖主义与中东恐怖主义合流的意图。如果真的实现合流，中国丝绸之路经济带战略必然受挫，美国的战略目的也就有希望达到了。基于此，中国务必对新疆恐怖主义进行彻底打击，走群众路线并发动群众从根上清除恐怖主义。只有这样，中国丝绸之路经济带战略才能顺利实施，中国才能顺利破掉美国对中国的一系列围堵。

面对中东乱局,鼓吹中国应出兵伊拉克打击ISIS的论调,其最核心的思想就是一个“套”字。

那么,中国为什么不该出兵伊拉克呢?原因有四个:

(1)大国博弈形势决定。

当前,中美大国博弈形势:中国是以守为攻、转守为攻;美国是以攻代守、转攻为守。此言何解?过去十多年,中美实力此消彼长,中国实力快速上升,美国实力快速衰退。中国实力上升后,国际利益增加,原来没有维护到的利益也要维护,不可避免地要向外拓展空间。中国要拓展的空间,和美国的传统控制范围形成冲突。在这种情况下,中国看似对美国处于守势,却不断向外拓展空间,实则是转守为攻。相反,美国不断在中国挑事,目的则是为了化解中国不断向外伸展的国家影响力,所以其看似对中国进攻,实则是为自己防守,因此叫“以攻代守、转攻为守”。

中美在这样的形势下,中国需要站在更高的战略上,继续进行新时代的“远交近攻”。何谓新时代的“远交近攻”?所谓“近攻”,就是中国要重点维护周边的核心利益,要在周边扎扎实实地拓展发展空间,不要让美国与其同盟将中国扼死在内陆,将中国的发展之路斩断。中国只有在中国周边经营好,逐渐将美国的势力从中国周边挤出去,才能在国际上发挥更大的影响力。至于“远交”,就是中国通过国际组织、远方的地区大国,发挥中国的影响力。这种“远交近攻”就中美博弈视角来说,实则是“远攻近交”。所谓“远攻”,就是在中国周边之外的区域,借助反霸权力量共同反美国霸权主义;所谓“近交”,就是在中国周边尽量与大多数国家保持友好交往,进行经济、文化、政治、军事的整合。

在这种大背景下,中国当然不能出兵伊拉克。这是因为,一则伊拉克不是中国的核心利益,二则中国在伊拉克不具备相应的控制力,三则与中国奉行的不干涉他国内政相悖。更何况,这种出兵根本就违反中国大国战略布局。

(2)中国战略决定。

中国当前最大的国家战略是什么？应该包括内部和外部两个层面。就内部而言，是经济结构转型、产业升级、市场深化改革、政治体制改革以及收入分配改革等一系列内部的调整；就外部而言，则是落实和实施好丝绸之路经济带战略和21世纪海上丝绸之路战略。内外部的调整相辅相成，不可分割。内部调整决定两个国际战略能否很好地落实和实施，外部战略布局及其操作得是否成功决定内部调整是否能够顺利完成。两个方面互为依托、相辅相成，决定了中华民族是否能够彻底崛起，能否真正实现中国梦。

在中国的国际战略当中，伊拉克现阶段的位置还不是那么重要，属于远期布局和局部对冲的战术范畴，根本不在中国的国际战略核心范畴之内。中国在周边进行核心利益博弈时都保持了足够的弹性和很大的斡旋调整空间，又怎么可能为一个根本事不关己的伊拉克出兵？

当然，如果联合国需要，派点维和部队还是可以的。但维和部队并不担负中国的国家战略任务，也不是去打击恐怖分子的，而是为了维持和平的。更何况，伊拉克的形势极其复杂，中国根本没有任何必要亲自蹚这趟浑水。

所以，中国的战略决定了中国不可能出兵伊拉克打击ISIS。

(3)避开美国战略陷阱。

美国在2014年6月份就针对伊拉克局势忽悠中国应该负更多责任。客观地说，这一切都是美国铸成的，凭什么中国负责任？美国发动了伊拉克战争，造成50万儿童死亡，总死亡人数超百万人，如今伊拉克恐怖分子盛行是美国一手造成的，这一切都应该由美国负责，中国为什么要替美国负责？美国入侵伊拉克绕开联合国，至今在伊拉克也没找到大规模杀伤性武器。美国为一己之私对他国造成如此之大的伤害，不作反思还反咬中国一口"搭便车"，这除了说无耻霸道之外，还能说什么呢？

但美国忽悠中国出兵伊拉克则是战略陷阱。这个陷阱分两个层面：

第一，如果中国答应出兵伊拉克，则美国借机将中国拉入中东的混乱旋涡，中国将会被拖入中东乱局。而美国则可借机抽身，以仲裁者身份出现，将中东乱局的更多黑锅扔给中国，同时将更多精力转入亚太，展开对中国的围堵。中国一方面陷入中东，另一方面又遭到东面美国及其盟友的施压，首尾难顾，这将直接影响丝绸之路经济带战略和 21 世纪海上丝绸之路战略的进一步布局和实施。

若中国这两个对外战略无法完成，内部调整也将无法完成，中国发展将会陷入“中等收入陷阱”[1]的麻烦。这个世界没了中国这个经济引擎，以中国经济支撑而崛起的俄罗斯将熄火，没了中俄的支撑，那些小国又岂能挑战美国？所以，美国忽悠中国介入伊拉克，是想搅乱中国的国家战略布局。

第二，中国大概率不会答应美国出兵伊拉克，那么美国就可借机以打击 ISIS 为借口，拿到联合国安理会对 ISIS 动用武力的通行证(安理会已通过，中国投了赞成票)。有了这张通行证，美国就可以展开布局(奥巴马打击 ISIS“三年三步走”的策略)，以打击 ISIS 为借口，酝酿对叙利亚的侵略。

我们在之前就作出美国打击 ISIS 就是要推翻巴沙尔政权这一论断。如今，越来越多的迹象已经证实这一点。奥巴马的“三步走”策略就是针对巴沙尔政府的。而根据最新的消息，无论是俄罗斯还是叙利亚，都提高了警惕。

据媒体报道，叙利亚政府 11 日表示，如果美国进入叙打击极端组织“伊斯兰国”，必须获得叙政府的授权，否则将被视为侵犯叙主权的行为。同一天，俄罗斯战略研究所所长顾问、中东问题专家叶莲娜·苏波尼娜向俄新社表示，美国在未经大马士革同意的情况下在叙利亚打击恐怖分子，与恐怖分子和激进极端分子的活动本身一样具有危险性。美国白宫发言人怎么说呢？白宫发言人说空袭 ISIS 不需要巴沙尔政府的同意，因为巴沙尔政权早已没有了合法性，美国政府只承认反对派中的一个政府。同时，美国官方又有说法称，打击 ISIS 需要地面部队配合。

美国这是要通过各种试探，展开对叙利亚的侵略计划。关于这一点，我们也分析过，在乌克兰局势缓和后，下一个全球博弈风暴眼就是叙利亚。

---

① “中等收入陷阱”是指当一个国家的人均收入达到中等水平后，由于不能顺利实现经济发展方式的转变，导致经济增长动力不足，最终出现经济停滞的一种状态。

(4)美国制造的烂摊子,责任该由美国来担。

美国在伊拉克犯下了大错,不但给伊拉克带来了巨大的人道主义灾难,还加速了自己的衰落。如今,伊拉克的烂摊子显然该由美国来收拾。中国当然也会承担相应的国际道义责任,譬如帮助伊拉克进行经济建设、改善民生。但是,伊拉克的恐怖分子不该由中国军队去肃清,肃清伊拉克恐怖分子的责任在美国而不在中国。

作为美国,它一直试图征服中东,这种错误的意识形态让美国越滑越远。事实上,美国错了,因为伊斯兰教的信仰是无法用基督教的信仰去征服的,那种已经深入骨髓一千多年的宗教血液,美国试图用枪炮换成基督教血液,这是愚蠢政客的短视行为。所以,美国才会陷入中东旋涡当中。美国要想改变这一切,必须彻底调整自己的思维,不做到这一点根本不可能改变当前局势,而美国未来也必然面临在中东的整体失败,并最终退出中东。

当然,在这之前,美国还是应负好自己的责任。什么时候美国真的退出中东了,再请中国这个"中医"去帮忙收拾残局也不晚。

中东的新一轮摊牌

如今,美国和西方已图穷匕见,准备在叙利亚实施"假道伐虢"之计,即试图假借讨伐 ISIS,达到消灭叙利亚巴沙尔政权的目的。

如果说 2011 年利比亚政府倒台是大国在经济危机后一次真正试探的话,那么 2013 年 9 月美国准备亲自上阵打击叙利亚就是大国亲自上阵肉搏,是开始刺刀见红的明确摊牌。

据媒体透露,美国希望训练 1.5 万名叙反对派士兵以驱逐 ISIS。美方认为,空袭很难彻底打击 ISIS 极端组织,因此美国军方争取到国会临时授权,开始训练约5 000名叙利亚"温和反对派"士兵。路透社还报道,美军参联会主席邓普西 26 日称，要从 ISIS 手中夺取叙东部控制权，5 000人不够，美国大约需要训练 1.2 万～1.5 万名叙反对派战士。

这则消息再次验证了我们前面的分析，即美国打击 ISIS 是醉翁之意不在酒，而是要推翻叙利亚巴沙尔政权。而美国"假道伐虢"之策的具体做法很可能是：

先通过空袭将 1 万多人的 ISIS 打散，同时支持叙利亚亲西方反对派恢复实力(上述消息已验证)，在打散 ISIS 同时，由叙利亚亲西方反对派武装吸收被打散的 ISIS。(上述5 000人不够，需 1.2 万～1.5 万人。这些人从哪里来？大部分都将从被打散的 ISIS 中来，特别是至少有两三千参加 ISIS 的西方国家的人。)接着，就由再次被武装起来的叙利亚亲西方反对派对巴沙尔政权发起攻击，进行新的叙利亚内战。至于北约，将会给叙利亚反对派武装提供情报、武器、军事指导等支援，如果有必要，还可能会效仿利比亚模式，展开对巴沙尔政府军的空袭，以帮助反对派推翻叙利亚巴沙尔政权。关于美国空袭 ISIS的目的，美国《国家利益》杂志副主编甚至撰文称，空袭 ISIS 是在吓唬伊朗(不打自招，这是美国更下一步的目标)。

事实上，美、英、法、德等西方国家早在 2012 年就已不承认巴沙尔政权的合法性，它们现在只承认根本不知道谁是主角的反对派武装为合法政权(看着莫名其妙，到现在国际上也没搞清这个西方认可的所谓"合法"政权的主角是谁)。所以，这个时候对叙利亚反对派进行武装，目标根本也不是 ISIS，而是在将 ISIS 打散的同时，吸收现在 ISIS 的这些恐怖分子进入叙利亚反政府武装，训练武装后开打叙利亚代理人内战。

当美国摊牌要打击叙利亚后，普京以强力手段阻止了这一切，这也是俄罗斯对美国的摊牌。这次摊牌不但让奥巴马颜面尽失，也让世界看清了原来美国这个世界警察还有一怕。

美国怕什么？怕在俄罗斯的支持下，美国再次陷入叙利亚的战争泥潭。一旦如此，美国将加速衰败。奥巴马不敢为此担责，将决定权交给了国会(实际上总统有直接开打的权力，并不一定要通过国会)，扔给国会实际上是扔给了共和党,共和党也不愿意承担这个责任,于是打击叙利亚计划被搁浅了。

不过,美国的计划并未停止。当美国认识到俄罗斯是其全球战略的最大阻力后,立刻借机乌克兰的乱局,推翻了亲俄的亚努科维奇政府。同时,不断指挥乌克兰“带路党”们恶化乌克兰局势。美国恶化乌克兰局势想达到什么目的我们之前已作过多次阐述,这里不再赘述。总体而言,美国的阶段性目标是达到了。在美国达到阶段性目标后,转而就借俄罗斯暂时陷入乌克兰危机之时,开始快速筹谋如何打击叙利亚以推翻巴沙尔政权。如今,ISIS 完全可以是美国所假借之“道”,目标是要“伐”叙利亚、推翻巴沙尔政权。美国在进行新一轮大国间的“大摊牌”前,进行了最大限度上的“统战”。

一方面,借乌克兰问题统战了欧盟及其他西方国家,使得北约这个军事平台被重新激活;另一方面,利用美国在中东的影响力,威逼利诱美国的海湾盟友同意和美国构筑“反 ISIS 联盟”。据报道,美国国务院 2014 年 9 月 19 日发布一份反 ISIS 国际联盟名单,英、法等 54 个国家,欧盟,北约以及阿盟等地区组织在列。其中,仅沙特一国的资金援助就高达 5 亿美元。

这些国家为什么都愿意和美国一起打击 ISIS? 难道它们真不知道美国的企图? 其实,美国的企图各国均心知肚明,大家都不傻,谁又不知道美国想干什么? 那么,为什么还跟着干? 原因是利益使然。

美国的一些铁杆盟友就不说了,欧盟国家也是反叙利亚巴沙尔政权的,原因是巴沙尔政权是欧盟“地中海经济圈”战略的绊脚石,这块绊脚石和卡扎菲那块绊脚石别无二致。所以,站在欧盟角度考虑,也在一定程度上希望搬掉这块绊脚石。诸如沙特、卡塔尔、埃及等阿盟国家又为什么愿意跟着美国干呢? 这里边原因有两个:一是美国的威逼利诱,迫于压力,不想干就变成了反美,担心得罪美国;二是逊尼派和什叶派本身的矛盾就有些你死我活,阿盟逊尼派国家也都希望干掉巴沙尔政权,砍掉伊朗什叶派老巢的左膀右臂。这些国家中,尤以沙特为甚,所以沙特拿钱一点不心疼,出手就是 5 亿美元。

基于这些原因,欧盟也好,阿盟也罢,都在美国的威逼利诱下一个个上了贼船。

事实上，美国不但拉拢了这些国家，还试图拉拢中国、伊朗等国。美国拉拢中国，是希望中国不要给予俄罗斯支持，削弱俄罗斯搅局的能力和力量。美国拉拢中国的时间周期很长，从 6 月伊拉克 ISIS 肆虐开始，直到 9 月初美国总统安全事务助理赖斯访华，美国仍在做着拉拢努力。当然，中国都明确拒绝了。

哪怕中国多次明确拒绝，但俄罗斯仍担心中国会动摇，所以还是特意派俄联邦委员会主席到访中国，会见习近平主席，特别要中国最高领导人承诺，这也是为什么习近平主席向俄联邦委员会主席承诺“不管我们承受多大的压力，我们都永远不支持对俄罗斯制裁，也永远不会参与”①的原因所在。这就是要给俄罗斯吃定心丸。中国这个承诺极为关键，因为这关系到俄罗斯对西方的意志问题。没有中国的支持，俄罗斯凭一己之力难以对抗西方。

中国为了保证自己中东的利益，也进行了更深入的布局。这种布局也是全面的、不拘一格的。我们不妨看两个例子。据报道，中国卖给了沙特东风-21导弹，这意味着中国和沙特的关系进一步加强了，能卖战略导弹绝非一般关系。另外还有一则消息，中国军舰第一次进入波斯湾与伊朗进行军事演习。当然，中国更加明确地拒绝了美国邀请加入“反 ISIS 联盟”的请求。

美国试图诱使中国进入美国的圈套，但中国不可能干“唇亡齿寒”的事。美国干掉巴沙尔政权是为了干掉当前伊朗政权，干掉伊朗是为了干掉俄罗斯，俄罗斯背后就是中国。一旦那些国家都倒了，中国还能有好果子吃吗？中国一方面支持打击恐怖主义，另一方面内部加强反恐(反恐手段有待进一步提高)，同时加强自己的战略布局，这些都是很明智的做法。中国务必要立足于自己进行全球布局，同时要借国际大势。在 2014 年 9 月中旬的上合峰会上，习近平主席对普京说“互相给力借力”，一方面是给俄罗斯打气，另一方面也是中国的战略布局之一。

那么，美国为什么又邀请中东老对手伊朗加入“反 ISIS 联盟”呢？美国

① 资料来源：《国际金融报》，2014 年 9 月 29 日，第一版。

邀请伊朗加入,事实上是为了迷惑伊朗,并试图诱使伊朗减少对巴沙尔政权的支持。当然,公然拉拢伊朗,若伊朗一旦表现迟疑,就能离间伊朗与中国、俄罗斯的关系,就可能引发中、俄对伊朗的不信任。当然,伊朗明确拒绝是非常明智的。

2013 年底,美国在乌克兰挑事是对俄罗斯的摊牌。现在,美国正在试图挑起欧俄新冷战。美国在中东图穷匕见地准备干掉巴沙尔政权,是对全球大国博弈的摊牌,对中东小国来说是一次被迫站队的摊牌。

叙利亚总统巴沙尔(图片来源:百度百科)

事实上,美国对中国也正在摊牌,譬如说美国最近批评中国“人权”的声调明显升高。另外,美国还准备解禁对越南的军售,军售甚至要包括 P-3 侦察机。P-3 侦察机美国只卖给盟友,美国这是要试探性地和越南结盟。越南对此的反应是积极的,称欢迎美国解禁对越军售,对可能因此惹怒中国的担忧,越南副总理范平明是一笑置之。这说明,美国和越南正在走近,而且这种走近可能正在发生质变。这也意味着,美国正有意挑起中越之间的战争。与此同时,中国也没闲着,南海近几年一直在进行实弹备战,就在 2014 年 9 月 23 日,海军、空军、第二炮兵联合举行了代号为“联合行动-2014A”的实兵演习。其实南海的局势已经很明确,美国很可能要和越南继续走近甚至结成准盟友关系,而中国也随时准备给试图冒险的越南和美国以教训。事实上,对于美国在南海针对中国的抵近侦察,中国海军司令吴胜利也明确对美方表示,“绝不希望中美撞击重演,牺牲第二个王伟”。这意思其实已经很明确,即中国不但不会停止拦截美国的抵近侦察,也不会再给美国上次撞机的机会,更不会再牺牲第二个王伟。再往下想,就是如果再发生那样的事,必要的时候可能就出手了。

美国针对中国的摊牌还不止这些,中国香港问题也是布局的一环。美国惯于借“非政府组织”搞颠覆活动。香港问题也与乌克兰冲突开始时的局面类似,试图给中国制造麻烦。

从 2015 年开始到 2017 年,东海和南海爆发冲突的可能性将会大增。据报道,美国已经将太平洋司令换成了日裔美国人。美国为什么做这样的人事安排?很可能就是为了便于与日本进行官方和军方沟通,为中日可能出现的冲突做准备。

大国一轮轮的摊牌正在到来,叙利亚的硝烟很可能不久将大规模燃起。随着美国打击 ISIS,叙利亚反对派会很快再度崛起,而以美国为首的西方只承认叙利亚反对派武装为合法政府。在这种情况下,叙利亚内战重新开打基本上是必然的。一旦开打,如果武装后的叙利亚反对派仍不是政府军的对手,那么以美国为首的北约就可能效仿当年对付利比亚卡扎菲政权来对付巴沙尔政权。到那时,中东就要进入颠覆性大乱了。当然,到时候世界将是一轮剧烈的摊牌和动荡。随着更多摊牌,世界各个局部的热点都可能爆发冲突。因此,不要认为战争距我们很远,其实已经离我们很近。大国崛起,不流血基本是不太可能的,流多流少则体现出国家和民族的智慧与勇气。道理很简单,我们要崛起,我们要追求属于我们的幸福生活,但有人不希望你崛起、不希望中国人幸福,他们为阻止中国崛起会不遗余力。中国虽然仁厚,但也绝不会允许任何国家侵犯中国的核心利益和国家战略,所以未来冲突几乎是必然的,可能还远不止一场。

站在中国角度,这几年对中国来说将起决定性作用。而从现在中国的形势上看,中国在大国决策和抉择的方向上都是正确的。如今,越来越着急、战略节奏越来越乱的是美国(一会儿重返亚太,一会儿在中东搞事,目的都是为了"地球帝国"。但这么玩显然在战略上已经失去了节奏,玩下去难以持久,咱们拭目以待)。所以,中国不用着急,一方面,保持耐心,继续将自己的战略基础打扎实;另一方面,就是支持该支持的国家,让这些国家站在中国的周围,凝聚更多的力量将有利于中国崛起。

代理人战争正逼近中国

说起战争,对我们绝大多数人既近又远,既熟悉又陌生。近和熟悉,是因为我们时常可从媒体上读到其他国家战争或冲突的消息,战争并未远离这个世界,世界也从未真正实现绝对的和平;远和陌生,是因为我们国家已有好几十年没有和其他国家发生过真正的战争,哪怕是军事冲突也要追溯到 20 世纪 80 年代末期。

但是,和平不是永远的,从当前国际局势上看,中国周边爆发军事冲突甚至局部战争的风险正在快速增加,东海、南海未来数年内发生局部冲突甚至局部战争的可能性越来越高。考虑到国际形势的演化,这种由大国博弈引发的代理人战争①客观上正在向中国逼近。

我们知道,自 20 世纪 90 年代特别是苏联解体后,原来的两级变成了单极霸权世界,美国先后发动了海湾战争、科索沃战争、阿富汗战争和伊拉克战争,2011 年还参与了利比亚战争。由于世界进入了单极世界,实力又相差悬殊,为了快速实现政治目的,西方往往会亲自操刀,直接采取军事行动。但随

① 代理人战争指大国之间为维护自身利益、避免直接冲突,通过第三国代理人而进行的战争。通常大国为小国提供军事、经济、政治等方面的帮助,小国在其帮助下与其他国家进行战争。

着实力此消彼长，世界正走向多极化，大国间实力差距缩小了。在这种情况下，大国直接对抗的成本会变得非常高。于是，在博弈过程中就很容易出现代理人战争。譬如，冷战时期代理人战争就经常出现，几次中东战争和两伊战争等都是代理人战争。时至今日，代理人战争的“幽灵”又来了。

2008 年世界经济危机以来，世界博弈形势陡然加剧。2011 年，危机最终演变成了一些国家的内部剧变与冲突。这些冲突率先在北非国家出现，并很快向中东蔓延。在西方国家的支持下，中东、北非局势瞬间进入不可控状态。特别是利比亚，亲西方的反对派很快被武装起来，并与卡扎菲政府打起了内战。当反对派濒临崩溃之时，以法、美为首的北约展开空袭，最终非法地终结了卡扎菲政权(未经联合国授权)。

利比亚那场战争看似内战，实际上却是代理人内战，即冲突的一方是受西方支持的。最终，受西方支持的一方战胜了被孤立的一方。关于卡扎菲，其早期是反美的，但自 2003 年伊拉克战争后，卡扎菲害怕美国会打击利比亚，自动弃核投入了西方怀抱。卡扎菲认为，弃核投靠西方就真的能加入西方，会成为伙伴。这种政治幼稚病最终葬送了他的国家、政权和家人的性命。

利比亚的那场战争，就大国来说是一场地缘博弈的试探，卡扎菲这个没有大哥保护的国家成了试探的牺牲品(具体细节参考《货币战争背景：中国经济与应对方略》)。为什么是利比亚呢？因为利比亚的卡扎菲既没有大国保护，又缺少自保能力，地缘上又不算很敏感。卡扎菲得罪过中国，2004 年投靠西方后和俄罗斯关系也开始变差，在阿盟中声誉也不好，所以打卡扎菲是最没有危险的一件事。然而，推翻卡扎菲政权对欧盟推进地中海经济圈战略却非常有利。所以，在法国主导、美国配合下，北约展开了对利比亚的空袭，并终结了卡扎菲政权。从某种程度上说，推翻卡扎菲政权是美国配合欧盟，是欧盟得利。

推翻利比亚卡扎菲政权后，作为交换，美国就开始自己主导并由欧盟国家配合，颠覆对美国全球战略极为重要的叙利亚政权。颠覆的方法和利比亚如出一辙，扶植反对派并支持叙利亚反对派打内战。

20 世纪 70 年代，美国《时代》杂志封面上被誉为“强人”的卡扎菲(图片来源：百度百科)

从代理人战争角度观察，叙利亚这场内战客观上已经形成了背后有明确双方的大国代理人内战。叙利亚巴沙尔政权背后是伊朗、俄罗斯，反对派背后是美国、欧盟国家及阿拉伯逊尼派国家。两派内战打了近两年，巴沙尔政权一直缺乏魄力，不敢得罪西方，担心重蹈卡扎菲覆辙。到 2013 年下半年，巴沙尔政府迫不得已发力，政府军才将反对派武装打败。果不其然，在反对派濒临崩溃之时，美国威胁要对巴沙尔政权动武，并已经做好了准备。结果，强人普京以全力支持叙利亚和美国进行战争为威胁，迫使奥巴马放弃了计划。

美国对普京阻止其对叙利亚动武耿耿于怀。很快，报复俄罗斯的机会就来了，就在普京拦下美国对叙利亚动武的 2 个月后，乌克兰局势突然恶化。3 个月后，即 2014 年 2 月，亚努科维奇政府被美国支持的反对派推翻。

鉴于乌克兰对俄罗斯的重要性，俄罗斯不可能置乌克兰于不顾。很快，代表俄罗斯利益的乌克兰东部势力及代表西方利益的西部势力就开始了内战，乌克兰代理人内战爆发。乌克兰的代理人内战，本质上是西方借亲西方的乌克兰政府与俄罗斯打仗，目的是将俄罗斯拖入对乌克兰的战争泥潭中。但是，普京很聪明，在用迅雷不及掩耳之势拿下克里米亚后，即开始支持东部民间武装打代理人内战（西方和俄罗斯都派了雇佣兵或志愿军，但俄罗斯派往乌克兰的秘密志愿军规模更大）。最终，东乌民间武装在俄罗斯的支持下打败了乌克兰政府军，乌克兰局势也得以暂时缓解。如此一来，俄罗斯并未如美国所愿陷入乌克兰战争陷阱。

乌克兰局势缓和后，美国即集结北约盟友、阿拉伯五国展开了对叙利亚境内 ISIS 的军事行动。考虑到美国推翻叙利亚巴沙尔政府的决心和企图，未来美国必然会再度支持叙利亚内战。站在美国角度来说，通过打击 ISIS 不但可摸清叙利亚的军事部署，还能在此期间进一步武装亲西方的叙利亚反对派。ISIS 一旦被打散，这些人最终必然会被西方支持的反对派吸收，那么叙利亚反对派就会有一批能打仗的恐怖分子，叙利亚再打内战的条件也就成熟了。

从现在情况看，美国亲自打击叙利亚政府未获得联合国授权，所以美国很可能还是尽量激化叙利亚内战（也不能排除在条件成熟的情况下亲自空袭），然后由扶植起来的叙利亚反对派和巴沙尔政府军打内战。考虑到叙利亚对俄罗斯和伊朗的地缘重要性，伊朗和俄罗斯绝不会轻易放弃叙利亚，那么，叙利亚的代理人内战开打的条件就具备了。

当然，考虑到中东巴以之间、逊尼派和什叶派之间掺杂了太多民族仇恨、宗教对立和大国能源及地缘博弈，未来中东甚至可能因叙利亚的代理人内战而向外蔓延，爆发国与国甚至是多国之间的代理人战争。虽然这个战争到底是宗教对立的战争还是民族对立的战争仍难断定，但未来酿出代理人战争并不会让人感到奇怪。

说那么多，主要是为了让战友们理解当前国际局势已进入了代理人战争的高发期。美国可以布局引导俄罗斯和乌克兰搞代理人战争，对中国更会不遗余力。

美国针对中国的代理人战争策划主要有三个方向(南亚印巴方向已经失败,基本不可能再爆发印巴或中印的军事冲突):在东海,日本与中国;在南海,越南与中国;在朝鲜半岛,则是南北双方与中国。

在东海方向,过去数年美国虽一直采取模糊政策,但自 2014 年开始,美国已明确站队,这一点无论是从最新的《美日安保条约》还是支持日本修宪,抑或是美国在钓鱼岛问题上的态度和支持日本军国主义,都证明美国已明确站在了日本一方。美国的目的很明确,就是支持日本在钓鱼岛、东海方向和中国斗法,在自己力量已经被削弱的情况下,借日本力量和正在崛起的中国力量抗衡,并继续努力将中国压制在第一岛链之内。为了调动日本的积极性,美国才如此明显站在了日本一边。

未来,若美国明确感觉到第一岛链已无力控制,那么美国在退出第一岛链之前,很可能会作最后一搏,触发一场中日战争。这么做的目的是,在美国的支持下,让日本和中国打一场代理人战争,拖住中国。一旦将中国拖入战争泥潭,就能借战争很大程度地消耗中国。当将中国耗得无力之时,或启动其他代理人战争继续给中国制造麻烦,或直接自己上阵将中国击倒。中日爆发冲突甚至局部战争的时间,个人看法是很可能在 2017～2020 年之间。原因有多方面,主要是基于中国 2020 年前后 GDP 将可能超越美国,这会引发美日共同的焦虑;另一方面是,那个时候战争的准备可能就差不多了。到那个时候在中国实力更强的同时,中美之间的利益分歧将更大。所以,中日爆发军事冲突的条件将更加充分。

在南海方向,美国已开始试探和越南结成准盟友关系的可能性。美国试探方法很简单,就是向越南发信号,准备解禁对越军售,出售武器清单中甚至包括 P-3 侦察机这种只卖给重要盟友的高端装备。最新报道称,越南态度表现得非常积极。一旦美国快速展开对越高端军备军售,即可确认为美国和越南结成了准盟友关系。

美国为什么这么做呢?其根本原因就是要挑起中越之间的代理人战争,试图将中国拖入中越战争的泥潭中。同时,还要借此破坏中国和东盟的关

朋友来了有好酒，豺狼来了有猎枪：英姿勃发的中国海军
054A 型导弹护卫舰(图片来源：百度图片)

系，阻断中国 21 世纪海上丝绸之路战略。为了避免这一切的发生，中国方面现在也明显加强了对南海的控制，备战已越来越趋向于有针对性的实战。据报道，2014 年 9 月 23 日，中国在南海展开了代号为“联合行动-2014A”的军事演习[①]。该演习由海军、空军和二炮部队联合举行，并首次在一体化平台上进行联合指挥。这个演习意味着什么呢？意味着中国在南海的军事备战已开始越来越接近实战，如今已开始如美国般地展开更多军中的联合作战演习。未来，南海一旦有事，中国即可展开海军、空军、二炮部队的联合行动，后续还可以动用陆军。这种实战化的演习，再加上中国在南海出于和平与防务目的建设海军、空军军事基地，都是要防范美国及南海国家针对中国在南海的挑事计划或行为。

至于朝鲜半岛方向，是美国一直试图挑起冲突的地方。为什么这样呢？朝鲜半岛距离中国太近，一旦南北朝鲜爆发局部战争或冲突，必然会很大程度地牵涉中国的战略资源，也会快速恶化中国的周边环境，影响国际资本对中国的信心。同时，一旦朝鲜半岛南北爆发局部战争，迫于压力，韩国就可能加入美日韩三国联盟。一旦如此，美国就能借助美日韩联盟形成东亚对中国的包围圈。

① 资料来源：《人民日报》，2014 年 9 月 24 日。

著名的"天安"号事件,美国之所以一直试图将责任往朝鲜身上引,目的就是加速朝鲜半岛南北双方的敌对。对于半岛局势,中国现行政策旨在破解美国的美日韩三国联盟计划。虽然现在朝鲜半岛局势在可控范畴之内,但若东海爆发战争,这事变数就大了。因为一旦中日爆发战争,那么美国为了分散中国注意力,就可能挑起半岛局势,从而导致中国自顾不暇。甚至美国还会进一步激化南海局势,导致中国顾此失彼。

因此,客观上,代理人战争距离中国并不远。作为中国来说,现在只能握紧拳头,在进行内部经济结构转型、产业升级及资源整合时抓紧备战。一旦有国家胆敢挑衅中国,应立刻对其实施雷霆万钧的还击,用极强的战争能力将对手在短期内打瘫、打残。针对这一点,近几年中国已做了很多准备。譬如,上述在南海的军事演习已经进行过N次,且越来越实战化,瞄准谁不言而喻。而在东海,中国海军的演练、海空军的演练及与陆军的登陆作战演习,瞄准哪里也是不言而喻的。

今天的战争,距离我们实际上并不远。今天的我们,全民都应保持头脑清醒,提高警惕。在对未来周边针对中国的、可能存在的代理人战争做足备战的同时,要有充足的心理准备。当然,也不必为此紧张,新中国成立一年就能将战争推出国门之外(朝鲜战争),21世纪的中国在这种冲突中不会吃亏,战争也很难燃烧到本土。我们要做的就是,有心理准备,一旦有人向中国发起挑战,我们要全力支持中国予以强烈回击,以保护中国的核心利益和战略利益。

占豪感悟

中东,这个利益太过错综复杂的地方,如今依然被裹在战火之中,这一切有其自身的原因,但大国利益在其中的较量也是根本原因之一。

这里不得不说一下ISIS,这个恐怖组织真是一个奇葩,其脱胎于"基地"组织,却是在以美国为首的西方滋养下茁壮成长的。ISIS之所以获得如此快速的发展，根本原因有三个：一是美国发动阿富汗战争、伊拉克战争，使得中东成了利于像ISIS这样的恐怖组织滋生的温床；二是以美国为首的北约打利比亚战争时，支持并帮助ISIS打击卡扎菲政权，结果这批人在战场上锻炼出来了战斗力，而且得到了很多武器；三是以美国为首的西方本来想借助ISIS推翻巴沙尔政权，所以最初不但对其纵容，甚至还给予支持。

就像之前分析的那样，美国不是打不了ISIS，而是美国根本就不想打。关于这一点，我们从2015年9月俄罗斯出兵叙利亚打击ISIS后的效果即可看出，美国在中东的实力比俄罗斯强大太多了，但ISIS愣是在美国眼皮底下壮大了，还差点推翻了伊拉克政权。ISIS在鼎盛时期所占据的伊拉克和叙利亚地盘甚至超过一个叙利亚的国土面积。而在支持ISIS方面，土耳其与其交易石油给ISIS提供了大量财源，而这些石油最终大部分卖给了以色列和日本，这两个国家都是美国盟友。由此可以看出中东局势之复杂。

不过，这一切都在普京出兵叙利亚打击ISIS后发生了剧变。俄罗斯出兵后，ISIS在中东被有效遏制下来。不过，由于ISIS肆虐所制造出的数百万难民已经形成不可控之势进入土耳其和欧盟，结果给土耳其和欧盟带去了连番的恐怖袭击，甚至包括美国也因为ISIS的因素而连连遭受恐袭。这些剧情，再次验证了“搬起石头砸自己的脚”的这个古训。如果美国发动两场战争，中东就不会成为恐怖主义滋生的温床，也就不可能有那么多恐怖组织；如果不是以美国为首的西方支持ISIS促其发展壮大，ISIS就不可能制造出那么多难民，这些难民也就不会困扰欧盟和土耳其，包括欧盟和土耳其也不会有那么多恐袭，美国同样不会因为受到ISIS的影响而接连爆发恐袭事件。但是，这一切都发生了，至今却看不到西方国家的反思。

然而，更为严峻的问题是，美国遏制中国的力度越来越大，甚至不能完全排除中国周边爆发军事冲突甚至出现代理人战争的可能。对中国来说，战争的逼近可能让中国不得不做更多的打算。

第7章

凋零的卢布

刀光剑影里的美俄货币战争

◎ 闪击卢布

◎ 西方加码，俄罗斯能挺住吗？

◎ 普京的应对之策

闪击卢布

卢布崩盘,一场策划已久的货币绞杀阴谋!

美国和俄罗斯开始血拼,针对俄罗斯卢布的货币战进行得如火如荼,白刀子进、红刀子出!美俄货币战有多惨烈,令人震惊:

2014年12月15日,卢布一夜暴贬10%,美元兑卢布现货盘中突破64。为了阻止卢布贬值和防控高通胀风险,在汇市收盘数小时后,俄罗斯央行意外宣布,将关键利率从10.5%大幅上调650个基点到17%。这是俄央行不到一周内的第二次加息。

结果,在12月16日的欧洲交易时段,俄罗斯卢布兑美元再次扩大跌幅,逼近80大关,日内跌幅近20%。算下来,卢布贬值幅度差不多有五成,这意味着卢布的国际购买力折半。如此暴跌,可以认为卢布崩盘,贬值已阶段性失控。俄罗斯股市的情况又如何呢?RTS指数①当天大跌19%,创1995年以来最大跌幅。为了控制卢布下跌,莫斯科交易中心表示不接受美元兑卢布高于64.445 9的报价。

那么,是什么原因导致俄罗斯卢布和股市的崩盘式暴跌呢?三个原因:

(1)油价暴跌。

在过去半年的时间里,美原油由104美元每桶跌至54美元每桶;过去14个交易日从76美元以上每桶跌至54美元每桶,半年跌幅近五成。伦敦布伦特原油的价格在过去5个多月的时间内,从112美元以上每桶跌至59美元

① RTS指数,即俄罗斯交易系统指数,开始计算于1995年9月1日。该指数设立较早,涵盖面较广,所选企业代表性较强,因而反映市场情况较为准确,故常被分析家们引用来进行每日和每周的市场述评。

每桶,跌幅也有四成多。

按此跌势,原油恐怕要到每桶 40 美元上下才会止跌。而之前俄罗斯的财政预算都是按原油每桶 80 美元以上制定的。如此依靠能源出口、产业如此单一的国家,遇到如此严峻的经济形势,再加上资本撤出,俄罗斯经济崩溃就不奇怪了。这是俄罗斯卢布和股市暴跌的原因之一。

(2)西方制裁导致俄经济举步维艰。

在过去大半年内,以美国为首的西方针对俄罗斯进行了严厉的经济制裁,俄罗斯也进行了一系列反制裁。欧俄制裁,彼此都受伤,但鉴于俄罗斯的经济实力,相比西方经济实力差距很大,因此对俄罗斯的经济影响要比对欧洲的经济影响大很多。这种制裁令俄罗斯的经济非常艰难,这也是俄罗斯不断拉中国到远东投资的根本原因。而俄罗斯派副总理来中国,就是要招商引资。

(3)做空卢布的货币战。

俄罗斯的卢布、股市暴跌得如此惨烈,除上述两个因素外,最重要的还是西方资本做空卢布。

卢布崩盘暴跌,本质上是一场赤裸裸的现代货币战争,这是以美国为首的西方国家展开的对俄罗斯卢布的绞杀行动。这次的货币战行动布局已久,从乌克兰暴乱开始,差不多有一年时间。如果从策划开始,恐怕过去数年,美国都在策划和准备着对俄罗斯卢布的绞杀。

从过程上看,对卢布绞杀主要分为如下四步:

(1)推翻乌克兰亲俄政权。

美国通过资助乌克兰反对派,推翻亲俄的亚努科维奇政权。然后,通过背后推动乌克兰加入欧盟和北约,来分化和恶化欧俄关系。这一行动,目的有四个:一是推动欧俄尖锐对立,破坏欧俄新关系进程,延缓欧亚大陆一体化进程;二是通过恶化欧俄关系,推动新冷战的形成;三是迫使俄罗斯不得已为自救而割裂乌克兰,同时导致西方世界对俄罗斯的经济、金融展开一系列制裁;四是通过对俄罗斯的制裁,在经济上击垮俄罗斯,以便于对下一个目标——中国——进行如法炮制的围攻。

推翻乌克兰亲俄政权,使得俄罗斯不得不投入巨大的人力、物力自救。因为乌克兰对俄罗斯来说太过重要,俄罗斯一旦失去乌克兰,西面将无任何屏障,接着美欧就会以此为跳板,分化俄罗斯内部,俄罗斯的其他加盟共和国就可能像现在的乌克兰各个地区一样一个个闹独立。到那时,俄罗斯内乱不止,一盘散沙,将无可救药。

俄罗斯有普京,自然不会让事情发展至此。所以,早期就支持东部民间武装对抗乌克兰亲西方政府,同时推动克里米亚独立加入俄罗斯,在保住对黑海控制权的情况下,还能利用克里米亚威慑欧洲,找到地缘反击点。

客观上,在 2014 年上半年的对垒中,俄罗斯损失不小,但欧洲损失也不小,损失最大的是乌克兰。总体而言,俄罗斯的损失从得到的克里米亚的领土中弥补了回来。在这次对抗中,俄罗斯的反击是无奈的反击,但在上半年以较小代价换取更大利益,斩获不小。

(2)一系列制裁和封锁。

借助乌克兰的局势,美国挟持着欧盟,对俄罗斯展开了一轮轮的经济制裁、金融封锁。如此的结果是,俄罗斯的经济压力越来越大。俄罗斯不但难以再从西方市场获得资金,还有更大规模的西方资本从俄罗斯撤离。如此的结果是,卢布不断贬值,股市不断下跌,经济增长停滞。

(3)打压油价。

如果仅仅是前两步,俄罗斯经济虽然会比较艰难,但不会伤筋动骨。然而,美国岂会善罢甘休,于是重新拿起了曾经在 20 世纪 80 年代使用过的“石油武器”,通过打压油价来打压俄罗斯的经济。

由于苏联的解体已严重破坏了原来苏联的整个国家经济体系,俄罗斯的经济结构因此非常单一。2013 年,其财政收入的 52%来自油气出口,其油气出口占出口收入总额的 68%(2013 年,其石油出口收入为1 736.68亿美元,天然气出口收入为 672.3 亿美元)。这就意味着,其社会福利、军费等各种财政开支多半来自能源出口。俄罗斯 2014 年的财政预算是假定原油价格在每桶80美元以上,而现实原油价格只有每桶54美元,可见其压力多大。

一路下行的国际原油价格(图片来源:新浪财经)

由此可知,打击俄罗斯经济的七寸就是打击能源价格。由于俄罗斯能源出口收入大部分来自石油,而天然气基本是协议价格,所以打击俄罗斯经济就是打击原油价格。

过去半年,面对世界经济疲软的预期,国际油价不断下跌。油价下跌主要有三个原因:一是沙特为了与美国打击伊朗和俄罗斯;二是沙特为了借机打击世界发展页岩油产业;三是华尔街借机做空石油。沙特不减产,OPEC成员国谁都不敢减产,因为减产意味着自伤。在美国和沙特的联手做空下(沙特王室一定在期货市场上也做空原油,并不会少赚钱),国际油价暴跌。这一重击让俄罗斯经济濒临崩溃。

(4)油穷"币"现。

美国资本在做空石油时,一定会顺势做空卢布,并不断加压。如今,在巨大的做空压力下,国际油价越跌越快,与此同时做空卢布的力量也在不断增加。于是,我们看到随着油价不断下跌,俄罗斯卢布和股市崩盘的壮观场面。

可以毫不夸张地说，这是一场西方由国家层面到资本层面的各方利益针对俄罗斯的经济绞杀，是一场赤裸裸的货币战争。

货币战是美国最拿手的，在这个世界上几乎所有像样的经济体都经历过。20 世纪 80 年代针对苏联，90 年代初针对日本，1997 年亚洲金融风暴针对东南亚国家和我国香港、台湾，1998 年针对即将“出生”的欧元……如今，这把“刀子”对准俄罗斯猛捅。事实上，美国针对中国的货币战也早已布局。2000 年后逼人民币升值就是货币战的开始，如今联合西方绞杀俄罗斯卢布是针对人民币的预演。

西方加码，俄罗斯能挺住吗？

2014 年卢布连续下挫，俄罗斯股市闪电崩盘，RTS 指数周二大跌 19%，创 1995 年以来最大跌幅。卢布和俄罗斯股市崩盘是近年来最大事件，和国际原油价格崩盘彼此相关、遥相呼应，成了全球热点。

以美国为首的西方绞杀卢布是一个策划已久的事件，而绞杀的绳索正在进一步勒紧。

白宫 12 月 17 日凌晨宣布，总统奥巴马将签署新的援助乌克兰法案，其内容包括对俄武器和石油行业的进一步制裁。白宫发言人乔希・厄尼斯特称，他预计奥巴马即将签署这项《支持乌克兰自由法案》。

事实上，美国参议院已全票通过了这项法案，其内容是批准美国政府对俄罗斯武器公司及高科技石油项目的投资者实施新的制裁措施，同时向乌克兰政府提供 3.5 亿美元的军事援助，希望借此向俄罗斯总统普京进一步施压。法案发起人之一、共和党参议员鲍勃・考克说，该议案获得参议院全票通过，显示了他所说的“对乌克兰主权的坚决维护”。然而在国会投票前，白宫表示，美国单方面采取行动可能会造成华盛顿与欧洲的分歧。

从上述新闻中我们可以看到，这则法案是2014年12月13日通过的，而卢布下跌显然与此有直接联系。因为做空卢布和国际油价的资金主要来自以美国为首的西方。此时，美国两党合作全票通过这样一个法案，就是要施压俄罗斯，同时鼓励乌克兰政府继续打内战拖住并消耗俄罗斯。由此我们可以看出，美国绞杀俄罗斯卢布的力度又加码了。

而在这之前，德银就向俄罗斯发出警告称："德银认为西方缩小制裁和外汇市场流动性改善是俄罗斯资产价格企稳的必要条件。"从这句话中能读出什么？能读出这是西方对俄罗斯的要挟，即只有西方缩小了制裁，俄罗斯经济才能真正企稳。换句话说，就是只有俄罗斯向西方屈服，西方才会缩小制裁。当然，如果不屈服，西方就会继续加码制裁。

俄罗斯是如何表态的呢？在美国国会通过新的制裁法案后，俄方即强硬表态。据参考消息报道，俄外交部发言人亚历山大·卢卡舍维奇12日在一份声明中说："《支持乌克兰自由法案》具有公然对抗的性质，未经辩论和正常表决就获得了美国国会批准，这只会引起我们的深切遗憾。"该声明还表示："我们不会对威胁低头，不会放弃我们的国家利益，不会允许干涉我们的内部事务。"

俄罗斯副外长谢尔盖·里亚布科夫13日称，如果华盛顿因为乌克兰危机对莫斯科实施新制裁，俄罗斯将采取反制措施。

由上可知，面对以美国为首的西方的绞杀，俄罗斯表现出了足够的强硬。俄罗斯的不妥协，决定了西方对俄罗斯的货币战不会很快停止，而是会继续加码。当然，对俄罗斯来说，哪怕妥协了，以西方人的做事习惯，他们也必然会择机加码搞掉俄罗斯。因为在美国看来，俄罗斯现在是美国国家战略的最大绊脚石，必须搬开方能全力对付中国。普京政府深知自己的处境，因为20世纪90年代俄罗斯已经历过一次。对俄罗斯来说，只有足够强硬，才能获得包括中国在内的非西方力量的支持，俄罗斯也才能不被西方击溃。

俄罗斯现在的情况怎么样呢？虽然有媒体报道称俄罗斯出现抢购潮、货架被搬空云云，但事实上并非如此。虽然卢布、股市都崩盘了，但俄罗斯社会并未如西方预期的那样崩溃。根据驻莫斯科记者卢宇光的澄清，俄罗斯秩序正常。另外，也有不少网友联系了生活在俄罗斯的朋友，称没有发生大规模抢购事件，社会秩序也没发生混乱。

事实上，俄罗斯也采取了一系列措施，包括对哄抬物价者进行重罚，如果违法抬价甚至要承担刑事责任，同时俄政府还采取行政措施降低油价和稳定农产品价格等。不过，由于卢布的暴跌，还是有大量民众抢购进口商品和排队换汇以规避风险。

那么，面对重挫的货币、股市，为何俄罗斯的社会经济不会崩溃呢？

笔者认为，俄罗斯经济大概率会崩，但俄罗斯会崩而不溃。所谓崩而不溃，就是虽然货币、股市出现一轮崩盘，但整个社会不会崩溃、国家不会崩溃。这是由俄罗斯过去一年布局以及当前国际局势决定的。

俄罗斯不可能向西方妥协。因为对俄罗斯来说，妥协意味着俄罗斯要崩溃，西方从不会对妥协的对手仁慈，一定会下死手直到对方瘫痪。苏联解体后，曾经持续10年的社会崩溃让俄罗斯很受伤，经历全过程的普京绝不会让历史重演。反抗，俄罗斯经济虽然可能因此而崩溃，但以当前国际形势而言，俄罗斯的形势会比20世纪90年代好得多。

俄罗斯这个国家经济虽然不够发达，属于不那么有钱的国家，但俄罗斯的财富却是非常巨大的。我们不妨看看俄罗斯的财富：国土面积1 707万平方公里，森林覆盖面积占国土面积的50.7%，居世界第一位；水力资源居世界第二位；石油探明储量82亿吨，居世界第八位；天然气占世界探明储量的1/3，居世界第一位。

资源如此丰富，旁边又有一个“油老虎”——多少资源都能吃得下的中国，还愁资源卖不出去？俄罗斯真急眼了，那是什么都敢卖的主，沙俄皇帝把阿拉斯加都卖给美利坚了。所以，拥有如此丰富资源的俄罗斯，加上如此需要资源的中国，俄罗斯必然崩而不溃！

我们知道，20世纪90年代俄罗斯经济曾经因为听信西方而崩溃过，甚至整个90年代的大部分时间内，俄罗斯经济和社会都处于崩溃或崩溃边缘。那

么,为何这次俄罗斯能做到崩而不溃呢?在笔者看来,原因有四个:

(1)俄罗斯的实力与20世纪90年代不可同日而语。

20世纪90年代,苏联刚刚解体,俄罗斯虽然从苏联继承了大部分遗产,但由于苏联的整个经济体系崩溃,国家分裂,经济运行处于半瘫痪状态。当时的俄罗斯,一方面物资严重不足,另一方面要学西方搞市场化完全没有经验,于是盲目听信美国用所谓“休克疗法”去“治疗”经济(具体细节参见拙作《大博弈:中国之危与机(形势篇)》)。结果休克后西方人躲到一旁去了,俄罗斯经济因此彻底休克,GDP严重倒退。1997年亚洲金融危机之前,俄罗斯经济一直是负增长。与此同时,俄罗斯还受困于车臣战争①。但是,过去十多年则不同,俄罗斯经济因为油价大涨而增长很快,除2009年外GDP都是正增长,实力已经较强。

在20世纪90年代,俄罗斯基本没什么外汇储备,而今天的俄罗斯差不多有4 000亿美元左右的外汇储备可用,另外还持有1 000多吨的黄金,关系国计民生的物资储备也比过去好得多。虽然俄罗斯一直有较为严重的通胀,过去4年也还是能控制在10%以内。更为关键的是,虽然石油价格大跌给俄罗斯经济带来巨大压力,但俄罗斯的石油出口并未受到任何影响,与中国的大单能源合作也为俄罗斯减压不少。

一个储备了十多年的大国,现在面临巨大的经济困难是客观事实,但也仅仅是巨大经济困难,还不会轻易被击溃。

(2)国际大环境与当时大不相同。

20世纪90年代的国际大环境,苏联崩溃,美国发动海湾战争和南斯拉夫战争,气势如虹,当时没有任何国家有能力敢向美国叫板,对于在苏联崩溃废墟上苟延残喘的俄罗斯,没几个国家正眼瞧上几眼,大家都唯美国马首是瞻。

① 车臣战争是指20世纪90年代俄罗斯联邦与其下属的车臣共和国分离分子之间爆发的两次战争。车臣战争有着深刻的历史和民族因素。第一次车臣战争爆发于1994年12月11日,1996年8月31日停火,车臣获得非正式的独立地位。第二次车臣战争爆发于1999年8月,2000年2月28日俄罗斯控制了绝大部分车臣土地,获得胜利。不过,战后车臣的恐怖活动依然频繁。(资料来源:百度百科)

2014年则大不同，美国穷兵黩武加上经济危机已经让其实力大打折扣，与此同时是世界其他大国的崛起。如今，中国的经济实力已是世界第二，GDP超过美国GDP的一半，按照世界银行和国际货币基金组织根据购买力平价计算的GDP已经超过美国；欧盟整体的GDP是客观上的世界第一，随着德国的崛起，欧洲也有自己的算盘；其他崛起的国家包括印度、巴西、俄罗斯等国。

和过去美国一言九鼎、一家独大不同，如今世界多极化越来越明显。甚至，以中俄为首的金砖国家已经开始在以美国为首西方主导的世界经济体系之外另起炉灶。过去几年，中俄合作成立了金砖国家新开发银行及应急基金，中国还搞了亚投行，提出了对未来世界影响非常巨大的“一带一路”战略。相比过去，非洲、拉美、中亚这些国家更加倾向于同中、俄合作。

基于这种大环境，我们看到当以美国为首的西方制裁俄罗斯的时候，俄罗斯可以从金砖国家和其他新兴市场国家中得到相应的支持。譬如食物、日用消费品和一些装备的进口等，都不会因为西方的制裁而真正“断炊”。

20世纪90年代，这个世界上基本没有哪个国家能真正帮助俄罗斯(中国倒是力所能及帮了不少，这也是中俄今天能够互信的基础)，也没人愿意帮助俄罗斯。今天则不同，包括中国在内的很多国家不但能帮助俄罗斯，还能从帮助俄罗斯的过程中获利不菲。以美国为首的西方进行的一系列经济制裁、封锁，对俄罗斯经济的确产生了巨大压力和破坏力，但俄罗斯在国际上不会像上次那样显得那么孤单，毫无帮手。基于当前大环境，所谓的封锁，西方只能封住一面，另一面依然和俄罗斯有很好的经济贸易往来，如此并不能真的让俄罗斯国家和社会崩溃。一个被封了那么多年的朝鲜都没崩溃，一个N多倍于朝鲜的俄罗斯能短期崩溃？那是不可能发生的事。

(3)俄罗斯国内民意与当时完全不同。

20世纪90年代，俄罗斯被西方欺骗，接受西方的“休克疗法”，结果经济休克后西方承诺的援助根本没有兑现。又由于当时的俄罗斯民众对西方还抱有很多幻想，所以俄罗斯的国家政策一直是首鼠两端，难有成效。在经过

10 年的惨淡生活后，俄罗斯民众从对西方国家的幻想中醒了过来。如今，我们可以看到反美、反西方的总统普京在俄罗斯国内有极高的支持率。哪怕是极其困难的现在，普京支持率依然很高。俄罗斯国内如此高涨的民族爱国热情，加上支持率超高的国家领导人，使得俄罗斯国内政治形势与 20 世纪 90 年代完全不同。俄罗斯从政府到民众，普遍已经接受了国家要面对压力和挑战的现实，并准备共同面对这一挑战。

就在俄罗斯民众面对卢布崩溃的情况下，虽有抢购进口商品和奢侈品、抢着换汇以规避风险的情况发生，但基本的生存保障品没有被大规模抢购，供应暂时也没问题。有俄罗斯市民在接受采访时说："已经习惯了(西方的制裁)，我们不怕。"面对卢布和股市的崩溃，反倒是美国到现在依然有大规模的示威游行。

普京政府有如此的支持率，西方又没办法完全将俄罗斯封锁，俄罗斯作为一个坐拥世界最丰富资源的大国，又怎么可能轻易被打压崩溃？

(4)俄罗斯采取了正确的应对政策。

在西方不断制裁、卢布暴跌的情况下，俄罗斯没有采取降息和释放流动性的办法对冲，而是采取了大幅加息的方式来控制通胀。为什么俄罗斯会采取这样的方式，而不是降息、注入流动性？根本原因有两点：一是俄罗斯国内实体经济体系很薄弱，降息、释放流动性等方式并不能让俄国内经济转好；二是卢布本身就在贬值，俄罗斯央行在试图阻止贬值，如果降息、注入流动性只能导致卢布贬值更快，会适得其反。俄罗斯采取的措施是由俄罗斯的经济结构决定的。

除了上述货币政策外，俄罗斯还通过降低成品油价格和用行政命令的方式稳定食品价格，如果商家囤积居奇或大幅涨价，会受到俄罗斯政府的重罚，甚至会因此追究刑事责任。这一系列措施使得俄罗斯并未出现特别大规模的抢购潮，社会秩序也没有出现混乱。

对俄罗斯来说，只要能够保持社会稳定，保持物价总体稳定，再考虑到俄罗斯还有三四千亿美元的外汇，俄罗斯老百姓的生活品质虽会因经济下行压力而下降，但一时半会衣食住行都不会有太大影响。这种现实情况决定了俄罗斯经济有可能出现阶段性崩溃，但国家和社会都不会因此崩溃。

那么，俄罗斯会何时反击呢？

西方舆论认为，俄罗斯面对货币和股市崩溃已经没招了，好像很快普京就会投降一样。事实真的是这样吗？答案显然是否定的。俄罗斯官方的态度自不必说，哪怕在货币层面俄罗斯也不是毫无办法，毕竟俄罗斯手里有三四千亿美元外汇和一千多吨黄金，真的下决心应对，至少能阶段性稳住货币。但是，从俄罗斯的动作上看，虽然也用了不少手段试图稳住卢布，但并未真正下血本去这么做。

俄罗斯为何眼看着卢布崩盘也不进行大举反击呢？原因有三个：

第一，国际油价并未见底，此时反击时机不对。

打压油价就是打压俄罗斯经济的七寸，这一点众所周知，美国正是抓住这一点并下了狠手。从架势看，国际油价最终被打压到每桶 40 美元上下是完全有可能的。阿联酋官方已明确表态称，哪怕国际油价跌到每桶 40 美元，OPEC 都不会减产。这意味着，包括沙特在内的中东产油国已准备将国际油价打压到每桶 40 美元。从现在情况看，包括沙特王室和中东国家在内，一定都在华尔街大笔做空了国际油价。所以，虽然卖油国家有损失，但在做空期货方面也有对冲。如果俄罗斯央行为了稳住卢布而大幅消耗外汇储备，随着油价下跌必然会有更多卖空者加入，会白白消耗外汇，损害自己的国家实力。

油价是不可能无限制下跌的，OPEC 成员国可以一时忍得低油价，但谁都无法长时间消耗。油价跌到每桶 40 美元以下，会有很多国家不得不因为成本原因被迫减产。到那时，卢布恐怕也就跌到底了，西方资本做空卢布的动力也就消耗得差不多了。这个时候，俄罗斯的反击时机才真正到来，也才能真正稳住阵脚。

因此，本质上说，现在俄罗斯“不作为”是因为时机不到。对于经济实力不够强大的俄罗斯来说，择机反击非常必要。只有当“利空”出尽，俄罗斯才能有机会下手反转，这和操作股票的原理基本是一样的。

第二,此时救卢布犹如给西方资本输血。

西方从俄罗斯撤出资产的决心已下,短期内是不可能反转的。在这种情况下,维持卢布币值和股市市值,反倒是帮助西方资本高位套现。无论是卢布还是俄罗斯股价,跌一跌也许更有利于俄罗斯政府和俄罗斯盟友在低位拿到低价资产。

第三,货币贬值有利于俄政府保证财政收支平衡。

卢布兑美元贬值了,这意味着俄罗斯政府在出口石油和天然气时可以收到更多卢布。客观上,这有利于俄罗斯通过金融手段,将国家更多资金汇聚到政府手中,政府就有能力通过调动更多物资来保持社会稳定(此时计划经济的优势就出来了,在资源相对匮乏时,通过计划分配有利于支撑更长时间)。

那么,何时俄罗斯会真正反击呢?

相比俄罗斯,会有更多国家承受不起油价的下跌,当 OPEC 成员国中大部分成员开始无法承受低油价时,那么俄罗斯一定会再次呼吁减产。到那时,差不多就可以一呼百应,顺利实现。

事实上,俄罗斯真的没有资源可用吗?非也!作为最重要的合作伙伴,中国有的是钱,而俄罗斯自己则有的是资源。只要俄罗斯愿意拿出资源交换,中国为俄罗斯提供资金完全没有问题,现在中国就等着买便宜资产了。更何况,中俄已结成准盟友关系,是全球的战略“小伙伴”,双方大的战略利益是一致的。对中国来说,是不可能看着俄罗斯倒下的。但是,我们看到,俄罗斯虽然不断向中国招商以及进行各种合作,却并未向中国伸手求援。可别忘了,无论是上合组织内部还是金砖国家内部,都有针对金融的应急基金。可俄罗斯至今也未提出任何要求,这充分说明两点:一是俄罗斯认为自己现在还能支撑,完全没有问题,不需要外力帮助;二是俄罗斯认为反击时机还未到。

但是,只要时机到了,作为有能力反击西方的俄罗斯是不会善罢甘休的。中国作为俄罗斯的准盟友,且深知中俄彼此是唇亡齿寒的关系,所以也绝不会袖手旁观。如今,国际油价暴跌,俄罗斯挡不住也不准备挡,中国作为耗油大户当然乐见其成。

可以预见,由于俄罗斯并没准备向美国和西方妥协,美国也已准备好了新制裁,未来俄罗斯必然会承受更大经济压力。那么,作为最重要的全球战略"小伙伴",后面当俄罗斯承受更大经济压力时,中国必然会出手挽救俄罗斯。那么,中国会何时出手呢?

普京的应对之策

2014年12月18日17:00,俄罗斯总统普京召开年度记者会,这是普京第十次举办年度记者招待会。普京的年度记者会可谓世界瞩目,仅参会记者就有1 200多人,原油、卢布和黄金价格在普京记者会期间更是剧烈波动。

普京的年度记者会(图片来源:《新华日报》)

在会前俄方就称,对话题和时间不作限制。参会的媒体除了俄国内媒体外,世界主流通讯社以及《纽约时报》等大报都有记者出席。在卢布崩盘、股市大跌后,各方都希望从普京的记者会上一探究竟。对于西方媒体来说,他们希望找到普京准备如何应对危机的计划,更希望普京能在乌克兰问题上向西方屈服,以换得西方放松对俄制裁。

但是,令西方媒体和政客失望的是,普京没有表现出任何屈服的意思,甚至根本不认为当前俄罗斯处于危机当中,只是将眼前困难称作"经济困境",而且他还自信能在两年内走出这一困境。普京甚至认为,不用两年,明年年初就会有所好转。

普京为何如此自信?他下一步准备怎么应对以美国为首的西方的绞杀呢?我们虽无法得到俄政府的全部计划,但从普京记者会上的回答和公开的一些信息中,依然可以窥斑见豹。在笔者看来,普京未来可能采取如下措施应对危机:

(1)借力打力,转变经济增长方式。

普京在记者会上谈及俄罗斯经济时说:"显然,造成现状的主要原因是外部因素……主要是原油和天然气价格。""但是,需要指出,我们没有完成经济多元化计划。"普京说,西方国家就乌克兰问题对俄罗斯实行的多轮制裁并非俄经济现状的主要影响因素,它只占"25%或者30%"。

从普京记者会上的表态可以看出,通过这次西方对俄罗斯的"群殴",其已充分认识到俄罗斯能源经济的脆弱性。普京已经准备将西方给予俄罗斯的压力作为改变自己的动力,即通过改变经济增长方式,促进经济向多元化发展来调整俄罗斯的经济结构。

从战略上说,俄罗斯借势而为是正确的。而且,由于中国提出了"丝绸之路经济带战略",这让俄罗斯看到了发展自己基础设施以及开发远东的机遇。从某种意义上说,过去俄罗斯靠自己无法完成经济结构调整,但如今因为中国的发展,机会来了!

(2)与中国加强合作。

普京在回答新华社记者提问时说,"幸运的是,我们和中国没有什么利益冲突”，中国是俄罗斯最大的经贸伙伴，尽管世界经济遭遇了一定困难，但俄中两国 2014 年贸易额将达到 900 亿美元，今后将继续增长，“对这一点我深信不疑”。他说，两国经贸中重要的任务是使贸易结构多样化，主要是在增加高科技领域合作方面。两国在航天领域、航空制造领域有合作项目，包括生产飞机、重型直升机等。两国还在其他一些有潜力的新方向上进行合作。普京说，俄中两国在国际舞台上有很多共同利益，两国在联合国安理会的合作毫无疑问是稳定当今世界局势的一个重要因素。

在回答中俄关系时，普京是不吝赞美之词。从普京的话语中我们可以知道，与中国加强合作是俄罗斯经济多元化的重点，也是俄罗斯的国家外交战略重点。普京在记者会上提到包括高科技领域的合作，如航天领域、航空制造领域等。

事实上，普京没说的还有很多。譬如，中俄未来必然深化合作开发俄罗斯远东，中俄已经签署了诸如合建电厂的供电协议。双方还将就丝绸之路经济带的基础设施投资进行更多合作，譬如俄罗斯至中国的高铁建设等。

中国正在进行经济结构转型和产业升级，考虑到中国是世界上工业链最为完整、经济结构相对较为完善和市场潜力巨大的国家，在中国转型升级的当口，正是俄罗斯配套中国进行经济多元化的战略机遇。中国不但需要俄罗斯的资源，还可以帮助俄罗斯进行基础建设和投资，并能在更多领域展开高级别的合作。

(3)不会拿外汇储备对赌卢布币值。

普京对俄罗斯央行采取的政策很满意，认为采取了正确的政策。对此，我们实际上之前也分析过，为什么俄罗斯采取了加息等政策来控制通胀，而不是通过放松流动性来刺激经济或通过卖出美元来维持卢布稳定。

事实上，俄罗斯拥有4 100多亿美元的外汇储备，如果俄罗斯想维持卢布稳定，至少阶段性是完全可以做到的。关于为什么没有这么做，我们在前面的文章中也分析过。这里，我们再补充一条，即俄罗斯将4 100多亿美元的外汇储备和1 000多吨的黄金储备作为其保障国计民生的救命钱，是用来维护经济平稳运行和社会稳定的保障金,不会轻易动用。从某种程度上说,俄罗斯宁愿接受卢布的暴跌,也不愿意拿自己的外汇储备和美国进行卢布汇率对赌。

之所以这样做,道理很简单,若俄罗斯为了维持卢布价格而大量损耗美元外汇,其结果是,美国会不断利用华尔街资本来挑起对俄罗斯的卢布攻击。如此一来,俄罗斯将会处处被动,美国就可以通过在卢布汇率上制造剧烈波动,来不断消耗俄罗斯的外汇储备。持续下去的结果是,当有一天俄罗斯外汇储备消耗殆尽,就再没有外汇进口外国食品、消费品等物资,俄罗斯的社会稳定就会遇到大麻烦。如此再通过舆论宣传,就能搞乱俄罗斯,甚至推翻普京政权。

从现在俄罗斯所采取的策略上看,既然油价还没见底,那就将主要精力放在控制国内物价上。如此,拥有4 100多亿美元外汇和1 000多吨黄金的俄罗斯,面对以美国为首的西方的金融攻击,就能较长时间地保持社会稳定。这样做的结果是,美国通过金融投机对卢布进行攻击将无法真正影响到俄罗斯内部。俄罗斯这么做,可以尽量争取时间。在这段时间内,俄罗斯再通过更广泛的国际合作及转变经济增长方式,就有了化解西方制裁和金融攻击的空间。

另外,俄罗斯也有应对之策。俄罗斯官方曾表示,从 2015 年元旦起,天然气出口以卢布结算。由于舆论都集中在卢布崩盘的热闹中,没有人注意这则消息。这则消息意味着什么呢?意味着一旦实施,进口俄罗斯天然气的国家将被迫购买卢布。这么做的结果是什么?不言而喻,卢布汇率就会上涨,到那时俄罗斯再借力打力,至少可以用极少的资源来达到暂时稳一稳卢布的目的。而且,如果在这种时候还要打压卢布,显然受损的将不止俄罗斯,还会有欧盟。普京所说的之后俄罗斯经济会有起色,可能指的就是这一手段实施后的效果。

(4)准备好应对原油价格跌至每桶 40 美元,并准备进一步反击。

普京对于暴跌的油价也表现出了足够的淡定。普京在记者会上表示,俄罗斯经济拥有乐观的基础来适应低油价,即使油价跌到每桶 40 美元,俄罗斯也可以应付。而且,普京对俄罗斯经济实现增长很有信心。

事实上,这也是普京的一种心理战,和之前说油价低于每桶 80 美元对谁都没好处的威胁一样都是政治语言。油价跌到每桶40美元对俄罗斯经济肯定是重大打击，这毫无疑问。但是，油价跌到每桶40美元左右或以下，挺不住的将不仅是俄罗斯，有很多不如俄罗斯的国家会更惨，这些国家必然会因为成本原因而减产。这时，油价自然会企稳回升，俄罗斯也就迎来了反击时机。换句话说，这时俄罗斯的经济以及卢布也都算见底了，见底了人的信心将回升，经济自然会转好。这恐怕也是普京判断最长两年时间的原因之一。

(5)继续保持对西方的军事威慑。

以普京的做事风格，俄罗斯显然会加强对西方的军事威慑。原因是，对俄罗斯来说，军事威慑是保持对西方心理优势的手段。试想，如果俄罗斯没有如此强大的军事能力，围殴恐怕就不仅仅是局限于经济层面了。譬如，苏联解体后南斯拉夫在面对西方施压时不屈服，结果就直接被北约肢解了(这次李克强总理访问了塞尔维亚，直接和很多中东欧国家大拉家常，意味深长)。为了震慑西方，俄罗斯不会因为经济原因而降低军事威慑，普京的强军计划一定会继续推行。

(6)继续推动东乌克兰自治，推动乌克兰联邦制建设。

西方制裁俄罗斯经济、围剿卢布，目的虽然是多重的，但最直接的一个就是让俄罗斯在乌克兰问题上向西方示弱，从而形成俄罗斯放弃乌克兰的既定事实。然后，再由这一既定事实向前运作，形成俄罗斯已向西方屈服的景象和形势。通过这种运作，再形成国际效应合力，从而对反美阵营或美国认为的敌对阵营各个击破，以达到维系美利坚霸权的目的。

基于这样的战略利益，俄罗斯不可能放弃乌克兰。如此一来，妥协点就只能是乌克兰实现联邦制，东乌克兰高度自治。这也意味着俄罗斯绝不会允许东乌克兰落入亲西方的乌政府手中，俄罗斯也绝不会向西方屈服。如果美国继续支持乌克兰现政府打内战，那么俄罗斯必然会继续支援东乌克兰。这应该是普京下一步的一些措施方向。当然，以普京的性格，未来完全有可能在某些方面出其不意地出手，我们拭目以待。

占豪感悟

俄罗斯是一个地缘政治强国,历史上无论是沙俄时期还是苏联时期,俄罗斯都拥有极强的地缘政治手腕,哪怕今天的俄罗斯已不复当年之勇,在普京的领导下俄罗斯依然维持了其世界大国地位。但是,不得不说,俄罗斯从来都不是经济强国,无论是沙俄时期还是苏联时期都是如此,俄罗斯出过那么多伟大的政治家、艺术家,却没有出过一个像样的经济学家,这不仅与俄罗斯人的性格有关,也可能与俄罗斯领土太过广袤而根本不需要精耕细作有关。

正所谓打蛇打七寸,西方人正是抓住了俄罗斯的这一弱点,当年把苏联打垮,经济手段就是其主要手段之一;20 世纪 90 年代把诞生在苏联废墟上的俄罗斯打入经济危机深渊也是西方的手段;现在为了打击俄罗斯,更是采取了全面经济制裁的策略。

在这次的制裁中,俄罗斯经济遭受重创,不过由于普京在政治上没有犯错,与中国拉近关系使得以美国为首的西方虽然可以打击俄罗斯经济,却不能导致俄罗斯社会的崩溃。于是,我们看到,俄罗斯虽然很受伤,但其国家反而更加团结一心应对美国和西方。

然而,令人遗憾的是,虽然中俄经济合作越来越多、越来越深化,但俄罗斯在拓展经济发展空间方面依然办法不多,譬如俄罗斯在远东地区的开发方面一直魄力不够,不敢与中国展开特别深入的合作,这也使得俄罗斯经济一直较为脆弱。

未来,俄罗斯能否彻底扭转局面,很关键的一点就是能否与中国开展更大范围的合作,包括远东开发和"一带一路"战略的落实。如果普京做得好,则俄罗斯会更快走出危机;反之,俄罗斯就会继续在危机中挣扎更长时间。

当然,相比 20 世纪 90 年代的俄罗斯,今天普京的应对能力已经是天壤之别。可以毫不夸张地说,如果没有普京,俄罗斯根本没有能力应对西方的制裁,这既是俄罗斯的现实,也是无奈。

第8章

长袖善舞

中美的太极推手

◎ 中美关系的弹性

◎ 拉丁美洲的价值

◎ 输出“革命”:西方的利益争夺

◎ 奥巴马和索罗斯为何齐向中国“开炮”?

◎ 中美的棋局

◎ 亲诚惠容:中国建设“朋友圈”

中美关系的弹性

美俄在乌克兰大斗法。关于这一斗法，主导激化乌克兰局势的是白宫。但美国现在已经取得了阶段性成果，那就是自2008年格鲁吉亚战争以来瘫痪的北约军事机制开始重启了。正是为了重启北约军事机制，美国才给欧盟制造了俄罗斯这个“敌人”。如今，北约峰会矛头直指俄罗斯(到底多大程度上针对俄罗斯，还要看峰会相关消息充分披露后才能作出判断)。

对欧盟来说，它们并不需要俄罗斯这个“敌人”;对美国来说，则需要俄罗斯扮演欧美的“敌人”，因为这样可以让美国找到重新领导欧洲的权力。有了这个权力，美国就能调动更多资源，也就能更好地维护其全球霸权。如今，这一目标正在实现中。

美国之所以要这么做，还有另一个原因，就是要给世界局势制造动乱的局面，世界各个区域都乱了，资本就会向美国国内流动，这是美国化解债务黑洞的关键一招。2015年美联储加息，如果世界上还有其他大的经济体能够容纳资本，美联储加息对资本的吸引力就会大打折扣，就可能导致美国功败垂成，最终资产价格泡沫破裂而债务危机爆发。在这之前，美国需要制造足够多的国际危机，从而迫使美元回流美国。

我们之前分析过，美国用乌克兰局势搞俄罗斯，目的是要重新控制欧洲，并借欧洲之力通过北约束缚住俄罗斯，然后腾出手实行亚太再平衡战略。如此一来，美国的成本不但最低，后面欧、俄借机侵蚀美国战略利益的机会也减少了。中国可能面临巨大的战略压力和困局。因此，要尽最大努力不让这种格局形成，中美之间形成建设性的新兴大国关系就尤为重要。

历史上，新兴大国在崛起的过程中，往往会与霸权国家产生利益冲突，这种冲突最终有可能演变成对立、对抗,甚至是世界大战。第一次世界大战和第二次世界大战都是新兴大国挑战霸权国家而引发的。如今,中国是世界最大的新兴国家,美国是地球唯一的霸权国家。在这种情况下,中美的利益冲突不可能避免。因此,如果中美之间发生对抗,绝非是两国之间的对抗,而是必然会形成两个阵营,最终结果不是世界大战就是冷战。所以,历史告诉我们:中美对抗,必将酿成世界性灾难。鉴于中美共同的利益更多,中美之间深入合作,不但造福两国人民,还能造福世界。事实上,就当前世界而言,世界性的和平重任就落在中美两国的肩膀上,哪一头挑不好,和平就会被打破。

2014 年 7 月 9 日,在第六轮中美战略与经济对话上,习近平主席指出:“宽广的太平洋有足够的空间容纳中美两个大国。中美双方应该加强对话,增信释疑,促进合作,确保中美关系始终不偏离构建新型大国关系的轨道。”[①]

世人瞩目的中美战略与经济对话(图片来源:《金融投资报》)

2016 年 6 月 6 日,在第八轮中美战略与经济对话和第七轮中美人文交流高层磋商联合开幕式上,习近平主席指出:“宽广的太平洋不应该成为各国博弈的竞技场,而应该成为大家包容合作的大平台……中美在亚太地区拥有广

① 参见习近平主席在 2014 年第六轮中美战略与经济对话和第五轮中美人文交流高层磋商联合开幕式上发表的题为《努力构建中美新型大国关系》的致辞。

泛共同利益，应努力培育两国共同而非排他的'朋友圈'，都做地区繁荣稳定的建设者和守护者。我们要厚植两国人民友谊。双方要为两国各界交往搭建更多平台、提供更多便利，让中美友好薪火相传、生生不息。"①

中美一旦爆发世界性的大对抗，必然会导致灾难性后果。客观上，这种情形不但中国不希望，全世界都不希望，其中也包括美国。美国深知：和一个拥有 13 亿多人口的中国对抗，特别是和经济规模很快将会与美国持平的综合国力很强的大国对抗，以现在美国的实力并无胜算。在这个世界上，从来不缺跟在螳螂后边的黄雀。就当前的国际环境而言，美国只要发起针对中国的对抗，一方面，无疑会制造出不少美国的敌人；另一方面，必然会对美国造成巨大消耗。一旦如此，无论是俄罗斯还是欧盟，都很愿意做那只黄雀。这一点犹如第一次世界大战和第二次世界大战，英国虽然也是战胜国，但第二次世界大战后，英国就退居为美国的跟班小弟，全球霸权瞬间崩溃。

所以，就现阶段来说，国际环境还不具备让美国发动对中国的全面对抗，因为在这种对抗中受损最大的是中美两国，而俄罗斯和欧盟则可借机获利，这并非中美双方愿意看到的。以当前美国的实力，与中国对抗需要调动大量资源，如此全球布局就会被打乱，而那些美国抽出力量的地盘很快会被其他国家填补。这些现实，决定了美国现在不可能发动针对中国的大对抗。

至于中国，根本无意和美国对抗，中国对挑战美国霸权毫无兴趣，中国只想走符合中国战略利益、符合中国文化的独立自主道路。这种道路对美国的霸权或有影响，但绝非刻意挑战。在这方面，只要中美加强沟通与合作，未来很长一段时间，双方都不会在美国霸权问题上发生根本性分歧，但前提是美国别对中国行使霸权主义。中国希望中美之间是以和平共处五项原则来保持平等的交往与合作，互惠互利。所以，只要美国不发动针对中国的大对抗，中国就不会发动针对美国的大对抗。这一点毋庸置疑。

但我们也注意到，最近几年美国主导颠覆了乌克兰亚努科维奇政权，并

① 参见习近平主席在 2016 年第八轮中美战略与经济对话和第七轮中美人文交流高层磋商联合开幕式上发表的题为《为构建中美新型大国关系而不懈努力》的重要讲话。

试图挑起俄罗斯与欧盟国家关系的恶化，挑起俄、欧的对抗，引导俄罗斯和西方关系走向新冷战；支持日本解禁集体自卫权，并推动东海、南海局势复杂化。

因此，中美之间存在一定程度的紧张关系，原因如下：

(1)中美的地缘关系。

随着中国国力强大，中国必然会维护自己原来维护不够有力的属于中国的海权，如此就会和美国的亚洲盟友产生利益冲突，因为它们侵占了中国的很多海洋权益。当然，鉴于中国防务范围的扩大，这也会和美国遏制中国的战略形成冲突。特别是中国要走向蓝海，一定会面向西太平洋、南海、印度洋，以保护中国的全球经济利益。在这种情况下，中美在地缘上存在某种紧张是必然的。

(2)中国实力的增长。

中国发展的速度完全超过了西方的预料，超出了西方特别是美国对中国发展节奏、速度的控制。随着中国国力的强大，中国国力的增强与美国最近10年国力的衰落形成彼此实力的消长。虽然中国不称霸，不会刻意去挑战美国霸权，但中国的强大必然遏制美国在世界上的霸权能力。如此，客观上就形成了美国霸权能力的下降。所以，美国一定要想办法削弱中国，从而维系自己的霸权，美国一定会这么做，而且不遗余力。

(3)中美的经济摩擦。

中美博弈之所以主要在桌面下，没有搞得特别公开化，甚至中美还达成了构建“新型大国关系”的共识，根本原因除了中国实力增长外，更重要的是中美经济捆绑得过于紧密。中美不但互为第一大贸易伙伴，中国还是美债第一大持有国，美国和中国在彼此的国家内都有大笔投资。美国和中国撕破脸，不但要承受巨大的政治和军事压力，经济压力会更大，那将会是“伤敌一千，自损八百”的结果。而且，即便如此，美国也很难制服中国。这么做的代价是巨大的，因为一旦美国和中国敌对，在不能收服欧盟和遏制俄罗斯的情况下，后两者就可能在美国背后捅刀子。如此，美国可能将面临1对3的局面，这样下去美国将衰落得更快，这绝非美国想要的。正是基于此，美国才要先强拉着欧盟施压俄罗斯，并为后面施压中国做准备。

随着开支的不断增长，美国的债务危机已经快撑不住了。看看美国股市，已经到了历史高位，当前美国资产的高估值是美国债务黑洞没有暴露的最重要原因。因为美国股市和楼市估值高了，资产增加了，相对来说负债率就显得少了；负债率低了，再加上因楼市和股市上涨而带来的资本收益，美国的债务黑洞暂时还不那么明显。

但是，股市和楼市上涨是有限度的，就像坐庄一样，股价炒得再高无人接盘，鉴于资金使用也有成本，股价再高也还是会崩溃。坐庄一定要找接盘的下家，美国现在要将利润兑现出来，也得找下家。所以，美国必须吸引国际资金到美国高位接盘或给美国股市支撑高估值，当出货出得差不多了，然后通过刺破泡沫从而赚取差价补上债务黑洞。这是美国继续缓解债务压力的手段。

因此，美联储加息，吸引国际美元回流，就是要解决债务问题和经济发展问题。当然，美国这么干，正常情况下必然伴随着其他国家的危机。而且，这个危机的国家越大，美国会越好，因为那样会有更多资本向美国流动。美国这么干，当然最希望的就是把在中国沉淀的资本给吸走，将中国发展的成果据为已有。

如此，问题来了，中国经济不但还有巨大发展空间、活力，中国国家的综合国力也让美国并不能通过军事或政治压力来解决。面对中国的经济增长空间和政治稳定，资本在流动时并不单单会选择美国，也会选择中国。在这种背景下，中国的资本不但不会大量流向美国，还会分流那些本来可能流向美国的资本。如此一来，美国当然对中国恨之入骨，当然会施压中国并试图搞乱中国，以避免上述情况发生。

让美国更加头疼的事还在于，中国不但财政能力很好，负债率低，中国的货币政策还有很大的调整空间。譬如，中国非常高的存款准备金就能在美国加息时释放出数十万亿元的人民币。待美国加息，一些资本向美国流动并也向中国分流的时候，中国即可通过降准释放人民币来对冲国际上美元的不足。到时候，一些资本从新兴市场向美国流动，新兴市场会缺钱，中国可能借机向这些国家输送人民币。这样的结果是，美国加息不但救不了自己，反而可能成为中国人民币国际化的催化剂。这样的结果简直是美国的噩梦。美国怎么可能会爽？怎么可能不来找中国的茬？中美又怎么可能不进入对抗“季节”呢？

站在中国角度来说，中国人民苦干了六十多年才有今天的成绩，决不允许任何国家想空手套白狼，通过金融掠夺中国。因此，在中俄主导下，不但有了金砖国家新开发银行及应急基金，未来还会有东亚基础建设开发银行，与非洲、拉美都有更多金融、投资、贸易等经济合作……

在这种大背景下，中美关系必然步入既存在一定紧张，又具有可建设性的局面。对中国人民来说，朋友来了有好酒，敌人来了有猎枪！中美两国应当共同努力“登高望远，加强合作，坚持合作，避免对抗，既造福两国，又兼济天下”。①

拉丁美洲②的价值

中国领导人的拉美之行

当今世界大国博弈，美国实际上一直在犯一个战略性错误。在犯什么战略性错误呢？即美国不应该把大部分精力都放在欧亚大陆，而是应该将更多精力放在美洲，巩固美国在美洲的地位，经营美洲。但是，如今的拉美反美者

① 参见习近平主席在2016年第八轮中美战略与经济对话和第七轮中美人文交流高层磋商联合开幕式上发表的题为《为构建中美新型大国关系而不懈努力》的重要讲话。

② 指美国以南的美洲地区，包括墨西哥、中美洲、西印度群岛和南美洲。因长期沦为拉丁语族的西班牙和葡萄牙的殖民地，现有国家中绝大多数通行的语言属拉丁语族，故被称为拉丁美洲。

众多，虽有明反和暗反，且暂时不会对美国产生大的影响，但美国已经错过经营拉美的最佳时机。这就是美国人犯的一个战略性错误。那么，为什么说这是一个战略性错误？这个问题我们需要从更深层的地方挖掘原因。

读过《货币战争背景：中国经济与应对方略》、《大博弈：中国之危与机》系列的战友应该对一个经济学当中的基本规律较为熟悉。即在工业化社会当中，市场需求越大，产品生产成本越低；劳动力越丰富，生产成本越低；生产设备越先进，生产成本越低。在当今社会大多数产品的生产总体工艺差不太多的情况下，市场需求空间以及劳动力丰富程度就是产品生产成本的关键。

中国是世界上人口最多的国家，中国在改革开放后如何获得的竞争力？根本原因就是中国巨大的人口规模、低廉的劳动力成本。低廉的劳动力成本从哪里来？从我国改革开放后人口不断增长中来。我国成为制造业大国是在2000年后，那时候中国人口已经接近13亿，如果没有这样的人口基数作为基础，我国劳动力成本不可能这么低，中国制造也就不可能席卷世界。

所以，是中国的人口奠定了中国经济发展今天的成功。未来，中国13亿多人口的市场潜在空间又是巨大的经济拉动力，中国产能和中国巨大人口的消费需求对接，会迸发出巨大的经济能量，带来巨大的增长，使得中国经济继续保持高增长。中国，在2020年左右GDP即可超过美国。未来，中国的制造业效率还能因产业升级而实现效率和效益双提高，这也是中国GDP的巨大增长空间的另一个基础。

人口是对现代工业经济影响最大的因素之一。早在美苏冷战时期，美国和苏联人口都是2亿多不到3亿，两国还都影响着巨大的人口基数规模。在20世纪70年代前较长的时间，鉴于中苏都反美，所以美国对苏联是有些劣势的；但在70年代后，中苏交恶使得中美走近，最终结果是美国能够影响的人口远远大于苏联。在这种对比下，在美欧的经济实力远远大于苏联阵营的情况下，苏联因体力不支而崩溃。苏联的崩溃，其中最根本的因素之一就是经济体的人口规模比西方要小，经济发达程度不如西方。

如今，世界经济实际上是在走向区域集团化，即一个区域的经济集团由多个国家组成,譬如现在的欧盟就是典型的经济集团。这种集团整合的趋势,为的是将来在更大级别的集团竞争中取得优势。中国的优势相比他国非常明显,完整的工业体系、已经激发出来的生产力(这些是人口众多的印度所不具备的)、13亿多的人口,这一下子就让中国制造远远优于西方的体系,西方拼成本将永远拼不过中国。随着中国产业的升级,西方将在更多领域失去与中国制造的竞争能力。在这种情况下,西方想对冲这一负面作用的手段只有加速搞区域经济的融合,将更多其他国家的经济人口融入自己的经济体系当中,这样就可以利用自己的优势在和对方博弈中形成平衡。中国则更狠,是在原有10亿多人口的基础上,还要继续整合东南亚、中亚等地方。毫不夸张地说,再过20年,中国将是一条工业巨龙,世界上独一无二。

那么,美国想长时间和中国保持博弈平衡怎么办?就是立足于美洲,把美洲整个都纳入美国的经济体系当中,然后在未来还能领导世界,虽然无法再享受至高无上的霸权。而且,如此的话美国还能继续在欧亚大陆施加很大影响,美国依然可以很强大。但是,美国人没有这么做,而是继续耗费大量资源去遏制中国和俄罗斯,继续围绕欧亚大陆转。这样的结果是,20年后,美国在经济上恐怕将很难再与中国抗衡,到时候遏制中国自然有心无力。而美国无法遏制中国,又丢了美洲,以后还怎么混?这样的战略性错误,竟然没有美国战略家发现,而是继续采取遏制中国的战略,有些不可思议。但是,这一切都实实在在地在发生,这也许就是中华国运吧。

中国近些年一直在与拉美发展关系,已经取得了很多成果,中国和拉美国家的经济往来正在增加,中国甚至和巴西等国构成了金砖国家。某种程度上,中国和拉美一些国家的关系,比它们与美国的关系还紧密。而且,这种趋势会因为中国经济实力和经济往来规模的增加而发生质变。但这一切,美国人好像并未察觉,仍然盯着西太平洋。

习近平主席2014年7月中旬访问拉美四国,先访问巴西,参加金砖国家领导人峰会和中拉领导人会晤。这两起外交访问,一方面旨在成立金砖国家新开发银行,其主要功能是在金融上使金砖国家之间互保,这样会大大提高金砖国家的金融安全性。同时,该银行还将担负对相关国家基础建设投资的任务。这是什么意思?就是说,金砖国家成立的银行将替代西方把持的世界银行和国际货币基金组织的职能,类似这样的银行还将在上合组织、中国与东盟之间成立。一旦金砖国家新开发银行运转顺利,那么在金砖国家互保的同时,还能对诸如拉美等国家投资,对世界银行和国际货币基金组织作进一步替代。有了这个利器,就是去掉了发达国家套在发展中国家头上的金融枷锁。中国一旦通过金砖国家等平台,借助巴西在拉美站住脚,美国人再想撼动就非常困难了,而美国再想将拉美完全纳入自己经济体系也就很难了。

另一方面,习近平主席还建议成立中拉合作论坛,一旦该论坛成立,时机成熟就可以成立中拉国家开发银行,就又是上述过程的重复。想想看,如此下去,20 年后美国在拉美就不好玩了,到那时中美经济差距拉开巨大,美国人还想和中国进行对抗吗?难!所以说,中国客观上是在抄美国人的后院,中国的这些战略布局都是基于数十年的规划,这就是战略的远见。

另外,还有一则消息,即尼加拉瓜政府批复由中国公司开凿一条尼加拉瓜大运河,连接太平洋和大西洋。一旦这条大运河开凿成功,将会对原来美国修建的巴拿马运河形成很大的替代作用。中国借此运河可以加大对拉美的影响力。

习近平主席这次拉美之行,必然成果丰硕,而这是实实在在地抄美国后院,美国人知否?当然,他们是知道的,但是他们认为亚太再平衡更重要,因为亚太再平衡如果不搞,美国就得失去全球霸权。基于此,美国人顾不得拉美,认为距中国天高皇帝远,美国人随时可拿回来。但是,经济的运筹帷幄岂是一两天能成的?而且以中国蒸蒸日上的实力,多年运作岂是你说赶走就赶走的?一旦大势形成,将无力回天。与此同时,美国人遏制中国就能成功吗?可以肯定地说,美国人亚太遏制中国必然失败。如果美国人现在不在拉美打基础,将来亚太也遏制不住,后院又失去,美国人怎么在未来世界进行大国博弈?但哪怕如此,美国人还是很难调整策略,这一切都是贪欲使然。贪那个全球霸主地位,不甘心就这么收缩,但这一切最终会害了美国。中国应该坚持自己的战略，应该继续纵横捭阖进行大布局，继续以我为主打造大中华经济圈。20年后，所有的遏制将自动烟消云散。

奥巴马缘何突然致电在巴西访问的中国领导人?

2014年7月14日，奥巴马致电正在巴西福塔莱萨访问的中国国家主席习近平。

中国领导人这次访问拉美四国，俄罗斯总统普京也在几乎同时访问拉美多国。有趣的是，普京在访问拉美前，派特使、总统办公厅主任访华三天。这种时候提前访华，我们虽然不知道谈什么，但可以肯定关乎金砖国家会议。因为金砖国家在进行一个重大决策，成立一家金砖国家新开发银行。但从当时情况看，普京特使至少还应沟通了中俄访问拉美国家时的协调问题，因为中俄访问的国家中，有三个是重叠的。

中俄在几乎同一时间访问相同的三国，访问前还进行深入沟通，说明中俄两国在国家战略上已经具有非常强的一致性。进行提前沟通和协调，就是要向拉美国家传递一致的信息。这样的信息传递，有助于中俄共同的战略。而两个世界大国对拉美国家传递相似甚至完全一致的信息，对相关国家的影响可想而知。

我们看到，奥巴马在习近平主席刚到巴西时就给他打电话。一国元首不会轻易给另一国元首打电话，打这个电话一定是有什么重要原因。那么，中国领导人访问拉美有什么重要事件呢？从日程上看，最重要的事件就是成立金砖国家新开发银行。金砖国家新开发银行干什么用？主要有两个职能：一是对五国[①]进行基础建设投资；二是保障五国金融安全。这两个职能，客观上是对世界银行和IMF的功能替代，对金砖国家来说，金融安全功能甚至可用来对冲IMF和世界银行的负面作用。这个银行，现在五国共出资500亿美

① 指金砖国家新开发银行发起的五个国家：巴西、俄罗斯、南非、中国、印度。另外，金砖国家新开发银行不仅面向5个金砖国家，而且面向全部发展中国家，作为金砖成员国，可能会获得优先贷款权。

元，各家各摊 100 亿美元，未来还将扩展到1 000亿美元。从某种程度上说，金砖国家这是在对西方制定的经济游戏规则进行釜底抽薪，特别对美元将是一种打击。

而且，如果未来这种模式可以加大对发展中国家的基础建设投入，中国将会找到工业输出的国家，习近平主席访问拉美等国，应该就有这方面的合作。

那么，习近平主席和奥巴马谈了什么呢？根据新闻稿，概括起来就是，习近平主席强调的是中美双方应继续推进中美新型大国关系，而奥巴马也重申要发展两国的新型大国关系。然后就是交换伊核问题和朝核问题的看法。

事实上，奥巴马打电话绝非为谈这些和习近平主席访问无关的事。如果说，新闻稿公布的信息是全部，那说明奥巴马这个电话是为了和中国“打招呼”，毕竟拉美是美国的传统后院①。

中国又会怎么样呢？中国会继续推动与拉美的合作，尼加拉瓜大运河的投资②就是一项很大的基础建设投资。

美国对中国进入拉美虽有戒心，但美国并不会吸取教训，它依然会刚愎自用，会继续推动对中国的遏制。

就在 2014 年 7 月 10 日，美国联邦参议院通过亚太领土主权争议的 412 号决议案，要求中国将“海洋石油 981”钻井平台和护航船只撤离南海海域，恢复南海原状，敦促中国节制执行东海防空识别区的宣示。美国人搞亚太再平

---

① 1823 年 12 月 2 日，美国总统詹姆斯·门罗(James Monroe)向国会提出了由约翰·昆西·亚当斯拟定的国情咨文，咨文中有关外交方面的主要内容被称为“门罗宣言”。该宣言中宣称：“美洲是美洲人的美洲。”这实际上是美国企图在美洲地区建立统治，并且与欧洲列强争霸的宣言。(资料来源：百度百科)

② 尼加拉瓜运河线路从加勒比海侧的蓬塔戈尔达河，沿杜乐河进入尼加拉瓜湖，再到太平洋岸的布里托河口，全长约 276 公里，是巴拿马运河长度的 3 倍。航道规划底部宽度为 230～520 米，水深 27.6 米，航道的通过能力约9 100艘/年，计划 5 年内建成。40 万吨的大船，从委内瑞拉开往中国，将节约两个月的航行时间；而从上海到巴尔的摩，走尼加拉瓜运河航线要比苏伊士运河短4 000公里，比绕过好望角短7 500公里。运河运营期间预计创造 20 万个就业岗位；工程将耗资 500 亿美元，预定 2019 年竣工，2020 年投入使用。中国富商王靖拥有的 HKND 集团在香港成立尼加拉瓜大运河开发公司承建运河，并获得 100 年经营权利。2014 年 12 月 22 日，尼加拉瓜运河在尼加拉瓜里瓦斯市开工建设。(资料来源：百度百科)

衡是铁了心了。美国人真能遏制中国？事实上随着双方力量此消彼长，这种遏制必然破产。与此同时，中国正在经营美国后院，十年之后当美国知道已不可能遏制中国时，后院也丢了，这很可能就是未来发展的现实。而在美国海上遏制中国时，中俄已经联手大力发展丝绸之路经济带，美国对此又有什么有效办法呢？事实上并没有。

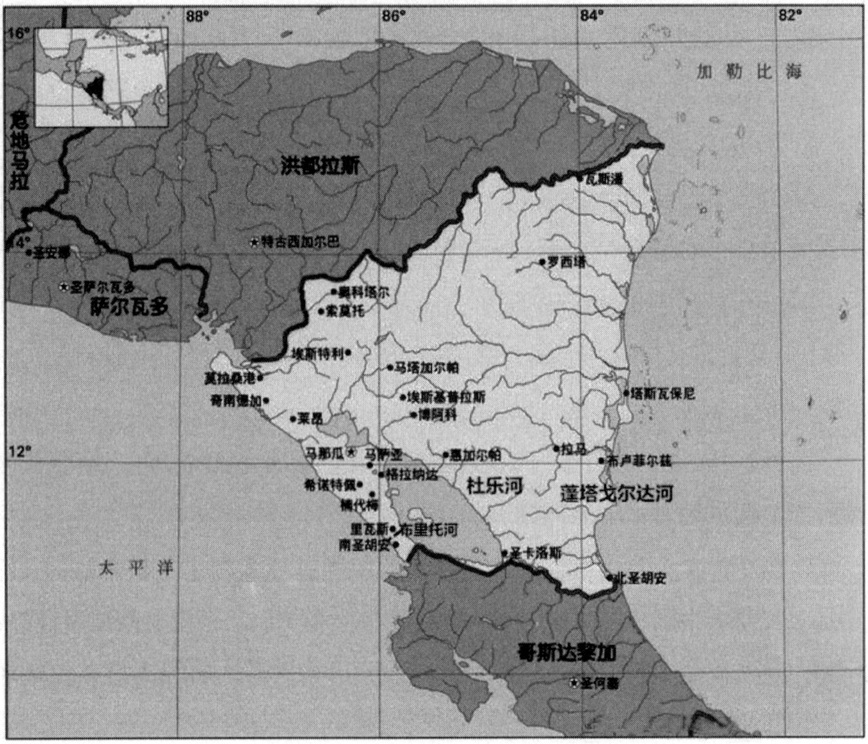

尼加拉瓜运河示意图(图片来源：百度百科)

美国正走在错误的战略路线上，但自大的美国人完全不知，这种自大将会在一二十年后真正付出代价。奥巴马的警告电话客观上不会产生任何实际作用，而美国的国家战略也不会因奥巴马知道中国抄其后院而有任何本质改变。

输出“革命”:西方的利益争夺

大国博弈下的“颜色革命”

环球时报年会上,关于“颜色革命”争得不可开交,引起一场风波。下面就根据当时的几个焦点问题谈点个人看法。

要谈“颜色革命”,我们必须搞明白什么是“颜色革命”。若根本搞不清“颜色革命”是什么就大谈特谈,岂不成了蛇行雀步?若大家再跟着蛇行雀步,岂不是被“卖拐的”拐到了“歪路”上吗?有声音甚至把“颜色革命”和我国的社会主义革命相提并论,将两者等同,这就更是风马牛不相及的乱比了。

(1)何谓革命?

什么是革命?革命有广义和狭义之分。从广义上讲,革命指推动事物发生根本变革,引起事物从旧质到新质的飞跃。从狭义上讲,革命主要是指社会革命和政治革命。广义革命范畴很广泛,譬如工业革命、技术革命、观念革命、信息革命……此处讲到的革命,主要是指狭义的、政治范畴内的革命。

何谓政治革命?列宁有过明确解释,即从马克思主义观点来看,革命就是用暴力打碎陈旧的政治上层建筑,即打碎那由于和新的生产关系发生矛盾而到一定时机就要瓦解的上层建筑。更直白点说,政治革命就是生产关系的重组。譬如,我国古代的大部分领导农民推翻前朝进行改朝换代的革命,都是重新调整社会生产关系的革命,也就是政治革命。

何谓社会革命?社会革命是指社会形态、社会制度的根本变革,即由一种先进的社会制度代替另一种腐朽的社会制度的变革。

近代世界上很多影响人类进程的革命往往都具有社会革命和政治革命的双重属性,这也说明近代人类进入了高速发展期。譬如英国的“光荣革命”

既是资产阶级的社会革命，也是政治革命；苏联的十月革命，既是无产阶级的社会革命，也是政治革命；中国的辛亥革命，既是资产阶级的社会革命，也是政治革命；中国共产党领导的社会主义革命，既是无产阶级的社会革命，也是政治革命。

政治革命有一个根本属性，即由于新的生产关系重组形成的新的政治力量，推翻阻碍生产力发展的腐朽上层建筑。政治革命一定是社会深层次的革命，涉及整个社会方方面面的生产关系重组，而不仅仅是政权的更迭。

社会革命是更深层次的革命，根源在于生产力与生产关系、经济基础与上层建筑的矛盾已无法调和，旧的上层建筑维护的经济基础阻挠社会的进步，社会总矛盾尖锐化并最终爆发，整个生产关系发生本质变化，并由先进的社会制度替代旧的社会制度，这才是社会革命。在近代，社会革命往往会伴随着政治革命，形成新制度下的上层建筑。

政治革命和社会革命的本质区别在于，政治革命是生产关系的重组，但不一定会出现社会层面的制度升级和生产关系的全新升级；社会革命则不仅仅是生产关系的重组，而是新的社会制度、新的生产关系的社会新模式，完全替代过去的社会制度和生产关系。诸如我国古代秦朝之后的王朝兴替多属政治革命，但都不是社会革命。直到辛亥革命开始，我国近代才算真正爆发社会革命。

搞清楚了什么是革命，“颜色革命”与革命又有什么区别呢？

(2)“颜色革命”与革命的区别。

要搞清楚“颜色革命”和革命的区别，我们首先得搞清楚什么是“颜色革命”。

颜色革命，又称“花朵革命”，是指21世纪初期发生在独联体国家和中东、北非地区的以颜色命名、以和平与非暴力方式进行的一系列政权变更运动。这些有着明确政治诉求的活动，背后一般都有外部势力插手的因素，经过社会动员，往往导致持久的社会对立和动荡，给执政者形成强大压力。

综观被称作“颜色革命”的那些所谓“革命”，有社会深层的生产关系的大重组吗？有涉及深层社会制度的大变革吗？有涉及广大百姓的生产关系的大升级吗？答案都是没有。不但没有，有些地方甚至还出现了制度倒退，譬如利比亚恢复了一夫多妻制之类的玩意。那些所谓“颜色革命”，连革命的最基本性质都没有，又如何能称得上“革命”？

所谓“颜色革命”，事实上与革命毫不相干，本质上不过是“颜色政变”而已。而且，这种“颜色政变”往往是一种由国外势力参与、支持甚至是操纵的政变。国外势力之所以支持、参与甚至操纵这种政变，目的是使政变后相关国家的政治“颜色”符合相关支持国家的国家利益。

以 2014 年乌克兰的“颜色政变”为例，亚努科维奇是乌克兰的合法民选政府，其政治上亲俄罗斯，对西方不利。于是，美国和西方利用亲西方的政客搞街头暴乱，通过制造社会混乱最终非法夺取政权。在这起事件中，被媒体披露的美国高官亲口承认，为乌克兰的政变花去数十亿美元。

乌克兰的“颜色革命”给国家和社会造成了巨大的伤害(图片来源:《环球时报》)

政变和革命有本质区别，前者只是政权更迭换人而已，同整个社会生产关系、社会制度的变革与升级毫不相干。所以，“颜色革命”根本不是革命。由此我们可以看出，拿一种本质是政变、被误称为“革命”的“颜色革命”，来和中国社会主义革命相提并论,并把中国社会主义革命的“红色革命”与“颜色革命”相比,是非常不恰当、不合适的乱比。

(3)腐败是“颜色革命”吗?

由上述“颜色革命”的本质我们可知,“颜色革命”本身是“政变”,是非法夺权,这和腐败毫不相干。腐败显然和政变不能等同,腐败问题哪里都有,政变发生与腐败也许有一定的间接关系,但往往不是直接原因。在这种情况下,又如何能将腐败与“颜色革命”等同和类比呢?

就当前中国来说,腐败力量虽然出现了集团化趋势,有的势力也的确很大,是真正的大老虎,但他们仍没有政变的力量和能量。原因很简单,腐败分子的负能量在党内虽有一定影响力,但仍无法与正能量相比。

腐败,某种程度上是生产关系的恶化,是制度弊端的爆发,是负能量,是逆历史潮流而行的腐化行为,可以批判,可以毫不手软地打击,它甚至可能是诱发社会革命、政治革命或“颜色革命”的因素之一,但绝不与“颜色革命”直接相关。

(4)我们为什么要反对“颜色革命”?

“颜色革命”的本质是与境外势力里应外合的“颜色政变”,是通过制造混乱来影响社会秩序,通过社会秩序混乱来实现浑水摸鱼的政治投机行为。那么,我们为什么要反对“颜色革命”、“颜色政变”呢?原因有三个:

第一,不干涉他国内政、尊重他国人民自己的政治选择是中国的外交原则。

“颜色革命”是什么?是有境外势力支持和参与的一种“政变”,这是对他国政治赤裸裸的干涉,这种干涉违反了中国的外交原则。违反中国的外交原则,中国自然是反对的,这当然毫无疑义。

第二,以美国为首的西方从未放弃对中国发动“颜色革命”。

以美国为首的西方,在世界很多国家都搞过“颜色革命”,都进行过“颜色政变”。在这个世界上,只要是反对美国的国家或者对美国全球利益不利的国家,美国都准备对其进行“颜色革命”和“颜色政变”,这已经是地球人皆知的事。中国是例外国家吗？显然不是，20 世纪 80 年代末那场风波还历历在目。

更何况，今天的中国已经被美国认为是它最大的威胁，是最大的竞争对手，美国全球战略布局因中国而改变，所谓重返亚太就是要对中国进行遏制。相比耗资巨大的军事部署的“低效”遏制来说，更“高效”的“颜色革命”、“颜色政变”当然是最佳选择。这些都是最浅显的道理。

如今，美国没有能力对中国进行“颜色革命”，并不代表美国不会为此而努力，美国前总统候选人、前驻华大使洪博培声称要用互联网“扳倒”中国的言论言犹在耳。

第三，国际意识形态斗争已进入白热化。

“颜色革命”、“颜色政变”本质上是通过意识形态、价值观的错误引导，在一国之内将意识形态斗争激化、社会矛盾激化来刺激内部矛盾的共振，从而达到破坏对手经济发展甚至颠覆对手政权的目的。

在这方面，中央已有深刻认识。2013 年 8 月，在全国宣传思想工作会议讲话中习近平总书记强调，意识形态工作是党的一项极端重要的工作，一定要胸怀大局、把握大势、着眼大事……要斗争，就要不怕鬼、不信邪，就要敢抓敢管、敢于亮剑。

中国是世界性大国，面对西方大国对小国、弱国的政治干涉、欺压，中国自然要发出正义的声音，当然要明确反对，这不但是维护自己的核心价值观，更是维护世界的公平正义，体现的是一个大国的大国责任。

据此，我们可以认清，“颜色革命”本质上是西方发达国家针对非西方国家释放的一个“政变”妖魔，是霸权主义在新时代对外实施政治“侵略”的一种手段。

西方会像围剿俄罗斯一样围剿中国吗？

以美国为首的西方，自 2013 年 1 月底乌克兰局势突然恶化开始对俄罗斯进行围剿,围剿带来了大国间的碰撞,吸引了世界的眼球(虽然欧盟是受迫的,并非如美国般那么实打实)。2014 年 8 月起,欧美对俄罗斯的制裁明显加大了力度,开始了在经济、金融领域对俄罗斯进行“绞杀”。

西方对俄罗斯的一致行动虽然还没让俄罗斯伤筋动骨,但无论政治外交、经济金融,俄罗斯都面临着巨大压力也是客观事实。那么,西方会对中国进行围剿和“绞杀”吗?

在这里不得不说一下中国的历史。

清末鸦片战争以后,中国实际上就被西方列强们绞杀过一轮。那一轮围猎绞杀,使得中国从世界上最富有的国家沦为世界上最贫穷的国家,持续混乱百年。自 1840 年鸦片战争到 1949 年新中国成立,中国非正常死亡人数肯定过亿。直到 1949 年新中国成立后,中国的噩梦才算结束。

所以,说西方列强不可能围剿中国显然是缺乏历史常识和警醒意识的看法。只要中国不够强大,以西方列强的品性,必会对中国展开围剿。看看西方列强在第二次世界大战后对中东、北非国家的侵略,对拉美国家的蹂躏,就知道一切都取决于国家实力,而非所谓自我安慰地认为西方不会侵略中国。

更直白点说,西方现在不敢侵略中国,并非它们不想,而是它们不能。是因为新中国成立后中国的逐渐强大,迫使它们不敢再妄想侵略中国。但是,它们从未放弃分裂中国的意图,西方列强中,哪一个国家都藏污纳垢着一批反华和试图分裂中国的黑恶势力,它们每年都会为此投入巨资以支持各种反华活动。所以,一定不要单纯地认为西方不会对中国进行围剿,如今并不是它们不愿意,而是没有相应的实力。

站在大国博弈角度说,理论上,以美国为首的西方能对俄罗斯干出的事情,也都能施加到中国身上,美国在东海、南海挑事,在香港支持“港独”,在台湾支持“台独”,本质上都是类似的活动。再如,美国和欧盟针对中国产品进行的双反调查,也是一种经济战试探。早在 20 世纪 80 年代末到 90 年代初,西方对中国的那些制裁比今天对俄罗斯的更为严重。因此,理论上完全可以认为,以美国为首的西方完全可能展开对中国的围堵和“绞杀”,对西方的这种意图,我们要保持高度的警惕,并对相关不好的苗头加以遏制。

当然,做任何事都要权衡利弊,崇尚丛林法则的西方做事更是如此。因此,我们可以毫不客气地说,西方不是不想搞中国,之所以现在没有像对待俄罗斯那样对待中国,是因为那样会伤害它们自己。综合起来看,具体原因至少有如下三个方面:

一是中国综合国力已足够强大,如果像对待俄罗斯那般对待中国,对美国自身伤害更大,容易让其他大国有机可乘,损害国家利益。

二是以美国为首的西方各国在过去些年在经济领域与中国捆绑得过深,使得这些国家无论是国内还是国家之间,都很难达成对中国采取一致行动的统一意见。

三是中国反制手段和反制能力远强于俄罗斯,并且美国很难真正统一西方国家意见。以对台军售为例,如今只有美国敢展开对台军售,其他国家均因中国的反制而不再敢这么做。

看上述三点,以美国为首的西方之所以没能像对待俄罗斯那样对待中国,本质上是因为中国的国力足够强大。同时,中国和俄罗斯不同,中国在文化上的确没有走霸权路线的历史,近代更没有与西方国家争霸过,这使得西方对中国的警惕相对比对俄罗斯要小一些。美国虽然现在将中国列为最大对手,但一方面美国不敢轻易与中国撕破脸,另一方面是因为只有激化欧俄矛盾后才能激起中欧矛盾。

但是,我们需要警醒的是,时移世易,这一切并非不可变化。那么,在什么条件下,以美国为首的西方会对中国采取如对俄罗斯般,甚至更加严厉的围剿呢?在笔者看来,应该至少满足如下三个条件中的两个:

第一,在美国挑拨下,欧俄形成新冷战后,美国重返欧洲,对欧洲形成和对日本差不多级别的控制力。因为只有形成了这样的控制力,欧洲才能唯美国的战略利益马首是瞻,欧洲的主要国家才会如第二次世界大战前后那样听美国的调遣。

第二,中欧关系因某些事件持续恶化,最终形成或接近形成全球新冷战。

一旦形成这样的格局，那么全世界大部分国家将处在一个阵营。一旦如此，美国可以控制欧洲，接下来就会展开对中国的围剿。

第三，俄罗斯在西方的压力下出现战略性妥协，俄罗斯的服软将会使得美欧腾出手针对中国，中国出现了势单力孤的局面。当然，中国在经济和军事能力上还得让西方列强看到它们有较大把握把中国围剿掉。如果中国在军事和经济能力上已经形成了某种优势，使得这种围剿不但会严重伤及自身，还没有希望获胜，那么围剿中国的格局就不太容易形成。

上述三个条件，只要出现其中两个，甚至出现第三条这一个条件，西方都可能展开针对中国的围剿。所以，我们务必要保持足够的理性和冷静，要审时度势，对当前的国际局势进行深入研究，并作出正确的抉择。

以当前阶段为例，中国就需要对俄罗斯进行强烈支持。因为一方面，支持俄罗斯，中国不但可以拿到与俄罗斯合作的好处，还能拿到与欧盟合作的好处，这种好处都拜美帝折腾所赐；另一方面，有俄罗斯帮助中国吸引火力，中国身上就会少很多战略压力，也就有更大的内部和外部的调整、腾挪空间。

以中国的实力，完全可以借助当前的国际局势重新制定一些游戏规则，同时与相关国家合作推动，从而以阳谋胜之。但想达到这一效果的前提是，中国的内心足够强大，在进行布局时有足够的战略性，并能借助各方力量来对中国的大国战略进行区域性和全球性的整合。

如今，中国正在向这个方向前进。中国和俄罗斯更加全面的战略合作、中国将俄罗斯的战略纳入中国的丝绸之路经济带战略当中，就是这一点的最佳体现。另外，诸如中国与金砖国家的合作、与东盟的合作，以及与欧盟的更加深入的合作等，都是这一点的体现。

中国要想避免西方展开如对俄罗斯那般的围剿，一方面务必要自立自强，另一方面务必要构建更高级别、容纳更多国家战略利益的大国战略。只要我们高瞻远瞩地制定出惠及更多国家和地区的战略，并能够顺利推行实施，所谓对中国的围剿意图就永远不可能实现。

奥巴马和索罗斯为何齐向中国“开炮”?

2014 年 8 月 2 日,在接受《经济学人》采访时,奥巴马明确呼吁要对中国强硬,态度坚决,呼吁欧洲和美国一起建立全球遏制中国的机制。8 月 4 日,索罗斯在“美国—非洲领导人峰会”期间举行的一个自然资源论坛上表示:“中国应公开披露因开采石油、天然气和矿产而向非洲国家政府支付的金额,从而让全球企业公平竞争,帮助各国为自然资源财富获得公平的交易。”索罗斯甚至说:“中国必须加入监管,否则他们就是掠夺者。”

这两则新闻的背景都是在华盛顿进行的“美国—非洲领导人峰会”,奥巴马受访是因为这一峰会,索罗斯则是在峰会间隙做的那番评论。8 月 4 日至 6 日,第一届“美国—非洲领导人峰会”在华盛顿举行。为了这次峰会,美国邀请了非洲近 50 个国家元首或政府首脑出席。美国将与非洲国家达成价值近 10 亿美元的合作协议,涵盖贸易、投资、农业、食品、能源、电力等多个领域。这种峰会,在美国外交史上尚属首次。

国际金融大鳄索罗斯(图片来源:《经济参考报》)

毫无疑问，美国的这一"外交盛事"是在学习中国。中非合作论坛自2000年开始部长级会议，在2006年曾举办了由42个非洲国家元首带队出席的中非合作论坛北京峰会。当时的那场峰会大大加深了中非的合作，中国在非洲的影响力也达到了新的高峰，中国自毛主席时期就经营的非洲终于开始在经济上产生巨大效益。美国自从在索马里"黑鹰坠落"后，过去很长时间都不怎么关注非洲，奥巴马在其第一任期内对非洲也关注寥寥。这次效仿中国搞这么大规模的峰会外交，则是有其全球战略考量的因素。

美国效仿中国，最大的瞄准目标实际上也是中国。从美国总统奥巴马和美国政要的表述上看，美国已将中国列为美国掌控的世界游戏规则的最大挑战者。为了阻止中国对美国的"挑战"，美国不但要在亚太遏制中国，还要在非洲遏制中国。所以，我们看到，奥巴马在访谈中做了大量内容的铺垫，最终话锋一转即瞄向中国。金融大鳄索罗斯则更直接，直接指责中国。搞笑的是，作为世界上金融掠夺的领航践行者，他竟毫无节操地将中国称为"掠夺者"，让人不禁哑然失笑。但不管怎么说，美国作为破坏中国全球战略的主体已毫无保留地呈现在我们面前。白宫所谓不对中国遏制都是骗人的鬼话，全球针对中国的遏制实际上却是无处不在。

为了对相关访谈有一个直观认识，我们不妨将相关新闻涉及中国的重点内容摘录如下：

奥巴马接受《经济学人》采访内容

经济学人：中国会遵循现有体系还是会挑战现有体系？我认为，这的确是我们这个时代一个非常大的问题。

奥巴马：是的。我认为很重要的是，美国和欧洲应该欢迎中国成为国际事务中的全面合作伙伴。我们应该承认，矛盾和紧张是不可避免的，但都是可控的。我认为，随着中国经济从简单的低成本制造到可望提升价值链的转变，随之而来的问题，比如说保护知识产权，就与中国企业紧密相关，而不仅仅是美国企业。

但我要说，你必须对他们态度坚决（pretty firm），因为他们在遇到阻力之前不会停手。他们不会感情用事，对抽象的概念也没兴趣，所以简单的对国际秩序的呼吁是不够的。必须有个机制，能在我们认为他们违反国际规范时对他们强硬，也会给他们展示（遵守规则的）长期潜在利益。这就可以成为应对其他新兴市场国家的范例。

索罗斯接受路透社采访相关报道

据路透社报道，亿万富豪投资者索罗斯周一称，中国应公开披露因开采石油、天然气和矿产而向非洲国家政府支付的金额，从而让全球企业公平竞争，帮助各国为自然资源财富获得公平的交易。“中国必须加入监管，否则他们就是掠夺者。”索罗斯在“美国—非洲领导人峰会”期间举行的一个自然资源论坛上说道。

自然资源管理研究所（Natural Resource Governance Institute）总裁 Daniel Kaufmann 指出，非洲每年开采的自然资源价值约为5 000亿美元，但政府从中获得的收入只有1/10。专注于非洲政治和经济发展的塔博姆贝基基金会（Thabo Mbeki Foundation）理事 Mojanki Gumbi 表示，每年有500亿美元的资金通过虚假价格贸易和腐败等非法形式离开非洲。

为了增强对自然资源的责任，美国和欧盟已经通过法律，要求公开上市的相关企业披露支付给政府的金额。此外，包括很多非洲国家在内的35个国家是采掘业透明度行动计划（Extractive Industry Transparency Initiative，EITI）的成员。EITI 是政府、企业和民间社会的联合体，致力于通过设立支付披露的全球标准，提升自然资源收入管理的责任。

索罗斯呼吁非洲国家敦促中国加入 EITI，并呼吁将支付披露的范围扩大至林业和农业。

“中国的加入非常重要，我们必须准备好重新考虑 EITI 的结构，否则中国不会考虑。”索罗斯说道。

上述两则新闻选摘的内容，都释放了非常强烈的针对中国的信号。

索罗斯释放的信号是，要遏制中国从非洲获得资源的能力，将中国从非洲获得资源的能力纳入西方的监管（控制）体系当中，从而在经济上遏制中国的发展，卡住中国经济发展的喉咙，遏制中国在世界经济体系中的影响力拓展。在过去几年，美国深深感受到中国对美国构建的世界经济体系的挑战。令美国人头痛的是，今天的局面是美国人自己一手造成的，中国是在美国缔造的体系下崛起的，美国对中国的崛起不但缺乏预估，甚至毫无有效的遏制办法。因为在现有的利于美国的体系下，遏制中国就会损害美国，美国陷入投鼠忌器、首鼠两端的两难境地。但美国又不得不遏制中国，因为美国越来越担心新的规则诞生会使美国彻底失去全球霸主地位。以现在的经济增速，中国将在 2020 年左右 GDP 超过美国而成为世界第一大经济体。美国若无法在经济上有效遏制住中国，综合实力逆转就只是时间问题了。所以，索罗斯透露的信号是明确指向要压制中国获得非洲资源的能力，实际上就是要在经济上卡住中国发展的喉咙，从而迫使中国将发展的利益更多地通过金融、定价权等转移给美国。

奥巴马释放的信号是，中国必须遵守美国制定的世界经济游戏规则，美国和欧洲应联手制定全球遏制中国的机制，以迫使中国必须在西方制定的规则中行事。奥巴马是在告诉欧洲，中国挑战的是当前有利于西方的经济体系，这个体系中美国虽然是最大受益者，但欧盟也是仅次于美国的利益攸关者，欧盟不能坐视不管，应和美国联手共同全方位地遏制中国。这种遏制，按美国的意思应包括经济、金融、政治甚至军事。

无论是索罗斯还是奥巴马，其实透露的信息本质上是一个，即中国必须听美国的话，必须采取各种措施迫使中国听美国的话，在这方面欧盟应与美国联合起来。同时，他们也在“忽悠”非洲国家的政府，让中国遵守西方制定的规则。

总而言之，索罗斯和奥巴马同时向中国“开炮”，目标是要迫使中国成为听美国话的温顺“狮子”，而且还要给中国这头“狮子”戴上镣铐和笼嘴（建立遏制中国的强制性机制），让中国这头“狮子”无法越“雷池”一步（美国制定的规则)。

分析到这里,奥巴马和索罗斯的目的我们清楚了。总结起来主要有三点:

一是在拉拢非洲,提高中国获取资源的成本,降低中国获得非洲资源的能力。

二是联合欧盟增加欧美对非洲的控制。

三是联合欧盟构建对中国的遏制圈,包括在金融、经济、政治和军事上展开对中国的遏制。

不过,关于奥巴马和索罗斯为何齐向中国"开炮",我们的分析到这里不能就此打住,需要更深入、更详细地分析。我们必须将焦距拉远,从全球大国博弈和大国战略的角度来分析第一届"美国—非洲领导人峰会",我们必须搞清楚美国召开该峰会的更多意图与美国全球战略布局的关系,方能对相关影响作出评估,并找到应对之策。

美国搞美非领导人峰会显然是向中国学习,这一点毫无疑问。国际有评论认为,这是美国试图要取代中国在非洲的地位,而美国总统奥巴马为降低中国警惕,还特意学了一下习近平主席的表述方式,即"非洲足够容纳中美两国"。

美非领导人峰会取得了什么成果呢?合作领域非常广泛,涵盖贸易、投资、农业、食品、能源、电力等多个领域。但是,笔者却不得不将美国的这一行为称为"邯郸学步"。因为虽然美国邀请了非洲50来个国家领导人参加峰会,这也是美国首次进行这种大规模外交,但美国与这50来个国家仅仅签署了10亿美元的合同,平均一个国家2 000万美元。与之相比,在2006年召开的中非合作论坛北京峰会上,中非就签署了19亿美元的合同。更为重要的是,当时中国和非洲已经制定了相应的发展规划,而中非合作论坛更是已经进行了14个年头。两者相较,谁在非洲方面投入得多、经营得深不言而喻。所以,称美国"邯郸学步"并不为过。

当然,美国也给非洲开了一个很大的空头支票,最初彭博社报道说,奥巴马将宣布一个向非洲投资 140 亿美元的计划，但等奥巴马宣布时，这一数字变成了 330 亿美元。奥巴马说，投资主体主要来自私营企业，例如可口可乐和 IBM 等。这些所谓的投资，事实上能兑现多少是非常不确定的未知数，甚至未来十年恐怕连 1/10 也难以兑现。

因为私营企业目的是赚钱，美国的高端产品投资非洲，首先投资环境绝大部分地区都不合适，其次非洲高端产品市场太小，这种无法赚钱的风险项目谁会去投资？至于私营部门的融资，又能融哪些项目？难道融资给非洲由中国承建吗？事实上，美国可向非洲输出的东西相比中国有限得多，中国如今已超越美国成为非洲第一大贸易伙伴。更为重要的是，美国提供的资金成本一定比中国高，而且还会附加各种条件，这些都不是非洲国家所喜欢的。

中国则不同，中国能够提供从融资到基础设施的设计、施工、运营等一条龙的服务，非洲所有需要的商品中国基本都能提供，而且中国无论融资、基础建设等价格都远比西方低得多，同样一件事中国 1 亿元人民币可做成，换成西方 1 亿美元或 1 亿欧元也未必。所以，事实上美国可以向非洲提供的，中国都能提供且非常廉价；美国不能提供的，中国一样可以提供且非常廉价。中国是实实在在地帮助非洲，并不对非洲国家的内政进行干涉。西方则不同，只要有它们利益的地方，它们必然干涉相关国家的内政。投靠西方的卡扎菲是一个什么结果？最后被欧美联合起来轰炸，无路可逃，美国情报系统捕捉到卡扎菲后告诉反对派，最终由反对派干掉了一代枭雄卡扎菲。又有几个非洲国家领导人认为自己比卡扎菲更厉害？

在财政能力方面，中国情况也比美国好得多。由于债务压力，美国对非洲的援助已在国会遭到过多次质疑。为缓解财政压力，美国也想拿私营企业的投资来对冲减少对非洲援助的规模，将非洲由援助对象变成经济伙伴。同时，我们看到，索罗斯之所以对中国援助非洲咆哮，要求中国透明化，其根本原因也是因为中国的援助会削弱美国在非洲的影响力。

我们可以毫不客气地说，美国“邯郸学步”中国，客观上不会给非洲带去特别实际的利益，倒是可能带去不少麻烦。不过，这里有必要指出的是，美国召开美非领导人峰会实际上是醉翁之意不在酒。这一峰会，背后事实上有多重政治意图。这些意图包括：

(1)加大美欧战略利益的融合力度，挑起欧俄新冷战，甚至全球新冷战。

美国搞美非领导人峰会，最重要的意图绝非开发非洲。道理很简单，拉美距美国要比非洲近得多，开发起来也容易得多，拉美相比非洲政治上也更加稳定，投资的条件也更好，为了投资何必舍近求远、舍好求次呢？美国佯装开发非洲，把舆论阵仗搞得很大，其目标实际上是为了"忽悠"欧洲。

美国的目的非常明确，即在"跨大西洋贸易与投资伙伴关系协定"(TTIP)无法锁住美欧共同战略协同的情况下，尽最大努力给欧洲画饼。美国现在画的这个饼，就是欧盟一直在努力推动的"地中海经济圈战略"。美国的潜台词是，由我们美国来帮助你们欧盟一起搞"地中海经济圈战略"，不但帮助你们提供投资，还帮助你们维持非洲的安全，同时和欧洲一起挤压中国在非洲的活动空间。换句话说，在非洲方向，美国实际上是试图挤压中国的空间来换取欧盟对美国的全球战略配合。

美国现在的全球战略是什么？就是搞全球的新冷战，搞东西方对立。而要实现这一点，美国必须威逼利诱欧盟配合其在乌克兰问题上挤压俄罗斯，并最终引发欧俄的冷战。因为只有欧俄冷战爆发，全球冷战才可能实现。但欧俄要搞新冷战，对欧盟在经济上、政治上，甚至包括地缘安全上都有较大损害，这个巨大损失预期是欧盟一直不配合美国的根本原因之一。那么，美国就试图通过配合欧盟的"地中海经济圈战略"，来换取欧盟对俄罗斯的强硬，以达到尽快挑拨欧俄关系的目的，并最终向全球新冷战目标挺进。事实上，美国所谓的330亿美元并非承诺给非洲的，而是和欧盟的讨价还价。这个数额之所以从140亿美元快速跳到330亿美元，原因恐怕也是为了刺激欧盟。

事实上，美国在这方面还有威胁的后手。我们看看现在利比亚的局势就知道，这一切都是在美国计划中的。美国是在以北非的形势作为威胁欧盟的筹码，即若欧盟不答应，就让利比亚继续索马里化，继续陷入无政府的混乱割据状态，使得欧盟的"地中海经济圈战略"难以实施。

推理到这里,让我们不得不想到阿尔及利亚航空坠毁的那架客机,客机上有 51 名法国人。事件发生后,法国立刻出动军队搜寻并封锁现场,绝对控制局面而不是搞什么国际调查。这一事件事实上和马航 MH370 有一定程度类似,不同的是飞机是在大陆上飞行,所以最终坠毁了而非失踪了。这也让我们想起了马来西亚前总理马哈蒂尔透露的某国已掌握遥控客机的技术。而这三架飞机都产自某国。试想,如果这一事件最后被公布为由非洲的恐怖分子击落,北非局势会不会突然炸锅?再结合现在利比亚局势,整个北非恐怕又要陷入新的乱局了。法国为什么那么快速地派军队搜寻并控制现场,恐怕也是基于不让有人借题发挥。但如果最终欧美合作计划进展得不顺利,阿尔及利亚航空坠毁事故完全可能出现新的争议,即会有媒体爆料称是被击落或劫机什么的意外。

埃博拉病毒在非洲肆虐,针对这一病毒,现在只有美国有相对较为成熟的疫苗。根据美国科学家于 Fort Detrick 和苏联 Biopreparat 机构的研究,埃博拉病毒曾在冷战期间被考虑作为针对苏联的生物武器。埃博拉因其致命性强(50%~90%的死亡率)而被考虑作为生物武器,但由于病毒孵化期短,很可能在先杀死一部分人之后无法大规模传播。因此,有些病毒研究者希望通过结合天花病毒,制造出一种传播范围大、杀伤力强的病毒,作为恐怖袭击武器。这一病毒时常在非洲有小规模爆发,这一次美国显然是在利用此事件来给美国在非洲的影响加分。根据美国在 8 月 4 日美非领导人峰会开幕当天的最新表态,美国将在 30 天内派 50 名公卫专家抵达西非,协助对抗史上爆发最为严重的埃博拉病毒。

美国在非洲扩大影响,明显是有损害中国战略和经济利益意图的,同时潜在指向也瞄准了欧盟和俄罗斯。瞄准俄罗斯很好理解,所谓也瞄准欧盟,其实就是把欧盟的定位继续局限于美国的“小弟”,这并不是欧盟想扮演的角色,也是中国在外交协调上对冲美国这一战略的切入点之一。

对中国来说,应对之策也很简单:

①务必和非洲国家多沟通,继续加强中非关系,并与相关主要国家进行

相关学术交流，向它们传递我们对美国意图的看法，如此可争取非洲国家的支持，这一支持是根本。

②和欧盟进一步沟通，在开发非洲方面争取彼此的更多谅解。这一点，中国应和欧洲朋友表明，中国开发非洲与欧盟的“地中海经济圈战略”并不冲突，甚至还是互为补充。而且，中国现在主要开发的地方是中非和南非，和欧盟现在主要盯着的北非并不冲突。

③和俄罗斯进行沟通，向俄罗斯阐明美国的意图，并在相关问题上保持协调一致的步伐，特别是双方在金砖国家这个平台上要和南非保持高度协调一致，这有利于中国进一步与非洲国家保持良好合作。

(2)阻碍中非合作进程，降低中国获得非洲资源的能力，提高中国获得资源的成本，打击中国经济。

美国搞这么大一个峰会，并给非洲许诺一堆空头支票，目的之一就是要让非洲国家的政府觉得现在非洲是香饽饽，从而提高与中国合作的门槛。如此一来，中非合作必然面临一个摩擦过程，自然就起到了阻碍中非合作进程的作用，也就能够降低中国从非洲获得资源的能力，获得资源的成本自然也会提高。中国的经济发展非常需要外部资源，在这方面打压中国实际上就是客观上打压了中国经济。打压中国经济，延缓中国经济发展，符合美国的战略利益和遏制中国的战略目标。

(3)挤压中国资本和工业输出空间，延缓人民币国际化进程，为经济围堵中国做准备。

非洲是待开发之地，中国是世界上最大的发展中国家，中国经过六十多年的工业和资本积累后，已经到了工业和资本双输出的关键时刻。以中国的情况，资本和工业输出的主要目标就是发展中国家和欠发达国家。正是基于此，金砖国家新开发银行才把主要开发地放在了南美，同时中国也瞄准了拉美。不过，非洲显然也是中国最理想的资本和工业输出的最大潜在市场之一。如今，中国的银行与非洲的银行已经有了很深入的合作，中国工商银行已经是非洲最大的商业银行的最大股东。从某种意义上说，中国开发非洲，在资本和工业输出的同时,还是人民币输出的大好机会,能够加快人民币的国际化进程。但美国此时横插一杠子,在经济上就能起到围堵中国的目的。如果欧盟能够配合美国,对中国将会形成较大的战略压力。

(4)美国中期选举在即,奥巴马借此粉饰“政绩”。

奥巴马在外交上成绩乏善可陈,但当时美国马上要中期选举,这个时候如果再不能有所行动,恐怕中期选举情形会很惨淡。前几年,奥巴马就因斯诺登事件和在叙利亚危机的处理上显得处处被动而声誉不佳。2014 年,奥巴马的亚太之旅也无功而返,在处理乌克兰危机、伊拉克危机和巴以冲突时都落人话柄而被人诟病。此时,搞一个这么大规模的峰会,会对冲之前的不佳表现,也能为中期选举加些分。

不过,这里有必要指出的是,美国搞的这一出虽然战略上也有较高的规划,但站在整个大局来说,美国依然是走在错误的战略道路上。道理很简单,以美国现在的能力,根本顾及不暇,连拉美都照顾不到了,何况非洲?美国真的能帮助非洲吗?真能在非洲进行大规模投资赚钱吗?在各方面条件上都不具备。若美国无法拿出真金白银帮助非洲,这么做只能失信于非洲,甚至让欧盟更加看轻。如果要真拿出真金白银,对美国又是一个消耗,国会议员们也不答应。

中国则不同,中国和非洲有很大的商品交换空间,中国需要非洲的资源,非洲需要中国的工业品和资金。相比美国的功利,中国更立足于长远;相比美国的破坏性,中国更立足于建设;中国不干涉他国内政,美国却必干涉他国内政……这一切都使得中美在战略实施过程中高下立判。

更为重要的是,中国能借非洲的资源发展自己的经济,即中国借助自己的经济内生力量不断壮大自己的同时,也扶植相关国家的经济,以实现包容性发展的伟大目标。相反,美国本身就拥有丰富的资源,消费型经济除了对能源需求量大外,对其他资源需求量并没多大增长空间;非洲距北美遥远,成本上也并不划算;总体上说,美国并不需要那么多非洲的资源。

中美两者相较,显然中非合作比美非合作成本更低,预期效益更好。在这种背景下，如此消耗下去，对美国又有何真正的实际好处呢？随着时间流逝，中美实力会继续接近，这么持续的结果只能让美国陷入更大的战略被动。综观美国战略，不得不说，奥巴马又错了！

中美的棋局

中美两国战略布局的进与退

2014 年 12 月 17 日，有两则消息形成鲜明对比：

第一则消息：16 日、17 日连续两个上午，中国总理在塞尔维亚参加中国—中东欧国家领导人会晤时，以高效率连续会见 16 位中东欧国家领导人。

第二则消息：美国总统奥巴马 17 日发表讲话宣布，美国决定与古巴恢复正常关系，并放宽多项执行了 50 多年的制裁措施。同一天，2 名遭古巴扣留的美国公民获释。作为交换，美国宣布释放 3 名古巴特工人员。美国政府宣布，将结束历时 53 年的对古巴封锁，恢复美古两国的外交关系。

这两则消息看似毫不相干，但其背后却意味深长。中国总理访问塞尔维亚并与 16 位中东欧国家领导人连续会晤，是“丝绸之路经济带”战略开始在中东欧推进的标志。战略上，中国这是在向外拓展空间，是经济领域的“进攻”之举。反观美国，从过去对拉美毫不关心，到今天结束对古巴历时 53 年的封锁恢复两国外交关系，本质上则是一次战略“退守”动作。这“一进一退”，是世界秩序重组的一个缩影，也是大国实力此消彼长的体现。

事实上，美国过去几年的国家战略是混乱且无序的。一方面，美国尽最大努力试图维系霸权，转嫁危机；另一方面，实力的此消彼长又让美国顾此失彼。我们不妨对中美最近几年的战略进行简单梳理和对比。

美国国家战略最近一次重大调整是在 2010 年，即从中东的两场战争开始撤军,并将“重返亚太”作为未来战略的布局重心。所谓“重返亚太”、“亚太再平衡”,本质上是针对中国崛起,试图通过“空海一体战”军事战略在太平洋对中国形成空前压力,然后借助第一岛链和第二岛链将中国牢牢地锁死在大陆上。美国除了针对中国的“空海一体战”外,还试图用 TPP(跨太平洋伙伴关系协定)架空 APEC,从而将中国经济排除在美国主导的亚太体系之外。这一战略自 2009 年奥巴马访华失败后开始酝酿,2010 年确立,一直到今天,在东海、南海引发了不少摩擦和风波。但是,美国折腾了四五年,虽然制造了很多风波,但客观上却并没有什么收获。所谓的“亚太再平衡”战略已从最初的风生水起,变成了现在的不温不火。

如今,在“重返亚太”战略不温不火,难以真正对中国构成强力压制的情况下,美国又另起炉灶与俄罗斯为敌,试图通过搞乱乌克兰,先行解决俄罗斯,然后再转回头加强“重返亚太”战略遏制中国。但问题在于,对美国全球权力至关重要的中东又在美国的纵容下出了一个并不好收拾的 ISIS。美国在战略上既试图遏制中国,又试图搞垮俄罗斯,同时还想针对叙利亚和伊朗,加强对中东的控制。就当前美国的实力而言,如此做的结果只能是不断自我消耗,基本都难以取得相应的成效。

笔者在美国推出“重返亚太”战略后不久的评论中就说过,美国这是在错误的战略道路上越走越远。当时笔者曾强调,美国应该开始收缩退守,好好经营拉美和北美,适当放松对欧亚大陆的控制。通过退守和经营拉美,让中、欧、俄三方在欧亚大陆上进行竞争,美国在整合美洲的基础上,与欧洲、中国、俄罗斯合作,从而在欧亚大陆上施加影响。

如此,美国虽然霸权主义会受损,但维系世界第一强国至少数十年,到本世纪中叶毫无问题。而且,如此下去,美国国家会更安全,通过整合,美洲实力也会更强,不会出现霸权主义后遗症(大英帝国、苏联的霸权主义崩溃后,英国丢了几乎所有的殖民地,苏联丢了东欧和中亚的加盟共和国,这就是霸权主义后遗症)。客观上,这样才更有利于美国的国家长远利益和美国人民的福祉。

现实是，美国选择了最消耗自己的战略。遏制中国，交恶俄罗斯，搞乱中东，施压欧盟，到处煽风点火……如此下去，消耗的是国家信誉和实力，不但无法取得实效，最终还可能在消耗中崩塌。

再看中国，中国国家战略自 2013 年开始大开大合地调整，由过去“韬光养晦”彻底转为“有所作为”。2013 年 9 月 7 日上午，中国国家主席习近平在哈萨克斯坦纳扎尔巴耶夫大学作重要演讲，提出共同建设“丝绸之路经济带”。2013 年 10 月 3 日，中国国家主席习近平在访问印度尼西亚时呼吁东盟国家共同建设“21 世纪海上丝绸之路”。由此，中国的“一带一路”战略开始展露雏形。

事实上，面对中国的国家战略，美国虽然试图阻止，却毫无办法。因为中国抛出的整合欧亚大陆、融合三大洋的“一带一路”战略，是有利于所有国家和人民的战略，相关各国都看到了发展的战略机遇和方向(连德国、英国商界都忍不住要“搭便车”了，美国还在试图遏制)。但是，遗憾的是，这和美国当前的国家战略却大相径庭。如此结果，摩擦甚至冲突完全可能发生，但那是逆世界潮流而动，谁会被历史车轮碾碎不言而喻。

2014 年 11 月北京的 APEC 峰会，中国直接将一个亚太国家峰会搞成了包容亚太、非亚太的亚洲国家的“国际政协会”，与各国共商国是、共谋发展。这次 APEC 峰会最大的特点是，中国将能造福诸国的“一带一路”战略融入其中，并通过中国的大国战略重新将美国前几年淡化的 APEC 机制重新拉上了运行正轨。

中国的国家战略还不止于此，经过与澳大利亚的合作以及与美国的博弈，最终中国还争取到了 2016 年的 G20 主办权，并在 2014 年澳大利亚 G20 会议上给中国的“一带一路”战略做了铺垫。与这些铺垫相对应的是，2014 年 7 月在巴西的金砖国家峰会上，以中国为首的金砖国家成立了新开发银行和应急基金。同时，中国还与拉美国家就拉美的基础设施投资、双方贸易等做了更深入的合作规划。譬如，即将修建的两洋铁路、即将开挖的连接太平洋和大西洋的尼加拉瓜大运河……与此同时，俄罗斯也开始加强与古巴等国的军事合作。俨然,中俄已经开始合作开发拉美了。拉美是美国后院,客观上就像东南亚之于中国一样。但是,在中国的推动下,21 世纪海上丝绸之路战略显然要跨过大洋飘向美洲。

对于中国的战略调整,美国用了多久才做出反应呢?到了 2014 年底,美国才决定解除对古巴的封锁,要和古巴恢复外交关系。美国人为什么反应如此之慢?根本原因就在于,美国为了维持全球霸权,在太多的点上消耗了太多的战略资源,这导致美国的国家战略调整显得缺乏目的性且极为混乱。同时,由于美国的高级智囊们依然高高在上、抱残守缺,所以对哪怕和古巴恢复外交关系,都要做出长时间的酝酿和争论。

事实上,哪怕美国真的与古巴开始和解,美国也很难对包括古巴在内的拉美国家进行真正的实体经济投资,最多也就是从它们那里购买一些“土特产”什么的。如此下去,客观上美国仍然无法阻挡中俄在拉美施加影响力,并推动拉美经济的“亚洲化”。

不过,美国开始有了“退守”美洲的动作,这也是战略上的一点进步。因为早在美国祭出“亚太再平衡”战略前,笔者就提出美国不应该搞遏制中国之战略调整,而应顺势而为退守经营美洲,借在美洲经营稳住大国阵脚。如此,虽然美国的大国霸权会慢慢消失,但大国影响力仍会持续至少数十年甚至上百年。

当然,由于人的贪欲是无限的,美国这种霸权主义的贪欲,决定了美国很难在国家战略上进行这样的调整,也没有政客敢做出这样的调整,其智囊甚至都不敢提出这样的意见。如此,也意味着美国的霸权主义很可能会在美国的“瞎折腾”中终结,而终结的后遗症恐怕也很难避免掉。

反观中国,2014 年外交收官战是李克强总理访问欧亚三国:哈萨克斯坦、塞尔维亚和泰国。这三个国家都是围绕“一带一路”战略进行的深耕或布局。访问哈萨克斯坦和塞尔维亚,是丝绸之路经济带战略向西拓展的深耕与布局动作;访问泰国则是 21 世纪海上丝绸之路战略向南拓展的深耕动作。

其中,访问哈萨克斯坦,是对丝绸之路经济带战略在中亚的落实,中哈两国分别签署了两个大单——一个140亿美元,另一个180亿美元,涉及基础设施、公路、住房等领域;访问塞尔维亚与16个中东欧国家领导人进行会商,则是将丝绸之路经济带战略向中东欧方向推进的一个动作,为下一步实质性推进做准备;访问泰国,则是继续推动21世纪海上丝绸之路战略,并且重新启动了"大米换高铁"计划。铁路基建股为啥那么牛?不就是"一带一路"战略实施和拓展的结果吗?铁路基建股的走牛,是中国经济资本和工业输出、产业升级和经济结构转型对未来预期的一个体现。

中国的国家战略布局清晰,推进稳妥,大家能从中看到未来的希望和发展的机遇,各国都可以在其中实现合作共赢。相比中国,美国的战略则是不断在各地挑起事端,以围堵、遏制、分化他国为主。两者相较,谁得人心,孰高孰低,立判!

在笔者看来,美国应该好好审视一下当前的国家战略,应该思考一下世界发展的大势是什么,美国如何可以借势发展自己而不是在遏制别人的同时消耗自己。只有发展,才是世界潮流。只要发展了,哪怕没有了全球霸权,美国也是全球性之大国、世界性之翘楚。如果一个霸权国家最终在自我消耗中走向崩溃,实在是令人惋惜的一件事。前车之鉴如大英帝国、苏联,不禁要问,美利坚想步其后尘吗?

中美谁能赢得21世纪军事科技的王冠?

第二次世界大战以来,美苏两国进行了四十多年的军备竞赛,直到苏联在这次竞赛中败北崩溃才结束。在苏联解体后,俄罗斯的经济被西方的"毒药"计划搞"休克"了,"休克疗法"使得俄罗斯的经济倒退20年以上。20世纪90年代之后,美国在军事力量上彻底一家独大,军事科技领域遥遥领先于其他国家,甚至已经领先绝大部分国家一代或两代以上。

美国在军事科技领域对世界他国的绝对领先,让美国获得了巨大好处。这些好处包括:准世界货币美元在世界上的流通给美国带来了大量的铸币税和投资;军事保证了美国在世界经济、金融、贸易等游戏规则中的绝对掌控地位,这些掌控使得美国可以从世界所有使用美元的交易中进行抽头,并通过对全世界大部分商品的定价权来获得更多利润。同时,军事科技领域中的绝对优势,使得美国在全球地缘上获得了超级霸权地位。

更直白点说,美国经济之所以在不怎么发展实体经济的情况下保持增长,根本原因在于美国的经济、金融和贸易等霸权,这些霸权最强的支柱之一就是美国的军事科技。换句话说,如果美国在军事科技领域不能与世界其他国家拉开代差,那么,美国的世界金融霸权就岌岌可危;金融霸权若不能为继,经济霸权也将瓦解,如此美国的全球霸权将无法持续。所以,美国必须做到在军事科技领域领先所有国家一代以上,否则美国的全球霸权难以持续。如果美国的全球金融和经济霸权难以为继,则需要大量资金支持的军事科技也将偃旗息鼓。

因此,理论上,谁如果能以更低成本、更快速度打破美国的军事科技绝对霸权,在军事科技领域,特别是高尖端领域全面接近美国,让美国无法甩开形成代差,那么美国的全球霸权也就将轰然倒塌,难以为继。

21 世纪以来,特别是 2008 年之后,世界各国实际上进入了新一轮军备竞赛。迄今为止,这次军备竞赛虽然不像冷战时期美苏之间那么激烈,但各国在军事科技领域的投入都比过去大大增加,这种军备竞赛缘于世界局势自 2008 年世界经济危机以来逐渐陷入混乱,国际政治进入重组周期。在这样的时期,军事力量的重要性越发凸显。中国无论愿意与否,都必然会卷入这场军备竞赛。

但是,综观当今世界,在军事科技领域真正的对手只有一对,那就是中国和美国。美国在军事科技领域具有先发优势,拥有绝对的、全面的领先;中国经济蒸蒸日上,六十多年的军事工业积累到了爆发期,后发优势已经开始显现。客观上,中美也正在进行着新一轮世界级的军备竞赛。无论你是否愿意,在这种大环境下,这场军备竞赛之战已经打响。

那么,中国是否应该打这场军备竞赛?中国能否打赢这场军备竞赛呢?

在笔者看来,中国不但应该打这场军备竞赛,还应大打、特打这场军备竞赛。一方面,这场军备竞赛并非中国可以回避或选择的;另一方面,鉴于现阶段处于国际秩序重新洗牌、中国加速崛起的阶段,打这样一场可能会改变世界秩序的军备竞赛,不但有利于中国的发展,未来可获得的潜在收益也将极其丰厚。更何况,军备竞赛总好过直接打仗。而且,从某种程度上说,中国只要运作得当,这场军备竞赛基本可稳操胜券。

为什么此时要打这场军备竞赛?原因有三个:

(1)美国实力衰退与军事科技必须领先其他国家一代以上形成了尖锐矛盾。

美国的金融、经济霸权,需要美国在军事科技领域领先其他国家至少一代甚至两代。因为只有在军事方面拥有对其他国家的绝对优势,美国的这些霸权才能得以为继,不受挑战。但是,今天的美国实力已大不如前,美国维持军事科技的绝对领先开始陷入困难。此时如果用自己的军事科技进步,推动美国不得不继续加速军事科技更新,美国就会被拖入军备竞赛的消耗战当中,实力此消彼长,这是利我的策略。

(2)未来世界秩序洗牌,军事实力依然是话语权的根本。

中国经济已今非昔比,财政能力也得到迅速提升,中国在军事科技领域的投入在不断增加,这种增加是建立在经济不断增长与财政能力不断增加的基础上的。换句话说,中国打这场军备竞赛在经济基础上会显得游刃有余,不会陷入消耗战。无论是中国当前和未来的国防需要,还是未来全球话语权的布局,中国都需要加大军事技术研发的投入。而这正与当前军备竞赛的大势合拍,顺势而为则事半功倍。

(3)中国在高端军事科技领域正迎头赶上。

客观上,只要中国在军事科技的大部分领域基本与美国持平,那么构建在美国军事科技基础上的金融、经济霸权将难以为继。中国在全球金融和经济游戏规则上尝试另起炉灶,就需要国防能力的保驾护航。打这场军备竞赛有利于当前世界经济和金融游戏规则的重组,也是中国在国际规则博弈中占据主动的重要砝码。目前,中国在很多科技领域已不存在代差,或实力已接近美国。

那么,为什么中国会在这场军备竞赛中稳操胜券呢? 根本原因有三个:

第一,中国研发更高效。中国的决策机制决定了项目进展速度往往会高于其他国家,以 J-20 和运-20 的研发为例,其从研发、论证到进入定型,速度均高于预期。而且,随着科研装备的进步,新装备研发速度还有进一步加快的趋势。就科学家的年龄而言,中国也有明显优势。中国在航空航天等军事科技领域中,多是壮年科学家作为项目带头人,年轻人扛大梁;美国则多为中老年人带领和扛大梁。这种年龄结构,效率上肯定不可同日而语。中国的科学家们工作强度大,夜以继日,西方军事科技公司不可能像中国科学家那般拼命,这也会影响效率。在装备制造方面,中国的工业能力经过多年积累后进入力量释放周期,与美国的差距正在快速缩小。如此再持续十年以上,中国将会在很多军事科技领域与美国不分伯仲,甚至完成超越。譬如,在反导领域,如今中国已与美国非常接近,能望其项背;在航空航天领域,中国与美国的距离也正快速缩小;而在量子通信和量子计算机等领域,中国甚至已取得一定程度的领先。

乱云飞渡仍从容,中国空军第五代空优隐形重型战斗机——J-20(图片来源:百度图片)

第二,中国研发成本更低。中国军事研发是由国家和企业共同承担,美国先期则主要由企业承担。美国军事装备公司高昂的研发成本,使得装备价格极其昂贵,美国不断下降的财力已使得其军火经济有些难以为继。以F-22为例,美国早早即叫停采购,根本原因就是价格太过昂贵。与此同时,鉴于中国等国在军事科技领域正在快速跟上,美国靠外卖军火来降低自身军备成本的路子正在慢慢变窄。与美国相比,中国的研发成本要低得多。以F-22为例,其研发和公关成本据媒体报道预计在500亿～1 000亿美元;而中国的J-20根本不存在所谓公关成本,虽然没有具体数字,但可以肯定要比其低得多。这一点,我们从沈飞自己可以承担J-31的研发,即可知研发费用绝非如美国般的天文数字,否则中国第二款四代机J-31不可能问世。

第三,中国以守为攻,相比美国消耗更小。中国国防战略如今是积极防御,中国既没有霸权需要维系,也就不必要搞全球军事部署,中国未来也不准备成就世界霸权,所以中国不需要花巨资进行全球性的军事部署。如此,中国也就没有那么大的财力消耗。中国这种借助实力增长的以守为攻,是费效比①远远好于美国的一种军力发展模式。在这种模式下与美国展开军备竞赛,同时立足于大欧亚的经济战略,竞赛岂有不胜之理?

当然,中国在军事科技领域还有较大差距,我们没有盲目乐观的资本,还需要继续踏踏实实地努力向前奔。我们整体军事科技能力还落后美国较多,这也正是我们现在的劣势。但这种劣势放在整体的战略博弈中,并不那么突出了,因为中美竞赛的并非中美军事科技最终谁处于领先地位,中国只需要追上或追近美国,战略目的即可实现,即可赢得这场军备竞赛。美国需要军事能力超过至少中国一代方能维持其全球经济和金融霸权,而今中国与美国在军事科技领域已逐渐不存在代差,再有十多年将能在很多领域迎头赶上。只要中国在军事科技领域赶上美国,中国就能破掉美国的经济和金融霸权存在的基础。客观上,我们搞这样一场军备竞赛,是为国家的全球战略服务的,

① 即投入费用和产出效益的比值。

是为中国布局全球金融和经济规则重组服务的。

中国开始给美国划红线

据美国《华盛顿自由灯塔报》援引 2014 年 11 月下旬美国军方人士的话称,本周一(8 月 18 日),一架美国海军 P-8 巡逻机在东海上空进行“例行侦察”时,遭遇中国一架苏-27 战斗机“危险接近”。该人士称,当时中国战机距离美方飞机只有 15 米,然后进行滚转,飞到美方 P-8 上方。美军方认为,这是一种“危险的威胁动作”。美国五角大楼发言人称,随后将解释这一事件。美媒报道称,2014 年 4 月,一架美军 RC-135 侦察机在日本北部遭俄罗斯战机接近,“五角大楼在这一事件上的不作为可能激发中国采取了类似行为”。

另据路透社消息,五角大楼新闻秘书、海军少将约翰 · 科比称,美国已就“中国苏-27 战斗机拦截美军 P-8 侦察机”事件向中国提出外交抗议,“我们直接向北京表达了我方态度”。

这则消息,看似只是一次海上的准军事较量,但它的背后却具有极强的政治意义。可以毫不夸张地说,这是中美间海上的一次标志性事件,这一事件就政治意义上说,是中国给美国在海上划的一条红线。为什么具有如此重大的意义? 请听笔者一一道来。

2013 年 11 月 23 日,中国国防部发布公告:中华人民共和国政府根据一九九七年三月十四日《中华人民共和国国防法》、一九九五年十月三十日《中华人民共和国民用航空法》和二〇〇一年七月二十七日《中华人民共和国飞行基本规则》,宣布划设中华人民共和国东海防空识别区。中国政府按照国际通行做法,划设东海防空识别区,目的是捍卫国家主权和领土领空安全,维护空中飞行秩序。

中国的这一庄严宣布,意味着中国的军事防御政策发生了些许变化,即由过去注重本土防御向对外的积极防御转变。这一转变,是基于国力、军力的增长和海上利益的维护需求。因为从 2010 年开始,美国调整了其全球战略,由过去在中东的穷兵黩武转向以遏制中国为目的的亚太再平衡。为此,美国还专门制定了针对中国的“空海一体战”战法。中国为维护自身的核心利益,不得不将自己的防空范围向东延伸,以对冲美日加强军备对中国的安全威胁。

事实上,在此之前的 2012 年 12 月,在习近平总书记视察广州军区时,不将广州军区称作广州军区而称作战区,就已经说明我国的军事体制在调整,调整的最根本目的就是为了应对新的外部威胁。这个威胁虽然没有明说,但根本上还是源于美国调整全球战略,并剑指中国。也正是在那次视察广州战区时,习近平总书记重提毛泽东军事思想的重要精神:召之即来,来之能战,战之必胜。一切以“准备打仗,准备打胜仗”的标准治军。

东海防空识别区制定后,中日在该区域已经进行了多轮较量。日本早先声称中国战机严重迫近,中国直接公布了日本战机迫近中国飞机的视频,搞得日本上下一片狼狈。对中国来说,防空识别区划定绝非只是防日本,而是防任何在这个空域挑衅的国家。为了保证这一目标的实现,据外媒 7 月份报道,中国设立了东海联合作战指挥中心。据报道,指挥中心管理位于东海第一线、近 10 个团的第三代战斗机,即共约 300 架现代化飞机。[①] 是否有 300 架三代战机难以确认,但显然中国已经加大了在东海的军事部署,这一切都是为了积极防御我国东部和海上的空中安全。

过去,美国的侦察机经常抵到我国近海进行侦察,有时甚至可能越过领空。2001 年 4 月 1 日,正是美国海军的 EP-3 型侦察机在中国海南岛东南 70 海里(110 公里)的中国专属经济区上空侦察,与中国飞行员王伟驾驶的拦截飞机 J-8 战机相撞,导致王伟牺牲。自那以后,美国虽有一定程度收敛,但在中国反制手段不够的情况下,美国抵近中国侦察依然时常发生。而今,中国设立了东海防空识别区,说明中国已经有足够的能力在较远的海域侦察到相

---

① 见百度百科“东海联合作战指挥中心”词条,http://baike.baidu.com/link?url=nBv30WDVeR7snWrhbCFFuVaHJop8daN2fkLxcfmCzwho4KqlCyBsubVlulEHOMgAevAWuj9sb4E58xiA_AUlsa.

关飞机并能甄别飞机型号，从而在对方距离中国较远的空域，中国就能起飞战机进行拦截。当这一切都具备了，美国飞机再来的时候，就发生了开头新闻中的一幕，即中国战机很强硬地拦截了美国的 P-8 侦察机。

根据报道，拦截飞机是中国的 J-11 战机。报道中有一个细节非常引人注目，即中国战机不但非常迫近美国 P-8 侦察机(最近距离仅 9 米)，更为重要的是，中国飞行员竟然飞到 P-8 上方，来了一个翻滚动作。这样的动作、这么近的距离，示威的味道非常明确，因为这种动作在这种距离的确很危险，没有高超的飞行技术是完不成的。另外，据美国官员表示，中国战机还向美国侦察机展示了武器。这意味着中国飞机在巡航和拦截时带弹已成常态。

具体拦截的位置现在说法上有争议，一说是在东海，一说是在海南岛以东 217 公里。如果是在海南岛以东 217 公里，那就意味着相比 2001 年王伟在海南岛东南 110 公里拦截位置向前推了 100 余公里。当然，不管在哪里，中国战机如此拦截美国的侦察机，并对美国侦察机作出危险的警示动作，就是要告诉对方，这里以后不准来了，否则来一次拦一次，拦一次对你“耍宝”一次危险动作。从某种意义上说，这就是在防空区域上给美国划的红线，也意味着美国大摇大摆到这个空域侦察的日子该结束了。因为中国已经可以轻松到这里拦截，那么再来侦察也是一无所获，它们自然就少来了。

可以预见，在中国军事部署越来越完备的背景下，未来中国对美日的飞机会越来越不客气，划红线的位置也会越来越多、越来越远，美日得慢慢适应中国的强大。事实上，美国之所以对中国进行抗议，除了是外交姿态外，某种程度上也是对中国这种划红线的不满反应，意思是说下不为例。对它们来说，过去可以自由来去的地方，如今中国划红线不让来了，自然是不爽的。但是，对中国来说，不但不会下不为例，以后会越来越多，因为中国对自己的国家安全要求越来越高，特别在美日针对中国军事部署不断加强的背景下更是如此。美国和日本要慢慢学会将抗议中国当成习惯，也要习惯中国控制海域、空域的扩大，因为那里本来就是中国的利益范围。

中美的战略妥协

APEC 北京峰会开成了“国际政协会议”，中国的国家战略、政策以及地区设想几乎全部融入了整个会议进程当中。最终，这次峰会变成了中国梦引导亚太梦、亚洲梦的一次会议，变成了一次亚太秩序和亚洲秩序变革的会议。近代历史上，这是中国第一次真正开始主导设计地区秩序，对中国、对世界都具有标志性意义。对于这次会议，不但在中国历史上具有标志性意义，在世界历史上也将具有转折意义。

(1)美国为何向中国战略妥协？

从 APEC 北京峰会上我们可以看出，中国确立了地区秩序主导者地位，真正成了世界上重要的一极。甚至，这种影响力已不再局限于地区，而是在不断向整个世界蔓延。正是中国过去两年在世界秩序方面的重构力量，最终迫使白宫开始对中国进行战略妥协。在这次 APEC 峰会后，在中南海举行的第二次“习奥会”上，中美最终确认了这一点。这次“习奥会”，中国主导痕迹非常明确。这一点，我们可以从美国高官那里得到证实。据 APEC 美方高官王晓岷介绍，美国总统奥巴马访华期间特地多待一天，和中国国家主席习近平在 11 月 12 日会面，此次“习奥会”继续以私人会谈的形式进行，时间为一整天，议题由中方安排。而之前基辛格在接受中国媒体采访时说，他刚刚和奥巴马见过面，相信奥巴马这次是带着诚意访华的。这两个信号告诉我们，这次中美达成的战略协议，是在中国的要求下，美国被动或者说是迫于压力签署的。当然，为找回面子，奥巴马要中国七大常委都与其会面，五大常委吃饭陪坐。中国得了里子，向美国让了经济利益，给足了奥巴马面子，各取所需了。

我们知道，第一次“习奥会”上中美双方达成了一个构建“新型大国关系”的妥协。那次战略妥协，更多的是表面的。因为中美对“新型大国关系”的理解有巨大差异，甚至是大相径庭。本质上说，中美之所以有“新型大国关系”

的妥协与共识，根本原因有两个：一是中美经济利益捆绑得太紧，直接对抗会导致两国重大经济损失；二是中美两国直接对抗，战略上只会让中美两国彼此损失而无利可图。这两点共识，让中美认识到，双方只有桌面上达到和谐，才能共同合作谋利。这正是中美虽然在战略上有足够大的分歧，但也有足够大的共同利益的内在逻辑支撑。

因此，客观上，第一次“习奥会”上达成的“新型大国关系”虽然是一次战略性妥协，却是浮于表面和缺乏实际内容的战略性妥协。若此后中美在博弈中美国占了优势，这个“新型大国关系”的解释权美国就会占主导；反之，美国就得向中国让渡权力和战略利益。

距第一次“习奥会”虽然只是一年多时间，中国所做的工作却是卓有成效的。习近平主席不但提出了“一带一路”涉及整个亚洲甚至欧洲的战略，还构建了金砖国家新开发银行及应急基金，构建了亚投行和丝路基金，更重要的是，还将 APEC 变成了中国改变地区经济游戏规则的平台。

反观美国，当时经济上围堵中国的 TPP 战略毫无进展，最重要的盟友日本迟迟未能与美国签署 TPP 协议；奥巴马虽然在亚太地区频繁访问，也并未取得任何实质性成效。与此同时，中东局势又让美国焦头烂额，如今的美国在中东战略与重返亚太战略之间首鼠两端。美国虽然成功挑起了欧俄的争端，但也让俄罗斯彻底倒向中国，中俄完全构成了全球战略“小伙伴”的利益共同体关系。中美在全球战略格局、经济游戏规则方面取得的成绩对比，明显是中国处于主动攻势，而美国则是被动防守。

在这种背景下，中国再提出落实“新型大国关系”的实质内容，美国就不得不做出让步，或者说不得不进行战略妥协了。道理很简单，中日在钓鱼岛问题上已剑拔弩张，大有出现重大冲突的潜在可能。一旦中日出现冲突，中国必然将日本作为中国第一岛链的突破口。

若真如此发展，美国赌上的就是整个西太平洋甚至整个美国的霸权。现如今，美国在这方面客观上并未做好准备。在经济层面上，中国的这些战略布局个个釜底抽薪，如果美国再不做出实质性的让步，美国能不能承受中俄双方的战略压力就成了问题。作为大国,这是不得不考虑的核心问题。于是,就在第二次"习奥会"上,中美开始第一轮实质性的战略妥协。

中美这次战略妥协,本质上是一次世界秩序的重组构想和时间表。那么,中美之间妥协了什么呢?

(2)中美之间战略妥协了什么?

这次"习奥会"内涵丰富,内容很多,譬如比较吸引眼球的美国延长中国旅游签证、美国从中国购买民用飞机等。但这些都不是真正重要的内容,真正重要的战略妥协实际上就两点:一是军事上的,中美签署军事行动通报机制、公海军事安全行为准则;二是中美联合发表《中美气候变化联合声明》。

这两点,前者是双方军事互信开始走向实质内容,这种通报是以两个国家的信任作担保的,非常严肃。美国若非想好,作为世界警察,是不会和中国达成这样的机制的,这是政治和军事互信上升到一定层次后才可能有的结果。当然,这种政治互信,根本原因不是中美真的那么互相信任,而是双方实力的体现。是中国过去这些年实力的增长,让美国认识到中美必须有这种军事互信和军事透明,才能利于双方的战略决策。如果中国没有足够的军事实力,美国是不会在乎中国感受的。因此,在这里应该感谢我们的人民解放军和我们的军工企业,是他们努力工作才有今天的成果。当然,这也是全中国人努力的结果,因为这一切都是中国综合国力的体现。

两点中的后者内涵则更丰富,因为在气候变化上达成协议,本质上是在未来重新构建新的世界经济秩序上达成了协议。

为什么这么说呢?因为经济发展必有碳排放。未来,世界上谁掌控了对碳排放的规则制定权,谁就掌握了世界经济游戏规则的主导权,谁就是世界经济的主导者。

过去,美国一直对气候大会比较排斥,不愿意接受任何减排指标,不愿意承认过去西方工业化碳排放的责任。在这方面,欧洲曾试图通过对碳排放规则的制定来获得新的世界主导权,但欧美在这方面有根本性的战略分歧。

但是,这一次,美国突然和中国达成了协议,这意味着两国率先完成了气候大会无法完成的谈判工作。作为世界上人均碳排放最多的国家和碳排放增量最多的国家，中美两国一旦在气候方面达成协议，那就成了世界的标杆。这种标杆作用，背后就是世界经济游戏规则，就是各国的发展权。

过去，美国绝不承诺减排，更不会具体到减排数字，过去5年5次气候谈判大会未能取得成果，美国是最大阻力。如今，美国抛开西方，和中国达成了一致意见不说，还直接承诺了减排指标。这说明，美国看中国比看全世界都重，认为只有中国配与美国谈世界规则。否则，美国干吗不在世界气候大会上引领世界呢？

这次达成协议，美国的承诺是到2025年较2005年减排26%～28%，这刷新了美国之前承诺的2020年碳排放比2005年减少17%；中国的承诺是，到2030年前停止增加二氧化碳排放，并在2030年前将非化石能源在一次性能源中的比重提升到20%。

美国的这些承诺意味着美国必须率先减排，早于中国之前完成目标，否则中国就可以不按规则执行，这在战略上意味着中国拥有更大的选择权。另一方面，中国要到2030年停止增加二氧化碳排放，意味着中国在发展经济方面也有了被美国制约的一个盖子。

中美达成规则成了世界标杆，相当于确立了中美两国领导未来世界经济游戏规则的制定，在战略上达成了这样的妥协。这种妥协一旦成立，其他国家就只能以此为标杆来进行改革了。中美的这种互相承认是彼此确认对方的地位，即美国代表北方经济体，中国代表南方经济体。如此，名义上的G2虽然仍不存在，但实际上的G2却开始成型了。中国永远不会接受名义上的G2，但一定会争取实质性的G2。

(3)为什么是2025年和2030年？

之所以中美战略妥协将减排目标定在了2025年和2030年，根本原因在于中美的综合国力将会在2020年前后发生逆转，中国配不配成为和美国平起平坐的大国，到那时基本就见分晓了。如果到那时中国不但在经济上超越美国，综合国力上也超过美国不少，美国将会自动和中国完成很多权力的交接;相反,如果到那时中国情况不好,美国将会撕毁协议,然后展开对中国的彻底打压。

所以,这个 2025 年和 2030 年时间点的选择与中国综合国力的发展有关。

当然,这种妥协,当前还只是一个计划,因为气候问题所构成的世界新的经济游戏规则还不可能替代现在的世界经济游戏规则。如此,大国博弈是不可能因为这个协议停止的,中美的对抗、博弈更不会因为这一纸协议停止。而且,由于这一战略妥协使得中美关系更具弹性,那么在某些领域中美对抗、争夺看起来反而会更加激烈。但是,由这一协议开始,中美直接对抗、直接冲突的概率大大降低了。

从某种意义上说,这纸协议既是中美战略妥协的一个时间表,又是彼此的一个"忽悠"。美国拿这个时间表来稳住中国、牵制中国,然后继续加力在其他方面寻求突破,譬如寻求俄罗斯对西方的屈服、打击叙利亚等。对中国来说,有了这一协议,中国在未来对其他国家施加威严时会更加放得开,中国在实现自己战略目的时会更少受掣肘,因为这也是中国稳住美国的战略工具。

(4)中国未来怎么办?

无疑,这张协议对中美关系和中国来说都很重要,中国可以把这份协议作为收服周边国家、实现政治与经济目的的工具,中国在做事时美国要给予更多谅解;否则,中国就可以在其他方面施加对美国更大的压力。但是,中国不能放弃与俄罗斯的深入合作,中国一定要继续加大对俄罗斯的支持,如此俄罗斯才有力量不屈服于西方和美国,才会有力量形成与欧盟的平衡,才能在欧亚大陆整合中扮演重要的促进者角色。同时,中国对俄罗斯的支持也必然能够分散美国的注意力,使得美国在中东继续受制,减轻美国在亚太对中国的战略压力。

但对中国来说,更重要的仍然是执行国家战略。"一带一路"战略是中国展翅高飞的大国战略,是中国成为世界一极的地缘基础,中国必须和俄罗斯以及周边国家一道去发展这一战略。同时,中国务必继续和欧盟加强关系,这样才是有利于中国大国战略发展的方向。

此外,中国必须加快改变经济增长方式,进行产业升级,发展新兴产业。譬如,只有中国在新能源领域取得更多突破,才能在未来的碳减排计划中拥有更大的主动权。

基于此,我们可以判断,未来 10 年中国发展最具爆炸性的产业就包括新能源和节能环保。其中,新能源包括核电、风电、新能源汽车,都将在股市有重大表现;至于节能环保,考虑到减排的这种计划和承诺,也是如此。在股市上,长期投资这些股票会有大利可图。

(5)中国要避免"中美妥协"陷阱。

中美的战略妥协,特别是在世界未来经济游戏规则方面的战略妥协,客观上给人的印象是一种 G2 格局。可以预见,未来美国很可能会和欧盟签署同样的协议,通过这样的协议,美国尽量来分化中欧。一旦这种分化实现,那么欧俄关系崩了,中欧关系再恶化,则有利于美国的新冷战格局就有机会形成了。一旦新冷战格局形成,中美达成的这份所谓重新制定世界经济游戏规则的"权力支票"也就要作废了。

所以,美国的后续战略很可能要和欧盟谈气候变化协议,同时和东盟等国谈相关协议。如果这种格局形成,那么欧亚大陆就会形成中美、中欧甚至美东盟、美俄等一系列分化战略,这和中国的大国战略是相悖的,是会损害中国战略布局和利益的。这就是这次气候大会的"战略"陷阱部分。

如何避免这一陷阱的形成?中国应加快在气候方面与欧盟、俄罗斯、东盟、拉美国家和非洲国家的沟通,尽量在美国和它们达成共识前,中国率先与它们达成更多共识。如果中国能比美国更早与这些国家达成共识,那么"中美妥协"陷阱自破,美国试图利用这一陷阱的机会就不存在了。

未来,一旦这些美国可以钻的空子都被破掉,那么中美在 2025～2030 年进行世界经济游戏规则的商谈就将变成历史现实。当然,到那时,随着时间推移,中美实力此消彼长,到底中美是什么状态,其他国家和地区联盟又是一个什么状态,都是影响未来世界经济游戏规则的因素。当前这一纸协议,既是一个框架方向和预期,也是一个彼此的“忽悠”,更是对世界的一个预期和“忽悠”。到底会往什么方向演绎,关键还在于今后十来年的博弈输赢。

亲诚惠容[1]:中国建设“朋友圈”

“亚太再平衡”的平衡

美国重返亚太,从美国角度说是进行战略的再平衡调整,从中国角度说就是美国对中国的战略遏制。所谓亚太再平衡,就是要对在亚太开始冒尖的中国进行打压,降低中国在亚太的影响力,以便于美国的全球控制。这种打压,包括政治、经济和军事等领域。

政治上,包括美国加强与日、韩关系,同时插手南海与南海国家勾连;经济上,要搞将中国排除在外的 TPP;军事上,则包括扩大日本军事自主权、重启菲律宾的军事基地及加强韩国军事部署等。美国的重返亚太,目标直指中国,这一点在美国“空海一体战”等文件中有非常明确的表述。当然,如今美国在中日之间明显站队,并表示实际插手南海都是相应体现。

美国针对中国的围堵已成既定事实,且这种既定事实将会长期持续。未来,在持续过程中,东海、南海、朝鲜半岛及台海都可能在某些条件下成为战场。而作为亚太再平衡的主导者,美国将会不断推动这四个地方的矛盾激化,尽量在某个时候能让中国同时面对两场甚至更多的局部战争,以恶化中国的周边安全环境,从而全方位地打击中国。一旦如此,美国即可借乱从中渔利。

---

① 2016 年 6 月 6 日,习近平主席在第八轮中美战略与经济对话和第七轮中美人文交流高层磋商联合开幕式上发表题为《为构建中美新型大国关系而不懈努力》的重要讲话中指出:“中国奉行亲诚惠容的周边外交理念,始终致力于促进亚太和平、稳定、发展。”

如今，美国试图将东海、南海、朝鲜半岛及台海等问题捆绑起来，同时给中国制造麻烦的意图已非常明显。在东海，美国完全倒向日本一边，推动中日对抗的同时，不断努力构筑美日韩东方小北约式的三国联盟。一旦这个联盟构筑完成，那么美国即可将东海和朝鲜半岛的问题进行捆绑，美国在背后操控日、韩两个国家在东海和朝鲜半岛同时挑事，中国在东面将会面临巨大压力。

2013～2015 年美国国防部长哈格尔(图片来源：中新社)

在 2014 年上半年的新加坡香格里拉安全峰会上，美国防长哈格尔的表态已经非常明确，即美国一定要插手南海。美国插手南海，目标是借助菲律宾和新加坡来扼住南海咽喉，然后推动越南和中国进行对抗，意图挤压中国南海的活动空间。通过越南和中国的对抗，在某个时候将中国拉入对越的战争泥潭，不断消耗中国的同时，恶化中国与东南亚国家的合作环境。

与此同时，美国在推动日、菲、越的联手。如果日、菲、越能够联手，那么美国即可在背后将东海和南海问题捆绑起来。一旦这种捆绑坐实，如果美日韩三国联盟也能构建起来，那么东海、南海和朝鲜半岛即可捆绑起来。只要这三个区域问题可以捆绑在一起，那么台湾问题夹在中间，自然也会借“台独”势力纳入其中。

上述情况一旦出现，美国即可择机引爆其中的两个问题，使得中国陷入局部的两场战争，接着再进一步联动，让四个问题接连甚至同时爆发。这样，一旦中国首尾难顾，就可能面临政治上、军事上和经济上的全面被动，美国即可统领大小喽啰展开对中国的围攻，中国的国际活动空间将会被严重挤压。

从这些局面上看，中国的形势好像很悲观，因为无论是东海还是南海，近几年都被美国搞得狼烟四起，东海局势和南海局势都在不断恶化之中。朝鲜半岛和台海虽然相对稳定，但也同样暗流涌动。譬如，朝韩之间的关系在金正恩上台后并未得到任何实质性改善；再如，两岸关系前几年也因国民党的谨小慎微和投机取巧进入了“瓶颈”期。客观上，这一切都是中国的难题。

我们再看国内，中国经济现在还未真正转型成功，内部矛盾也没有完全理顺，改革进入深水区后反腐与改革成一币两面，三股势力近几年有越来越猖獗的趋势，新疆形势令人忧心。这一切棘手的问题，也都让一些人对中国表现出了悲观的情绪。难道这一切真的无解吗？

客观上，这些问题都是问题，且都比较棘手。但是，这些问题客观上并不是真正能够阻碍中国向前发展的问题。对中国来说，关键问题在于，不能被他国牵着鼻子、跟着别人的节奏走，中国当前需要做的是按照自己的战略节奏，立足于自身。那么，我们又该如何立足于自我战略？笔者认为，要做到三个方面：

(1)东西向的东拓与西进。

第二次世界大战以后，美国是通过控制亚太盟友控制东亚，通过控制西欧盟友控制欧洲，然后再通过以色列这枚钢钉死死钉住中东，并对伊斯兰世界分而化之，形成了完美的欧亚大陆三角落点，这使得美国控制欧亚大陆在过去些年游刃有余，并在对苏联的包围中绞杀了苏联，对全球形成了绝对的控制力。但是，近些年随着美国穷兵黩武，实力下降，美国对欧亚大陆的控制能力被大幅削弱。

站在中国角度，中国实力在近些年得到较大幅度的提升，中国要想维护自己的利益,需要向外伸一伸手脚。看看中国的地缘,东向的西太平洋上,只有日本和中国台湾省,在经济上发展的空间不大。所以,站在地缘经济战略角度说,中国需要发展的方向绝非东方,而是一路向西,西方才有“真经”在。

不过,我们也应看到,鉴于过去些年我国经济战略定位,东部占我国经济总量太大,中国战略上需要在东向拓展出一定的安全空间,以保证沿海经济发展成果的安全,这也就是我们所说的东拓。东拓,就是要突破第一岛链封锁,至少应该将美国对中国的战略压力推到第二岛链甚至更远一些。这样,中国东面才能稳得住、放得开。

中国西进,对内来说就是产业向中西部的转移,东部多发展服务业和科技研发等。内部的产业西移后,向西开放构建丝绸之路经济带就符合中国的战略发展方向了。如此一来,中国即可一定程度地绕开海洋,通过铁路或铁路与海运结合来同西方进行贸易等经济往来。

这样的战略一旦确定,面对美国在东向的围堵,中国可以以相对较少的资源来破解美国在太平洋上60%的军力和相应的政治力量围堵。而且,一旦中国向西发展,必然会带动包括东南亚等国家在内的很多国家向西看。那么,美国在西太平洋上部署的那些资源将沦为空架子,费效比将会变得非常差。中国西进,是立足于内生性经济并带动周边向西与欧洲结合;美国重返亚太,则是纯属消耗式的、费效比差的遏制,是非内生性的。两者谁更持久,不言而喻。

(2)南北向的北靠与南下。

中国与俄罗斯的关系之前谈过太多,这里不再赘述。但有一点可以确认,即中国和俄罗斯在战略上背靠背绝对是不二选择。这一点,中俄彼此彼此。北靠俄罗斯,其实这个靠并非依靠之靠,而是彼此靠着,借彼此的力,从而向外能够打出更强的力量。北边安稳且可借力,中国自然可以南下。

南下有没有阻力?当然有,美国就是最大的阻力。但中国通过经济、政治、外交、军事的威逼利诱,整合东南亚在情理之中。不过,这个整合需要立足于自身具备雷霆手段的能力。

近几年,菲律宾对中国的挑衅自不必深谈,越南对中国的挑衅也已显露无遗。2014年11月下旬,不但越南总理对中国强硬,越共总书记和越南国家主席对中国都表示出了强硬,越军的中将竟称要准备军事对抗中国。体现在实际行动方面,越南在外交上和美、日、菲勾肩搭背,军事上已开始接受日本军事援助,在执法船上安装重武器,这是为随时准备擦枪走火做准备。

中国南下,还是要立足于自身对南海的控制力。中国一方面加强南海舰队的力量,另一方面就是加强南海军事基地的建设。在这些方面,中国最近一两年做得非常好,南沙群岛5个海空军基地的建设及西沙群岛军事基地的扩建,都是中国立足于自身实力南下的表现。中国只要在军事上站稳脚跟,再辅以政治、外交和经济,南下整合是大势所趋。

(3)内部的区域与结构调整。

中国内部的区域与结构调整和中国外部战略是一脉相承的。区域调整是产业向中西部转移,由原来只进行东部开放转向东西部双重开放,重点转向对中国西边国家的开放。同时,在经济结构上,产业要向高附加值的产业升级。

这些都做好了,中国即可一边在经济上向发达国家迈进,一边在战略上则向发展中国家靠近。如此,中国即可立足于发展中国家包容性发展的基础,与发达国家比肩齐高。笔者的估计是,到本世纪中叶,中美经济总量之比将如今天美英经济总量之比。一旦这一预估实现,世界将会换一个天空。

中国在立足于上述战略的同时,再通过和韩国交好拆解美日韩联盟构建,通过在南海加强控制,阻断美、日、菲、越的联手,同时加强与东盟各国的关系以压缩越南和菲律宾的活动空间,即可使美国无法在亚太形成针对中国的牢固抓手。与此同时,中国再借军事、经济等自身对美国的反制能力,来支撑中国反弹美国的压力。如此持续十几年,美国对中国的战略围堵将不攻自破,重返亚太战略将会黯然收场。

中国“经商带剑”vs. 美国“带剑经商”

改革开放后,我国“韬光养晦”,是在西方的规则下经商,属于轻装简从,带着“细软”和“土特产”奔波西方掌控的四方。如今,海上强盗越来越多,我们的经济利益越来越大,不能再将自己的身家性命交给他人了。所以,我国海军从索马里护航开始走出去,如今更是开建海外军事基地。如今,中国的这种发展模式,简单地归纳可以说是“经商带剑”模式,即中国以经商、合作为主,但为了保证自己的利益,不得不在出门的时候“身佩宝剑”。

中国的模式和以美国为首的西方近代经商模式有本质不同。过去数百年,西方人一贯是“带剑经商”,即当对方是强者时就和对方通商,当对方是弱者时就仗剑占领,如有不从,抬手就砍。哪怕今天,美利坚仍然是“带剑经商”,用强权、霸权来让弱者屈服。过去,世界上只有西方模式才能成功,所以大家都学习西方,受制于西方;如今,世界上新中国崛起,除了西方模式成功外,又有了中国模式,这让后进国家看到了新的希望。而且,与西方模式相比,中国的合作模式更加公平合理,更能帮助落后国家发展自己。

客观地说,如今的世界已经开始是两种模式的竞争。这两种模式,用通俗的语言讲就是“经商带剑”和“带剑经商”。两者不同的是:前者软中带硬,主张互惠互利、合作共赢,带剑是为了“防身”,避免损害自己利益;后者则是硬中带软或硬中还硬,是对落后国家威逼利诱,落后国家则不得不从,这种模式是西方自己吃肉,落后国家也许能喝口汤。

事实上,和过去中国没有海洋战略相比,如今中国的大国海洋战略雏形已开始显现。种种迹象表明,中国正在构建太平洋、印度洋和大西洋的“三洋贯通”战略布局。

我们知道,习近平主席访问了澳大利亚和新西兰,在斐济和太平洋 8 个岛国结成战略伙伴关系,这不但可以让中国出岛链、入太平洋有了更充分的理由,还能与这些国家合作开发太平洋的海洋资源。更为重要的是,可以将这些国家中的某些国家作为中国连接拉美的海上中转站。别忘了,中国领导成立了金砖国家新开发银行及应急基金,还与拉美国家成立了中拉合作论坛,这其中都有与拉美进行深化合作的内容。从这些战略中我们可以看出,中国的 21 世纪海上丝绸之路战略,其中的一条路线就是从中国东海出发,出岛链、入太平洋,然后由海上连接拉美国家。

中国的海上战略布局当然不仅仅是这些,还有一条路线是从南海出去,入印度洋,过中东入地中海和欧洲连接。在印度洋上,这条海上丝绸之路还要再分为南北两线。北线,连接中东、北非和欧洲;南线,则连接非洲南部大陆,并绕过好望角入大西洋,由大西洋再与拉美的东面国家港口建立海上连接。之所以考虑在地处大西洋的纳米比亚建立军事补给基地,就是中国海军要保护这条连接非洲和拉美的航线。

中国在做的,不仅仅是印度洋的补给基地布局。在南海,对六个岛礁进行了开发建设,这将是未来中国控制南海和南海海上航线的重要抓手,必不可少。这些抓手将会帮助中国有能力维护南海的和平与稳定,维护我国航路的畅通,不至于被其他国家控制。当然,从南海东南出去,也可以入南太平洋,从南太平洋也可以连接拉美。

为了解决被美国海军控制的通道问题,中国还在干三件事:

一个是准备在泰国湾动工修建克拉运河。一旦泰国湾的克拉运河打通南海和印度洋的航道,则意味着势力盘踞复杂、美国影响巨大(新加坡有美军军事基地)的马六甲海峡将被架空。克拉运河处于南海腹地,地理上距中国更近,也距中国南海的军事基地更近,更易于控制,保证航道安全。更何况,这条路线比走马六甲更近,能缩短航线距离,降低海上贸易成本。通过克拉海峡,可连接印度洋,再从印度洋出去向南、向北分成两条航线连接非洲、拉美和中东、欧洲,将可以勾勒出一个保住中国航线不被美国控制的格局。

另外两件事都在拉美:一件是要与巴西、秘鲁合作建立联通大西洋和太平洋的两洋铁路;另一件是与俄罗斯合作在尼加拉瓜建一条比巴拿马运河更大的尼加拉瓜大运河。一旦这“一河一路”能够建成,在拉美连接太平洋和大西洋两洋的路线将增加到三条。三条路线可以联通两洋，美国想遏制住就困难多了。如果想控制或遏制，就需要更多军力部署，国防开支就会增加，这是美国如今不能承受的。何况，这么遏制下去，自己的兵力过于分散，也就没法玩了。而且，从上述内容中可以看出，中国和拉美的航线还可以衍生出很多条，可尽量节约贸易连接成本。

综上所述，我们可以看出，中国已经开始了连接太平洋、印度洋和大西洋三大洋的"三洋联通"宏伟计划。中国这一计划信奉的是"经商带剑"，大家以经济合作、互惠互利为主，彼此都不欺骗，而"带剑"则是为了保护自己，不是为了打压对方。这种"经商带剑"会让"带剑经商"的美国模式在海上耀武扬威的成本大大提高，再加上美国经济竞争力的进一步衰弱，"带剑经商"的游戏越往后玩会越艰难，二三十年后是否还玩得下去就更成疑问了。

占豪感悟

很多人对中美关系很激进，动不动就说应该和美国决裂。事实上，中美之间既有很大的战略分歧，也有非常巨大的共同利益。战略分歧决定了中美必然博弈甚至是较量，而且两国博弈有越来越激烈的趋势；共同利益决定了中美不可能轻易撕破脸，因为撕破脸损害的不仅仅是两国的现实经济利益，更包括两国的战略利益。所以，我们看到，在中美找到平衡点后，两国在全球气候的观点上出奇一致。

对中国来说，维护自己的核心利益是必然的，且不可能有任何折扣可打；对美国来说，维护其全球霸权就是其当前的核心利益。于是，中美在彼此核心利益上实际上是出现了冲突，这种冲突基于两国的战略利益在尽量缓和。然而，中美之间一边共同做着缓和努力，一边彼此使出浑身解数角力，这就是当前的中美两国格局。

中美之间可以有博弈，甚至在局部矛盾不可调和时可能有代理人战争打，但这都不代表中美之间可以决裂，中美两国可以直接打起来。事实上，这种可能性非常小。不管美国人谁当总统，都不可能轻易做出与中国彻底翻脸的决策。

当然，美国为了遏制中国，会采取很多针对中国的手段，过去几年在南海、东海、朝鲜半岛、台海的各种行动，其实都是为了给中国制造麻烦。与此同时，中国也在另起炉灶，构建以自己为核心的全球经济治理体系。虽然现在才刚刚起步，但很明显中国已经掌握了主动。

可以预见，未来中美的博弈不会停止，这一进程甚至可能会长期持续，直到中美之间的战略能力彻底逆转为止。这个周期时间，恐怕是以十年为单位的。对中国来说，的确需要“经商带剑”。对中国来说，没有人能保护中国，只有中国自己保护自己，冲过去是中国唯一可以选择的路。在这个过程中，无论阻拦者是谁，中国都必须冲过去，并且为此准备不惜一切代价。

第9章

维护世界和平的坚定力量

中国的逻辑

◎ 大国对弈

◎ 军演的硝烟背后

◎ 有朋自远方来

大国对弈

自近代西方大航海以来，人类社会即进入快速的全球化时代。最初的全球化，是西方列强侵略其他国家和民族，并对这些国家和民族进行殖民的过程。在列强殖民的过程中，世界主要博弈是在列强之间展开的，它们为争夺殖民地大打出手，大战、小战不断，并最终酿出人类两场巨大灾难——第一次世界大战和第二次世界大战。

第二次世界大战后，以美国和苏联为代表的东西方陷入冷战，全球化演变成了两极对立。美苏两极对立格局随着中国国家战略调整发生剧变，最终美国在无奈的情况下，以战略空间换中美合作，并最终在东西对抗中促使苏联解体崩溃。苏联解体后，世界由两极对立转为单极霸权，美国一跃成为世界“警察”。

大国对弈背后的利益逻辑

正所谓贪心不足蛇吞象，拥有霸权地位的美国，并不满足于自身所拥有的霸权地位，而是希望构建一个“长生不死”、永立世界之巅的“地球帝国”。在这个“地球帝国”里，美利坚拥有世界规则的制定权，拥有全球初级商品和主要流通商品的定价权及流向控制权，拥有全球军事、货币、科技、舆论等霸权……总之，美国可以像理想中的“上帝”一样，操控这个世界的一切，顺之者昌，逆之者亡……

在这种无限欲望的推动下，美国分别在2001年和2003年发动了阿富汗和伊拉克两场战争，并剑指伊朗。但令世人欣慰、令白宫遗憾的是，“地球帝国"梦想功败垂成,美国在两场战争中耗了十来年,耗出来了一场由美国始发的世界经济危机,美国却并未实质性地得到什么。

为转嫁危机,美国做了两件事:一是在2008年11月8～9日率先在华盛顿召开了第一次G20峰会,领导20国集团进行全球性的救市;二是在11月底,看各国救市政策差不多都出来了,美国祭出自己的救市政策——量化宽松(QE)。

之所以需要做这两件事,是因为只有通过各国政府主导的联合救市,方能在短期内刺激世界经济走强。只有世界经济走强,世界范围内才需要更多美元,美国接下来的QE才能将美元释放出去。通过对外释放几乎没有成本的美元,美国不但可以稀释境外持有美元者的财富,还能降低自身的债务压力。

通过这种"乾坤大挪移"手法,美国私营部门在过去数年时间内完成一定程度的去杠杆化,降低了自身的经济风险。当然,经此之后,世界上其他国家的风险反而增加了,美国政府的风险也增加了。譬如,欧债危机就是在G20联合救市一年多后爆发的,利比亚战争、叙利亚内战也是这一系列政策的国际副作用使然。与此形成鲜明对比的是,华尔街日子这几年过得倒非常滋润。

当然,美国政府的债务近几年也因此剧增,财政压力巨大。虽然美国私营部门去杠杆化做得不错,但美国债务黑洞并不是真的消失了,而是通过新的会计准则加上美国股市上涨带来的资产重新估值,使得债务黑洞暂时被掩盖了。问题在于,股市不可能长期涨下去,美国经济根本不足以支撑美国股市这么涨下去,未来一旦资产价格泡沫破灭,债务黑洞再次暴露,新的、更大的危机就可能来临。为了维系这一切,美国必须有新的抉择,从而解决这些潜在的危险问题。

美国解决的办法,笔者在《大博弈:中国之危与机(形势篇)》中有详细阐述。概述起来就是,美国需要更多境外资本到美国来投资,接盘美国当前的高价资产。美国的机构、企业再在高位将这些资产套现,然后用这些套现的钱和美联储手里近3万亿美元的超额准备金(通过金融机构可制造出二三十万亿美元的资本流动性)可以释放的巨额资金,一起到世界上收购因美元加息及其他原因被打压的低价资产。最后,美国再通过一系列政策对这些低价收购的资产进行价格重置,如此可一举解决美国自身的债务危机,恢复经济增长活力。

美国战略上要实现这一切,就必须做到两点:一是结束QE,制造加息预期,从而烘托出长期走强的预期;二是充分利用世界各地的乱局,并制造更多乱局,来迫使更多资金到美国避险。

对于前者,美国需要营造出美国经济高增长的氛围和预期,美国在统计上让2014年一季度经济下滑2.9%,让2014年三季度GDP增速达到5%,目的就是做出这样的预期。据报道,6月美国发布了第一季度GDP报告的最终版,连同此前发布的报告初版、修正版来看,可以发现有些东西实在太奇怪:4月公布的GDP增长率初值是0.1%,5月底发布的修正值是-1.0%,6月公布的终值则大跌至-2.9%。导致如此波动的主要原因是:商务部初版报告显示,如果没有奥巴马医疗法案,一季度GDP的增长率其实是负的;而在修正报告中,奥巴马医疗法案对GDP计算作出的贡献达400亿美元;但是等到最终版报告,这400亿美元又神奇"消失"了,奥巴马医疗法案完全变为GDP增长的拖累。对此,当时就有分析人士指出,商务部将寻找一个合适的时间,用这笔资金给某个季度的GDP带来强劲推动。

对于后者,美国充分利用和制造更多乱局,则是为了让资本感觉世界其他地方不安全,只有美国安全,从而迫使避险资金回流美国。2014年的国际大事就是围绕这样的逻辑展开的。借此,我们不妨对2014年的一些大事进行一些梳理。

2014年大博弈棋局

2014年的大事有两条主线:一条是美俄博弈脉络,在明;另一条是中美博弈脉络,在暗。两条主线脉络、三个主角,中俄是战略“小伙伴”,美国则同时与中俄较劲。

在这些博弈当中,在美国的率领下,西方对俄态度逐渐趋于一致。与对俄态度不同的是,西方在对华态度上则明显趋于分化。美国领导下的西方对俄罗斯,恨不得置于死地而后快;对中国,美国是一边打压、一边拉拢、一边妥协,欧盟的主要国家则是不断深化与中国的双边和多边合作。

我们先从美俄博弈的脉络理一下 2014 年的大事件。

(1)美俄博弈脉络。

2014 年,大国博弈对抗最激烈的就是美国和俄罗斯,对抗区域从中东的叙利亚被美国强力推到了乌克兰。这起地缘政治博弈,最终导致乌克兰前总统亚努科维奇的下台流亡、乌克兰国家内战和克里米亚独立并加入俄罗斯联邦共和国。是什么原因导致乌克兰局势演变成今天这样呢?在笔者看来,根本原因有四个:

①美国认定俄罗斯为当前最大战略敌人。

我们知道,2013 年 9 月,在叙利亚政府军对反对派武装剿灭取得巨大优势,甚至已接近消灭之时,美国总统奥巴马公开表示要对叙利亚巴沙尔政府军进行军事打击。当时,俄罗斯总统普京以全力军事支持叙利亚为筹码,最终迫使奥巴马放弃了该计划。美国在中东试图推翻巴沙尔政权的计划由此遭到强大阻力。

美国无法推翻巴沙尔政权,距离推翻伊朗政权就更远。不能推翻伊朗现政权,美国“地球帝国”的梦想就面临彻底破产的危险。白宫将战略无法推动的原因归于俄罗斯普京。于是,针对乌克兰的颠覆计划展开实施。事实上,普京阻挡美国的时间在 2013 年 9 月,乌克兰危机爆发的时间在 2013 年 11 月 22 日,中间也只隔了两个月。

我们知道,乌克兰危机的导火索是由 2013 年底乌克兰亲俄派总统亚努科维奇中止与欧洲联盟签署政治和自由贸易协议,欲强化和俄罗斯的关系导致。这样的事件,本该由欧盟出来主导协调,但当时的乌克兰反对派亚采纽克等势力则完全听命于美国，以推翻亚努科维奇政府为目标制造各种混乱。在推翻亚努科维奇政府最后时刻，德国、法国、波兰等国曾与俄罗斯、乌克兰及乌反对派达成和解协议，但达成协议后不久，反对派即发起总攻，并最终推翻亚努科维奇政府，迫使其流亡俄罗斯。

美国之所以这么快挑起了乌克兰危机，根本原因之一是，美国认为俄罗斯已成为美国战略计划推行的最大敌人。在白宫看来，只有搬开俄罗斯这块绊脚石，才能进一步实施战略计划。于是，在美国的支持下，乌克兰反对派推翻了亚努科维奇政府，使得乌克兰陷入混乱、内战，并最终也让俄罗斯陷入了困局。

②为挑起新冷战。

在美国支持下，乌克兰危机爆发。之所以要挑起乌克兰危机，很重要的原因之一是美国试图通过乌克兰危机，重新触发欧俄新冷战，由欧俄新冷战最终演化出新的全球东西方大冷战。

美国为何要搞欧俄新冷战和全球新冷战呢？对美国来说，只有搞欧俄新冷战，才能破坏欧俄新关系的进一步发展；只有让欧俄对立起来，美国才能在欧亚大陆上树立一个欧洲的敌人；只有树立一个欧洲的敌人，美国才有理由加强已半瘫痪的北约军事同盟关系，也才能提升在欧洲的军事、政治及经济控制能力；只有提升了这种控制能力，美国才能在现有基础上提升自己的全球霸权能力。而这一切，都必须阻止欧盟和俄罗斯发展摆脱美国控制、弱化北约同盟的欧俄新关系。只有促使它们为敌，避免它们进一步的经济融合及政治文化交流，美国才能统领这里的一切。

一旦欧盟和俄罗斯冷战开打，美国就可以通过领导欧盟展开对俄罗斯的经济封锁，通过打垮俄罗斯的经济，来消灭掉俄罗斯在国际上的影响力。当俄罗斯这个敌人被消灭，美国实施全球战略的绊脚石就被搬开了，美国的全球霸权也就能得以巩固。

③拖垮俄罗斯，才能左右中东。

中东是美国执全球权力牛耳的核心，因为石油美元是美国控制世界的经济基础。美国要想实现对全球经济的控制,就必须完全控制整个中东。只有控制整个中东,才能拿到对国际原油的绝对定价权。要控制整个中东,就必须干掉叙利亚和伊朗。而挡在叙利亚和伊朗前面的,正是俄罗斯。所以,对美国来说,拖垮俄罗斯,才能真正左右中东。借乌克兰拖垮俄罗斯,就是美国的既定战略计划。

④拖垮俄罗斯,才能全力对付中国。

在美国看来,中国是其未来全球霸权的真正对手。根据世界银行和 IMF 的计算,2014 年中国的 GDP 按购买力平价计算已经超越美国,成为世界第一大经济体。哪怕按照当前的汇率口径统计,中国的 GDP 超过美国也就是未来五六年的事。更为重要的是,中国的发展空间远不是未来五六年就会停下来的,而是还有不可限量的巨大空间。中国的这种发展潜力,让美国如芒在背、如鲠在喉。

但是,由于中国与美国经济融合得过于紧密,直接对付中国会给美国自己带来巨大的经济和战略损失。而且,如果美国直接对付中国,鹬蚌相争必然渔翁得利,俄罗斯和欧盟一定会借机在全球范围内抢夺美国的战略利益。

所以,对美国来说,必须先制服俄罗斯、收服欧盟,才能全力对付中国。而要收服欧盟和制服俄罗斯,就必须挑起欧俄新冷战。挑起欧俄新冷战,引爆乌克兰局势是最好的一步棋。

事实上,为了进一步激化乌克兰局势,马航 MH17 被击落可以肯定是一次大国角力下的有预谋事件。MH17 被击落,无论是从能力、动机角度观察,还是从各方证据分析,凶手都指向了乌克兰政府军。但是,这起事件,美国却极力栽给亲俄的民间武装,甚至直指凶手就是俄罗斯。美国的意图很明确,一则试图通过这一事件进一步恶化欧盟和俄罗斯的关系,二则通过这一事件将俄罗斯丑化成“人类公敌”。

由于俄罗斯掌握较多证据,而美国却无法拿出更多证据,同时乌克兰又刻意隐藏了不少证据(譬如可以拿出来的机组人员与空管中心的通话录音),结果这一事件最终还是不了了之(如今,包括美国、欧盟国家、马来西亚、乌克兰等当事国好像对这一事件都不再关注，只有俄罗斯方面还在继续探寻真相，并不时发布相关消息。好像死亡的大多数人不是荷兰人或马来西亚人，而是俄罗斯人。而根据俄方最新消息，已有新证据证明客机是被乌克兰政府军击落的）。虽然事件不了了之，但欧俄关系进一步恶化的目的却达到了。马航 MH17 被击落事件发生不久，西方针对俄罗斯的制裁在美国的主导下进行得如火如荼。为应对制裁，俄罗斯虽然已经做了很多工作，不但进行了一些反制，还采取了很多稳定经济的措施，但鉴于美国联手沙特对国际油价展开打压，俄罗斯经济仍然承受了越来越大的压力。2014 年尾，美国又针对俄罗斯卢布进行了一轮攻击，卢布兑美元短期内一度暴跌至 1∶80，这较年初卢布兑美元的汇率跌幅超过 50%。俄罗斯由此承受了更巨大的压力。

美俄斗法除了导致乌克兰大乱、欧俄关系恶化和俄罗斯经济承受巨大压力外，还促成了另外两件大事发生：一件是中俄战略、经济等合作进一步深化；另一件是 ISIS 的瞬间壮大。

关于中俄战略靠近、深化合作，从 20 世纪 90 年代末期就已经开始，那是在俄罗斯遭到西方忽悠之后的无奈之举。21 世纪中俄的合作，一方面，是因为西方对俄罗斯的不信任，俄罗斯无法融入西方的迫不得已；另一方面，则是因为中俄无论是战略利益还是经济利益都有很好的互补性。但是，中俄战略靠近得如此之快，根本原因还是由美国促成的。特别是进入 2014 年，由于美国对俄罗斯的紧逼，俄罗斯加速投入中国怀抱，不但很快在“一带一路”战略上和中国达成一致，俄罗斯出口能源也开始由欧洲方向转向中国。甚至，过去因对中国抱有戒心一直被搁置的俄远东开发方案，俄罗斯也主动拿出来与中国合作。

客观上，这是美国间接帮了中国大忙。俄罗斯向中国供应天然气的方案，中俄双方谈了差不多 20 年，开发俄罗斯远东的方案时间也不短了，短期内如此快地促成，根本原因还是国际局势的剧变，而这一切都是美国一手推动的。如果没有美国的逼迫，甚至包括中国提出的“一带一路”战略，俄罗斯恐怕也不会那么痛快就答应配合。再扯远一点，如果不是美国展开对中国的围堵包夹，中国提出“一带一路”战略的时间很可能会进一步推迟。

至于ISIS的发展与壮大，则完全是美国一手造成的。事实上，ISIS早在利比亚战争时就曾受到以美国为首的西方的支持，作为反对派攻打卡扎菲政权。2011年，前美国总统候选人、著名议员麦凯恩还与现已被击毙了的ISIS新闻发言人合过影。

(2)ISIS。

ISIS之所以发展得如此之快，根本原因有三个：

一是以美国为首的西方在过去数年一直支持叙利亚反对派打击巴沙尔政权。在以美国为首的西方的支持下，包括ISIS在内的叙利亚反对派逐渐壮大，其中作为“基地”组织分支之一的ISIS的力量在这个过程中得到了储备。

二是奥巴马2013年9月空袭叙利亚的计划虽然被普京阻止，但还是吓了巴沙尔一大跳，政府军自此基本停止了对反对派的打击。在此期间，伊拉克内部却在争权，无暇顾及伊拉克北部和叙伊交界的区域，ISIS就是在这些区域逐渐发展壮大的。

三是美国为了私利，对伊拉克政府的救助请求置之不理，纵容ISIS不断做大，直到ISIS危及美国盟友——伊拉克库尔德自治区——的利益时美国才出手。美国的出手犹如蜻蜓点水，仅仅是帮助库尔德人扩大地盘，却并未真心下功夫打击ISIS，也没打算真正消灭ISIS。美国是想利用ISIS打击叙利亚政府军。这一点，我们可以从美国对ISIS的空袭方向可知。ISIS正是在美国飞机炸弹空袭的驱赶下，重新回到了叙利亚，并不断侵蚀政府军控制地区的军事基地和重要油田。

如果不出意外，未来当美国认为俄罗斯已经无力顾及中东时，还会考虑采取强力措施推翻巴沙尔政权，以换取下一步对伊朗的封锁，为进一步推翻伊朗政权做准备。虽然这么做很难成功，但美国这么做的可能性仍然很大。

说完美俄博弈脉络和相关事件，我们再分析中美博弈脉络下的国际大事件。

(3)中美博弈脉络。

中国国家主席习近平分别在2013年9月和10月提出了“丝绸之路经济带”和“21世纪海上丝绸之路”两个相辅相成、未来可相互贯通成闭环的大国区域发展战略。中国提出这两个大战略,一方面是立足于自身的发展基础、发展空间及未来国际社会的发展趋势,另一方面则是为了破解美国对中国的围堵。对于前者,大家都好理解;对于后者,很多人则并不清楚。

事实上,早在中国提出“一带一路”之前,美国一边从2010年开始搞遏制中国的“重返亚太”战略,另一边则在2011年7月由时任国务卿的希拉里提出以阿富汗为枢纽,将南亚、中亚与西亚连起来,以实现“能源南下”、“商品北上”的“新丝绸之路”计划(相关详细分析可参见拙作《大博弈:中国之危与机(经济篇)》相关章节)。美国之所以这么做,就是要从东、西两个方向将中国包裹起来,打断中国向东的拓展空间和向西的发展路线。站在美国战略角度思考,一方面是为了围堵中国,另一方面则是进一步分化欧亚大陆的战略。

针对美国的包夹,中国很快提出了“一带一路”两个战略来破解。中国提出的“一带一路”战略不但可以将海上丝绸之路和陆上丝绸之路连接起来,还将所有相关国家的未来发展利益统筹了起来,以实现互惠互利、合作共赢。正是在这种背景下,我们才看到美国的“亚太再平衡”战略实施多年举步维艰,TPP难以取得共识,“新丝绸之路”计划更是无影无踪。反观中国提出的“一带一路”战略,在一年多的时间内:向东,联动了澳大利亚、新西兰以及南太平洋岛国;向西,不但联动了中亚、东欧,甚至已经引起了包括德国在内的西欧国家的浓厚兴趣;向南,东南亚国家主动加入合作,中印缅孟经济走廊已经开始运作,中巴经济走廊也在开展工作;向北更不用说,中俄不但合力推动“丝绸之路经济带”战略,甚至已经开始合作开发俄罗斯远东地区。

中国的这些战略,不但对美国遏制中国的战略构成了沉重打击,甚至已经动到了美国控制欧亚大陆之根本。在这种情况下,美国在2014年也没少针对中国“耍小动作”。

2014年2月21日,美国总统奥巴马在白宫会见了“藏独”精神领袖达赖

2012 年度香格里拉对话会上，时任美国防长的帕内塔提出了美国“亚太再平衡战略”，宣称 2020 年前将 60% 的美国战舰部署至太平洋（图片来源：百度百科）

喇嘛，试图干涉中国内政的意图尽显。在奥巴马会见达赖喇嘛一周后，我国云南昆明火车站爆发恐怖袭击，造成 29 人死亡、130 多人受伤。事件发生后，美国再三犹豫后才发表不情愿的谴责声明。对于这次恐怖袭击事件，虽然不能说与美国直接相关，但“疆独”分子的首领之一热比娅长期受美国全国民主基金会支持，该基金会的主要资金来源则是美国政府拨款。

客观上，美国政府是间接支持了恐怖分子。而此时境外恐怖分子操控这起恐怖袭击，显然是为了给中国社会制造恐慌，增加中国社会安保支出，提升中国经济运行成本。在大国博弈越来越激烈的时刻发生这种恶劣事件，既有其偶然性也有其必然性。类似境内外联合的恐怖事件在 5 月份再次发生。5 月22 日，新疆乌鲁木齐发生恐怖袭击爆炸案，案件共造成 39 名群众死亡、94 人受伤。

昆明恐怖袭击发生一周后的 3 月 8 日，从马来西亚吉隆坡飞往北京的 MH370 航班离奇失联。在这起飞机失联事件中，有太多不可思议的事情发生，也有太多疑点让人对事件本身的性质生疑。

一方面，飞机是有主观意图的折返飞行，而且是机组人员主动关闭了与空管中心的联系。据报道，在飞机折返途中，机长曾用卫星电话与马来西亚方面通话联系，具体内容不得而知。种种迹象表明，MH370飞机有很大概率是被机长劫持，至少最初一段时间飞机是在机长控制下折返的。至于劫持的原因，很可能与马来西亚反对派领袖安瓦尔被再次判刑有关，这就牵扯到了马来西亚错综复杂的国内政治。后来，安瓦尔也承认，该机长是其党派成员，和其还有亲戚关系。

更为诡异的是，一架那么大的民航飞机要飞跃监控严密的马六甲，还要飞入印度洋，却没有留下任何“痕迹”。可别忘了，在那些区域，有包括新加坡、印度尼西亚、印度等国的军事雷达，莫说一架巨大无比的波音777客机，就是一架战斗机恐怕也很难逃得过那么严密的防空网。但是，面对这些质疑，印度竟然声称自己雷达关机。至于印度尼西亚、新加坡等国更是三缄其口。若非事件背景复杂，作为一个主权国家，面对这样的民航灾难，应该主动提供所有资料才符合逻辑。而且，我们知道，美国在印度洋有很重要的军事基地，在这方面美国也没提供任何有价值的信息。

种种疑点，至今未能解开。我们不能说美国在其中到底扮演了什么角色，但美国一直在支持马来西亚反对派领袖安瓦尔则是客观事实，美国一直有介入马来西亚国内政治的意图也是客观事实，美国有加强对东南亚国家掌控能力的主观愿望。而且，自MH370航班失联后，美国也一直企图引导调查方向，并试图利用这次事件恶化中国与马来西亚的双边关系。最终，中马双方都充分认识到两国关系的重要性，马来西亚以加强与中国进一步深化合作的方式化解了这场危机。在这场危机中，美国试图借机恶化中马关系的企图总算没能得逞。

2014年5月，中国开始在中国南海中国海域内进行石油钻探活动，越南方面不但派出大量船只横加干涉，5月中旬甚至在当时越南亲美总理阮晋勇的怂恿下，由美国支持的NGO组织配合，爆发了一场针对中国企业的打砸抢烧运动。这场运动给中国企业造成大规模损失，还造成多人死亡。

越南这次针对中国的有计划行为，根本原因之一就是美国2010年执行“重返亚太”战略后，开始怂恿包括菲律宾、越南在内的国家向中国发起挑衅。

美国的目的是要搅乱中国南海,要破坏中国和东盟的关系,打掉中国东南亚这个“经济后院”,同时进一步恶化中国周边的安全形势。自2010年以来,中菲、中越关系持续恶化,最重要的原因之一就是美国背后的挑唆。正是美国背后挑唆与撑腰,激起了这些小国的贪欲,它们才挟美自重,试图从中国这里捞取利益。

美国针对中国在东南亚的战略小动作不断。我们知道,泰国前总理英拉上台后,一直强化与中国的关系。2012年10月,英拉政府开始制定“大米换高铁”计划法案。经过筹划并与中国沟通,2013年10月,中泰两国达成的备受瞩目的“大米换高铁”计划,从提案到国会到通过历时整1年。李克强总理出访泰国期间,与时任泰国总理的英拉共同见证了中泰两国《关于深化铁路合作的谅解备忘录》的签署。

中国的应对之道

2014年是中国战略大布局后的起步年。在这一年当中,中国的内政外交都取得了巨大突破。中国的这些重大政治外交事件与美国对中国战略的反应,相比美国遏制中国战略的裹足不前,中国的相关战略展开却进行得非常顺利。

对于2014年中国的重大外交事件,我们可以用三个字来形容:稳、准、狠!

(1)稳。

在敏感区域求稳,且稳中求进。

第一,在南海方向。在3月8日马航失联后,中国立刻展开搜救,尽最大努力做了该做的工作。虽然中方一度暂停了与马来西亚方面的一些合作,但并未如某些国家所希望的那样,严重恶化与马来西亚的关系。5月,虽然南海局势波云诡谲,越南对我国在南海的作业不断骚扰,甚至针对中国在越企业进行了打砸抢烧,中国一方面保持了原则,对越南施加了巨大的军事、政治压力，最终还是扎扎实实地将油井打好了。不但如此，中国在南海至少吹沙填海造了5个人工岛。可以预见，这些人工岛都将成为中国在南海的海空军军事基地。

第二，在朝鲜半岛方向。7月3日，中国国家主席习近平访问韩国，给未来中韩两国关系发展方向定下新基调。习近平主席这次访问韩国意味深长。因为中国拉拢韩国不但可以稳定朝鲜半岛，还能对冲美国一直试图推行实施的美日韩三国联盟战略。访问韩国，不但是为了稳朝鲜半岛，还是为了稳中求进，对冲掉美日韩联盟计划。中国在这方面与韩国的认知是非常一致的，在朴槿惠上台后，中韩相向而行。

第三，中国香港。中央政府的努力，最终使得香港稳了下来，这有助于未来港府维系香港繁荣。

(2)准。

2014年2月，在西方领导人因乌克兰局势问题都在抵制俄罗斯索契冬奥会时，中国国家主席习近平高调访问俄罗斯并与普京举行会见。在西方表现出对普京的敌对时，中国准确地捕捉到了机会，力挺俄罗斯。中国的力挺，在接下来的时间里给中国换回巨大的利益，不但有天然气协议、俄罗斯远东的开发等经济好处，还有更多具有长期战略意义上的互信与协作。

西非爆发埃博拉疫情后，中国第一时间向非洲兄弟伸出援手，中国分别向几内亚、利比里亚、塞拉利昂等非洲13个国家及国际组织提供了四轮共7.5亿元人民币的援助，并派出大量传染病专家和医务人员。

中国的及时救援赢得了非洲国家和世界的一片赞誉。之前，马尔代夫首都马累因海水淡化设备故障爆发淡水危机，中国又是第一时间紧急调用大量资源，通过军舰、军机、民航航班等多种方式向马累提供淡水累计近800吨，并提供50万美元现汇援助。这些人道意义上的援助，让中国在国际上得分不少，可谓处理得及时、准确、得当。

2014年5月，中国在上海举办了“亚洲相互协作与信任措施会议第四次峰会”。在这次峰会上，中国国家主席习近平强调，中国将同各方一道，积极倡导共同、综合、合作、可持续的亚洲安全观,搭建地区安全和合作新架构,努力走出一条共建、共享、共赢的亚洲安全之路。中国和平发展始于亚洲、依托亚洲、造福亚洲。中国人民愿意同各方一道努力,实现持久和平、共同发展的亚洲梦。与会各方围绕“加强对话、信任与协作,共建和平、稳定与合作的新亚洲”这一主题交换意见,共商安全合作大计,共谋长治久安良策,共襄发展繁荣盛举,达成广泛共识,取得重要成果。

这次亚信峰会,是新一届中国政府向亚洲邻居表态的一次会议,也是亚洲各国向中国表态的一次会议,是互信与合作的交心会。通过这次会议,中国与亚洲国家在国家战略和互惠互利等双边和多边合作方面进行了深入沟通与交流,为 11 月在北京举行的 APEC 峰会打下了良好基础。中国在这次会议上的表态,可以用准确来阐释。

(3)狠。

中国 2014 年的外交还有一个字就是“狠”字。

7 月,习近平访问巴西参加金砖国家领导人峰会。在这次会议上,金砖国家发起成立了金砖国家新开发银行及应急基金,银行总部设在中国。中国这次领导成立的金砖国家新开发银行及应急基金,是真正意义上在西方原有世界银行和国际货币基金组织之外成立新的类似组织。中国开始在西方主导的世界经济游戏规则上打开缺口,可谓一个“狠”字!

习近平主席参加完金砖国家领导人峰会后,主导举行了“中拉合作论坛”。中拉合作论坛的提出可以追溯到十多年前,2000 年中非合作论坛建立后,有人就提出中国和拉美间是否也应建立类似机制。2011 年,拉共体成立为建立中拉论坛提供了一个契机。在习近平担任国家主席之后,中拉论坛取得了实质性的进展。借助每一次会晤,习近平主席广泛地和拉美国家首脑商谈建立论坛的事情。2014 年 1 月的拉共体峰会上,所有成员国达成了与中国建立中拉论坛的共识。在拉共体内部,甚至包括未与中国建交的 12 个国家也表态支持,这说明拉美从总体上来讲,希望寻求一个共同的声音、共同的立场。中拉论坛形成机制,说明中国已经跨入美国后院,也可谓一个“狠”字。

2014 年 10 月 24 日，距 APEC 北京峰会召开时间不到两周，包括中国、印度和新加坡等在内的 21 个首批意向创始成员国的财长和授权代表，在北京人民大会堂签约共同决定成立亚投行，这标志着中国在 1 年前倡议设立的亚洲区域新多边开发机构的筹建工作进入实施新阶段。

SilkRoadFund
丝路基金

2014 年底成立、首期资本金 100 亿美元的丝路基金(图片来源：百度百科)

半个多月后，在北京 APEC 峰会期间，习近平主席在与亚洲国家举行会议时再次提出，由中国出资 400 亿美元建立丝路基金支持相关国家发展基础设施。在金砖国家新开发银行及应急基金确认成立后不到 4 个月，中国就再次主导成立了亚投行和丝路基金。针对国际经济游戏规则，中国频频出击，半年内连下“两城”，说出手够“狠”那是一点不为过。

11 月，在 APEC 峰会上，中国不但将中国“一带一路”战略完全融入了这次国际会议，甚至直接将这次会议开成了“国际政协会议”。经此会议，中国的“一带一路”战略不但彻底国际化获得了广泛认可，还彻底激活了一度被美国边缘化的 APEC 峰会(前面两届峰会，奥巴马均未出席)，推动并确立了亚太自贸区的谈判进程。将一个国际会议开成国家战略推广实施会议，过去除了美国，还有谁能做到？如此操作国际会议，怎能说不“狠”呢？

在 APEC 峰会结束几天后，澳大利亚举办新一届 G20 峰会。在峰会上，有 15%的议案由中国提出不说，最终还将 2016 年的举办权交给了中国。其中，这次峰会最终的公报已经为 2016 年中国举办 G20 峰会做了很好的铺垫。

与中国争夺 G20 峰会主办权的是日本，近几年，澳大利亚和日本打得火热，日本又是美国的亚太最重要盟友，这种双重身份都没能阻挡中国揽下主办权，中国的战略布局传导出去的力量不可谓不“狠”啊！

出手稳、准、狠的还有中国总理。据《广州日报》报道，李克强总理 2014 年出访 5 次，5 次出访涵盖欧、亚、非 10 余国，在 30 多天的出访时间里共出席了 270 余场活动，见证了 250 多项合作文件的签署，至少为我国企业带来了 1 400亿美元的大单，其中多涉及能源、基建、金融和民生领域项目。除了这 1 400亿美元的大单，李克强总理的出访最重要的战略收获就是与欧盟主要国家进一步深化了合作关系。这一点在欧俄关系恶化、新冷战苗头出现之际极其重要。

军演的硝烟背后

根据报道，中国进入 2014 年后，大型军演非常密集，令世界瞩目。譬如，“跨越-2014 · 朱日和”实兵对抗系列演习持续两个月，广州、济南、沈阳、成都、兰州 5 个军区的各 1 支陆军合成旅依次进场，陆续展开集中检验评估。再如，“火力-2014”炮兵实兵对抗系列演习，有 6 个军区和 1 个炮兵学院合计兵力 2 万人、炮兵主战装备近千台参与演习。

除上述军演外，大大小小国内或境外合作的军演还有很多，如中俄就有好几场联合演习。

我国为什么此时进行如此连续大规模的军演？这些军演又瞄准了谁呢？

中国连续进行大规模军演，原因有三个：

(1)国际形势所迫。

当前国际形势已非常严峻，看看今天的乌克兰、中东，到处在战争大爆发

朱日和演习中的人民解放军指战员(图片来源:《解放军报》)

边缘。中东的战争正在由多个小场局部战争向大区域战争转化,有进一步扩散的趋势。譬如,叙利亚的内战已扩展到伊拉克。巴以战争也非常火爆,已经造成巴勒斯坦超过1 000人死亡(巴勒斯坦人口是中国七百五十分之一,1 000人放在中国就相当于75万人,已非常可怕),带来了严重的人道主义灾难。未来,如果这一战争长期持续,不排除会演化为第六次中东战争。乌克兰的内战也愈演愈烈,早先美国战略家布热津斯基和欧洲媒体都曾建议向乌克兰提供武器支援,事实上俄罗斯距离战争也只有一步之遥。

中国周边形势也不乐观,东海、南海相关国家挑衅频繁,朝鲜半岛形势也较紧张,擦枪走火可能性越来越大。这种国际形势背后,都有一个一直陷于危机而无法自解的美国。中国作为世界第二大经济体,作为实体经济最为坚实的国家,是某国一直重点关注的对象。面对这种国际形势,军队大练兵是必需的。所谓"养兵千日,用兵一时",在战争越来越近的国际大背景下,练好兵才能保护百姓的安居乐业。

(2)国家战略需要。

我国已是世界第二大经济体,战略和经济利益遍布全世界,全世界越来越不稳定的形势给我国的利益带来了巨大挑战。特别是我国海上的战略利益,已经被他国很大程度地侵蚀。在这种国家战略需要下,我国应该进行更大强度的练兵以提升军队实际战斗力,为保护国家战略与核心利益做准备。未来,一旦国家战略与核心利益受到严峻挑战,人民解放军就需要站出来保卫国家与人民的利益。

(3)满足新时期国防和军队深化改革的要求。

我军正在为满足新时期国防和军队建设需要进行深化改革,以使得新时期的军队能实现“召之即来,来之能战,战之必胜”。要实现这样的目标,仅仅靠装备升级和改进是不够的,还必须从实战中去摸索经验,形成体系,以达到多兵种、多平台协调作战,从而提升战斗力,实现深化改革目标。如今的大规模军演正是在这种背景下为满足现实需要而进行的实操演练。

那么,中国军演有没有瞄准某个或某几个目标呢?或者说,这种演习有没有假想敌呢?

军演如果没有相应目标,那还演什么?所以,演习一定有其针对性,否则就是瞎演。中国和俄罗斯现在是全球战略合作小伙伴,是最亲密的战友,双方至少在未来一二十年内不可能互相威胁对方,所以我国北方不是我国未来主要防御方向。西面是中亚,威胁主要是分裂主义、恐怖主义和极端主义,没有潜在敌对国,多是合作伙伴。南面的印度,现阶段印度和中国主动打仗概率不高,虽有一定威胁,但总体太平。中国现在最主要的威胁来源很明确,东海、南海和朝鲜半岛。

东海的威胁主要来自有美国在背后支持的日本。从现在情况看,日本正在准备对中国的战争,这一点毋庸置疑。正所谓有备无患,中国也必须对日本的战争准备作出有针对性的战争防御准备,这没什么好说的。现阶段,日本虽仍受制于美国,美国暂时还没挑起中日战争的意思,但随着局势发展,美国完全可能因为局势变化而调整过去的策略(具体论述参考《大博弈:中国之危与机(形势篇)》的相关内容),诱使日本向中国开战以取渔翁之利。

基于此,中国进行海上、空中、陆上、登陆的军演,针对的第一个对手就是日本。一方面,这是实实在在准备迎战,一旦日本对中国冒险,中国要有能力迎头痛击之;另一方面,这也是展现实力,通过威慑来实现以战止战的手段。

而且，如果日本胆敢对中国冒险，战场绝对不仅仅是日本预设的海上，而是直接拖向陆地，至少琉球将是主战场，日本本土将不再安全。中国的战备事实上已经将美国考虑了进去，如果美国要插手，那就一起来；如果不插手，那就让第一岛链灰飞烟灭吧。中国的战备就是要避免他国胆敢向中国开第一枪，谁敢开第一枪即会痛击谁。

当然，这种演习虽然主要并非针对南海，但南海个别国家也应该掂量一下，特别是和中国在海上对峙的国家，应特别谨言慎行。中国希望与东盟不断加强合作，不断推进双边和多边关系，但中国绝不会以核心利益换取和平。因此，任何国家如果想狐假虎威地认为美国重返亚太能助其蚕食中国利益，则必会受到严重打击。若有人敢开第一枪，中国不会给其开第二枪的机会。南海国家中，目标主要是那个曾自称世界"第三"军事强国的国家，其他国家不足虑。

朝鲜半岛也是中国的重要指向，虽然当前朝鲜半岛没有任何战争征兆，相比东海、南海风险也更低一些，但是，美国一直推动在韩国部署反导系统，2014年6月底再次提出在韩国部署"萨德"反导系统。类似提议，美国在过去几年已多次提出。在韩国部署"萨德"反导系统，就相当于美国的反导系统放在了中国、俄罗斯、朝鲜三国的家门口。与此同时，美国正在推动美日韩三国联盟，这个类似北约的东方小北约组织一旦成型，将直接对中国构成巨大的战略压力。上述两点，都是中国战略上无法接受的。

过去数年，在中韩的努力下，虽然美国屡屡施压韩国，但均未得逞。但是，谁也不知道会不会有某些突发事件改变这一切。类似"天安"号的事件和马航MH17坠毁事件都能发生，还有什么突发事件不能发生呢？所以，谁也不敢保证是否会发生突然的变化。韩国被迫接受美国条件，部署反导系统并同意构建美日韩三国联盟，则此时朝鲜半岛的冲突危机随时可能爆发。因此，这些演习中，自然应包含这些内在可能性，也应有相应的针对性。

当然，这些演习对台海也是一种震慑，震慑台湾某些"台独"分子，不要试图投机取巧。如果必要，《反分裂国家法》条款随时可能被执行。这种震慑，至少可阻挡美国在第一岛链“上锁”。美日同盟可以加强，美菲同盟可以加强，但只要美国无法做到重返台湾，第一岛链即无法“上锁”。对中国来说，对台海保持震慑仍是有必要的。

有朋自远方来

中国在欧洲的新角色

国务院总理李克强于 2014 年 10 月 9～15 日正式开启对德国、俄罗斯、意大利的访问。

访问德国，是要出席中德第三轮政府磋商。中德政府磋商机制是在 2010 年 7 月德国总理默克尔访华期间建立的，中德发表《中德关于全面推进战略伙伴关系的联合公报》，并同意建立政府磋商机制。2011 年，中德进行了第一轮中德政府磋商。中德政府磋商有点类似于中美战略与经济对话，但比中美战略与经济对话的级别要低，中德政府磋商主要涉及的还是经济领域，涉及战略较少。

访问俄罗斯，是中俄总理定期会晤机制下确立的中国总理访俄行程。中俄政府首脑(总理)定期会晤机制历史就比较久了，该会晤始于 1992 年，定期会晤机制则始于 1996 年，距 2014 年已有 18 年的历史了(这是第 19 次会晤)。这充分说明了中俄关系发展的稳健和机制的成熟。现阶段，中俄政府总理定期会晤机制主要是落实两国元首在战略、经济合作上达成的意向，并在战略方向上落实在经济领域的相关合作细节。

访问意大利，一方面是对 2014 年 6 月意大利新任总理访华的回访，另一个更重要的因素则是因为意大利自 2014 年 7 月开始担任欧盟轮值主席国。意大利总理在担任轮值主席国不到一个月前访华，可见意大利和欧盟对与中国关系的重视。在访问意大利期间,中国总理李克强参加了第十届亚欧首脑会议。

2012 年老挝万象第九届亚欧会议(图片来源:百度百科)

亚欧会议的初始成员中,亚洲国家包括泰国、马来西亚、菲律宾、印度尼西亚、文莱、新加坡、越南、中国、日本和韩国;欧洲国家包括欧盟的 15 个成员国,即意大利、德国、法国、荷兰、比利时、卢森堡、丹麦、爱尔兰、英国、希腊、西班牙、葡萄牙、奥地利、芬兰、瑞典,以及欧盟委员会。2004 年第五届亚欧首脑会议上,又正式接纳了亚洲的老挝、柬埔寨、缅甸和 2004 年 5 月加入欧盟的爱沙尼亚、拉脱维亚、立陶宛、波兰、捷克、斯洛伐克、匈牙利、斯洛文尼亚、马耳他、塞浦路斯共 13 个成员国。至此,亚欧会议成员已由 26 方扩大到 39 方。由此可见,该会议已成为亚欧外交舞台上的一个重要合作机制平台。

2014 年以来,中德领导人频繁会晤,3 月习近平主席访德,7 月默克尔总理访华,10 月李克强总理又访问德国。从两国领导人互访频度上看,中德俨然已将对方列为彼此外交工作的一大重心。中国总理访问德国前后有 3 天时间,而据媒体报道,在中国总理访问德国期间,中德两国总理在一起交流的时间长达 10 个小时。

德国总理默克尔与英国首相(2007～2010年)戈登·布朗(图片来源:百度百科)

这次中德政府磋商规模非常大,双方共有26位部长出席。考虑到德国内阁共计15位部长,这次中德磋商,德国内阁基本上是倾巢出动。这一次中德磋商双方取得的成果也非常丰硕,双方官员在之前已经进行了数月的预备性谈判,双方最终共同签署和发表了20多份合作文件,达成的商业合同金额更是超过180亿美元。双方的合作领域更加深化,特别是在高科技领域和金融领域展开了更加深入的合作。

本轮中德政府磋商取得的核心成果文件是一份超过1万字的《中德合作行动纲要》。该纲要以创新合作为重点,纳入200多个具体合作倡议、项目和举措,涵盖中德合作20多个细分领域,是迄今为止中德之间内容最丰富的一份共同文件。

这一文件可以认为是中德合作的一个大突破,因为它规划了未来十年中德合作的远期计划。而且,这个合作文件的核心内容还是"创新合作"。说白了,就是中国提供市场,德国提供技术,双方经济进行更进一步的深度融合,两者的合作空间巨大不说,互补性还极强。中德的这种合作实际上奠定了中欧未来合作的大方向,是欧亚大陆经济大整合进程的关键一步。考虑到德国经济遇到的困难，这次合作不仅中国看得重，德国看得更重，对德国的经济发展非常重要。

如果说中国总理访问德国是一个新阶段的突破，那么访问俄罗斯则重在进一步落实和深化两国确立的“中俄全面战略协作伙伴关系新阶段”。关于中俄的合作，李克强总理指出，中俄经济互补性强，开展合作需要发挥各自优势。两国不仅要搞好能源资源、工业等传统领域合作，也要在高科技产品、清洁能源、制造业等领域开展更广泛的合作，实现互惠双赢。中俄总理第 19 次定期会晤，双方签订一揽子合作协议，包括俄中“东线”天然气供应相关文件、避免双重征税、全球卫星导航系统、高速铁路、核能、旅游、金融、海关等领域的合作备忘录。

从上述合作内容上看，中俄合作也都是重头戏。譬如全球卫星导航系统的合作，这是双方政治互信到极高级别才会展开的合作。中俄都在建立自己的全球卫星导航系统，但都需要时间才能完成。现在双方展开合作，有很深的战略意义。因为在双方都还没有完全实现全球导航的情况下，这种合作不仅仅体现在经济意义上，还体现在军事意义上。

中俄双方的合作除能源、科技、金融等领域外，更重要的恐怕就是高铁的战略合作。据报道，中俄签署了“莫斯科—喀山”高铁发展合作备忘录。俄罗斯高铁股份有限公司国际关系部主任埃内斯特·苏丹诺夫指出，双方有意发展这一项目，最终将“莫斯科—喀山”高铁延伸至北京，并以此打造“莫斯科—北京”欧亚高速运输通道。“莫斯科—喀山”段高铁将成为发展俄中首都间铁路交通的先导工程。他表示，作为新丝绸之路的一种方案，莫斯科至北京的高铁全长超过7 000公里，途经俄罗斯、哈萨克斯坦和中国三国。

如果仔细观察，我们会发现，中国深化与德国的合作，本质上就是深化与欧盟的合作；深化与俄罗斯的合作，就是双方共同努力实施丝绸之路经济带战略，中俄的高铁合作即与该战略相辅相成。丝绸之路经济带战略最终联通的是欧亚整个大陆，这与中德及中欧的深化合作本质上是殊途同归。李克强总理在访问德、俄后，访问作为欧盟轮值主席国的意大利，并参加第十届亚欧首脑会议。而亚欧首脑会议的合作本质,还是欧亚大陆的经济整合与融合。

从这些方面我们可以看出,中国总理这次出访,实际上大目标就是推动丝绸之路经济带战略的实施和欧亚大陆经济的整合。从这个方向上看,中国扮演的是一个欧亚大陆的中心角色。在经济层面,中国是东盟、欧盟、日本、韩国、俄罗斯这些国家和国家联盟的第一大贸易伙伴,从这一点上很明显看出,中国在欧亚大陆国家中扮演着经济中心的角色。从国家发展方向和策略层面上看,中国与这些国家的合作空间不但巨大,且与大多数国家没有根本性矛盾(日本除外),特别是中国致力于推动的合作共赢战略,对这些国家都有巨大的吸引力。从地缘位置上看,中国又是亚洲的中心,中国经济对亚洲经济有极强的吸附能力,中国还与俄罗斯关系密切,双方合作互补性极强,中国与欧盟的经济合作越来越走向深化……这一切,都决定了中国在欧亚大陆的战略角色正在发生质变。

更有意思的是,亚欧首脑会议的成员中竟然不包括俄罗斯这个欧亚大陆上最大的国家,而中国作为俄罗斯最重要的合作伙伴,中国在这里边就又多了一个代表俄罗斯战略利益的角色。中俄的全面战略协作伙伴关系决定了中俄战略利益的一致性,这种一致性客观上决定了中国在该会议上的这一角色。特别是在欧俄交恶的情况下,中国的这种角色就更加显眼。

据英国《金融时报》报道,柏林墨卡托中国研究中心总裁韩博天表示,德国希望中国总理李克强能在乌克兰危机问题上作为中间人,缓解俄德关系。报道指出,这对于中国来说颇不寻常,因为中国一般拒绝作为中间人参与调解国际关系。韩博天说:“德国的头等大事是乌克兰局势以及稳定与俄罗斯之间的关系。”他还说,“对柏林来说,中国已成为重要的伙伴,因为俄罗斯听取中国方面的意见,我们在这方面看到一种外交新格局”。

这则消息实际上可以从李克强总理的行程上得到一些验证。从路线上看,李克强总理先访问德国,然后再折返很远的路程到莫斯科,接着再折返到意大利。在这个来回折返的过程中,中国总理就能起到穿针引线的作用。而且,这种斡旋可能还是在不知不觉间完成的。站在战略角度来说,不但中俄、中德合作有利于三方，俄德合作也是有利于三方的。中国在加强与两国合作关系的同时，只要点出三方的共同利益，再在中间进行适当的信息传递，就能起到四两拨千斤的斡旋作用。而且，这种斡旋根本就不留任何痕迹。

事实上，缓和欧俄关系不仅仅是德国的需要，也是俄罗斯的需要。据俄新网报道，俄罗斯总统普京表示，莫斯科并不反对靠拢欧盟，俄罗斯也准备这样做，但问题在于合作的条件。普京指出，并非因为俄罗斯采取回应及保护性的措施而引发一系列问题。普京的意思很明确，即欧俄完全可以走近、合作，只要欧盟开出合适的条件，俄罗斯可以接受，那么双方即可展开更加深化的合作，之前的那些对立也可以瞬间消失于无形。这种喊话，关键在于欧盟主要国家是否能够接收到并理解透，再与自己的切身利益综合起来考量。

中国总理访问德国、俄罗斯，由此中国在德俄之间就可能扮演了一个临时斡旋者的角色。中国能在德俄(欧俄)之间扮演这样的角色，充分表明了中国在欧亚大陆的战略地位和战略角色。而站在欧亚大陆经济整合的大方向上和大背景下，中国扮演的将是这一整合进程的核心推动者角色。而且，随着时间的推移，中国的这一角色会越来越重要。

中、德、俄未来十年将结成“联盟”?

2014年10月上旬至中旬，李克强总理访欧犹如一股旋风，在世界范围内引发了不小的关注。访问德国，签署了超过180亿美元合同，双方还制定了未来十年的发展规划，发表了《中德关于全面推进战略伙伴关系的联合公报》，深化合作趋势非常明显。访问俄罗斯，中俄不但在能源领域签署大单，在金融、交通、军工等领域都有合作，特别是中俄要修建超过7 000公里的高铁计划令世界瞩目，中俄共签署了38份重要合作协议。根据媒体的报道，中国总理访问意大利后也会和意大利签署超过百亿美元的商业合同。中国总理这次访问还参加了亚欧首脑峰会，“中国与谁合作，谁经济就有支撑”的国际合作效应正在发酵，中国领导人这次访欧可谓收获满满。

但是，这些并不是最引人注目的，最引人注目的有两则消息：

第一则是西班牙《起义报》网站 9 日刊登了题为《北京—莫斯科—柏林联盟的未来——中俄能把美国从欧亚赶出去吗？》的文章。文章认为，北京—莫斯科—柏林的战略贸易联盟有可能将在未来实现，并取代“美国世纪”。文章写道，中国和俄罗斯希望看到的是一个不受美国实力和华盛顿意愿控制的德国，在叙利亚和乌克兰的危机中，柏林的地缘战略似乎正慢慢地与华盛顿划清界限。尤其是德国工业界更渴望继续保持与中俄之间没有限制的贸易合作，这样的想法可能会让德国在欧盟的框架内走上迈向世界强国的道路。德国工商界已经意识到一个新的现实：和中国制造的商品通过未来的丝绸之路抵达欧洲一样，欧洲商品也将通过这条通道进入中国市场。到 2018 年，中国有望超过美国和法国而成为德国最大的贸易伙伴。文章指出，在未来“欧亚世纪”中，美国有可能被排除在欧亚之外，北京—莫斯科—柏林轴心将成为游戏的变化因素，2025 年将见分晓。

第二则是俄罗斯总统普京 14 日在莫斯科会见中国国务院总理李克强时，称俄中两国是“天然的伙伴、天然的盟友”。

对于中、俄、德的所谓三国联盟之揣测，一方面是毫无根据且也不可能发生，但另一方面，将上述两则消息连起来看，也是很有意思和内涵的。虽然中、俄、德不可能结盟，但正常情况下，中、俄、德的合作将会进一步增加，而且这种合作也必然会对美国在欧亚大陆的力量形成挤出效应。

那么，未来中、俄、德的关系到底会如何发展，美国是否会被挤出欧亚大陆这些问题，笔者作一些分析阐述。

首先，我们必须阐明一点，中国走的是独立自主的外交政策，其中原则之一就是不结盟。所以，现阶段中国不可能和任何国家结成盟国。中国和俄罗斯的关系，是“全面战略协作伙伴关系”，是一种战略层面且全面协作的全球伙伴关系，双方各拿资源、各取所需，在全球范围内展开战略性合作。这种关系和传统盟友不同的是，地方上彼此不分高下，只是在一些事情上分主次而已。

其次,中德之间更不存在所谓盟友关系,中国对中德关系定位是全方位战略合作伙伴关系,中德的合作是全方位的、战略的合作。近些年,中德的合作越来越多,对抗越来越少,默克尔上任之初还曾为吸引眼球而会见达赖,但近几年德国和中国没有发生什么大的摩擦。

相比中国和俄、德的关系,中美关系正“采取切实行动,稳步建立应对共同挑战的伙伴关系”。中美是战略伙伴关系,而且是在2009年奥巴马第一次访华时才确认的,至今并没有大的突破。由此可见,从中国层面上看,中俄、中德的关系发展优于中美关系,这也可能看出中国外交的发展方向。

就发达国家而言,美国是霸主,目标是遏制中国,中国虽然与其发展关系,但中美不可能真正交心,博弈与合作是一半一半,利益和矛盾也会差不多。相比美国,欧盟国家的代表德国则和中国战略矛盾很少,战略和现实利益却非常多。德国也希望脱离美国控制,成为全球性大国,成为多极世界的一极,这和中国战略目标一致。现实利益方面,中国在产业升级、经济结构转型过程中有巨大的市场空间,是德国发展经济对外输出工业品的潜力最大的市场;而德国的技术、德国的产品恰恰又是中国在产业升级、经济结构转型过程中所需要的。中德协作,也是未来一二十年里可以长期开展的。特别是,双方如果在构建丝绸之路经济带战略上达成一致,劲往一处使,那么欧亚大陆经济整合的速度必然加快。一旦这条经济带建成,受益的将是整个欧亚大陆,和平与发展将会是欧亚大陆的主旋律。

就发展中国家的新兴市场而言,中国和东盟、非洲国家、中亚国家、美洲国家等发展关系就不说了,新兴市场中国际影响力最大的国家除了中国就是俄罗斯,俄罗斯的战略目标同样和中国高度一致,中俄在经济上更是有很强的互补性,中国可以生产俄罗斯需要的消费品和工业品,俄罗斯的资源、广袤的土地以及军工都是中国所需要的。

中德、中俄在很多战略和现实利益上一致。如果我们细心观察,再对比一下俄罗斯和德国,它们的战略和现实利益同样有很多的一致性。如果双方能在政治、军事上更加互信,那么进一步发展关系是完全可以的。之前,欧盟甩开美国，和俄罗斯发展俄欧新关系，就是想脱离美国对欧洲的控制。最近，俄罗斯和德国关系之所以交恶，更多的原因在于美国发挥的作用。是美国挑头搞乱了乌克兰，在乌克兰问题上，俄罗斯和德国、欧盟之间又出现不少不可控的误判，最终才导致了俄欧关系的快速恶化。

未来，如果丝绸之路经济带战略得以实施，中、俄、德(欧盟)三国的战略和现实利益将越来越趋于一致，那么俄德(欧盟)关系就会缓和，中、俄、德三国虽然不可能组成战略联盟，但在战略和现实利益上却会越走越近。这种走近，必然会对美国在欧亚大陆的存在起到很强的挤出效应。如果中国、俄罗斯同德国构成了战略的一致，这欧亚大陆上还有美国多少活动空间?

基于上述内容，中、俄、德虽然不可能结成联盟，但三国关系向好以及三国展开更多的合作是发展趋势，这种趋势会对欧亚大陆的权力结构乃至全球的权力结构构成巨大的重组力量，这是三方的利益驱动使然。当然，我们也应看到，作为守成霸主——美国，绝不会停止破坏俄欧和中欧关系，也必然会在丝绸之路经济带上制造麻烦，更会围绕中国制造事端。但是，这些都无法阻挡民心所向、大势所趋。西班牙《起义报》网站给了大约10年时间看结果，即大约2025年看结果。笔者的看法是，2025年，中、俄、德在正常、和平的情况下不可能结成盟友，但是三国未来在战略上完全可能有充分的协调，丝绸之路经济带战略必然得到发展，到那时也必然会对美国在欧亚大陆的存在产生足够强大的挤出效应。按这种趋势发展，到本世纪中叶，美国将不得不退出欧亚大陆，重回美洲，美国的霸权也必然在未来二十年左右的时间里走向终结。

欢迎搭乘中国列车

2014年8月22日，习近平主席在访问蒙古国时发表了《守望相助，共创中蒙关系发展新时代》①的重要讲话，话中蒙友好合作，谈中国周边外交，强调互尊互信、聚同化异、守望相助、合作共赢，共创中蒙关系发展新时代，共促亚

① 该文系习近平主席在蒙古国国家大呼拉尔的演讲，见《中国青年报》，2014年8月23日。

洲稳定繁荣。

习近平主席说:“中国愿意为包括蒙古国在内的周边国家提供共同发展的机遇和空间,欢迎大家搭乘中国发展的列车,搭快车也好,搭便车也好,我们都欢迎,正所谓‘独行快,众行远’。”

这让人不由联想起奥巴马半个多月前对中国大放厥词的中国“搭便车”论。① 奥巴马所谓的“搭便车”论,明显是一种妒忌心态。因为奥巴马上任以来政绩乏善可陈,经济毫无建树,反观中国则继续蒸蒸日上,这不但让奥巴马很不爽,也让美国上下很焦虑。奥巴马的这种表现,正是他们焦虑和不爽的体现。

奥巴马批评中国“搭便车”用的词汇是“free rider”,意思是说中国免费搭乘了美国人提供的便车。其内涵很明确,即我们美国不提供“便车”,包括中国在内搭美国“便车”者,都要对美国付费,否则以后别想搭车。

习近平主席的讲话与奥巴马的说法则完全相反。他向世界表述的是,中国愿意为周边国家提供共同发展的机遇与空间,还欢迎大家搭中国的发展列车,无论快车、便车,中国都欢迎。我们不是为了追求“独行的快”,而是追求“众行的远”。这句话犹如向世界宣布:来吧,中国这里既有快车也有便车,愿意搭乘就上来,我们一起远行。

中美两国元首这种完全不同甚至截然相反的表态,恰恰体现了中美两国发展模式上存在的巨大差异。这种差异,正是21世纪的守成强国与新兴强国的模式之争。

中国经济发展,靠的是扎扎实实的实体经济。中国的制造业需要大量资源和配套产品,这些都是周边国家可以抓住的发展机遇。而且,随着中国产业的升级,大量的中低端产业完全可以转移到周边国家,这对周边国家的经济无疑是个福音。与此同时,中国还有13亿多人口、世界上最具潜力的需求市场,等着它们进入中国来竞争。用一句毫不夸张的话说,所有中国周边国

---

① 《世界是平的》一书作者托马斯·弗里德曼于2014年8月8日对美国总统奥巴马进行了专访。在谈到伊拉克问题时,弗里德曼称中国的角色是“搭便车”,奥巴马对此不仅表示认同,还宣称中国已经搭了“30年便车”。

家出产的产品，中国都需要，中国也愿意进口周边国家的产品，给周边国家带来发展机遇。而且，中国正在进行资本和工业输出，中国不但可以对基础设施落后的国家提供资本和工业输出，还不对周边国家的政治进行任何干预。

美国则与中国相反，靠的是虚拟经济的发展来繁荣经济，同时美国的消费市场基本已饱和，新增需求不但有限，甚至已经到了下滑期。这意思很明确，所谓靠虚拟经济的发展来繁荣经济，就是对新兴市场进行金融殖民。而且，要想搭上美国这辆车，还必须在政治上听从美国的差遣，甚至会被美国要求帮助美国遏制中国，扮演美国的跟班打手。这一切，都和中国无条件地为周边国家提供发展机会大相径庭。

中美的这两种模式，犹如传统经济和互联网经济的区别。传统经济侧重于收费，通过对相关服务的收费来获取利润；互联网经济趋向于免费，相关的服务很多但并不收费，而是通过取得相应的市场份额后，以其他方式盈利。

譬如，过去，杀毒软件都是收费的，一个正版杀毒软件一般都要一两百元甚至更贵。但是，随着某家杀毒软件提供的免费服务，那些过去动辄一两百元的杀毒软件如今不但不再收费，为了抢夺用户桌面，甚至已像流氓软件一样偷偷地安装在用户电脑上。有些流氓软件装上后还不让用户自由卸载，俨然快成病毒了。这就是免费的威力。

中美当前就有点这样的意思。对其他国家来说，中国模式处处免费，大家合作赚钱，你好我好大家好。美国模式处处收费，美国先赚大钱，其他国家才跟着赚小钱，政治上还得听话，美国先好其他国家才能好，美国不好小国就可能被拉去垫背。试想，中美这两种发展逻辑，谁更能给其他国家带来更多发展红利？谁会更得人心？这是不言而喻的事情。

习近平主席在蒙古国对奥巴马“搭便车”论的反讽，实际上是中国“道路自信”的具体体现。正是中国的发展模式优于美国的发展模式，中国才有欢迎大家“搭便车和搭快车”的底气。相比中国这种底气，美国却因为自己毫无节制的穷兵黩武与金融挥霍，导致自身难保的同时还要向他国“收费”以解决自身的问题，让别人给自己“擦屁股”，这实际上是耍大国流氓。当中国的“道路自信”不断传递给更多国家，并得到更多的认可和参与，那么谁最终能够获得发展优势，赢得未来的竞争？恐怕，这已是不言而喻的问题了。

占豪感悟

过去，中国只能维护自己和周边的和平与稳定，太远的地方就超出中国的能力范围。但是，现在的中国不同了，中国客观上已经成了引领世界经济发展的火车头，也成了维护世界和平的最重要力量之一。譬如，正是中国和俄罗斯的努力，才避免了北约推翻叙利亚巴沙尔政权的情况发生。如果当时中俄不拦着、不在联合国连续投否决票，那么叙利亚政权早已被颠覆，叙利亚的内战情况将会比现在还惨烈。再如，当叙利亚因内战带来大量民生问题时，中国提供了大量的人道主义援助。这些都是中国的大国责任。

然而，大国博弈绝非那么简单，其背后的利益逻辑非常复杂，我们首先必须得理解大国的利益逻辑，然后才能看懂这些政治事件背后的文章。

当然，对中国来说，最重要的还是继续推动经济发展，进一步引领世界经济发展。当中国越来越成为世界经济发展的火车头时，中国张开怀抱欢迎他国搭中国便车。事实上，正所谓众人拾柴火焰高，经济是越多人参与就发展越快、发展越好。中国的思路是，推动更多的国家加入世界经济合作进程之中。正是在这种思想的指导下，中国拉拢欧盟、东盟、非盟、拉美和加勒比海国家。总之，中国希望大家一起合作渡过难关，构建全人类的命运共同体。

其实，美国的思路至今还维系在冷战时期的模式，即通过分化各个区域来达到控制欧亚大陆的目的。这一思路在过去也许好使，但中国发展的思路完全不同于西方，中国人参与全球治理的理念也不同于西方，很显然中国的政治理念更公平，更符合各国的共同利益。

所以，客观上说，中国不仅仅是维护世界和平的坚定力量，更是推动世界经济可持续发展的坚定力量。随着时间推移，中国会越来越自信、越来越坚定，当然也会获得越来越多国家的认可。

第10章

构建中国的软实力

◎ 美国的硬伤

◎ 中国的软实力

◎ 中国正在确立对西方的制度优势

美国的硬伤

美国全国大骚乱的深层原因

美国弗格森大骚乱有多大？第一天即美国时间 2014 年 11 月 24 日晚上，90 个城市发生骚乱；第二天，骚乱城市数量增加到 130 个左右；第三天，骚乱城市数量已突破 170 个。弗格森大骚乱以迅雷不及掩耳之势席卷美国全国。事实上，事情还不止于此，骚乱已波及英国，据媒体报道，英国伦敦有 5 000多人参加示威游行。

2014 年爆发的美国弗格森大骚乱（图片来源：新浪新闻）

以这种速度发展，这次骚乱的影响很有可能超过 2011 年的“占领华尔街运动”。我们知道，自 2011 年 9 月开始的“占领华尔街运动”在爆发一个多月后酿成流血冲突,最终这次运动以美国警察镇压清场而告终。当时,“占领华尔街运动”席卷了欧美发达国家。

那么,为什么时隔三年之后,更为严重且一触即发的大规模骚乱就这样在美国发生了呢?这背后有什么原因呢?在笔者看来,原因有三个:

(1)种族矛盾、恶劣执法的现实导火索。

①起因。我们知道,这次大骚乱的导火索要推至 2014 年 8 月 9 日,没有携带武器的 18 岁非裔青年迈克尔・布朗在弗格森地区遭白人警官达伦・威尔逊拦截并被开枪打死,由此引发民众不满。弗格森镇拥有约21 000的人口,其中 2/3 是黑人,但只有 3 名黑人警察。

从 8 月事件发生到这次大骚乱,各地陆续都有一些零散抗议,但一则没形成规模,二则媒体注意力都聚焦在更吸引人的国际热点上,所以该事件一直未特别引起注意。但黑人青年被杀后,经 FBI 调查,美国密苏里州大陪审团在 24 日晚上决定不起诉枪杀非裔青年的白人警察。决议一出,包括芝加哥、纽约、洛杉矶等 24 个州 90 个城市的民众暴怒了,开始进行大规模抗议。由于民众情绪激动,有一些地方发生了打砸抢烧,美国政府立刻派出大批警察镇压,甚至动用了装甲车、冲锋枪等装备。对抗发生后,各地城市枪声不断,抗议彻底演变成大骚乱。

②原因。这次事件,一部分原因是种族因素,一部分原因是美国警察的残暴执法。

我们知道,美国一直有种族问题,而且从未真正消除,20 世纪 60 年代马丁・路德・金领导的黑人人权运动结束后,黑人的法律地位才逐渐真正和白人一样。试想,1955 年美国一位黑人妇女因不给白人让座都可以被判 2 年徒刑,可见黑人在美国是什么地位。虽然如今黑人的法律地位上升了,但在美国对黑人的歧视仍然普遍存在。特别是美国警察,对待黑人的方式和对待白人的完全不同(也包括其他有色人种)。

美国警察有多横?笔者第一次领教是在 20 世纪 90 年代。据报道,一位去美国探亲的中国父亲不知道美国警察厉害,在警察查其儿子驾照时和警察发生语言冲突,并在下车与警察理论时手上动作稍微大了一些,结果被直接击毙。近几年,美国警察行凶报道更是不绝于耳,譬如中国游客被美国警察虐待,纽约警察打伤乱穿马路的八十多岁华裔老太太,强行铐走印度女外交官并搜身,进入中国大使馆强行逮捕中国外交官,等等。2013 年,美国加利福尼亚州警察将发脾气的少年在浴室内直接击毙;还有报道称,将一个摆弄玩具枪的 12 岁黑人小男孩直接击毙……

面对指责,美国警察什么表现呢?完全不在乎,甚至都不理会,该怎么干还怎么干。譬如,枪杀黑人的协警最终被判无罪,打伤老人、逮捕印度女外交官也被称为“严格执法”,到中国大使馆抓中国外交官也只是轻描淡写带过。为什么美国可以持枪,却很难见到美国人拿着枪和警察对垒?那是因为相比普通人持的小手枪或猎枪,美国警察的武器装备可先进太多了,拿个塑料枪的儿童都能被击毙,一旦成人在警察面前拿枪还能活命?全美警察不但横,人还多。全美仅警察执法机构就有 1.8 万个,美国警察与人口比例为 3.25‰。这一数字在中国是多少呢?1.3‰,美国警察与总人口之比是中国的两倍多。

美国警察的劣迹可谓罄竹难书。据《纽约每日新闻》2014 年 8 月 17 日的报道,美国每天至少有一人被警察杀死。根据 FBI 对过去 7 年数据的统计,美国警察每年平均杀死 400 人。2012 年,遭警察杀死的人数为 410 人,所有案件中所使用的武器均为枪支。报道说,每年有 1/4 警察杀死平民的案件涉及白人警察和黑人死者。这份报告统计了 2005～2012 年之间的“正当”他杀案。事实上,仅有 750 个执法机构参与了这项研究(总数为17 000个),这意味着实际死亡数字可能更多。根据记录,18%的黑人死者年龄低于 21 岁;仅有 8.7%的死者为年龄在 21 岁以下的白人青少年。而根据《纽约时报》的报道,在奥巴马的家乡芝加哥,100 名二十出头的示威者在市长办公室前静坐 28 小时,抗议“每隔 28 小时就有一名黑人青年死在警察或其他武装执法人员枪下”。

由上述《纽约每日新闻》的报道我们可知道,美国警察枪下每年不知有多少冤死鬼,而这些冤死鬼中不少都是黑人(根据相关报道,每年大约有 300 余名黑人死在执法人员枪下),而且多是白人警察枪杀黑人。在这种时候,民主的手枪并未对自己的国民枪口抬高一寸,这就是美国警察残暴执法的现实。所以,这里也奉劝去美国的朋友,到美国不管干什么,千万别认为那里的警察会和中国警察一样,否则被打伤甚至被打死都有可能,警察当然一般都是不会被起诉的。

这种种族矛盾加上美国警察的残暴执法,使得这次杀死黑人青年的事件迅速发酵成全国骚乱。虽然奥巴马都出来讲话试图平息愤怒,但最终还是无法平息。据消息称,各地骚乱蔓延,警察抓捕了 400 多人,各地枪声不断。想想中国香港,对"港闹"是多么温柔,却遭到美国和英国的连续批评;如今,美国采取的却是雷霆镇压手段,白宫发言人说这是"美国内政",如此抢中国外交部台词真是"叔可忍婶不可忍"啊!

事实上,在这次事件中,美国媒体又怎么说呢? 8 月的《时代周刊》评论称,布朗可能的确有错,但美国对于那些犯错的有色青年所实施的暴力行为已经"残酷到令人发指",如果无法解决这一问题,美国始终无法成为美国人所梦想的国家。评论称,在种族问题面前,所有美国人都不得不承认,民主正在被深刻地破坏,而这一问题不是简单的一两次人民运动就可以修复的。

(2)美国国内深层经济原因。

事实上,美国这次骚乱绝不能简单地归于上述两方面原因,而是有更深层次的原因。在笔者看来,本质上这是 2011 年"占领华尔街运动"的一次延续。那次运动被镇压下去了,但美国的根本问题并未解决,所以这次又借这一事件爆发了。

美国经济表面上看开始复苏,但这种所谓的复苏是美国量化宽松堆出来的,是华尔街炒高资产价格后的结果,这些炒作出来的资产价格泡沫利益并没有真正流入美国普通百姓的口袋,而是被华尔街资本家们瓜分了。

事实上,自 20 世纪 80 年代以来,占绝大多数的美国中下层民众的实际收入都没有真正增长,不但没有增加,根据购买力平价计算,去除通胀后的实际收入比 80 年代还有所减少。在美国民众实际收入没有增加的情况下，2000 年之前的十来年美国靠的是东亚国家的廉价产品输入，2000 年后靠的是中国的廉价商品输入。

但是，随着美国的穷兵黩武，美国次贷危机爆发，美国为了挽救经济而不断 QE，结果吹出了美国资产价格的大泡泡，事实上百姓收入和生活水平并未提高反而下降。这种格局使得美国整个国家的国民情绪处于低潮当中，社会情绪的张力非常大。这种社会情绪张力在 2011 年引发了“占领华尔街运动”。运动持续数月，席卷欧美多个发达国家。

美国在过去 3 年继续 QE，经济数据看起来虽然好了些，但美国国民收入并未增加，且贫富差距越拉越大。美国对民众救助不多，对华尔街救助不少，事实上是将国民的钱倒贴给了资本。美国通过操作，将私有部门的债务转到政府头上，转到纳税人头上，国家社会福利自然又因此被减少。

面对这种格局，美国政府和国会没有什么实际解决办法，两党只知道争吵、夺权，为自己的党谋私利。如今，共和党已彻底掌控参、众两院，奥巴马成了跛脚总统，如此的结果是美国的行政效率会更低，社会现实问题解决看起来更加无望。民众的这种失望情绪和剧烈的事件矛盾冲突形成化学反应，激发了这次大骚乱。

上述是美国暴乱的内部原因。

(3)当今国际局势演化因素。

事实上，除了上述原因外，还有国际层面的原因。过去十多年，在美国沉迷于“地球帝国”的梦中时，中、欧、俄及不少国家都有了很大程度的发展。特别是中国和俄罗斯，中国在经济上对美国取得了局部优势(地区经济影响力优势、工业输出能力优势等都是中国对美优势，当然，高科技与美国的差距仍然很大，但也有局部领域已迎头赶上)；俄罗斯经过十多年的发展，如今实力已经有所恢复，美国对俄罗斯步步紧逼而俄罗斯却无法反击的日子一去不复返了。与此同时，欧洲正在加速整合，也正在发展欧洲人自己的局部利益。

在各国都在为自己打算，同时美国又实力衰退的背景下，世界加速走向多极化。客观上,美国一言九鼎的日子或单边政策已不复存在。如此一来,美国再想轻易将自身的经济危机完全转嫁到其他国家身上已非常困难(具体内容参考笔者作品《货币战争背景:中国经济与应对方略》、《大博弈:中国之危与机》系列)。

美国的实际问题无法外部解决,内部又无法将资本的利益适当分给民众(不但不能分,还将更多民众利益补贴给资本,这就是美国制度的结果,妥妥的体制问题啊!),结果美国在2008年金融危机后,贫富差距不但没有缩小反而继续拉大,这也触发了美国内部矛盾的进一步激化。

试想,如果美国如20世纪90年代般那么一家独大,完全可以和欧盟商量威逼利诱一下,像20世纪90年代初通过经济战"抢"日本一样把中国"抢"了。如果"抢"了中国,美国内部危机自然就解除了,到时候将通过经济抢劫得来的钱稍微分给国内民众一点,福利提高一点,内部矛盾自然就不会激化了。但是,令美国人失望的是,如今的中国有自保能力,6年来任何欲抢夺中国的企图都被击得粉碎。当然,对俄罗斯的施压也被俄罗斯强力反击。如此迟迟不能将经济危机转嫁,矛盾在内部爆发又有什么奇怪呢?

这就是客观上国际局势变化对美国内部问题演变的影响。

美国会像苏联一样崩溃吗?

美国传统保守派领军人物、曾两次竞选共和党美国总统候选人帕特里克·布坎南出版了一本名为《一个超级大国的自杀》的作品。

这本作品和传统美国作品有所区别,它既不是向外输出价值观,也不是夸耀美国的成就,而是唱衰美国。布坎南书中的观点认为,美国在21世纪陷入中东的战争泥潭,在长达10年时间里被耗在了阿富汗和伊拉克不能自拔。不但如此,美国还遭遇了自1929年以来最为严重的经济衰退和债务危机。如今的美国,经济不但震荡下行,在社会、文化和道德领域也呈现出颓废和江河日下的局面。布坎南甚至感叹美国"不知道还能不能活过2025年"。

帕特里克·布坎南(图片来源:百度图片)

布坎南的观点在一向自信的美国精英阶层那显然是无法获得认可的,有人认为这不过是布坎南的愤愤之言而已。也有人认为,美国仍将领先世界。但是,作为传统保守派的领军人物,布坎南的观点之所以能够引起争论,根本原因还在于,当前美国的形势相比过去的确是江河日下。想当年,小布什单边政策根本不必考虑他国感受;现如今,美国单边主义不但无法解决任何问题,甚至寸步难行。

虽然布坎南的观点看起来有些极端,但他的论述也并非毫无道理,他在书中列举了大量事实以证明他的观点。

根据新华网刊登的作者辛夷的文章,书中列了三个事实以证明其观点:

(1)美国在 21 世纪的头十年,从百年史上的最大债权国变成了最大债务国。美国贸易逆差以年均5 000亿~6 000亿美元的额度进行着有史以来最大规模的财富转移,从而使这个霸权帝国由原先的一个强大制造者国家变成了当今世界的头号索取者国家。伴随"去工业化"的急剧步伐,新的净就业机会为零,美元的全球购买力下降,内生活力丧失殆尽,一枚债务炸弹一不小心突然袭来,便使其窘迫而狼狈。踉踉跄跄走向债务违约的美国,必须向日本借钱才能保卫日本,也不得不向欧洲借钱才能保卫欧洲,同样还必须向波斯湾借钱才能保卫波斯湾……

(2)先发制人的战争和新干涉主义非但没有达成“结束当今暴政”、“鼓舞全球民主革命”的目标,反而让伊斯兰世界与美利坚帝国之间龃龉不断、纷争四起、水火不容,直至兵戎相向。这从客观上不仅极大地有利于时为“落水狗”的“基地”组织日后的东山再起,乃至为“伊斯兰国”极端组织的横空出世提供了旷世机缘。大量的证据表明,正是伊战期间美军在伊拉克设立的监狱,为后来的“伊斯兰国”高级成员们提供了串联策划的“安全庇护”之所。如今,“从地中海到印度河谷”,素有“世界警察”之称的美国“都不招人待见、不被人敬畏、不受人尊重”。伊斯兰国家举行的任何自由选举中,对美国敌意最深的党派反而可能获胜。经过 8 年伊战和 10 年阿战,美国大兵拍屁股走人之际,伊拉克自行其是,塔利班卷土重来。“美国人已越来越厌倦充当顶天立地的巨神”,两场代价高昂、旷日持久的战争,恐怕就是它为霸权傲慢所必须付出的沉重代价。

(3)美国的外交政策已经变得资不抵债。苏联解体后,冷战存在的理由理当不存,但“山姆大叔”的冷战心态和军事同盟却并没有随之消亡。尽管美国的国防开支约占世界军费总额的 44%,比中国与俄罗斯两国之和的 4 倍还要多,但如今兑现它对北约盟国的安全承诺已显力不从心,更不用说关照中东、亚太的那些小伙伴,以及妄图在中美之间玩游戏、想从纵横捭阖中分一杯羹的新仆从了。北约的东扩和战略重心的东移说得透一点,就是自作自受地增加战略负债,美国每年都会因为提供外援而导致数以百亿美元计的巨额债务,钱从何处来?去借?然而支撑这个老牌帝国的外国银行家们早已警醒,一个财政赤字经常占其国内生产总值(GDP)10%的国家,怕是没能力等价偿还这些债务的。在国家破产之前,帝国的社会精英和战略智库们虽然还可以继续耍玩帝国游戏,只是还有几多似水的流年啊!

帕特里克·布坎南借用腓特烈大帝的话“什么都捍卫,就什么都捍卫不了”,痛心疾首地忠告白宫现在和将来的主人:赤字和债务危机是国家安全的主要威胁,没有任何国家债台高筑,却仍是一个伟大的国家。必须精简帝国机构,大幅削减福利和战争开支,摒弃居高临下的霸权傲慢,停止承诺新的安全义务。对此,布坎南只能在书中无奈地发出长叹:“我们是挥霍了自己继承的遗产的浪子,但与回头的浪子所不同的是,我们无法回头!”

从上文描述的布坎南书中的观点我们可以看出,其“美国不知道还能不能活过2025年”的哀叹虽然有些夸张,但其头脑是理性的,对美国是热爱的,同时对美国当前的国家战略是不满的。那么,笔者观点如何呢?

笔者一直认为,美国自小布什时期就开始进入错误的国家战略当中。因为美国在干一项不可能完成的任务。美国的企图是,以反恐为名,通过发动阿富汗战争在中亚地区打入一个楔子。然后,再以伊拉克大规模杀伤性武器为由,占领伊拉克。如此,美国即可完成对伊朗的围堵,下一步即可拿下伊朗;拿下伊朗,美国即可掌控整个中东;掌控整个中东,即可完全掌控石油的定价权。一旦如此,以当前美国的国家系统,美国即可在经济、军事和政治领域完成全球帝国霸权。一旦这种霸权成立,那么美国即可轻松掌控地球上的一切,完成对全人类的统治。

美国之所以无法完成这种统治,根本原因在于,美国虽然国力足够强大,但美国并不在欧亚大陆之上,要完成对这一大陆的绝对统治,客观上成本会更高。孤悬于欧亚大陆之外,既是美国的优势,又是美国的劣势。

优势是,如果美国扮演的是一个权力平衡者角色,那么美国就可以在欧亚大陆各方利益的博弈中轻松赢得主导权,第一次世界大战和第二次世界大战中美国都是最大赢家,就是因为美国是在博弈双方中择机下注,是最重要的平衡者。劣势是,如果美国成了欧亚大陆博弈的主导者角色而不是平衡者角色,那最终不但无法继续平衡,反倒演变成欧亚大陆的真正敌人。客观上,今天的美国就正在扮演欧亚大陆的敌人。道理很简单,当前世界大势是欧亚大陆经济向一体整合,这才符合欧亚大陆人民群众的利益。美国的利益诉求与此恰恰相反,因为美国要通过分化欧亚大陆上的各国以实现对该地区的统治。如此一来,客观上美国是在与人类大趋势对抗而不是与某一国对抗。

如今的美国，显然没有真的从欧亚大陆抽脚的意思，反而试图将摊子铺得更大。一方面，它试图通过从两场战争抽腿，从其他角度继续行使干掉叙利亚和伊朗的计划；另一方面，为了绑架欧盟作为自己控制欧亚大陆的帮手，不惜挑起乌克兰局势与俄罗斯为敌。这还不够，美国国家战略的重中之重是"重返亚太"进行"亚太再平衡"，这么做显然又是与中国为敌。

美国到处树敌、到处挑事，这么做真的对自己国家实力增长有好处吗？从现在看，不但没有任何好处，反倒是坏处越来越大、越来越多；不但没好处，还在继续消耗着这个最后的帝国。

美国与俄罗斯为敌，看似可以恶化欧俄关系，甚至可能导致欧俄一个阶段的冷战。但是，这么做并不真得人心，也不合大势。就拿欧盟来说，它们虽然还不敢逆美国之意行事，但真正一心与俄为敌的国家着实没有几个。俄罗斯真的想与欧盟为敌吗？客观上也没有，俄罗斯在行事之时一直留有余地，瞄准对象也主要是美国。如此发展下去，当乌克兰的热点褪去，美国又如何继续推动欧俄的进一步冷战呢？到那时，帝国又要消耗多少资源才能再制造一些麻烦？美国就真的能长期挟持欧盟吗？事实上，当有一天乌克兰局势达成一种平衡，欧俄新关系还是会重新启动，这种大势是美国所无法阻挡的。

美国遏制中国，挑动中国周边国家，试图恶化中国周边安全形势。从现实情况看，自美国 2010 年推行"亚太再平衡"战略以来，美国不但没有遏制住中国，反倒是中国在经济、政治外交和军事影响力上快速增长，如今中国对周边国家的影响力远超美国展开对中国遏制之前。

如今，为了进一步遏制中国，美国不得不加大对太平洋的投入。同时，为了获得日本的支持，还要对日本进行放权以获得更多日本在遏制中国方面的投入。中国经济依然在高速增长，美国经济虽然比欧、日好，但增长无法与中国同日而语。从这些方面看，时间显然在中国这边。这么消耗下去，美国还能撑多久？

随着美国在中东控制力的进一步衰弱，整个中东都正在陷入越来越难控制的局面。一旦美国对中东真正失控，石油美元的捆绑还能支撑多久？如果石油美元的组合真的有一天瓦解了，美国在世界各地漂着的航母舰队以及大规模的海外驻军还有经济能力支撑吗？

拉美本是美国的经济后院，但是，美国在全球霸权的胜利中忽略了这一地区，拉美经济没有和美国形成良性的经济循环，这一地区的经济在过去些年发展得并不好，远不如东亚。如今，中俄联手已经踏上了拉美，金砖国家新开发银行会支持巴西的经济发展，中拉论坛正在制度化，这是拉美经济的发展机遇。事情都发展到了这个地步，美国才开始考虑和古巴恢复外交关系，其战略调整之慢由此可见一斑。而且，以现在已经严重空心化的美国经济，美国和拉美进行经济对接也越来越困难。相比美国，在这方面中国则要顺手得多。中国不但可以给拉美国家提供基础建设的资金，更能提供便宜实惠的基础建设，同时还能大规模购买它们的资源及相关商品。如此一来，拉美国家正在和东方进行经济对接，按此趋势发展，拉美东方化只是时间问题。面对正在东方化的拉美，美国做好战略调整的布局了吗？现在看，并没有。

综上所述，美国在错误的国家战略上正在越走越远。过去一二十年，美国一直在消耗，一直在试图通过各种手段掠夺他人，却没有去布局进行经济内生性循环。这种格局在两极对立时容易生存，因为自己一方的相关国家需要军事保护，美国相对更好控制。如今美国一家独大，在此情况下，美国的这种战略必然会脱离世界人民，其趋势就是会坐吃山空。更为重要的是，这与人类社会向前发展的大趋势不符。

在笔者看来，如果美国不调整国家战略，如此长期持续下去，对美国来说将非常不妙。虽然考虑到美国国情，像苏联那样解体的概率并不大，但如此下去，有朝一日也必然会面临国家系统和全球战略的崩溃。一旦这种崩溃出现，美国至少会被赶出欧亚大陆，被赶回美洲。考虑到美国当前的国家战略，到那时，面对一个东方化的拉美，美国是否会有欲哭无泪的感觉呢？当然，大国博弈的过程仍是长期的，这个时间短则持续到2030～2040年，长则会到本世纪中叶。

人类世界以和为贵，人类趋势是发展。美国若能从错误战略中醒悟过来，调整国家战略还来得及，至少能继续维持领先局面数十年，同时仍会拥有全球影响力。当然，代价是全球霸权将不复存在。只是这付出的代价本来就是美国所无法长期保有的，与其被动失去造成内伤，不如主动调整为人类谋利。

中国的软实力

依法治国，全面升级

法律的权威源自人民的内心拥护和真诚信仰。人民权益要靠法律保障，法律权威要靠人民维护。必须弘扬社会主义法治精神，建设社会主义法治文化，增强全社会厉行法治积极性和主动性，形成守法光荣、违法可耻的社会氛围，使全体人民都成为社会主义法治忠实崇尚者、自觉遵守者、坚定捍卫者。

十八届四中全会的核心议题是“依法治国”，要在原有基础上对中国法治体系进行全面升级，以适应社会进步和发展。十八届四中全会关于依法治国形成一个影响中国未来至少数十年的《决定》。那么，为何此时中央刻意强调依法治国？依法治国体系升级的目的又是什么？笔者认为，提出依法治国根本原因有三个：

(1)法治文明建设的需要。

新中国成立以后，中国法治文明呈螺旋式上升趋势，总体取得了可喜的进步。但是，我国的法治无论是体系、人民的法律意识还是执法机构，所体现出来的法治文明程度仍然不够。文明的社会一定是法治的社会，一定是法治体系完善、执法公平的社会。基于当前现状，继续推进依法治国，是国家治理与社会和谐的根本需要。

十八届四中全会提出，全面推进依法治国，总目标是建设中国特色社会主义法治体系，建设社会主义法治国家。全会明确了全面推进依法治国的重大任务：完善以宪法为核心的中国特色社会主义法律体系，加强宪法实施；深入推进依法行政，加快建设法治政府；保证公正司法，提高司法公信力；增强全民法治观念，推进法治社会建设；加强法治工作队伍建设；加强和改进党对全面推进依法治国的领导。

"完善以宪法为核心的中国特色社会主义法律体系，加强宪法实施"，这就是说，中国要以当前宪法为核心去进行社会主义法治体系建设，中国不可能自废武功，去照搬照抄 1949 年前已经失败了的所谓"宪政"。中国特色社会主义，就是以当前宪法为法律建设的体系蓝本，根本大法的思想意志不会改变。中国宪法确立了中华人民共和国的性质，确立了中国政府是一个什么样的政府，确立了公民的权利与义务，也规定了中国的权力组织结构。只有在宪法的基础上进行社会主义法治体系建设，才是符合人民利益的法治建设，才是符合中国国情的法治建设，也才能取得法治体系建设的成功。

(2)深化经济体制改革、规范政府和资本权力的需要。

随着我国经济不断发展，政府应逐渐从主导经济资源配置、主导社会经济发展的主导者角色中解脱出来，在市场机制逐渐完善的情况下，应充分发挥市场的作用，激发市场的活力，只有这样才能更加有利于市场经济的发展，才能推动经济的可持续发展。在这方面，十八届三中全会的《中共中央关于全面深化改革若干重大问题的决定》中已经明确，继续深化市场体制改革，发挥市场在资源配置中的决定性作用。同时，要加快转变政府职能，由事前审批向事中、事后监管转变。另外，还有深化财税改革、城乡一体化改革等一系列改革和创新。

十八届四中全会提出要"深入推进依法行政，加快建设法治政府"。因为过去我们的政府管了太多的事情，行政长官权力过大，导致以权谋私、权钱交易的情况太多，特别是行政不透明使得权钱交换司空见惯，腐败问题已经影响到了经济有序发展。未来，中国要进行更加深化的市场改革，为了维护市场公平，就必须行政透明化，就必须依法行使权力，就必须将权力关进制度的

"笼子",让权力在公开、透明的状态下依法运行。这样才能降低行政成本,才能提高市场效率,才能促进经济发展与社会和谐。政府要做市场的守夜人,政府不能既是裁判又是运动员,更不能吹"黑哨"。这就是为什么要依法行政和建立法治政府的根本原因。

如此变化,意味着政府在经济运行中的人为干预减少了,事前管得少了、限制少了,市场本身在经济运行中起的作用将被放大。在这种情况下,如果没有法律法规等制度限制,市场就会陷入原始的市场竞争当中。这种原始的竞争,竞争者会为了经济利益不择手段,这不但不会促进经济发展,还会破坏市场的有序运行,如此必然会导致社会混乱,经济发展会受到重创。鉴于此,国家出台法律法规,由政府加强市场监督、监管并依法治理的体系是非常必要的。通过这些法治体系去监督市场的运行,从而保证市场处于公平的竞争之下。只有这样,市场才能是公平的市场,竞争才能是公平有序的竞争。当然,国家也才能对资本不失控,社会经济才不会变成各种势力之间的征伐,经济、社会才会处于可持续发展和进步当中。

更直白点说,就是国家、政府放权给市场,是为了充分发挥各种生产要素的积极性,促进经济发展;但是,在促进经济发展的同时,却不能失去对资本、资源的终极控制,避免经济走向失控、社会走向失序。

当然,这种规范更为重要的是规范政府的权力,避免权力滥用影响社会经济发展,避免权力和市场进行直接的、私下的利益交换,避免以权谋私形成黑色利益,增加市场的不公平竞争。

为此,必须"保证公正司法,提高司法公信力"。司法公正是司法能够取得公信力的基础,司法公信力是人民信任的基础,人民既是法治建设的受益人,也是法治建设的承载者。所以,法治建设是否取得成功,其中一个重要指标就是司法是否公正、公信力是否足够。

"加强法治工作队伍建设"则是保证法治体系健全、司法公正,确保法治体系的公信力的基础。如果法治工作队伍的观念、技能、水平不行,那又如何教化群众呢?如何保证司法公正呢?体系又如何有序完善呢?所以,一定要

“加强法治工作队伍建设”,才能保证这一切的有序推进。

全会提出,优化司法职权配置,推动实行审判权和执行权相分离的体制改革试点,最高人民法院设立巡回法庭,探索设立跨行政区划的人民法院和人民检察院,探索建立检察机关提起公益诉讼制度。这实际上是对司法职能的改进和创新,审判权和执行权的分离,可以解决当前“审而不执”的困境,是保证当事人赢得司法判决后确保实体权益上得到执行的改进措施。而设立巡回法庭、设立跨行政区划的人民法院和人民检察院、建立检察机关提起公益诉讼的制度等,都是司法制度的创新。譬如,有了巡回法庭或跨行政区划的法院和检察院,就可以在更大程度上保证司法的独立,不受行政权力干扰,对于敏感的案件也能实现更加公平的审判。

一个公平的市场,一定是一个在政府依法严密监督下,同时又给其足够发展空间的市场。中国依法治国的改革正是基于此,目标就是建立一个充分活跃、有序的市场经济体系,同时建立一个和谐、有序的公民社会。

(3)反腐,避免形成阻碍社会发展的既得利益集团。

我们知道,自新一届领导人上台,中国就进入了新中国成立以来最大规模的反腐进程。截至 2014 年 10 月,共有 18 万干部落马受到惩治,仅省部级以上官员的落马数量就达 53 名。在此期间,不仅仅是对政府官员反腐,还包括对媒体的反腐、对学术的反腐、对经济的反腐等。当然,也包括打黑除恶。改革开放以来,包括腐败分子、黑社会、无良媒体等黑恶势力,它们已经形成了既得利益集团。这些利益集团创造的价值有限,却不断巧取豪夺社会资源,攫取更大的权力以保护自己的既得利益和继续得利模式。譬如,一些媒体失去职业道德的敲诈行为、以权谋私行为等。

上述这些黑恶势力,它们逐渐联合起来形成了很强大的利益集团,它们占据了大量社会资源、经济利益,掌握了大量的权力。如果整个国家、社会盘踞着大量这种既得利益集团,那结果会是什么呢?就是国家发展逐渐丧失活力,经济陷入停滞,国家推行的深化经济体制改革也将无法推行,因为一推行就会触动这些势力的既得利益,它们就会利用自己掌握的各种权力、各种社会资源，对改革者进行抹黑、打压。如此一来，国家改革将无法继续推行，民众利益将无法得到保证，社会将逐渐变成一潭死水。至于那些利益集团，它们犹如附在国家、人民身上的吸血鬼，它们不创造经济利益，倒是不断贪婪地吸食着百姓的血汗。长此以往，社会各个阶层会出现严重对立，社会矛盾必然激化，整个国家可能因此陷入动荡之中。历史上，所有的朝代兴替几乎都是因为这种原因导致的。

因此，我们可以这么认为，十八届四中全会依法治国主要针对的目标包括贪官、违法商人和拥有某种权力的既得利益体，依法治国的目的是节制包括政府行政权力、资本权力和其他权力，将各种权力关进制度的“笼子”，让各种权力只能在合法的渠道内、社会的阳光下有序运行。只有这样，才能还社会一个公正，还市场一个公平，才能可持续地推动国家社会和经济发展。

为此，“加强和改进党对全面推进依法治国的领导”意义是非常重大的，因为这关系到法治建设是为了谁的问题。正所谓“蛇无头不行，兵无主自乱”，任何社会制度的建设都必然有一个领导和统筹者的角色，这个领导和统筹者站在谁的立场上，则法律保护的就是谁的利益，这关系到法治的性质问题。譬如，西方法律以保护资本为核心，那么它的法律制定就不是围绕人来操作的，而是围绕资本来操作。如此一来，受法律保护的程度会因为资本的多寡而分配不均。所以，我们看到，西方富人可以通过法律手段来逃脱惩罚。中国人的法治建设是以人民的福祉为基础的，中国共产党作为中国人民和历史的选择，是中国人民和中华民族的先锋队，是宪法赋予领导权的中国特色社会主义事业领导核心，自然当仁不让担负着这个责任。所以，这一条客观上是中国特色社会主义法治体系能否建设成功的保障。在当今中国，客观上只有在中国共产党的领导下，中国才能实现符合人民利益的法治。

中国化，民族魂

2014 年 9 月 9 日上午，习近平总书记来到北京师范大学看望一线教师，向全国广大教育工作者致以节日祝贺。习近平总书记在参观北师大时说："我很不赞成把古代经典诗词和散文从课本中去掉，'去中国化'是很悲哀的。应该把这些经典嵌在学生脑子里，成为中华民族文化的基因。"

习近平总书记这句话在网上引起很大共鸣和轰动，原因是过去数年，我国基础教育语文课本的一些修改引发了多轮社会争议。为了能对此有一个清晰的认识，我们不妨来罗列部分争议话题：

(1)2005年，《狼牙山五壮士》从语文教材中删除。据2005年的新京报报道，上海市教材编写组主编徐根荣对记者是这么说的："在新的上海市二期课改语文教材中，《狼牙山五壮士》被正式删除。除了上海市的新语文教材，目前人民教育出版社出版的语文新课本也删除了《狼牙山五壮士》的内容。"徐根荣认为，当时选择《狼牙山五壮士》这篇文章是为了弘扬革命英雄主义，如今把《狼牙山五壮士》从新课本中删除也是现代社会的需要。徐根荣说，现在社会以多元化为主，学生们需要更多更新鲜以及种类丰富的知识，过去单一以革命战争题材为主的文章结构就与学生们的思想脱节。所以，要将《狼牙山五壮士》删除。

(2)2010年，北外副教授丁启阵在博客中发文《我赞成把朱自清〈背影〉从语文课本中删去》，引发网友激烈争论。在博文中，丁启阵教授力挺了民意测验中，中学生不喜欢《背影》的主要理由是文中的父亲违反了交通规则。

(3)2013年人教版初中语文教材中，鲁迅的《风筝》退出了课本，取而代之的是史铁生的《秋天的怀念》。此后，网络上出现了"鲁迅作品全面退出教材"的消息，引发一轮争论。

(4)上海小学一年级2014年新教材删除了全部8篇古诗词。

近些年，中小学教材经过不断调整，很多诸如《狼牙山五壮士》这样的具有革命色彩的文章都被删除了。理由和上述上海市教材编写组的那位徐根荣说的差不多。那么，这样的文章该不该删呢？是不是真的删除就是现代社会需要呢？是不是这样的文章真的不合时代了呢？

笔者认为，这种历史和教育意义都非常强的文章不但不应删除，还应作为教书育人的重点内容。为什么这么说呢？原因有两个：

首先，抵抗外敌入侵的民族英雄主义精神应大力颂扬和弘扬。

狼牙山五壮士（图片来源：《解放军报》）

《狼牙山五壮士》是描写中国普通战士英勇抵抗日本入侵的故事。这种故事，其教育意义非常大，文章会让我们时刻记住，面对入侵一定要奋起反抗，宁死也决不能做亡国奴。如今，虽为和平年代，但我们决不能乐而忘忧，决不能忘记中国的屈辱史和中国人民英勇抗战的伟大历史。只有这样，才能居安思危，自强不息；只有这样，中华民族才不会重蹈覆辙。现在是和平的时代，但是历史总在不断地重演，看看周边的国际形势，在日本不断企图修改历史教科书、美化侵华史的情况下，在美日不断挑衅企图封锁中国的条件下，删除这些文章意味着什么？如果我们忘记了历史，看不清国际形势，中国梦从何说起？祖国的崛起从何说起？祖国的统一大业何时才能完成？居安思危，防患于未然，民族精神是我们的魂，一个没有灵魂的民族、没有精神的国家注定要吃大亏的。

如此具有教育意义的文章，岂会因时代变迁而发生改变？岳母刺字历经千年，至今仍脍炙人口，这是为什么？作为教育者，竟会说这些曾经真实发生过、现在可弘扬伟大民族精神的文章不合时宜了，这得多么荒谬无知？

其次，“吃水不忘挖井人”的感恩精神应铭记于心。

我们今天的生活是怎么来的？是千千万万个“狼牙山五壮士”的先辈们抛头颅、洒热血换来的，他们用自己的生命、血肉铺成了中华民族崛起之路。作为后辈，我们不应忘记他们。《狼牙山五壮士》纪念的不仅仅是那五位壮士，而是在纪念千千万万个为挽救中国而牺牲的先辈们。

作为教育者，竟认为弘扬先辈的革命英雄主义不合时宜，与时代脱节，这种思维实在让人无法理解。如我们连挽救了中国的英雄先辈们都能忘记，和忘记父母恩有什么区别？吃水不忘挖井人，我们不但应该弘扬先辈们的英雄主义精神，还应该告诉孩子们，正是我们的英雄先辈们用不怕流血牺牲、不怕死的精神，才换回了我们今天幸福的生活，我们怎能忘记他们？不但不能忘记，还应向自己的后代继续传颂他们的英雄事迹，我们不但应该继承这种伟大精神，还应存感恩之心向他们的伟大牺牲致以最崇高的敬意。

至于北外副教授建议删除朱自清的《背影》实在不值一驳。关键是这位的理由更是雷人，竟然说是因为“违反交通规则”。实在不知道该怎么说，如果散文、诗词都非要用这种理由来鸡蛋里挑骨头，那天下哪还有美文？

鲁迅或其他的一些文章是否该从课本中删除呢？个人认为，特别经典的仍不应删。譬如《孔乙己》、《祥林嫂》这样的文章能删吗？教材文章当然可适当调整，但绝不能拿次品换优质品。我们教育下一代，不是以文章写得早晚来衡量的，而应以文章的质量和教育意义来作为衡量标准。

上海删除教材中的古诗词更是莫名其妙。中国古诗词文字优美、通俗易懂、朗朗上口，唐诗宋词是中华文化这栋摩天大厦顶上的那两颗闪亮的明珠，是中华文化远远优于西方文化的最佳证明。孩子从小多读多背古诗词，不但可提高文化修养、陶冶情操，更能提升青少年的胸怀、志向，还能丰富孩子们的情感。诗言志，词抒情，看看唐诗宋词，那都是中华历代精英给予中华文化的深厚积淀,并发挥出伟大的创造力而留下来的精华中的精华。这样历经数千年发展出的璀璨文化,作为教育工作者竟不主动传给下一代,这是为何?

与此形成鲜明对比的是,周杰伦的一首歌词《蜗牛》竟成了教材中的内容。老实说,这首歌词写得还不错,但与唐诗宋词比起来可就有天壤之别了。那个慢慢向上爬的蜗牛,与“宝剑锋从磨砺出,梅花香自苦寒来”、“三更灯火五更鸡,正是男儿发愤时。黑发不知勤学早,白首方悔读书迟”相比,哪个更好背诵?哪个更能让人铭记于心?哪个更能催人奋进?哪个更能陶冶情操、舒展胸怀?

为什么近些年会出现上述这些怪现象?根本原因在于,改革开放后,一些人的思想过于单薄和缺乏自信,在对西方文化的吸收中,完全不加甄别和筛选,结果西方优秀文化吸收不多,倒是垃圾文化吸收不少,结果被洗脑了。脑袋被西化了,他们就会认为中国的革命精神是不合时宜的,是不利于与外国友人交往的。在他们看来,如果用这些让友邦不爽的文章换来友邦惊诧,他们就会觉得中国和西方世界脱节了,就没办法与世界接轨了。于是乎,我们看到近些年历史虚无主义、洋奴思想的泛滥。这些人,不但自己臆想西方的所谓“好”,还会将这些臆想流毒传给另外一些人。其结果是,很多青少年因受到这些不良影响以歪就歪,搞得近些年不少青少年的思想浅薄、浮躁,对社会和自己都不负责任。

我们知道,近代历史上西方在对其他国家殖民时,首先就是灭其历史、断其文化,然后再强制性地让对方弃其文字。通过教育、宣传,他们就能达到对殖民地彻底奴役的目的。两百年来,西方之所以未能征服中国,根本原因就在于中国历史文化太过丰厚,根基扎得太深。中华民族之所以能够最终打败侵略者,如今处于崛起进程当中,根本原因之一就是中华深厚的文化底蕴滋养了我们的先辈,并让他们终于带领中华民族走出旋涡和淤泥。

可是,在 21 世纪的今天,我们的一些教育工作者、我们的精英竟然越来越意识不到这一点,脑袋竟被彻底西化了。这让人觉得非常悲哀。

“去中国化”是很悲哀的,不但是说古诗词和散文从课本中删除,也是说那些长期缺少民族自信、崇洋媚外者。这种悲哀，不仅仅是社会的悲哀，更是个人的悲哀。而习近平总书记提出“应该把这些经典嵌在学生脑子里，成为中华民族文化的基因”的要求，正是要让我们的教育工作者用传统文化武装我们的下一代，让他们的大脑不再是被西化的大脑，不再重复不知道祖宗是谁、“去中国化”的悲哀。

文章虽然批评那些崇洋媚外、数典忘祖者，但不能忘记在教师节向辛劳的教育工作者们致以崇高敬意，道一声“辛苦了”！

新时代的文艺范儿

2014年10月15日，习近平总书记出席了文艺工作座谈会。这次座谈会被比作72年前的延安文艺座谈会，就历史意义而言，是时代性的，影响也是跨时代的。就作用而言，它对中国文艺发展将会起到很强的指导和指引作用，必将深刻影响中华文化的发展方向和进程。

范者，法也，常也。习近平总书记这次参会无疑是为文艺界“道德礼法”作出了引导示范，也是一次新文化变革之风的“新常态”，希望艺术领域在新时期能符合新社会、新价值观，服务并满足群众文化生活需要。

(1)会议背景。

这次会议有如下几个背景：一是发生在党的群众路线实践活动总结大会一周后；二是发生在中纪委监察部网站开设专栏陆续公布2014年中央巡视组第一轮巡视整改情况5天后；三是发生在反腐“打虎拍蝇”如火如荼之际；四是发生在召开十八届四中全会前夕(会议主题是“依法治国”)；五是发生在一轮打击娱乐、媒体不正之风和违法行为之后。

这次会议是由习近平总书记亲自提出的，从正部级干部、作协主席铁凝女士中断访问回国参会的情况看，会议来得很突然。再加上，上述几个背景正符合习近平总书记上任之初提出的党的群众路线实践活动“照镜子、正衣冠、洗洗澡、治治病”的总要求，所以开展这次座谈会，显然是要给文艺界“洗洗澡、治治病”，通过给文艺界“洗澡治病”来引导整个社会“照镜子、正衣冠”，是要努力进一步发扬文艺界的正能量。

为何要发扬文艺界的正能量？因为文艺深入社会精神生活的每一个细节，文艺界的能量正负，往短了说，对社会风气、价值观影响巨大；往长远说，对一个国家的文化、民族兴衰都有根本性影响。自然界是适者生存，人类社会也是适者生存。在人类大博弈历史中，多少国家、民族被灭，多少文化断根？有句话叫“要灭其国，先灭其史；要灭其史，先灭其文；要灭其文，先乱其观”，所谓灭史、灭文、乱观，就是通过斩断文化基因来消灭对方。

改革开放，我国文艺界受西化思想影响越来越重，各种负能量糟粕也和有价值的文艺产品一起流入，再加上相关国家从未放弃过对中国的颠覆，所以很多所谓西方文艺产品本身就是为意识形态斗争服务的产品。考虑到当前大国博弈形势，针对具有很强意识形态性质的文艺界进行引导就具有很重大的现实和历史意义。

那么，这一会议有什么现实和历史意义呢？我们还是从文艺的历史和现实意义本身来说吧。

(2)什么是文艺？

文艺包括文学和艺术。文学是什么？文学是指以语言文字为工具形象化地反映客观现实、表现作家心灵世界的艺术，是一种将语言文字用于表达社会生活和心理活动的学科，是属于社会意识形态的艺术范畴。文艺，归根结底是艺术，艺术表达了艺术家对社会生活的理解，是自己对外界事物认识的一种意识形态反映。

只要是艺术，必然涉及意识形态。意识形态又是什么？意识形态是哲学范畴的概念，直白点说，就是人对事物的理解、认知，它是人的感官思想形成的对事物的看法、观念、观点、概念、思想和价值观等。

所以，从根本上说，艺术“兹事体大”，是一个国家、一个民族必须关心和关注，且必须得到健康发展的领域。

(3)文艺背后的教化意义。

《中庸》有云:"天命之谓性,率性之谓道,修道之谓教。"在中国人的思想里,修道首先就是要进行教化。所谓教化,就是教其天道人伦,化其善礼德行。在西方,他们的宗教、他们的价值观同样也是通过教化完成的。在人类历史上,为了加强文化启蒙,很多教化都带有较强的强制性。但在21世纪的今天,人的思想、生活更加自由,教化就不能仅仅通过强制,特别是在成年后的强制教化更是事倍功半。

文艺来源于生活又高于生活,文艺作品是广罗大众平时文化生活的必需品,也是价值观传播和同化的核心通道,对受众的价值观起到很强的引导作用,是国家意识形态、价值观的教化工具。在这种情况下,健康的、主流的、符合国家和民族长远利益的文艺作品,应该获得鼓励和提倡。

但是,近些年,"三俗"的内容以及反国家、反政府、反民族、反传统道德等不符合中华民族核心价值观的作品越来越多,文化领域追逐的潮流也越来越浮躁、浮夸,这些作品给社会传导了很不好的价值观,起到了逆教化的作用。在这种情况下,在文艺领域树新风,弘扬中华正气极其重要。

(4)文艺背后是话语权争夺。

文艺作品都是基于意识形态的。国家、民族之间往往存在着文化、价值观差异,利益取向也会不同,国家为了竞争,往往通过基于意识形态的文艺作品来对对方进行迷惑和蛊惑,这种迷惑和蛊惑经常是在不知不觉的潜意识中完成的。改革开放后,我国在意识形态领域放弃了很多"阵地",放松了对意识形态的引导和管控,艺术领域也出现了很多怪现象。特别是过去一二十年,大量文艺作品靠资本力量推动,而我国又没有形成对资本话语权的引导,结果导致近几年资本和境外势力掌握了很大的话语权。掌握这些话语权后,它们甚至和国家、民族、政权离心离德,走西方洗脑之路。如此发展下去,人心乱了,社会自然会陷入不稳定。

事实上,以美国为首的西方从未对意识形态减少控制,也从未减少对意识形态的引导,它们已经将意识形态植入了它们输出的每一个文化产品的细节当中,它们的意识形态是服务于资本的意识形态,它们的政府也是服务于资本的政府,所以两者合起来就构成了它们的文化意识形态产品输出。

以美国为例,其宣传部门的前身叫"公共协调办公室"(Office for Public Coordination),1951 年并入中情局,隶属于"国家隐蔽行动部"(National Clandestine Service),任务包括心理战和媒体审查。中情局对好莱坞的制片价值取向一直有严密的控制,2012 年,名为 Tricia Jenkins 的作者写了一本揭露中情局操控好莱坞的书籍——*The CIA in Hollywood*。在好莱坞出品的作品中,到处是意识形态的内容。在电影里,美国人总是把代表美国价值观的人塑造成拯救世界的英雄,总是把和美国敌对的国家塑造成恐怖分子等反面角色。哪怕是美国侵略他国,也会尽量美化自己、丑化他人,譬如著名好莱坞巨星史泰龙的《第一滴血》系列作品,就是将北越塑造成令人讨厌的恐怖分子形象。类似情况在好莱坞作品中随处可见。

这次由习近平总书记提出召开的会议,本质上也是一次文艺话语权的争夺,也是对中国文艺界的一次统战。我们知道,文艺圈中的明星们有大量的粉丝,他们经常可以对粉丝一呼百应。在这种情况下,如果这些明星当中有反国家、反民族者,必会大大影响一个国家人民的凝聚力。因此,文艺领域的意识形态争夺,本质上是话语权的争夺。

(5)文艺背后的国家文化。

文艺靠什么支撑?靠的是一个国家、一个民族的文化积淀,靠的是人民群众的生活,艺术来源于文化、来源于生活,文艺背后是篇大文章。文化是文艺的基础,文艺是文化的结晶,是文化大山上最璀璨的那颗明珠。

一个民族蓬勃可持续发展要靠文化推动,没有文化的民族无法称之为独立的民族,没有文化的国家是精神贫瘠的国家,文化是国家、民族保持独立性、先进性及可持续发展的原动力。文艺作为文化领域最璀璨的明珠,它的发展要靠文化的传承和创新。失去传承,文化之山将不存,文化之山上的明珠也必然不复存在;失去创新对文化明珠的拂拭、打磨,再亮的明珠也会被岁月的灰尘所遮蔽,终究会失去光华。

因此,一国之文艺,需要传承传统文化,需要不断创立新文化,需要继往开来。

有些观点认为,乱世中的文化往往是璀璨的,盛世文化往往是暗淡的。譬如,中华思想文化百家争鸣时代是春秋战国时期,西方的文艺复兴也不是在盛世。事实真的这样吗?非也,在中国,汉唐文化就是盛世文化,形成于汉代的儒家文化给中国带来两千年的稳定,唐代佛禅文化达到了历史高峰,这两种文化思想早已融入中华民族的血液之中;在古代西方,罗马帝国的文化同样璀璨,罗马法是现代西方法律的基础。具体到文艺,稳定发展的盛世大环境更是给了文艺发展和发挥空间。

现阶段,中国正进入盛世,正是发展中华文化和中华文艺的大好时机。在这种时候,我们不但要传承好传统文化,还要不断加大创新。但是,令人遗憾的是,现阶段文艺作品抄袭竟高达90%,文艺界继承传统的能力不但不足,吸收外部精华的能力也欠缺,倒是对恶俗的噱头炒作投入大量资源。譬如,有些歌星、影星已很少唱歌、演戏,却不断通过炒作花边新闻来维持自己的人气,这大大占用了社会文化资源,不利于文化、文艺的发展。因此,我国现阶段亟须拨乱反正,引导文艺界的发展。只有这样,一国的文化、文艺才能蓬勃可持续地发展,盛世文化才能无比璀璨。

(6)解决文艺内容的服务对象问题。

有观点认为,文艺就应该是独立的,就应该是自由发展的,不应该进行约束,文艺也不该有服务对象,文艺就是文艺,文艺就应该具有其独立性的美。对于这样的观点,笔者赞同一半。

赞同的部分是,文艺应该保持其相对独立性,有其自由创作和自由发挥的空间,若非如此,又如何能称为艺术呢?艺术的美和价值就是体现在其个性上,完全一模一样的共性那是工业化时代的加工产品,不叫文艺作品。

不赞同的部分是,文艺作品一定有其意识形态边界,艺术家也一定有其民族和国家,艺术作品也必然有其服务对象。文艺作品首先是人创作的,那么它必然就是基于人的意识形态的。

文艺作品,大众喜欢的不一定是好作品,但好作品一定会受到大众喜欢。

当然,也有小众文化的小众作品,它们往往也很优秀,只是不被大众理解和欣赏,那么这些作品在欣赏它们的小众当中就可能是好作品。

不过,在文艺作品大潮中,归根结底优秀的文化作品绝大部分还是需要服务于众人,给众人看。哪怕这个众人不是今天的众人而是未来的众人,有价值的艺术品终归是给人欣赏的。当然,有些艺术家创作初衷并不一定是打算为众人服务,但最终好的作品一定是服务于众人的。在文艺创作大潮中,在绝大多数情况下,我们需要将其变成现实作品给大众看,只有这样才能形成行业、产业、领域,才能为大众所用,才能有社会价值和社会效应。那么,在这个服务过程中,我们自然应该赋予这些作品更多正能量以及更多积极的意义和价值。

这次会议实际上就是解决服务对象问题。我们的文化、文艺作品,至少主流上应该为人民群众服务,应该创作更多新的、有社会价值的、社会大众喜欢的、脍炙人口的文艺作品。什么时候,我们的文艺界大多数作品都立足于原创,都立足于传承中有创新、创新中有传承,那我们的文艺、文化发展就进入蓬勃发展阶段了。

(7)社会主义市场经济新时代的文艺发展方向。

市场经济靠资本流动带动经济发展,资本对当前人类世界经济发展的作用怎么描述都不为过。若将经济发展比作人体,那么资本就是血液。血液的流动靠什么?靠心脏的跳动。心脏跳动的力量来自哪里?来自人民。人民的力量从哪里体现?从市场体现。所以,十八届三中全会,我们的经济体制改革将市场在资源配置中的作用提高到了“决定性”高度。

文艺产品既是文化产品,又是市场产品,在市场经济中资源配置起决定性作用的未来,文艺的发展也必然会基于资本的发展和流动。如果我们将文艺比作人的思想,那么思想存在的基础仍然是人体大脑的活动,而人体大脑的活动离不开血液的流动。所以,本质上,在当前社会,文艺产品的生产离不开资本。

在十八届三中全会《中共中央关于全面深化改革若干重大问题的决定》

中，我们看到了中央对政府、市场进行了重新定位，要把更多市场的权力还给市场，政府正逐渐退出市场，把市场交给市场本身。政府如果只是简单地将市场权力还给市场，那相当于市场经济的倒退，因为这么大的市场如果重回原始竞争，那必然是一个混乱和厮杀的市场，那必然损害市场本身和人民群众的利益。为了解决这样的问题，政府在交换市场权力的同时，必然加强对市场规则的制定和对市场的监管。也就是说，政府要画圈，让资本在政府画的圈子里充分发挥作用。如果圈子小了，就设法把圈子画得足够大，让资本在圈子中能够获得足够的发展。但是，资本也必须接受政府的节制和约束。

更直白点说，就是资本要为国家、为人民服务，无论是私有资本还是国有资本，在保护好国有或私有产权的情况下（各种所有制产权在法律地位上平等），都要在社会主义市场经济的游戏规则下运行，都不能越雷池一步。这不仅仅是将政府的权力关进制度的笼子，也是将市场的权力规范在法制的圈子里。

由此及彼，资本既然如此，艺术品作为具有文化属性的产品或商品，也必须在法制的框架下。因为意识形态聚集起来的力量也是政治力量，也是权力，这个权力也必须被关在法制的笼子里，也必须在画好的圈子里发展发挥。当然，如果这个圈子不够大，就尽量画大，就像市场化经济改革要让市场在资源配置中起决定性作用一样，文艺作品也应当符合新时代中华文化价值观、符合大众文化需要，在法律框架内，最大限度发挥艺术的想象力和创造力。

而且，考虑到资本在当前社会经济和社会生活中的作用，政策上还要扶植文化产业的发展，要让资本为文化艺术服务而不是相反，要让艺术在资本力量的滋养下发挥出最大限度的想象力和创造力。只有这样，新时代的社会主义精神文明才能获得更大的发展。

这个艺术座谈会，本质上也是在引导艺术家和资本向更有利于社会健康发展的方向搞创作、搞创新，发挥艺术家的想象力和创造力。当然，经过这次会议，推动文艺作品生产的就不再单独是资本力量，还有政治力量。能在社会主义市场经济法律框架下与政治力量共生、共存的资本和艺术力量将获得更好的发展,那些与社会主义市场经济核心价值观相左的资本和文艺力量将难再有发挥空间。

中国的自信心

有人可能会问:为何对中国这么有信心?首先,必须说明一点,鉴于当前中国所处发展阶段及发展状态,个人认为在未来世界博弈中,只要中国不犯战略性错误,中国必胜没什么好质疑的。所以,是不是中国必胜论的问题完全没有讨论的意义,我们应该讨论的是如何实现中华民族崛起、实现中国梦,而不是什么中国必胜论到底是否科学的问题。这就像美丽优雅、心仪已久的女子向自己表白,此时最该做的是立刻拥抱她而不是左思右想、犹犹豫豫。中国现在需要的是踏踏实实地做,而不是左顾右盼地犹豫。如今,大部分中国人是这么做的,这就是笔者对中国的信心所在。

一个人对一个事物是否有信心应基于两个方面:一方面是个人方面,即主观方面,此人是否自信。自信的人往往更容易对事物的发展有信心,且更容易成功。而笔者个人就是一个有自信的人。另一方面是国家方面,即客观事实。对中国有信心是基于中国的历史文化、现实发展和发展规律。

当今世界,仅有中华文化从未中断过,源远流长数千年而不灭。对中华文化影响最深的是《易经》。为什么历史上其他民族的古文明都灭绝了,而中华文化却依然繁荣呢?根本原因是,这些灭亡的古文明已不再适应人类社会的发展,而中华文明依然独树一帜,这正说明中华文化的生命力在人类世界中无与伦比。

中华文化为什么可适应世界,原因在于中华文化依托的是"天、地、人"的文化,依托的是从天、地、人中寻找和谐生存关系的文化。这种文化,主张行大道,兼容并蓄。历史上,中华文化多次吸收外来文化并将其消化。这一点与其他种族的宗教文化有很大不同。有些种族的宗教文化往往把所有非己意识形态的都列为异端排斥之,欲灭之而后快。中华文化则不然,中华文化

源远流长的中华文明

对优秀思想文化通常会进行学习、消化和吸收，这就是为什么佛禅文化在印度已中断，但在中国却发扬光大的根本原因。

清末，随着长时间的闭关锁国，中国落后了，且一落后即两百年以上。面对落后，中国精英们懊恼过、彷徨过，但最终选择了学习和创新之路，并为此不惜抛头颅、洒热血，贡献生命与智慧。看看近代历史，面对各种危险，他们犹如飞蛾扑火，不惜一切。中国经过百年被侵略的凌辱、战乱的洗礼，终于在 1949 年确立了属于中国自己的道路。

道路确认后，新中国开始在艰难中摸索前行，走过弯路，付出过代价，但都远远好于过去百年的战火和苦难。经过 60 多年的探索和奋斗，如今中国已是世界性大国。毛主席判断中国要赶上西方发达国家需要百年，大约是 2049 年。如今再看，伟人推算基本准确无误。如今的中国，正处于崛起的前夜。

中华文化虽历经波折但从未中断，近代虽然经历了摧残，但仍然强力地吸收了西方文化中适合中国发展的马克思列宁主义，并将其与中华文化结合，形成了毛泽东思想，这也构成了中国现代崛起的文化根基。这个文化根基，是中国立足于自我文化基础上，学习了西方优秀文化的结晶。它除了帮助中华民族建立了新中国，经过 60 多年的检验也已充分证明是适合中国发展的。

看看我们坚实的文化基础，看看我们现在发展的现实，我们难道还没有信心吗？

我们再看看发展规律。如今的中国，虽然有诸多问题，但我们客观上是在自己民主集中制的基础上，吸纳了西方资本主义政治、经济、文化的各项优点。虽然我们在新中国成立时十分落后，但第一代中国领导人带领中国人民以一种决绝般意志和精神，完成了基础工业化，包括国防工业和基础工业都打了一个好底子。我们在短时间内完成了世界上任何国家都没实现过的大扫盲。有了这样的基础，再加上双内核，中国所能迸发出的力量将是任何其他国家都未曾有过的。这也是包括美国在内的西方国家所无法根据经验预估到的，待今天再来遏制中国，为时已晚。

面对这样的中国，难道我们还不能有点信心？若到此地步都没信心，如何面对先烈们的英灵？他们当时面对的中国，看起来真的是破败而没有希望的中国，但先烈们为此不惜抛头颅、洒热血，他们那种大无畏是内心对中国未来必然会好起来的自信，他们把自己的牺牲当成是扭转这一切的必然过程。终于，他们用血肉给今天的后人铺就了一条康庄大道，难道面对这样的康庄大道我们还没自信？那我们又该如何面对自己和我们未来的子孙呢？

所以，我们应该是自信的。笔者的自信，正源于此。

中国道路是基于战略，这一点毫无疑问，很多战略早在以毛泽东为首的第一代领导人那里就打下了良好的基础。这一点，如果读读近代中国的奋斗史，再看看今天我们面临的全球状况，就会对伟人有一种由衷的钦佩感。

美国当然也是基于战略的，在《货币战争背景：中国经济与应对方略》、《大博弈：中国之危与机（经济篇）》、《大博弈：中国之危与机（形势篇）》三本书中，笔者对美国是不惜笔墨，对美国的发展历史和金融发展历史作了深入的阐述。美国的崛起完全堪称奇迹，也是我们学习研究的对象，我们应该学习强者的优点。美国这种奇迹，如果不是基于战略和智慧，完全不可能成功。过去的美国都有战略，难道今天的美国就没战略了？何况，近代地缘博弈中的很多战略思想都是来自西方，美国是近一个多世纪来世界上最具大战略的国家。所以，美国的策略也是基于战略的。

只是人类社会的发展有其内在规律，如果战略不是基于现实，或者说战略中有过多和现实不符的内容，再或者有比这个战略更高级别的战略，那么在战略上就必然会吃亏。现阶段，中国的战略构想是切合实际的，是立足于中国现实基础和当前国际形势的。相反，美国的战略虽然高明，但相比中国的战略在一定程度上脱离了现实基础，或者说对现实估计不足，再或者就是贪欲迷了内心。

并非什么事情到笔者这里都变得简单，而是在说的时候只论述重点，笔者将相关战略内容论述清楚了，逻辑通了，在纸面上自然就显得简单了。但是，我们也必须认识到，现实工作和战略内容还是两个概念。在实际工作当中，困难往往还是重重的，但并非说困难重重事情就做不下去了，而是只要方向对，有困难及时解决即可。1949 年的中国困难不困难？60 多年过去了，中国不是也走到今天了吗？过程中我们走过弯路，有过困难甚至是灾难，但这不都没影响大局不是？

所以，说不能脱离做，笔者只是论述战略，到底后面做得怎样，还需要我们整个国家和民族共同努力，而不是在纸上谈谈兵就能打胜仗了。你感觉容易了，是看到希望了，人有希望地向前发展总比没有希望地发展更接近成功。但是，千里之行积于跬步，战略是需要在现实中一点点实施的。这随口一说大方向可就是十年、二十年甚至数十年，这十年、二十年或数十年岂是眨眼就过去的？这个过程必然是复杂和艰辛的，但只要战略方向对，一步步走下去，总会成功的。

前途是光明的，道路也是曲折的。

美国近些年由于过于贪婪，不断发动战争进行了太多的消耗。这种贪婪，还体现在华尔街，看看那些财阀是怎么分钱的，你就知道美国这个国家的病根了。美国的制度已经过于成熟,它的成熟为它的精英层输送了太多利益,这些利益大得让他们可以恣意挥霍,包括去玩战争游戏、玩奢侈游戏。它的精英层对改进他们的制度毫无意愿,他们认为靠着抢就能解决一切问题。但事实远非如此,如今美国突然发现自己在全球的掌控力大不如前了,美国的权力在世界运行得也不那么灵光了。一下子,美国有些不知所措。

所以,我们看到2010年以来,美国迅速调整了自己的国家战略,但这个调整并没有真正休养生息的意思,而是要充分激发自己的能量,充分利用盟友的能量,要将正在崛起的其他国家作为对手给解决掉、遏制住。那么,这实际上走的还是消耗路线。美国的消耗是在不断失血中的消耗,这种消耗又能支撑多久?小伙伴们在其不断失血中是否会陪其一起消耗都是未知数。这种战略,还能是正确的战略吗?一个人纵欲过度身体会垮,一个国家纵欲过度就不会垮吗?

美国战略偏离得有多远,我们从其总统奥巴马号称要"再领导世界一百年"中即可窥斑见豹。人世间,一百年的事谁敢说必然?他竟然喊出了要再领导世界一百年!定下这个战略目标,美国得不断去消耗自己的能量遏制其他国家的发展,如果美国面对的是俄罗斯,哪怕是过去的苏联,美国赢面仍大,但是此时偏偏遇到一个13亿多人的中国,而且是蒸蒸日上的中国!

一个是蒸蒸日上,一个是不断消耗,此消彼长,难道这个战略还不错得离谱吗?何况,美国要搞的不仅是中国,还有俄罗斯,甚至还要再次将欧洲纳入自己的势力范围,这些都是相关国家所不愿意的,又怎么会不面临巨大的反弹力?这种消耗,哪个国家吃得消?这完全是与世界潮流逆行的战略,又怎么可能是好战略?

反观中国战略,既无称霸之心,又无挑战美国之意。中国只是想保护自己的发展利益,并保证自己未来的可持续发展。中国与人为善,中国去哪里都是给人家提供机会,这样的中国世界岂能不欢迎?看看习近平主席、李克强总理出访那些国家都是什么接待规格,即可知中国对那些国家来说意味着什么。习近平主席访问拉美经停希腊,希腊总统、总理都到机场迎接,欧美哪个国家恐怕也难有这样的待遇。为什么？原因就是中国给希腊带去的是满满的机会与希望。

中国用的完全是阳谋，就是大家平等地互惠互利，包容性发展。这种顺应人类发展大趋势的阳谋，又岂是几个战略阴谋可以破坏的？相较之下，中美差距立显。

当然，我们也必须承认，鉴于我们在地缘博弈、国际政治中的经验，我们在很多事情的处理火候上都还在学习当中，远不如美国和西方国家老辣。但是，我们需要明白的是，这些只是细节性问题，细节性问题是可以通过学习来提高的，但对一个国家来说，战略的指导方向性问题才是成败核心。

就当前的情势而言，美国在我们周边怂恿他国不断挑事，我们甚至看到这些挑衅就觉得烦，好像我们四面楚歌。事实真的是这样吗？

我们在看这些问题的时候，不能脱离更大的国际背景。更大的国际背景是什么？就是中国和美国实力的此消彼长。美国为什么如此怂恿他国挑衅中国，原因就是美国认为中国实力已经强大到让“山姆大叔”坐立不安。美国知道不能和中国直接对抗，那么就只能怂恿一些小国对中国挑衅，试图打乱中国的战略布局，然后找到中国空当，一下将中国击倒。

那么，这些小国真的能对中国怎么样吗？恰恰相反，它们不但不能怎么样，反而会激起中国保护自己利益的雄心，这种雄心会促使中国不断奋发图强地加强自己的短板。只要中国不乱方寸、不失去理性，即可按部就班、稳扎稳打，关键时刻再出手，一切问题都并非那么复杂了。

所以，周边国家的一些挑衅对中国现阶段来说不但不是坏事，反倒是好事，中国恰好在这个时机好好壮大自己，这种外来的干扰恰是中国正视自己和正视世界的时机。有了这些对中国来说不伤筋动骨的挑衅，中国的实力只会增强得更快而非更慢。所以，大可不必对这些挑衅忧心，以中国的能力，谁挑衅过头了就揍谁，中国完全有能力不费太大力气击败对手，这些国家也就成为中国亮剑的磨刀石。

笔者对此并非过度乐观，而是基于现实分析后的一种理性判断，当前形势虽然复杂，但对中国并非坏局。不但非坏局，反倒是中华崛起的战略机遇，中国只要按照自己的战略方向坚决执行，一二十年后中国必然崛起。在这个过程中，谁若阻挡就让其付出代价，大势所趋自然不可挡。

就现实而言，中国自己的问题也很多，但笔者从来不认为有问题真的能阻碍现阶段中国的发展，以中国人的智慧，这些问题都能解决。而且，从现在情况看，这些问题也正在被一一解决。

中国问题自然不比美国少，甚至很多方面比美国还多，这就像一个少年身上比一个中老年身上可能会有更多的问题，但少年终究是少年，少年身上的问题都是较为容易实现调整和修正的，相反，中老年身上的问题往往是很难修正和调整的。这基本就是中美的状况。

所以，中国的这些问题都是发展中可以解决的，而且中国社会上下也都有解决这些问题的主观愿望，当然也有解决的能力。而美国，各方面利益集团形成之后过于稳固，已经基本很难进行换血，这导致了美国的很多问题基本上无法得到解决。所以，我们看到，过去些年看病问题很突出，我们数年时间全面推行医保，虽然还不够完善，但哪个国家能做到如此效率？所以，随着时间推移，中国的很多问题都可以通过发展来解决，这些问题解决的过程，也就是我们不断向前发展的过程。

相比中国，美国的问题往往更难解决，在自身危机至今无法外部解决的情况下，国会两党互相推诿扯皮，基本上没有什么实际问题的解决效率，这种情况持续时间久了，社会又能如何进步？

基于此，笔者对中国的发展有信心。当然，笔者也不会认为美国很快就崩溃了。如果美国战略调整正确，美国的综合实力仍足以让美国领先全球到本世纪中叶，但美国在错误的战略上已经迷失得基本没有回头路了，这才是问题的关键所在。

中国正在确立对西方的制度优势

关于中国已开始取得政治、经济制度对西方优势的判断，笔者曾写过一篇评论，确立了一个观点，即当《中共中央关于全面深化改革若干重大问题的决定》获得通过后，中国在制度改革创新方面已取得决定性突破。由此突破，中国奠定了对西方的制度优势。

由于近些年受西方思想影响，很多人认为中国的制度是落后于西方的，更有甚者认为中国应全盘西化，如此就能解决中国的现实问题。这些看法本质上都是缺乏实践和研究的肤浅看法，是一种盲目的崇洋媚外、缺乏制度自信的表现。

不说别的，综观世界范围内，发展中国家中哪个国家制度西化后取得了如中国这样的成就？事实上，大多数国家都是一团乱麻。无论是西方强行推行西化的阿富汗、伊拉克、利比亚，还是早早西化的印度、泰国等，都只能以糟糕来形容。西化，不但缺乏成功案例，反面案例倒是俯拾皆是。当然，这篇文章不是讨论该议题，而是关于中国制度凭什么建立对西方优势的讨论。

(1)当前西方制度存在的重大缺陷。

我们知道，2008年全球金融危机是一次从西方内部爆发的经济危机，其本质是一场信誉危机，是制度的体系危机。危机爆发后，西方在解决这场危机中的成绩乏善可陈。

美国，作为领导世界的国家，却不断通过不负责任的量化宽松将危机向他国转移，并未体现出一个大国的责任。在其内部，迄今为止没有任何实质意义上的制度改革，有的只是两党的争吵与推诿；在国际范围内，美国更是难以拿出让人信服的发展策略，当然也起不到引导世界经济复苏的作用。作为世界的领导者，既未体现出责任，也未体现出能力。

2008年美国投行雷曼兄弟破产后，从办公室离职的员工(图片来源:《新快报》)

欧盟，作为世界最大的经济实体，主权债务危机爆发后内部问题一直难以得到有效解决，迄今仍在通过不断地量化宽松来掩盖问题和转移矛盾，既未能体现出与世界第一大经济实体相匹配的身份，也未能在世界范围内提出任何有建设性的改革意见。在其内部，困于政治和经济整合进程中；在国际范围内，和美国一样起不到任何对世界经济体制改革的引导和引领作用。

美国、欧盟这些代表着世界最发达国家的群体，面对世界经济的困局，无论是对内还是对外，体现出的是无奈、无能和自私，它们既无内部改革，也无外部引导，更莫说制度优势，俨然已成为世界经济陷入麻烦的罪魁祸首。

正所谓内决定外，在当今世界内外矛盾趋于激化的时代，一个国家若要引领世界，前提是其内政必须取得一致合力，内部矛盾必须找到调和的方法，必须在制度上取得优势，方能实现。如今的西方呢？内部政治和经济改革完全裹足不前，内部矛盾根本无法调和。体现在国际外交上，我们看到的现实是，以美国为首的西方越来越缺乏领导力。

那么，为何西方会这样呢？笔者认为，根本原因在于两点：

首先，西方政府缺乏内部资源平衡的能力。

我们知道,西方发达国家的主要生产资料都掌握在资本财阀手中,资本财阀是社会经济发展最大的既得利益者。在不能顺利展开对外经济掠夺的情况下,让资本财阀内部向中下层让利以取得内部的向心力是不可能的。所以,我们看到,当美国爆发次贷危机后,政府的救助利益大部分都跑到了华尔街的资本财阀手中,美国的贫富差距不但没有改观,反而拉大了。

其次,西方的政治制度决定了利益的不可调和性。

西方政治是多党制,很多人将其看作制度“先进”的象征。但是,也正是因为多党制,它们将党派利益置于人民利益之上,甚至会损害国家利益。掌握权力的政党和在野政党之间,时常出现不利于国家发展的严重分歧。

以美国为例,虽然民主、共和两党轮流执政,它们的议员也是由选民选出来的,但它们本质上都并不代表中下层大众的利益。譬如,2014 年 11 月初美国进行了议会的中期选举,36 位参议院议席和 435 位众议院议席要进行改选、补选,结果仅这次选举费据估计就花费了 36.7 亿美元,平均每位议员花费 779.2 万美元(合人民币4 765万元)。这些选举费用从哪里来呢?大多是这些议员们从资本财阀那里募集来的。试问,这样的竞选制度,普通百姓除了贡献一张选票之外,如何参与政治建议和政治决策?而靠金主们募捐上位的议员们,又会代表谁的利益?这种格局下,又能在多大程度上实现真正意义上的民主?

所以,我们可以看到,美国议会争来争去,争的是两党的主导权,争的是资本家的利益。至于普通百姓的利益,倒是很少有人关注。奥巴马推动的医改法案本来是对普通百姓有利的事情,可在国会不但被议员们砍得面目全非,未来还很可能被再次废除。面对“占领华尔街运动”的中下层民众呼声,美国政府祭出的是催泪瓦斯、橡皮弹,但对自身的政治经济体制没有做任何改变。

鉴于美国政府手中掌握的经济资源太少,鉴于美国的议员们并不能代表大多数人的利益,鉴于西方资本主义体制、法律体系非常完备,西方的政治经济体制根本就没办法进行改革,根本没办法进一步根据当前世界的演变而进行升级。这就是当前西方制度难以进步的现实。

(2)未来世界政治经济制度的发展趋势。

我们知道,制度优势最终能奠定一个国家的综合国力优势。近代以前,中国的中央集权郡县制领先世界,故迄今世界上没有灭亡的古文明国家只有中国。近代,西方发展成为资本主义的政治经济模式,推动了工业化的发展,并最终统治近代世界。这些就是历史上政治经济制度给国家和民族带来的领先优势。未来,显然是哪个国家最先构建出领先世界的政治经济制度,谁就能成为世界的领导者。

那么,未来世界政治经济制度发展的趋势是什么呢?

自近代以来,什么样的国家能代表发展趋势?谁能掌控资本,谁就能代表发展趋势。什么样的国家才能掌控资本?只有能给资本提供发展机遇的国家,才能真正吸引世界资本。当年大英帝国如此,20世纪的美国也是如此。那么,问题来了,未来什么样的制度能吸引世界资本呢?在笔者看来,未来吸引国际资本的制度必须具备如下条件:

第一,制度有足够的包容性。

这个包容性有两个层面:一是对资本的包容性;二是对国家的包容性。

对资本的包容性,意思是无论什么样的资本,都可以进入相关国家内进行投资。西方在这方面已经开始落后,它们不但对诸如中国的国有资本有很强的戒备心理,对中国的民营资本投资都有很强的戒备心理。譬如华为、三一这样的中国优秀企业都难以在美国进行投资,更别说在美国看来更加核心的银行业了。

对国家的包容性,意思是无论什么样的国家,只要愿意发展,就应该给其提供发展机遇,帮助其发展,与其合作进行共赢性发展。在这方面,西方同样也已落伍。在国际事务处理中,不管这个国家有多大的发展潜力,只要不合西方的意,西方国家就会武断地采取经济制裁,甚至是经济封锁,这伤及的不仅仅是相关国家,也是西方发达国家自己,因为这会让彼此都失去发展机会。

而且，相比中国与其他国家合作，西方发达国家经常附加各种政治、经济条件，这时常导致相关国家在合作中无利可图，或在合作后竹篮打水。这种排他性的发展模式已经不合时宜，落后于世界发展的脚步。

第二，制度有足够的创新性。

穷则变，变则通。2008 年世界经济危机以来，显然世界发展格局已经到了一个趋势的尽头。然而，西方主导的世界经济游戏规则穷不思变。所以，我们看到，虽然从 2008 年到现在已经过去近 9 年，世界经济仍然没有取得任何实质意义上的方向性突破，西方并未进行主动性变革。莫说进行深层次变革，哪怕世界银行和国际货币基金组织的份额权益都不能根据经济发展作出合理调整，这种墨守成规的做派又如何能够引领世界呢？制度创新不够，已是西方制度的死穴。

反观中国，不但内部进行了大规模的制度创新，在国际层面也进行了大规模的制度创新和改造。金砖国家新开发银行及应急基金、亚投行等都是现实案例。

第三，制度下的国家有足够的市场潜力和工业能力。

过去很多年，西方国家已发展成“过福利”、“过消费”和“去工业化”的社会。在危机爆发的背景下，其市场潜力已基本到顶，基本失去了增长空间。在“去工业化”后，其大多数中低端的工业已无法恢复。

事实上，在缺乏市场增长空间和进一步工业化的能力的情况下，发达国家的投资机会已非常少。为了维持投资活力，只能不断地通过释放流动性来推动资本市场的价格以获得对资本的吸引力。但是，仅仅靠这种虚拟市场的空转，终归不是办法，也难以维持对资本的长期吸引力。

在这种情况下，完全无法在制度上进行创新，又哪里有新的发展机会？没有新的发展机会，又怎能长期留住资本和吸引新的国际资本？

与此形成鲜明对比的是中国，不但市场潜力大，工业能力更强。哪怕在这种情况下，为了产业升级，为了转变经济发展方式，中国依然进行了大刀阔斧的内部制度改革。这就是中国和西方的区别。

第四,制度下的经济发展能真正带动世界经济增长。

过去,西方是世界经济发展的引领者,资本在这些国家可以自由驰骋,通过成熟的资本市场进行资源的有效配置,大大提高了经济发展效率。如今,西方国家的资本更喜欢在虚拟的资本市场赚取高利润,赚取资本市场的溢价,它们并没有主观愿望去投资实体经济,对实体经济发展兴致不高,特别是它们对投资新兴市场的基础建设没什么大的兴趣。如此结果是,西方资本市场的规模越来越大,但新兴市场因为基础设施投入不够、后续发展潜力不够,这导致在发达国家市场消费能力遇到"瓶颈"后,新兴市场就没有了可持续的资本投入来维持其经济可持续增长。

在这种情况下,由发达国家主导的世界银行、国际货币基金组织毫无建树,它们的注意力主要还是集中在发达国家经济体自身的问题上,这使得原本领导世界的国家缺乏世界一盘棋的全局考虑,自然也就没办法真正带动全世界的经济增长。

这一切症结的根源在哪里?在西方的制度本身。因为不可能有任何一个西方民主国家的国民会愿意放着清闲、富足的生活不过,去给新兴市场搞基础建设,也不会有任何西方国家的国民会允许他们的国家拿钱去帮助新兴市场搞基础建设,早已"去工业化"的西方国家已没有给新兴市场国家搞低成本基础建设的能力。而在这些现实下,又没有制度的变革,哪里能带动世界经济增长?

相比西方,中国不但进行改革,还要改革得更加利于资本和工业输出,能够更顺利地帮助新兴市场发展。这就是制度的优势和区别。

(3)中国的制度优势。

十八届三中全会《中共中央关于全面深化改革若干重大问题的决定》和十八届四中全会《中共中央关于全面推进依法治国若干重大问题的决定》确定了中国深化体制改革获得突破,这种制度上的突破确立了中国对西方的制度优势。为什么这么说呢?

三中全会《决定》中最重要的体制改革有三点:

第一，确立市场在资源配置中起决定性作用的制度地位。中国的这一改革意味着未来中国的政府将会在市场上更少地干预，在资源配置方面将更多的主导权交还给市场。这里更深层次的含义是，中国的市场经济将会和西方的市场经济一样自由，给足资本的发展空间，给足市场的创新空间，有多大劲尽管使多大劲，政府不会遏制。未来，政府也会按照市场规律办事，无论是国有资本还是私有资本，在产权上、市场竞争地位上都一样。

第二，混合所有制。混合所有制是只有中国可以实现的制度创新，也是中国制度创新的最大突破，它对提升中国市场对国际资本的吸引力有极其重要的作用。

混合所有制为什么这么牛？因为混合所有制建立后，国有资本、民营资本和外资会逐渐被纳入中国这个国家平台。考虑到中国综合国力的提升以及中国政府调动资源的能力，这意味着中国将会更有效率地通过国家平台调动全世界的资源，对世界经济进行整合。只要做到这一点，那么整个世界经济就能够盘活，这些被混合在中国国家平台上的资本就能获得更多的资本回报。

从最近中国构建的“一带一路”战略，领导和参与构建的金砖国家新开发银行及应急基金、亚投行和丝路基金等投融资平台，我们可以看出中国正在做到对地区经济的有效引领和疏导。在国际层面上构成了有效的资本投资循环，再在国内层面上实现混合所有制这种有容乃大的资产、资本结构，可以想象这会对整个世界的资本有多大的吸引力。

第三，围绕上述两点，三中全会的决定是进行政府职能调整、企业制度改革、金融体系完善、社会主义市场经济法治体系完善等一系列制度配套改革。而四中全会的决定就是要围绕深化市场经济体制改革和混合所有制，进行配套制度建设。如此一来，中国可以构建一个法治透明的公平市场，这样的市场对国际资本和世界各国的吸引力不言而喻。

上述就是中国对西方正在形成的经济制度优势。

中国经济制度①优势来自哪里呢？来自中国的政治制度②优势。

中国的政治制度是在中国共产党领导下的多党合作制。中国共产党制定了严格党章和执政目标，可以很好地起到引导国家走向的作用。同时，中国又有非常伟大的民主创造，即“民主集中”制度。正是有了这样的政治体制，才有了上述经济体制的改革基础，通过充分民主地听取各个利益层面的意见，再把意见进行集中，通过人大、政协的充分沟通协商，最终形成公平合理且有利于社会进步的社会制度。

如果不是有这样的制度形式，像西方多党制那样，政党之间连争吵和博弈都来不及，哪里会有这么快的制度创新和重大决策？正是有了这样的政治制度，我国政府才能够对腐败的权贵阶层、对违反市场公平原则的一些权贵资本进行打击，才能通过打破局部利益来统筹全局利益。否则，不能打破既得利益集团，又怎么能进一步升级更有利于社会进步和发展的社会制度呢？

十八届四中全会确立了对依法治国进行全方位升级，未来将会依法规范政府、市场的行为，不但要依法行政，还要依法监管市场。相比西方政党、议员代表的是资本的利益，中国的政治决策更多地代表了全民共同利益。在这种背景下，市场利益分配自然会比西方更公平一些。

当然，一党制也存在弊端，譬如腐败问题。但多党制就没有腐败了吗？以印度为例，完全西化的模式比中国腐败得多。哪怕成熟的西方发达国家，由于国会议员代表的大多是资本的利益，如此在作利益分配时，更多地会进行利益的合法输送。虽然不腐败，但利益被合法输送到少数人手里了，这对普通老百姓又有什么好处呢？

相比中国，如今严厉治腐，“打老虎拍苍蝇”，并将依法治国进行升级，将行政权力更加透明，减少对市场的干预，这一系列改革会让官员腐败的成本更高、腐败的机会更少，甚至通过国际追逃机制，让贪官逃都没地方逃。这就

---

① 中国经济制度是以公有制为主体、多种所有制经济共同发展的经济制度。具体来说，当前我国主要有国有经济、集体经济、个体经济、私营经济、外资经济以及混合所有制经济等。

② 我国现代政治制度主要包括社会主义制度、人民代表大会制度、民族区域自治制度、基层群众自治制度及中国共产党领导的多党合作和政治协商制度。（资料来源：百度百科）

是制度优势。

虽然腐败不能完全杜绝,但经过改革,我国还是有希望实现对腐败的有效控制。更为重要的是,这种格局下,不会形成如西方般的合法利益输送机制。只要合法利益输送机制不形成,社会的可控、良性竞争就会持续,中国经济就能保持活力。一旦出现腐败集团,就能依法进行打击,那么社会就能进行重新修正,而不是以歪就歪。

中国这种政治制度上的优势,也是西方所不能比拟的。

若按当前制度创新形成的趋势发展十年,中国必然在制度上取得压倒性优势。

占豪感悟

我们都知道,当前国家与国家之间的竞争,硬实力是基础,软实力则会放大硬实力。在苏联解体后,美国的软实力爆棚,民主、自由、人权几乎成了美国所谓“普适价值”的代名词,并且以此所谓“普适价值”来祸乱他国,甚至颠覆他国政权。然而,随着美国在 21 世纪公然入侵阿富汗和伊拉克并给两国带来巨大的人道主义灾难,美国所谓民主、自由、人权的“普适价值”就开始走下神坛。因为美国针对阿富汗和伊拉克的所作所为既不讲民主,也不讲自由,人权就更不用提了,这使得它原来打着所谓“普适价值”的旗号去推翻他国政权的理由显得过于牵强和霸道。关塔那摩监狱曝光后,美国的人权神话进一步破灭。

2008 年全球金融危机之后,美国不顾他国利益进行一轮轮的量化宽松,让全世界都看到了美国损人利己的不负责任态度,这使得美国的国家信誉遭到重大打击,软实力进一步萎缩。事实上,经过 21 世纪十几年的折腾,美国的软实力已经开始透支,美国除了还掌握着世界舆论武器外,在价值观和信誉方面已经破产。

与此同时,我们更应看到,由于美国次贷危机最终引发全球金融危机,美国的经济神话实际上也破灭了。与美国形成鲜明对比的是中国，中国在2008年之后逐渐取代美国成了世界经济增长的最重要引擎，中国模式也越来越成为其他国家学习和研究效仿的对象。

当前是中国构建自己软实力的重要战略机遇。中国在历史人文、经济发展、国家制度等方面都有明显优于西方的地方，所以中国立足于自身构筑中国自信的时机非常好。在这个阶段，中国只要在发展好自己的同时进一步推动更大范围经济的增长，再将自己的软实力融入其中，则中国构建出我们自己的软实力指日可待。当然，这些软实力包括人文价值观、国家制度等，也包括符合需求的舆论宣传体系。只要我们下足功夫，相信中国在不久的将来能够与西方分庭抗礼。